NUNAVUT
HWEST TERRITORIES
KANADA
ALBERTA
SASKATCHEWAN
Rocky Mountains
Great Plains
NECEDAH NAT'L REFUGE
INTERNATIONAL CRANE FOUNDATION
Baraboo
GRAYS LAKE NAT'L REFUGE
Platte
Kearney
Missouri
PLATTE RIVER REFUGE
Sagaponack
PATUXENT RESEARCH CENTER
UNITED STATES OF AMERICA
Mississippi
BOSQUE DEL APACHE NAT'L REFUGE
MISSISSIPPI SANDHILL REFUGE
Okefenokee Swamp
Orlando
White Lake
Lake Marion
Kissimmee-Prärie
Yeehaw Junction
ARANSAS NAT'L REFUGE
CHASSAHOWITZKA NAT'L REFUGE
Lake Okeechobee
EVERGLADES
Atlantischer Ozean
Golf von Mexiko
MEXIKO
KUBA
Isles of Pines
Karibisches Meer
ND

CHV

Peter Matthiessen

DIE KÖNIGE DER LÜFTE

Reisen mit Kranichen

Aus dem Englischen
von Birgit Brandau
und Hartmut Schickert

– 02.03.2007 –

Carl Hanser Verlag

Titel der Originalausgabe:
The Birds of Heaven
The Harvill Press, London, 2002

1 2 3 4 5 11 10 09 08 07

ISBN: 978-3-446-20728-8

Satz: Greiner & Reichel, Köln
Karten neu gezeichnet von Achim Norweg, München
Druck und Bindung: Ebner & Spiegel, Ulm
Printed in Germany

Für alle, die diese heilige Erde mit ihrem kostbaren Land
und ihrem unersetzlichen Leben verteidigen

Inhalt

Anhang

Einleitung

Im kalten November des Jahres 1997 tauchte am Strand nahe meinem Haus ein junger Kanadischer Kranich auf; er verbrachte dort den Winter in Gesellschaft einer Mantelmöwe. Da es erst der dritte Kranich war, der je auf Long Island gesichtet wurde, und da ich gerade begonnen hatte, dieses Buch zu schreiben, deutete ich sein Auftauchen einen knappen Kilometer von mir entfernt als günstiges Omen – um so mehr, als er bei seinem Abzug im zeitigen Frühjahr direkt über den kleinen Schuppen davonflog, in dem ich arbeitete. Da ich seine wilden Rufe hörte, konnte ich noch rechtzeitig hinausrennen, um zu sehen, wie er mit unbekanntem Ziel den Himmel Richtung Nordosten querte.

Beim Anblick dieses einsamen Kranichs – er war weit vom üblichen Kurs abgekommen – erinnerte ich mich an einen Abend im August 1992, an dem ich, gerade aus Asien nach Long Island zurückgekehrt, bei einem Abendessen eine Frau traf, die wissen wollte, wo zum Teufel ich den ganzen Sommer gesteckt hätte. In Ostsibirien und in der Äußeren Mongolei, sagte ich. Aber warum? kreischte sie. Warum?! – als müsse jeder verrückt sein, der um solcher Ziele willen auf den Sommer am Atlantik verzichtet. Und als ich zur Entschuldigung Feldforschungen über gefährdete Kraniche und Tiger anführte, zuckte sie entgeistert zurück.

»Kraniche?!« quäkte sie. »Wen kümmern schon Kraniche?«

Dieser Gefühlsausbruch ist mir seither nicht mehr aus dem Sinn gegangen. Unabhängig vom Anlaß hallt in dieser Frage das Echo wider: Wer kümmert sich um Kraniche – und Tiger und Singvögel, funkelnde Flüsse und silbergraue alte Wälder und naturverbundene, traditionell lebende Völker, die sich an die alten Sitten und Gebräuche ihrer Sprache und Kultur klammern –, und wer kümmert sich genügend darum, das zu verteidigen und zu schützen, was von der ursprünglichen Welt mit ihrer heilen und unvergifteten Natur auf unserer immer mehr geschundenen Mutter Erde noch übrig ist?

Wie viele Menschen auf vielen Kontinenten kümmere ich mich nicht nur um Kraniche und Tiger, weil es sich um großartige und aufregende Geschöpfe handelt, sondern weil sie auch stellvertretend für all das stehen, was uns verlorengeht. In Zusammenarbeit mit engagierten Umweltbiologen und Ornithologen in zahlreichen Ländern beobachte ich sie in freier Wildbahn und erforsche ihre Evolutionsgeschichte, um unsere Konsumgesellschaft davon zu überzeugen, daß wir die Verantwortung für unsere Mitgeschöpfe übernehmen müssen, solange noch Zeit dazu ist.

Die Familie der Kraniche (Gruidae) kommt außer in Südamerika auf allen Kontinenten vor, die Gattung *Grus* aber (der die Taxonomen heute zehn der 15 existierenden Spezies zuordnen) ist in Ostasien am weitesten verbreitet. Von diesen 15 Arten sind elf durch den *Homo sapiens* bedroht oder gefährdet, sei es direkt durch Jagd, Gift oder Fallen, sei es indirekt durch die Ausplünderung der irdischen Ressourcen, wobei der Raubbau am frischen, reinen Süßwasser am gefährlichsten ist.

Diese eleganten Vögel sind mit ihrer Größe, Grazie und Schönheit, mit ihrem wilden, ungezügelten Temperament eindringliche Metaphern für den Verlust an Natur auf unserer einst reich damit gesegneten Erde. Darüber hinaus fungieren sie als »Schirm-Spezies«, deren Schutz zugleich ein breites Spektrum von Fauna und Flora sowie die Reinheit von Wasser, Boden und Luft in ihren ausgedehnten Territorien bewahrt – kurz gesagt, die erstaunliche Formenvielfalt der Natur (mit ihren Habitaten und Ökosystemen) erhält, die wir als Biodiversität kennen. Da die meisten Kranicharten von ihren Aktionsradien her Kosmopoliten sind, bieten sie Ansatzmöglichkeiten, gegen die kümmerlichen wirtschaftlichen (und damit politischen) Visionen hinter einem großen Bündel ungezügelter, oft sinnloser Aktivitäten zu protestieren, das von der schlecht durchdachten Errichtung großer Staudämme bis hin zum Krieg reicht und alles, was von den kostbaren Habitaten rund um die Welt noch übrig ist, degeneriert oder zerstört – kostbar nicht nur für Kraniche und andere Tiere, sondern auch für unsere Erben und deren Kinder.

Unausweichlich ergreift Trauer alle, die die Natur verehren und Zeuge werden, wie unser menschliches Habitat immer weiter verkommt, auf tragische Weise so engstirnigen Idealen wie dem »Bruttosozialprodukt« geopfert wird und Tag um Tag, Stunde um Stunde mehr schwindet. »Natürlich empfand ich besondere Sympathie für deine Überlegungen zu der ›heimlichen Spannung zwischen Liebe [für die Erde] und Verzweiflung‹, so daß ›die sorglose Liebe gegenüber dem Planeten jetzt nicht mehr möglich‹ ist«, schrieb Rachel Carson in einem späten Brief an einen Freund. »Mit jedem Tag werden jene Worte wahrer!«

Und doch keimt zu meinem Erstaunen im zweiten Sommer des neuen Jahrtausends, nach vier Jahrzehnten schwelender Trauer und pessimistischer Zukunftsaussichten und wütendem, aber vergeblichem Protest, ein merkwürdiger Optimismus wie eine exotische Blüte in meinem Herzen. Gerade in dieser angsterregenden Zeit, da veraltete westliche Regierungen sich anscheinend um nichts weiter als die Bedürfnisse der Großindustrie – und vor allem der Ölindustrie und der Industrie zur Gewinnung von Naturprodukten – kümmern und da die Karawane der US-amerikanischen Politiker so hart daran arbeitet, eine Kehrtwende in Richtung Vergangenheit herbeizuführen, gibt es in der Geschäftswelt Anzeichen für umweltschützerische Häresie, einige wenige dünne Risse im harten Beton der Unternehmensmentalität. Aus welchem Grund auch immer, Industriezweig um Industriezweig und Geschäftsbereich um Geschäftsbereich machen in aller Stille Schritte in Richtung Umweltbewußtsein.

Letztlich macht es keinen großen Unterschied, ob dieser Richtungswechsel nur ein »grünes Feigenblatt« für die Öffentlichkeit darstellt oder aus der längst überfälligen Einsicht resultiert, daß im neuen Jahrhundert sozial unverantwortliches Handeln schlecht fürs Geschäft ist, oder ob er auf die wachsende Erkenntnis gründet, daß angesichts schwindender Ressourcen und steigender Bevölkerungszahlen die Sorge um Land und Leben die oberste Priorität der Welt ist, sogar für den freien Marktkapitalismus. Die Unternehmenswelt, die den westlichen Regierungen die Politik diktiert, scheint zur Vernunft zu kommen.

Ob diese Erleuchtung sich schnell genug weiterentwickelt, um gefährdete Wälder und Flüsse sowie einzigartige und unersetzliche Ökosysteme (die Arktis zum Beispiel) und vom Aussterben bedrohte Lebewesen wie Kraniche und Tiger zu erhalten, muß abgewartet werden. Es hängt davon ab, ob wir alle uns nicht nur als Konsumenten, sondern auch als Weltbürger begreifen und entsprechend handeln.

Um den Blick für die wichtigsten Belange der Umwelt und der Biodiversität zu schärfen, bietet sich unter anderem die Möglichkeit, die Ursprünge und den Wert einer einzigen Lebensform zu begreifen, einer einzigen Manifestation des Wunders namens Dasein. Wenn man einen Kranich wirklich verstanden hat – oder ein Blatt oder eine Wolke oder einen Frosch –, hat man alles verstanden. In Anbetracht der zunehmenden Süßwasserknappheit und des anstehenden Kampfes um diese Ressource – der sich möglicherweise zur größten Krise für alles Leben auf der Erde im neuen Jahrtausend entwickeln wird – unterscheidet sich das Dilemma der Spezies *Homo* vielleicht nicht sehr von dem der Spezies *Grus*.

Peter Matthiessen
Sagaponack, New York

EINS

Am Fluß des Schwarzen Drachen

Die unsterblichen Kraniche rufen, ihre Schreie klingen von weit her, ihre Gedanken kreisen empor in ferne Himmel. Unten, an den herbstlichen Flüssen, steht ein Mann, über ihm der helle Mond. Der Mann wandert ziellos, folgt der endlosen Milchstraße. Der Wind weht über ihn hinweg. Auch ich, denkt der Mann, wäre gern vollkommen frei.

Jiang Yi Ning

An einem selten klaren Morgen – dem ersten Sommertag des Jahres 1992 – fliege ich vom Yukon-Delta über die Beringstraße in Richtung der Diomedes-Inseln und der Tschuktschen-Halbinsel in Sibirien und stelle mir vor, wie ein Kranich auf seiner Wanderung die graue, in der Sonne silbern glitzernde Meeresenge von hoch oben sehen würde – genauer, die goldenen Augen des »Kranichs des Ostens«, wie der in Nordamerika beheimatete Kanadische Kranich bei den Einheimischen in seinen westlichsten Brutgebieten in Sibirien traditionell genannt wird. Der Kanadische Kranich fliegt normalerweise in einer Höhe von gut 1,5 Kilometern und kann sich auch noch höher schrauben, was nicht weiter erstaunt, wenn man bedenkt, daß Grau- und Jungfernkraniche auf ihrem Nord-Süd-Zug zwischen Sibirien und dem Indischen Subkontinent den Himalaya in fünf Kilometern Höhe überqueren.[1]

Daß Kraniche so hoch fliegen und sich dem Blick erdgebundener Sterblicher entziehen, ist vielleicht mit ein Grund für ihren fast heiligen Stellenwert in den frühen Legenden der Welt, wo sie als Boten und Verkünder der höchsten Himmel gelten. In einer Erzählung der Cree-Indianer trägt der Kranich das Kaninchen zum Mond empor. Äsop preist die einzigartige Fähigkeit des Kranichs, sich über die Wolken in die endlose Weite zu erheben und die Wunder der Himmel genauso zu schauen wie die der Erde drunten mit ihren Meeren,

Seen und Flüssen, so weit das Auge reicht. Sowohl Homer als auch Aristoteles schrieben über große Kranichzüge. Überall wo Kraniche auftauchen, gibt es Erzählungen und Mythen über diese Vögel, die seit uralten Zeiten für Langlebigkeit und Glück, für Harmonie und Treue stehen. In der Antike werden Himmelsstürmer üblicherweise auf einem Kranich reitend dargestellt, oder sie nahmen selbst die majestätische Gestalt des Kranichs für ihren Weg in die Wolken der Unsterblichkeit an.

Die größeren Kraniche – mit einer Gesamthöhe von mehr als 1,5 Metern und kräftigen breiten Flügeln mit einer Spannweite von 2,5 Metern – mögen den Alten durchaus vorgekommen sein, als könnten sie einen schmächtigen Weisen emportragen. Kraniche sind die großartigsten der flugfähigen Vögel und für mich die beeindruckendsten, nicht zuletzt wegen der Hornklänge ihrer Rufe, die wie Trompetenstöße aus den fernsten Himmeln erschallen und uns daran erinnern, daß wir nur kurz auf dieser kostbaren Erde zu Gast sind. Vielleicht mehr als alle anderen Lebewesen gemahnen sie daran, daß die Natur auf dem Rückzug ist, daß die Aussicht auf reines Wasser, unvergifteten Boden und saubere Luft schwindet – all die Dinge, die ihre Spezies genauso zum Überleben braucht wie wir, auch wenn uns das erst sehr spät aufgegangen ist.

In der großen taxonomischen Ordnung namens Gruiformes umfaßt die etwas merkwürdige, gewissermaßen dehnbare Unterordnung Grues neben den Kranichen auch ihre nächsten Verwandten, die Rallenkraniche und Trompetervögel der Neuen Welt, sowie die kosmopolitischen Rallidae, zu denen Rallen, Blatthühnchen, Teichhühner und Bleßhühner zählen. Die kleineren Störche und Reiher gehören nicht dazu, auch wenn sie traditionell wegen des Watverhaltens und bestimmter Ähnlichkeiten an Rostren, Schnäbeln und Füßen gleichfalls in diese Gruppe eingeordnet waren: 1735 gab Carl von Linné, auch Linnaeus genannt, in seinem *Systema Naturae* dem in Eurasien beheimateten Graukranich die Bezeichnung *Ardea grus* oder »Kranichreiher«, und im 19. Jahrhundert porträtierte Audubon einen Reiher als »kleinen blauen Kranich«. In Irland, Schottland und Südamerika, wo es keine Kraniche gibt, wurden Reiher allgemein »Kraniche« genannt, genauso in Australien (wo die eigentlichen Kraniche als »Eingeborenenbegleiter« galten, weil sie oft gemeinsam mit Aborigines gesichtet wurden). Selbst im Flug und in großer Entfernung sehen Kraniche überhaupt nicht wie Reiher aus, denn sie fliegen mit weit ausgestrecktem Hals und krümmen ihn nicht auf die Schultern zurück. Störche hingegen zeigen im Flug einen breiten Schwanz, wie ihn keine der Kranicharten hat. (Kranichschwänze sind klein und sehr kurz, was wegen der langen, lockeren Federn des inneren Flügels – den tertiären Schwungfedern – nicht weiter auffällt. Diese können hoch aufragende, gefällige »Turnüren« oder lange Federschleppen bilden, wenn der Vogel beim Landen die Flügel zusammenfaltet. Ansonsten sind die Extremitäten dieser Tiere – Schnabel, Hals, Beine und Zehen – ungewöhnlich lang.) Darüber hinaus sind die Rufe von Kranichen mit ihrem wilden, rollenden *r* wesentlich melodischer als das heisere Krächzen von Störchen und Reihern.

Im Stehen bleiben Kraniche hoch aufgerichtet und halten ihren Körper wie Strauße parallel zum Boden. Die auch Hallux genannte hintere Zehe ist wie ein Hahnensporn gekrümmt, aber bei allen Arten mit Ausnahme der beiden Kronenkraniche der Gattung *Balearica* verkümmert. Deren längere Hinterzehe dient vielleicht dem Balancehalten, wenn sie auf Ästen sitzen, was nur eine von mehreren Eigenheiten ist, die die »primitiven« *Balearica* von den moderneren oder »typischen« Kranichen der Gattung *Grus* unterscheiden – wobei »primitiv« bedeutet, daß die *Balearica*-Kraniche nach Anatomie und Verhalten den gemeinsamen Vorfahren näherstehen. Ein weiteres Merkmal ist der voll befiederte Kopf, den die Kronenkraniche mit den Jungfernkranichen und den Paradieskranichen der Gattung *Anthropoides* gemeinsam haben. Bei allen anderen Kranichen schmückt den Kopf ein nackter, rauher roter »Kamm« oder Hautfleck – leuchtend rot, wenn er während der Fortpflanzungszeit kräftig durchblutet ist –, der sich bei den meisten nördlichen, ziehenden Kranichen irgendwo in der Nähe des Scheitels befindet und bei den südlichen, meist nicht ziehenden Spezies an anderen Stellen des Kopfes und oberen Halses. (Von den letzteren schmücken den Sarus-, den Brolga- und den Klunkerkranich zusätzlich nackte, grünliche Brauen.) Die Weibchen sind zwar im allgemeinen kleiner, doch bei allen Kranichen kann man die Geschlechter nicht voneinander unterscheiden, solange die Tiere nicht bei der Partnersuche, bei der Balz und bei der Paarung interagieren.

Die braune Küste Alaskas bleibt im hellen Dunst zurück und weicht schmelzendem Packeis und dem rauhen, grauen Flachwasser über der verschwundenen, gut 80 Kilometer langen Landbrücke zwischen den Kontinenten. Kalte Seeluft dämpft das Hellrot der Haut am Scheitel des Kanadischen Kranichs; die langen steifen Schwingen knattern im Wind. »Der Flug der Kraniche, bei dem sie Buchstaben bilden«, fiel neben anderen frühen Beobachtern auch dem römischen Dichter Hyginus auf. Wie Wildgänse fliegen Kraniche oft in V-Formation, weil sie – nach Millionen von Kilometern und langen Jahrtausenden des Ankämpfens gegen den Wind – vermutlich herausgefunden haben, daß dies aerodynamisch günstiger ist, als in Form eines B oder H zu fliegen.

Die Strecken über der Arktis, die diese unerschrockenen Kreaturen in großen Höhen bewältigen, lassen den an seinen Sitz gefesselten Passagier der Air Alaska demütig werden. Während ich meinen Blick über das Firmament aus Wind und Licht schweifen lasse, kann ich, durch die unverdorbene Weite von Land und See unter mir tief aufgewühlt, mit Goethes Faust nachvollziehen, daß es »jedem eingeboren [ist], daß sein Gefühl hinauf und vorwärts dringt ... wenn über schroffen Fichtenhöhen der Adler ausgebreitet schwebt, und über Flächen, über Seen, der Kranich nach der Heimat strebt«. Heimat – das verlorene Paradies, das die Quelle aller menschlichen Sehnsüchte ist.

Neben dem Flugzeugflügel taucht die Insel Nunivak auf, wo ich vor 30 Jahren an einer Expedition teilnahm, bei der zehn stämmige Moschusochsen-Kälber gefangen wurden. Sie bildeten den Kern einer in Fairbanks aufgezogenen domestizierten Herde, die dem Volk der Inupiaq übergeben werden sollte, um dessen wirtschaftliche Situation zu stabilisieren.[2] Laut meinen Aufzeichnungen von jener Expedition hörte ich auf Nunivak »Kraniche mit langen, schwarzgesäumten Schwingen traurig in den Wind trompeten« – zwischen den vielen weitgereisten Kanadischen Kranichen, die wunderbare Tage in der Natur ganz Nordamerikas, von Alaska bis zu den nördlichen Everglades, noch schöner machten.

Bald tauchen im Dunst des Nordens die Diomedes-Inseln auf – die eine gehört zur Neuen Welt, die andere zur Alten –, dann Kap Deschnjow und die kahle Tschuktschen-Halbinsel, Heimat der Tschuktschen, die mit den Inupiaq und den Aleuten verwandt sind. Selbst Ende Juni wirkt die Bergtundra dort unten noch winterlich, mit harten, windzerzausten Schneewehen in den Schluchten. Uralten Zuginstinkten folgend, landen die Kraniche aus dem Osten in jedem Frühjahr auf den großen östlichen Halbinseln Sibiriens, und einige wandern noch knapp 2500 Kilometer die arktische Küste entlang bis zur Jana, wo ihre Brutgebiete an die des Nonnen- oder Schneekranichs grenzen.

An Asiens Nordpazifikküste angekommen, dreht das Flugzeug nach Süden ab. Bei diesem klaren Wetter kann man fast ganz Kamtschatka überblicken, jenes weite, großteils unbewohnte Land der Vulkane und großen Bären, der blauen Seen, Bergwiesen, eiskalten Flüsse und der hellen Felsküsten. Über 1200 Kilometer erstreckt sich die Halbinsel von Norden nach Süden, kaum eine frische Schramme oder sonst eine Spur von Menschen ist auszumachen. Sie ist ganz von Leere und Stille geprägt – wie der jungfräuliche Kontinent der Neuen Welt mit den riesigen Bergen und Strömen, die die frühen Forschungsreisenden entlang seiner Nordpazifikküste in Erstaunen versetzte.

Von der Spitze Kamtschatkas ziehen die Kurilen durch den Pazifiknebel nach Süden auf den japanischen Archipel zu, der sich vom 45. bis zum 25. Breitengrad in einem Bogen nach Südwesten hinzieht. Das Flugzeug landet zum Auftanken in Magadan auf dem sibirischen Festland, wo sogar noch Ende Juni das kahle Dschugdschurgebirge im Westen mit Schnee bedeckt ist. Dahinter erstrecken sich Tundra und Taiga 5000 Kilometer weit bis zum Ural und zum europäischen Rußland: ein nahezu zusammenhängendes Waldgebiet, das heute die Hälfte aller Nadel- und ein Drittel aller Laubbäume der Erde birgt.

Von Magadan aus fliegt die Maschine quer über das Ochotskische Meer. Die Küste Sibiriens rückt erst mit dem weitverzweigten Delta des Amur wieder in den Blick, schimmernde Wasserbänder und -flächen erstrecken sich unter der tiefstehenden Sonne bis zu fernen Hügeln und Hochebenen. Der Amur ist der Hauptstrom des großen Flußsystems, das Ostsibirien und Nordchina entwässert. Über 1,85 Millionen Quadratkilometer umfaßt sein Einzugsgebiet auf dem rund 4400 Kilometer langen Weg von der östlichen Mongolei bis zum Meer. Zusammen mit dem Ussuri (chinesisch: Wusuli), der sich ihm, von Süden kommend, anschließt, bildet der Amur die Nordostgrenze zwischen China und Rußland, von der Inneren Mongolei bis zum großen Chankasee (chinesisch: Xingkai Hu) an der Grenze zwischen China und der Region Primorje, der russischen Seeprovinz am Japanischen Meer.

Das Amur-Becken, in dem die Taiga mit ihren borealen Wäldern auf die Tundra mit ihren Büschen und Sümpfen trifft, ist ein Gebiet von erstaunlicher Biodiversität. Hier teilen sich nördliche Formen wie der Sibirische oder Amur-Tiger, Wolf, Luchs, Braunbär und Elch das Revier mit den typischen Tieren der Laubwälder wie Reh, Asiatischer Leopard, Schwarzbär, Mandarinente und Paradiesschnäpper. Es ist das Kernland der asiatischen Kraniche und die einzige Weltgegend, in der Jahr für Jahr sechs verschiedene Kranicharten Station machen (und regelmäßig auch eine siebte in Gestalt eines weit vom Kurs abgekommenen Kanadischen Kranichs auftaucht). Wohl die beiden schönsten von diesen sieben Arten – der Mandschurenkranich und der Weißnackenkranich – finden sich zum Brüten am Amur ein. Das war zwar nicht der einzige Grund für meine Reise (der große Amur selbst war ein spannendes Ziel), aber ich freute mich sehr darauf, diese majestätischen Kraniche in ihren asiatischen Heimatsümpfen zu sehen.

Endlos zieht das Delta unter den Flugzeugflügeln stromauf- und landeinwärts dahin, bis es sich schließlich zu der großen Biegung verengt, die der Amur nahe der Stadt Chabarowsk macht. Der Amur ist der größte wilde, unbefestigte, unüberbrückte und nicht eingedämmte Fluß auf Erden, so einzigartig in der Riesigkeit seines Bekkens wie der kilometertiefe Baikalsee weiter im Westen. Doch in jüngster Zeit ist diese letzte Wildnis des russischen Fernen Ostens ins Visier der internationalen Öl-, Bergbau- und Holzindustrie geraten, von multinationalen Firmen aus Südkorea, Japan und den Vereinigten Staaten, und wegen seiner wirtschaftlichen Probleme wird Rußland vielleicht nicht mehr rechtzeitig genug reagieren können, um die Natur zu retten.

Von Chabarowsk aus reise ich nach Südosten in die Küstenregion des Ussuri-Gebiets, um mich einer Expedition anzuschließen, die der Erforschung des gefährdeten Amur-Tigers dient. Von dort geht es zum Bolsche-Chechstir-Wildreservat südwestlich von Chabarowsk, nahe dem Zusammenfluß von Ussuri und Amur, wo ich an einer internationalen Kranichkonferenz teilnehme. Sie wird von der 60 Umweltgruppen repräsentierenden Sozio-Ökologischen Union (SÖU) Rußlands und der International Crane Foundation (ICF) mit Sitz in Baraboo, Wisconsin, organisiert und genießt die Unterstützung amerikanischer Umweltorganisationen. Zwei Ornithologen aus der Mongolei können wegen Reisekomplikationen in ihrem Land nicht teilnehmen, aber China, Japan und Südkorea haben Delegierte geschickt, was für eine frostige Atmosphäre sorgt. Die Zukunft der ostasiatischen Natur, vor allem die der Kraniche als Zugvögel, hängt gegenwärtig von der Kooperation von fünf Nationen ab, die ihre Meinungsverschiedenheiten gewöhnlich mit Fremdenhaß und Krieg angehen.

Zu den Teilnehmern der Konferenz zählen die Direktoren der unter Druck geratenen Wildreservate oder *sapowedniki* des Amur-Beckens. Ihnen geht es darum, zu diskutieren, wie man den Naturschutz mit der Holzfällerei unter einen Hut bringen und andere Kompromisse eingehen kann, die notwendig geworden sind, um die *sapowedniki* am Leben zu erhalten. In den dunklen Zeiten der ökonomischen Anarchie und des Raubritter-Unternehmertums haben die Regionalverwaltungen Schürf-, Jagd- und Fischereirechte vergeben, Lizenzen zum Holzfällen erteilt, zur Förderung von Öl und Gas und auch für einen zaghaften Ökotourismus, und sie haben sich dabei kaum oder gar nicht um nachhaltige Entwicklung, Ökomanagement oder Naturschutz gekümmert.

Die Wälder des Amur-Beckens sind über schiffbare Wasserwege leicht den riesigen Märkten von Südkorea und Japan zugänglich

(Länder, die den größten Teil ihrer eigenen Wälder bereits zerstört haben); das geschlagene Holz wird von lokalen Beamten und Militärs, die kaum zur Rechenschaft zu ziehen sind, zu Schleuderpreisen verkauft. Der Direktor von Bolsche-Chechstir beschreibt, wie sein Wald von den regionalen Ökosystemen durch intensive landwirtschaftliche Rodungen isoliert und durch Abflüsse aus Steinbrüchen verschmutzt worden ist. Michail Dichan, der das Kurilen-Reservat auf der Insel Kunaschir leitet, beklagt die schwindende Unterstützung durch die russische Regierung – worunter alle Reservate zu leiden haben – und auch die Auswirkungen von Militärstützpunkten und Rohölverklappung auf die Braunbären seiner Insel und das einsame Paar Mandschurenkraniche, das jeden Winter über die Straße von Nemuro nach Hokkaido zurückkehrt. Und doch wirken diese engagierten Menschen entschlossen, Möglichkeiten zu finden, wie sie ihre Refugien am Leben erhalten können, und sie begrüßen die Vorschläge und die Hilfe anderer Länder. »Wir möchten *mit* euch Amerikanern bei wissenschaftlichen Projekten zusammenarbeiten«, erzählt uns ein Russe stolz. »Wir sind nicht einfach nur zum Betteln hier.«

Koordinator der Konferenz ist Dr. Sergei Smirenski von der SÖU, ein großer, hagerer Russe, der es immer eilig hat und chronisch erschöpft ist, als stünde er als letzter allein in einer hoffnungslosen Schlacht. Eloquent verteidigt er die Amur-Region, setzt all seine Kraft dafür ein, ist wild entschlossen. »Man könnte Sergei Smirenski für verrückt halten, in solch chaotischen Zeiten, da kaum noch einfache Dinge klappen, in Rußland eine internationale Konferenz zu organisieren«, erklärt James T. Harris, der unermüdliche, freundliche stellvertretende Direktor der ICF. »Aber er befürchtet, daß Freiheit und freies Unternehmertum eine Welle von unverantwortlichen Entwicklungen und Zerstörungen auslösen und daß wir Umweltschützer jede Gelegenheit nutzen müssen, um den Amur zu bewahren. Nach Sergeis Überzeugung dürfen wir nicht auf bessere Zeiten warten, um diese Konferenz abzuhalten – wir müssen auf der Stelle anfangen, internationale Kooperationen zu schmieden, wie dürftig die ersten Anstrengungen auch immer sein mögen.«

In einigen Tagen wird die Konferenz an Bord eines Schiffes fortgesetzt, das von Chabarowsk aus den Amur Richtung Westen und

Norden bis zu den Überflutungsgebieten an seinem Mittellauf hinauffahren wird, wo der Mandschurenkranich, *Grus japonensis*, sich das Brutgebiet mit dem Weißnackenkranich, *Grus vipio*, teilt. Kodirektor der Konferenz ist Dr. George W. Archibald, Vorsitzender der ICF und weithin anerkannt als der führende Kranichexperte der Welt. Geboren in Nova Scotia, hat er jetzt, mit 45 Jahren, ein rundes Gesicht und einen koboldhaften Humor, der im Widerspruch zu seiner Entschlossenheit und Zielgerichtetheit steht. Er hat zwar die meisten Kranichhabitate auf der Erde erforscht, doch dies ist sein erster Besuch in Sibirien, das viele Jahre für Ausländer verschlossen war; die Kontinentalpopulation von *Grus japonensis* hat er nie zu Gesicht bekommen. Dr. Archibald erinnert die Delegierten daran, daß der Mandschurenkranich in allen bei der Konferenz vertretenen ostasiatischen Ländern als Symbol langen Lebens, von Glück, Harmonie und Frieden verehrt wird und überall in Kunst und Design und als dekoratives Motiv zu finden ist, von Wandschirmen und verzierten Schriftrollen über herrschaftliche Roben bis hin zu Hochzeitstorten. »Genau wie Kraniche internationale Grenzen ignorieren, schenken wahre Kranichschützer Ideologien und politischen Belangen keinerlei Beachtung«, sagt er und strahlt dabei die mürrischen Gesichter der Delegierten an, deren Länder allen Grund haben, sich gegenseitig zu mißtrauen und zu hassen. Archibald weiß, welche Hindernisse der Einmütigkeit im Weg stehen, doch er läßt sich einfach nicht unterkriegen, er ist ein »Craniac«, wie er sich selbst beschreibt, der das Leben liebt, so wie es sich in den Kranichen prächtig manifestiert. »Alles, was sie tun, wirkt besonnen und graziös«, meint er. »Es gibt Vögel und es gibt Kraniche, genau wie es Affen und Menschen gibt.«[3]

Am Amur haben sich schon immer viele Völker versammelt, fährt er fort, nicht nur die Russen aus Europa, sondern auch alte asiatische Völker wie die Udehe und die Burjaten, die Mongolen aus den großen Steppen, die Mandschuren von der anderen Seite des Ussuri – er deutet über den Fluß hinweg – und die Han-Chinesen, die deren Stelle einnahmen, als sie nach Norden in die Region vordrangen, die als San Jiang oder Die Drei Flüsse bekannt ist, wo weite Feuchtgebiete – das Hauptbrutgebiet des Mandschurenkranichs in China – das Wasser für jenen Landstrich liefern, den chinesische Technokraten als »Große nördliche Kornkammer« bezeichnen. Zwar sind viele Fortschritte gemacht worden, in jüngster Zeit wurden in allen bei dieser Konferenz vertretenen Ländern neue Naturreservate eingerichtet – an dieser Stelle lächelt Dr. Archibald ermutigend –, doch menschliche Eingriffe drohen den Flüssen und Wäldern und ihrer Flora und Fauna irreparablen Schaden zuzufügen. Kurz gesagt, versichert er uns, ein passenderer Platz für diese internationale Konferenz ließe sich kaum vorstellen.

Immer mehr muß man in der Geopolitik den entscheidenden Faktor für das Überleben der Kraniche sehen. Doch wenn man in die Gesichter der Delegierten blickt, lassen sich alle möglichen Probleme antizipieren. Das tiefsitzende Mißtrauen zwischen Rußland und China hat seinen Ursprung in der zaristischen Expansion nach Asien im 19. Jahrhundert und verfestigte sich, als durch Zentralasien und entlang der Grenzen der Mongolei und Mandschurei die Transsibirische Eisenbahn gebaut wurde. Die Verbitterung der Chinesen kulminierte im Boxeraufstand von 1900 gegen die »ausländischen Teufel«, die die wichtigsten asiatischen Häfen besetzt hielten, den Handel beherrschten und für Feuer, Überschwemmungen und Dürre verantwortlich waren, weil sie die natürliche Harmonie des Lebens störten.

Nach Ansicht der Chinesen haben die Russen im Amur-Becken genauso wenig zu suchen wie die Japaner, die in den dreißiger Jahren des 20. Jahrhunderts aus der Mandschurei ein Marionetten-Königreich machten. Damals unterstand auch Korea japanischer Herrschaft (von 1910 bis 1945 war es kolonisiert), und Südkorea hegt noch immer wütende Ressentiments gegenüber den Japanern, weil diese nicht zugeben wollen, daß koreanische Mädchen gewaltsam als »Gesellschafterinnen« von japanischen Truppen mißbraucht wurden. Japan seinerseits kann den Amerikanern die Zerstörung von Hiroshima und Nagasaki nicht verzeihen. Rußland und Japan liegen wegen der Kurilen in permanentem Streit, China hat unangenehme Erinnerungen an den Krieg mit Südkorea und den Vereinigten Staaten, und die USA haben nicht vergessen, welche »Schande« die Japaner ihnen in Pearl Harbor zufügten, welche Rolle China im Korea- und im Vietnamkrieg als Alliierter der Gegner spielte und wie feindselig sich die Sowjets während des langen Kalten Krieges aufführten. Angesichts dieser Umstände unternehmen die Delegationen kaum Anstrengungen, miteinander zu kommunizieren, selbst wenn Dolmetscher bereitstehen.

Unsere chinesischen Kollegen jedoch, etwa 20 an der Zahl, sind mit konstruktiven Absichten nach Rußland gekommen, wenn man ihren am ersten Tag erhobenen roten Transparenten glauben darf, auf denen in goldenen Buchstaben verkündet wird: »Genau wie diese zwei Flüsse zusammenkommen [der Ussuri und der Amur], so müssen unsere beiden Länder zwangsläufig zusammenkommen.« Diese ehrenwerte Einstellung heizte nur die Paranoia der russischen Gastgeber an: Das Transparent konnte man auch so verstehen, daß es »unter der Flagge Chinas zusammenkommen« bedeutete, oder etwa nicht? Mit Hilfe der Dolmetscher sprechen beide Delegationen ausführlich mit George Archibald und auch mit Jim Harris, der an zahlreichen Expeditionen in China teilgenommen hat, die Chinesen mag und ihr Vertrauen hat.

Und sei es nur, weil die Mandschurei offiziell nicht mehr erwähnt wird, stimmen die Chinesen zu, daß »Rotkronenkranich« (englisch: *red-crowned*) dem »Mandschurenkranich« oder »Japanischen Kranich« als gemeinsamer Name für *Grus japonensis* vorzuziehen sei; die Art brütet in drei der vertretenen Länder und überwintert in zwei anderen. Stolz berichten sie uns, daß der »Rotkronenkranich« in ihrem Land gemeinsam mit dem Großen Panda und der Goldstumpfnase als »geschützte Spezies ersten Grades« eingestuft sei.

Trotz uralter kultureller Traditionen, in Poesie und darstellender Kunst wilde Tiere einzubeziehen, ist ein echtes Interesse am Naturschutz bei den asiatischen Völkern noch sehr jung. Wie man die ureigensten Interessen der Kraniche mit den nationalen und kulturellen Vorurteilen ihrer Gönner unter einen Hut bringen will, bleibt die unausgesprochene Frage, die unseren hartnäckigen Diskussionen während der folgenden Tage zugrunde liegt.

Chabarowsk, eine große Industriestadt aus der Sowjetzeit, liegt am Zusammenfluß von Ussuri und Amur. Im Sommer ist es dort hell, heiß und feucht, die Luft ist vom Ruß und Qualm der Fabriken stromauf verdreckt. Der riesige, leere zentrale Platz der Stadt mit seinem sterilen Parteihauptquartier und der Lenin-Statue wirkt eher überkommen und einsam als bedrückend, aber die von Ulmen gesäumten Straßen, die Parkanlagen am Fluß und der stark frequentierte öffentliche Badestrand lassen die Stadt weniger heruntergekommen und entmutigend wirken als andere sibirische Städte weiter im Westen wie etwa Irkutsk am Baikalsee. Am breiten Fluß scheinen die dort vertäuten großen, ozeantauglichen Schiffe auf die schöne neue Zeit des freien Marktes zu warten. Schon kommen chinesische Straßenhändler aus Heilong Jiang über den Fluß, um billige Imitate westlicher Turnschuhe, Jeans, T-Shirts, Softdrinks und CDs zu verkaufen – die amerikanische Monokultur legt sich wie eine Plastikbahn um die Welt und erstickt noch die letzten ursprünglichen Gerüche, Farben und Eigenarten. Zwischen den wenigen landestypischen Produkten finden sich Schals und Kopftücher, die aus der Wolle des Tschirus, der tibetanischen Antilope, gewebt sind – feine Stoffe, so leicht und zart, daß der Qualitätstest darin besteht, sie durch einen Fingerring gleiten zu lassen. (In jüngster Zeit hat die internationale Nachfrage nach dieser Wolle so lebhaft zugenommen, daß die tibetanische Antilope, wie der Sibirische Tiger, durch Jagd an den Rand des Aussterbens gebracht wurde.)

Von Chabarowsk aus wird der gecharterte Flußdampfer, die *W. Pojarkow*, rund 1100 Kilometer stromauf bis zur Mündung der Seja in den Amur fahren. Das Schiff ist, wie sein Heimathafen, nach einem jener Kosaken benannt, die im 19. Jahrhundert halfen, das russische Reich vom Ural bis zum Pazifik auszudehnen und dabei alte zentralasiatische Königreiche auszulöschen. Das Schiff ist 75 Meter lang und hat einen Tiefgang von 1,7 Metern – ein bißchen viel, brummt der Kapitän, für den Oberlauf des Flusses in diesem regenarmen Jahr. Es gehört der Sputnik-Jugendorganisation, und allem Anschein nach sind die jungen Sputniks auf Draht, denn ihr Schiff ist ein seltenes Beispiel dafür, wie Rußland sich wandeln muß, wenn das Land seinen Anteil am weltweiten Tourismus beanspruchen will. Es ist weiß, hat saubere und geräumige Decks, eine Klimaanlage und jede Menge heißes Wasser, frisches Essen und frische Blumen auf den Tischen im Salon sowie auf dem Oberdeck einen angenehmen, sonnendurchfluteten Versammlungsraum für Konferenzen; fast alle Passagiere haben Außenkabinen mit Blick auf den Fluß.

Unter der neuen russischen Flagge stampft das Schiff einen westnordwestlichen Kurs. Der Amur ist rund eineinhalb Kilometer breit; zu beiden Seiten wird er von flachen Feuchtgebieten und weiten ebenen Steppen flankiert, die mit vereinzelten Gruppen von fahlen Weiden und schwarzen Eichen durchsetzt sind. Weit kann man nicht sehen, denn die Ufer ragen hoch, der Wasserspiegel ist bereits so niedrig, daß zu beiden Seiten Sandbänke trockenliegen. Die Russen nennen den Amur »Väterchen« (die Lena ist die Mutter), bei den Chinesen aber heißt er Heilong Jiang, Schwarzer-Drache-Fluß, was zugleich der heutige Name ihrer großen Nordostprovinz ist – der früheren Mandschurei –, die backbord voraus liegt.

Als der Amur Mitte des 19. Jahrhunderts zur Grenze zwischen den beiden Ländern wurde, galt er als russischer Fluß, zu dem die Chinesen freien Zugang hatten. So blieb es bis Ende der sechziger Jahre, als die UdSSR auf chinesische Übergriffe reagierte und die Herrschaft über beide Amur-Ufer verlangte. Nach einer Reihe von blutigen Scharmützeln zog die Sowjetunion ihre Forderung allerdings zurück, trat die Zuständigkeit über bestimmte Strecken des Nordufers ab, während sie andere einzäunte und damit ihren eigenen Siedlern die Benutzung von Schiffen und sogar das Angeln oder Schwimmen unmöglich machte. Da sich die Situation in den vergangenen fünf Jahren entspannt hat, ist das wegen des Grenzstreits spärlich besiedelte Nordufer an Sibirien zurückgegeben worden, aber die Siedler haben die Zäune und die Alarmsysteme intakt gelassen – »um ihre Gärten vor unseren hungrigen Stadtbewohnern zu schützen«, erklärt Smirenski.

Russische und chinesische Kanonenboote kreuzen an der Mündung des Ussuri, wo sich die Grenze nach Westen wendet. Jenseits der Mündung ragen in kurzen Abständen russische Wachtürme über die niedrigen Weiden am Ufer empor, und bald sind deren Gerippe Kilometer um Kilometer entlang dem stillen Fluß die einzigen Anzeichen für menschliche Aktivität. Hinter dem schmalen landwirtschaftlich genutzten Streifen am Ufer liegen Sümpfe, weite Grassteppen und die unermeßliche Taiga, allesamt unbewohnt. Südlich von uns liegt die große Drei-Flüsse-Ebene im Dreieck zwischen Amur und Ussuri, die von einem dritten großen Strom, dem Songhua, durchschnitten wird, der in den Bergen Nordkoreas entspringt, durch die Provinzen Jilin und Heilong Jiang fließt, um nach über 1800 Kilometern 160 Kilometer stromauf von uns in den Amur zu münden. Bis in jüngste Zeit gab es in diesem Gebiet keine Städte, nur ein paar mandschurische Dörfer; jetzt gehen die letzten des Man-Volks ihrer Sprache verlustig. Ihre Stelle haben Han-Chinesen eingenommen. Die »Große nördliche Kornkammer« wird Unmengen Elektrizität brauchen, und sie wird, wenn es nach dem Willen Chinas geht, aus einer Serie von 27 Staudämmen für Wasserkraftwerke am Lauf des Amur kommen. Wir sind wohl die ersten Ausländer seit vielen Jahrzehnten, die Hunderte von Kilometern weit auf dem unberührten Amur reisen, aber, wie jemand anmerkt, wir könnten auch die letzten sein.

Die Russen haben ebenfalls ehrgeizige Pläne für Rodungen und Holzgewinnung im Amur-Becken, wo sie noch über viel mehr unberührten Wald und viel weniger Einwohner verfügen als die Chinesen; die alten Blockhütten-Siedlungen der Kosaken-Pioniere am Nordufer liegen kilometerweit auseinander. Im Baikal-Gebiet weiter westlich gibt es nur eine lokale Holzindustrie, die hauptsächlich den Nachschub für die örtlichen Zellstoff- und Papierfabriken liefert, aber auch sie zerstört riesige Bereiche der Taiga und vergiftet Boden, Luft und Wasser. Dieselbe brutale Entwicklung wird auch den Amur verstümmeln, zumal er bis weit ins Landesinnere schiffbar ist.

Die meisten Flüsse und Städte Sibiriens sind durch die rasante Industrialisierung zu Sowjetzeiten entsetzlich verdreckt. Alexei Jablokow zufolge, dem ökologischen Berater des früheren Präsidenten Jelzin, sind »rund 75 Prozent aller Seen und Flüsse in der ehemaligen UdSSR so stark kontaminiert, daß das Wasser nicht mehr trinkbar ist«. Im fernen Norden ist die Lage noch schlimmer, viel schlimmer, sagt Iwan Djatschowski, ein kleiner, gebeugter Mann aus dem traditionsreichen Volk der Jakuten, der größten ethnischen Minderheit Rußlands; ihre Heimat ist die Republik Jakutien, eine riesige subarktische Wildnis. Djatschowski setzt sich bei der Konferenz für den *sterch* ein, den Nonnen- oder Schneekranich, *Grus leucogeranus*, dessen östliche Population in Jakutien auf ihren Nord-Süd-Zügen diesen Fluß überquert.

Mit Hilfe des herausragenden russischen Tiermalers Viktor Bachtin als Dolmetscher frage ich Djatschowski, warum er sich so leidenschaftlich für diesen Vogel einsetzt. Er antwortet einfach und direkt, indem er mir von seiner Kindheit in der borealen Taiga an der Nordostküste Sibiriens erzählt – wie er im Alter von acht Jahren auf einen Gletscher kletterte, sich bei einem Sturz den Rücken brach und nicht mehr laufen konnte. Eines Tages, erklärte er, nahm sein Vater ihn mit nach Südjakutien, wo Nonnenkraniche bei ihrer Frühjahrswanderung Station machten, damit der kleine Iwan die wunderschönen weißen Vögel bei ihren Balztänzen sehen konnte. »Wer diesen Kranich sieht, ist glücklich, und wer seinen Tanz sieht, ist doppelt glücklich, so sagt mein Volk.« Der *sterch*, so glaubt Iwan, habe ihn geheilt, weil er ihn dazu brachte, wieder laufen zu lernen. Später verbrachte er die Sommer damit, die Brutplätze im äußersten Norden zu suchen, die zu diesem Zeitpunkt noch kaum bekannt waren. Schließlich nahm er eine Stelle als Physiklehrer in einer Gemeindeschule im subarktischen Delta des Flusses Indigirka an und verbrachte die langen Tage der Sommermonate mit dem Studium der Kraniche in den Tundra-Marschen.

»Ich wanderte weite Strecken, und in der Regel ging ich allein, um sie besser beobachten zu können. Ich hatte einen 50 oder 60 Kilogramm schweren Rucksack mit Käse, Trockenfisch, Fleisch und Gemüse dabei, genug für 45 Tage, aber ich rührte in der Regel das Essen nicht an, bis ich die Kraniche lokalisiert hatte und ruhig an einem Ort verharren mußte. Bis dahin lebte ich von dem, was mir das Land bot, größtenteils von Fischen, auch wenn ich gelegentlich eine Ente erwischen konnte.«

Ein brütendes Kranichpaar zu finden war oft schwierig, denn die Nester sind bis zu 40 Kilometer voneinander entfernt. »Jakutien ist riesig, drei Millionen Quadratkilometer, und den größten Teil davon habe ich zu Fuß durchmessen. In den 16 Jahren, in denen ich nach Kranichen suchte, habe ich 37 Nester gefunden. Seit meiner Kindheit widme ich mein Leben dem *sterch*.«

Schließlich gab Iwan das Unterrichten auf, um sich voll und ganz auf die Kraniche zu konzentrieren. Heute verbringt er einen Großteil seiner Zeit mit dem Kampf gegen die Verschmutzung der Flüsse in Jakutien durch Bergbau, um die wichtigsten Sammelgebiete auf den Zugrouten der Kraniche zu schützen. An der Chroma, erzählt er, hat die Verschmutzung mit Quecksilber bereits mindestens ein Drittel der Brutplätze zerstört. »In diesem Fluß lebten einst 17 Fischarten; jetzt ist nur noch eine übrig, und auch die leidet unter Mutationen«, berichtet er mir. »Die Nonnen-, Grau- und Kanadischen Kraniche in Jakutien werden von dem Öl bedroht, das in Massen aus den Leitungen sickert. Und natürlich fügt es auch den Wasservögeln, den Enten und Gänsen großen Schaden zu.« Angesichts seiner darniederliegenden Wirtschaft fördert Rußland fieberhaft Gold, um Devisen zu erhalten, und plant auch die extensive Ausbeutung von Öl- und Gasvorkommen. »Jakutien ist die harte Währung Rußlands«, sagt Iwan. »Wir Jakuten sind reich an Ressourcen, und wir leben in Armut. Die paar Tausend, die in dieser ganzen riesigen Region noch übrig sind, leben von der Jagd, vom Angeln und von Rentierherden. Die meisten Bewohner in meinem Heimatdorf sind heute Ukrainer und Russen – die Jakuten sind bloß Relikte.«

Angesichts des Zerfalls der russischen Föderation wünscht sich Iwan die Unabhängigkeit der Republik Jakutien, und der weiße Kranich soll zum neuen Nationalsymbol werden. »Einige von denen, die die Unabhängigkeit Jakutiens anstreben, hätten als Wappen gern einen Adler mit drei Köpfen. Dieser Adler-Fraktion geht es vor allem um Macht« – und dabei blickt er grimmig und läßt seinen kleinen Bizeps spielen, bevor er bitter fortfährt: »Der russische Reichsadler hatte nur zwei Köpfe, dieser dritte Kopf ist wohl die Folge von radioaktiver Verseuchung.«

Bei seinem Volk hat der Respekt vor der Natur eine uralte Tradition. »Die Jakuten gehen sehr sorgsam mit dem Leben um. Wir brechen noch nicht einmal Zweige von den Bäumen, um die Mücken zu vertreiben. Den Jakuten sind alle Lebewesen heilig, doch ganz besonders der Kranich. Ehe wir im 11. Jahrhundert von der Baikal-Region nach Norden zogen, gab es in Jakutien eine alte Stammesordnung, und jeder Stamm hatte einen Vogelnamen – Adler-Stamm, Möwen-Stamm, Raben-Stamm und so weiter –, aber es gab keinen

Kranich-Stamm, weil der Kranich das Symbol aller Stämme war, sie zu einem Volk vereinte.«[4] Der beliebteste Tanz der Jakuten, erzählt Djatschowski, ist der Tanz des weißen Kranichs, der sowohl in der nördlichen Taiga als auch in der Tundra brütet. »*Kitalik* lautet der jakutische Name für den Nonnenkranich, und das ist der Name, den mein Volk auch mir gegeben hat: Kitalik-Iwan!« Er lächelt zwar, seine olivgrünen Augen blicken jedoch besorgt. »Es ist schwer, einen solchen Namen zu tragen, eine sehr große Verantwortung«, murmelt Kitalik-Iwan.

»Das Leben auf Erden ist hart, aber wenn man einem Kranich begegnet, werden die Probleme und das Pech weniger. Deshalb träumt jedes Jakutenkind davon, einen Kranich zu sehen. Fast alle unsere Lieder haben mit Kranichen zu tun, und unsere Künstler nehmen das kostbare Elfenbein von den Mammuts, um Kraniche daraus zu schnitzen.

Unsere Schamanen sagen, diese Welt besteht in Wirklichkeit aus drei Welten. Wir leben in der mittleren. Die Welt darunter gehört den Geistern der Dunkelheit, und um dort hinunterzufliegen und die Macht zu erlangen, die Zukunft vorherzusagen und mit den Ängsten der Menschen umzugehen, muß der Schamane ein Mönchskranich [*Grus monachus*] werden. Der Mönchskranich ist schwarz, also fürchten ihn die Menschen, denn einen zu sehen kann den Tod bringen. Um aber in die obere Welt zu fliegen, muß der Schamane ein weißer Kranich werden, ein *kitalik*. Nur der Schamane kann in die Ober- und die Unterwelt fliegen und berichten, was er von den Kranichen und Adlern auf diesen Reisen gelernt hat.«

Bei Sonnenaufgang kommt uns im Morgennebel flußabwärts ein Lastkahn mit Baumstämmen entgegen – zum Export bestimmt, sagen die Russen. Ihr Blinzeln läßt den Schluß zu, daß nichts Geringeres als die Seele Sibiriens an die multinationalen Unternehmen verkauft wird – »die Geier«, wie Sergei Smirenski sie erbittert nennt, »die alles verschlingen, was sie kriegen können«.

Der Fluß ist voller chinesischer Fischerboote mit archaischen Außenbordmotoren. Einige Chinesen, die am Nordufer Wandnetze auslegen, gehen längsseits eines russischen Patrouillenboots, um bei dessen Besatzung ein paar Zigaretten zu schnorren, was mit viel Geplänkel und Grinsen auf beiden Seiten verbunden ist. Es ist bedauerlich, daß die Delegationen an Bord unseres Flußdampfers sich nicht so unbeschwert wie gewöhnliche Menschen begegnen können, die nicht über große Pläne und fehlgeleitete Entwicklungen diskutieren, sondern einfach nur darunter leiden.

Einige Schranken zwischen den Konferenzteilnehmern beginnen zu bröckeln. Das ist Folge des echten Interesses – ja sogar der Begeisterung – für die Idee internationaler Reservate. Da alle acht asiatischen Kranicharten bei ihren Vogelzügen Grenzen überschreiten, hängt ihr Überleben von solchen Kooperationen ab. Abgesehen von dem vorgeschlagenen russisch-chinesischen Reservat nördlich des Chankasees am Ussuri diskutiert man vehement ein viel größeres im Amur-Quellgebiet. Doch trotz der tapferen Bemühungen der Organisatoren und unserer unermüdlichen Dolmetscher Elena Smirenski und Simba Chan bleiben die jeweiligen Delegationen größtenteils unter sich; selbst der einsame Südkoreaner hält mit sich selbst Rat. Ein paar wenige Englisch sprechende Japaner und Russen sowie die rund 15 Amerikaner mischen sich ein bißchen mehr, doch letzten Endes erweisen sich die Sprachbarrieren und angestrengten Höflichkeiten als zu mühselig, und jeder zieht sich zu einem gemütlichen Schwätzchen mit seinen Landsleuten zurück.

Ehe irgendeine Spezies systematisch geschützt werden kann, muß man ihre Brutplätze und ihre Zugrouten herausgefunden haben. Die Reisewege, Territorien und Überwinterungsgebiete des Mandschurenkranichs, *Grus japonensis*, sind so gut kartiert, daß man in Japan, wenn nicht sogar auf dem asiatischen Festland, die meisten Paare dieser Spezies verfolgen und über sie Buch führen kann. Auf dem Festland brütet *japonensis* fast ausschließlich im Einzugsgebiet des Amur, oft in nur dünn besiedelten Randgebieten. Im Grunde handelt es sich um einen Vogel des nördlichen Chinas, der vom Dalainor-See in der Inneren Mongolei und dem Xianghai-Naturreservat an der Grenze zwischen der Inneren Mongolei und der Provinz Jilin nach Osten quer über Heilong Jiang bis zum Chankasee und dem Ussuri verbreitet ist; das Zentrum seines Territoriums ist Heilong Jiang, vor allem die Umgebung des Songhua Jiang und der riesigen Zhalong-Sümpfe nahe der Stadt Qiqihar, rund 23 Bahnstunden nordöstlich von Beijing.[5]

Die wichtigsten Brutplätze von *Grus vipio*, dem Weißnackenkranich, sind noch unbekannt; vielleicht liegen sie in der fernen östlichen Mongolei, was Jim Harris und ich später in diesem Sommer erforschen wollen. Beide Arten sind typisch für das, was Ornithologen unter »orientalischer Avifauna« verstehen, und die Feuchtgebiete des mittleren Amur liegen am Nordende ihres Verbreitungsgebiets. Smirenski zufolge war der Weißnackenkranich früher nahezu im gesamten Amur-Einzugsgebiet verbreitet, aber mit der landwirtschaftlichen Nutzung und der durch den Bau der Baikal-Amur-Eisenbahn begünstigten wirtschaftlichen Entwicklung sowie der Besiedlung der früheren Mandschurei durch die Han, die nach dem Koreakrieg stark zunahm, ist ein Großteil seines Habitats degeneriert oder zerstört.

In der Brutzeit fliegt kein Kranich viel, und bei unserer Reise stromauf haben wir bislang noch keinen zu Gesicht bekommen. Doch in der Abenddämmerung des zweiten Tages wird ein Schwarzschnabelstorch gesichtet (eine weitere seltene, in Japan und Korea bereits ausgelöschte Art, von der es in Zentralasien nur noch 3000 Exemplare gibt). Der einsame Storch kreuzt frei zwischen China und Rußland – ein Vorbote internationaler Einigung. Ob er jedoch diese Männer ermutigt, im Interesse der uns allen gemeinsamen Erde ihre nationalen Gegensätze beiseite zu lassen, ist eine ganz andere Frage.

Am selben Nachmittag erreicht die *W. Pojarkov* Amurset – das »Jüdische Autonome Gebiet«, wie auf einigen Karten zu lesen ist, denn das ist der offizielle, von gottlosem Zynismus der Apparatschiks herrührende Name. Während der großen Säuberungen und Hungersnöte Mitte der dreißiger Jahre wurden Tausende von Juden aus der Ukraine und anderen Landesteilen hierhergebracht. Sie hatten nichts zu essen und keinen Unterschlupf, noch nicht einmal Feuerholz – die meisten Deportierten waren Städter, die nicht wußten, wie sie mit dem schrecklichen sibirischen Winter zurechtkommen sollten –, und die wenigen Pioniere, die hier schon siedelten, waren selbst verzweifelt und konnten oder wollten den Juden nicht helfen, so daß sie in großer Zahl autonom starben, ohne daß der Staat sich eingemischt hätte. Seither sind viele der Überlebenden weggegangen oder nach Israel emigriert, und heute machen jüdische Familien, die ständig hier leben, weniger als fünf Prozent der örtlichen Bevölkerung aus.

Von Amurset führt eine unbefestigte Straße an großen kollektiven Kartoffel-, Sojabohnen- und Weizenfeldern vorbei in eine Flußebene und ein Feuchtgebiet mit Wildblumen im Überfluß – Wiesen voll von Gänseblümchen und der golden-purpurnen sibirischen Schwertlilie, mit gelben Taglilien, einer roten Lichtnelke und Lavendel-Storchschnabel, blauem Storchschnabel, purpurnen Wicken, einer weißen Weichwurzorchidee und hier und da einer leuchtendgelben Prachtlilie. Diese Region namens Schurawalini ist die größte zusammenhängende Grasebene im russischen Fernen Osten, sie bietet den Kranichen und Störchen Zehntausende Hektar an gutem Nisthabitat. Ein gigantisches Storchennest füllt die breite Astgabel einer Eiche, weitere Nester stemmen sich auf ein paar alten Wachtürmen gegen den Wind; fünf Weißstörche staksen in Reih und Glied durch eine feuchte Senke. Es gibt unzählige Vögel – Rohrsänger, Graukopfammern, Knäkenten, ein Paar perlgraue eurasische Kuckucke und einen schwarzen Amur- oder rotfüßigen Falken, der zwischen Weiden und Eichen über die Marsch davonschießt. Und schließlich hören wir, gegen den Wind, den starken, grollenden Schrei der Kraniche, den man manchmal drei Kilometer weit vernehmen kann. Ein schönes Paar *Grus vipio*, Weißnackenkraniche – die ersten Kraniche, die wir auf dieser Reise sehen –, fliegt mit kräftigen Schlägen ihrer großen Flügel über die Wälder in der Ferne.

Am Morgen des 7. Juli, als das Schiff weiter nach Nordwesten fährt, weichen die Prärie und die Sumpfwiesen des Amur-Tieflands der Taiga und immergrünem Wald und den niedrigen Vorbergen des Dahinggan oder Große-Chingan-Gebirges. Die Vegetation wirkt verkrüppelt, das Land ist unregelmäßig verbrannt: Folgen des Großen-Chingan-Feuers, das im Westen als Schwarzer-Drache-Feuer bekannt wurde. Es brach im Mai 1987 nach einem trockenen Winter in Heilong Jiang aus und brannte 20 Tage lang, verschlang ganze

Dörfer und griff über den Amur auf Sibirien über, wo der Flughafen von Tschita wegen der Rauchwolken zwei Wochen lang geschlossen bleiben mußte. In Sibirien wütete das Feuer am schlimmsten, doch die Russen machten keine Anstalten, es aufzuhalten, erstens, weil ein Großbrand bei starkem Wind und großer Trockenheit in einem Land ohne Straßen niemals unter Kontrolle gebracht werden kann, und zweitens, weil in der unermeßlichen Taiga Sibiriens die Bäume schon längst wieder nachgewachsen sein würden, wenn man ihr Holz benötigte. Für China jedoch mit seinen geringen Waldbeständen war das Schwarzer-Drache-Feuer auf lange Sicht eine ökologische Katastrophe: Der weltweit schlimmste Waldbrand seit 300 Jahren zerstörte ein Drittel der letzten großen Holzreserven des Landes.[6]

In der 150 Kilometer langen Schlucht durch das Große-Chingan-Gebirge muß der Dampfer eine Engstelle passieren, die keine 300 Meter breit ist. Der Kapitän erzählt mir, er habe schon Bären an dieser Stelle den Fluß durchschwimmen sehen. Jetzt im Juli steht die Luft hier still, die Hitze nimmt zu, auch die Feuchtigkeit. Sonne und Schatten, ein bißchen Regen tröpfelt, ein silbernes Schimmern im braunen Wasser wie von sich windenden Aalen. Stromauf haben Kormorane, Seeschwalben und große Graureiher an den Ufern Posten bezogen, während hier unten in der Schlucht zwischen den Klippen der Wind mit plötzlichen Böen und Stößen weiße Kämme auf dem Strom aufwirft und den kräftigen Duft der Linden zurückläßt, die flußauf in den höher gelegenen Wäldern blühen. Die Böen lassen nach, die Luft klart auf, es wird kühler.

Sergei Smirenski steht an der Reling und hängt seinen Erlebnissen in diesen Wäldern nach, in denen er monatelang gelebt hat, als er Anfang der siebziger Jahre seine Doktorarbeit über die Vögel des Amur-Beckens schrieb. Die Vielfalt der Flora und Fauna erstaunte ihn. Er fand auch heraus, daß die hiesigen Kraniche, *G. japonensis* und *G. vipio*, niemals systematisch erforscht und auch nicht unter Schutz gestellt worden waren. Zusammen mit Sergei Winter, einem weiteren Kranichfreund, den er dort draußen in den Marschen traf, kämpfte er erfolgreich dafür, daß 20 000 Hektar Feuchtgebiete dem Chingan-Naturreservat zugeschlagen wurden, das 1977 auf seine heutige Größe ausgeweitet wurde.

Smirenski kennt das Amur-Becken so gut wie kein anderer, er ist wütend und deprimiert zugleich wegen der geplanten Dämme und wegen der Freigabe des Holzschlags in der Region, in der es neben gefährdeten Vögeln auch Zobel, Hermelin, den Amur-Leopard und den Buntmarder gibt, ein großes, auf Bäumen lebendes Wiesel. Als er als junger Naturforscher hier draußen gearbeitet hatte, war es auch zu Scharmützeln mit aggressiven Braunbären gekommen. Einer von ihnen hatte ihn rückwärts über eine kleine Klippe getrieben, als er sein Gewehr in die Luft abfeuerte, um den Bären auf Abstand zu halten.

Im Amur-Gebiet, berichtet er, wurde schon seit Ende des 19. Jahrhunderts Holz geschlagen, doch der Großteil der Rodungen resultiert erst aus den letzten Jahrzehnten. Entlang dem Fluß gibt es nur wenige Siedlungen, doch infolge der Holzindustrie und auch der Baikal-Amur-Magistrale werden es mehr werden; binnen bloß fünf Jahren hat diese nördliche Abzweigung von der Transsibirischen Eisenbahn die Taiga zwischen Irkutsk und Chabarowsk erschlossen. Die Begleitumstände und die rasch aus dem Boden gestampften neuen Städte, die bereits das Nordende des Baikalsees verunreinigen, haben in Scharen Krähen und Elstern angezogen, die sich im Umfeld menschlicher Besiedlung wohlfühlen. Der lokalen Vogelwelt einschließlich den Kranichen hat dies sehr geschadet. Auf der chinesischen Seite, wo der Holzschlag und die wirtschaftliche Entwicklung noch sehr viel intensiver sein werden, sind bereits schreckliche Schäden angerichtet worden.

Am nächsten Morgen ist Smirenski schon vor sieben Uhr an Deck, genau wie ein paar andere hartgesottene Vogelbeobachter. »Haben Sie das gesehen?« schreit er und deutet wütend mit dem Finger auf chinesische Fischer, die in ihren Booten aufstehen und uns nachschauen. »Fischen außerhalb der Saison! Gemäß ihrer Abmachung mit meinem Land dürfen sie während der Laichzeit nicht fischen! Ich habe mit den Chinesen darüber gesprochen, und sie kümmern sich gar nicht darum!« Smirenski beklagt die feinmaschigen Netze, die die Chinesen nehmen, um auch noch den winzigsten Lachs aus dem Fluß zu holen. Zwischen Chabarowsk und Amurset, berichtet er, habe er 1000 Netze gezählt; die Mitarbeiter zweier russischer Aufzuchtstationen bei Amurset seien arbeitslos, weil laichende Fische gar nicht mehr so weit stromauf kommen. Solche Praktiken, sagt er, seien nicht allein am Niedergang des Lachses schuld, sondern auch an dem des *kaluga*, des Amur-Störs, des größten Vertreters seiner Familie auf der Erde.

Am erbittertsten haßt Sergei den Mittelamur- oder Chingan-Damm, der für die Engstelle zwischen den Bergen geplant ist und das herrliche Reservat zu überfluten droht, das er einzurichten half. »›Wir müssen *irgendwas* mit unserem Großen Fluß tun!‹ Das ist der Hauptgrund und die Entschuldigung für den Damm«, erklärt er verbittert bei einem Treffen am späten Vormittag im Salon des oberen Decks, wo die Sonne durch die Fenster hereinscheint. Leidenschaftlich argumentiert Sergei gegenüber den paar chinesischen Delegierten, die zu erscheinen sich bequemt haben, gegen den Damm. Die SÖU hege, nachdem sie sich von allen in Frage kommenden Fachleuten, Ichthyologen genauso wie Ingenieuren, habe beraten lassen, ernsthafte Zweifel hinsichtlich des Projekts, berichtet er.

Wegen der Monsunregen ist der Pegel des Amur im Spätsommer, wenn die anderen Flüsse Niedrigwasser haben, hoch. Folglich würde der Damm den Wasserspiegel für die vielen Flora- und Faunaarten, die an die Amur-Verhältnisse angepaßt sind, zwangsläufig zur falschen Jahreszeit anheben; beispielsweise könnten Massen von Eisschollen, die sich im zeitigen Frühjahr hinter dem Damm stauen, später die Ebenen überfluten, wo die Kraniche brüten. Und trotz der gegenteiligen Behauptung der Ingenieure würde der Stausee, anders könne es gar nicht sein, den Grundwasserspiegel steigen lassen und damit die Zusammensetzung der Pflanzenwelt ändern, was unvorhersehbare Auswirkungen auf die Fauna hätte. »Ob wir sie erschießen, ihre Nester überfluten oder ihr Habitat zerstören – wir werden die Kraniche vernichten!« schreit er in echter Erregung. In der Tat bedroht der geplante Damm kritische Habitate vieler endemischer und gefährdeter Spezies, nicht nur die der Kraniche, sondern auch die der Weißstörche, der Riesen-Fischuhus und der chinesischen Schuppensäger. Für viele solcher Spezies liegt die Chingan-Region am Nordrand eines eingeengten und kleiner werdenden Verbreitungsgebiets, in dem das Überleben bereits jetzt schwierig ist.

»Dazu sagen die Ingenieure: ›Was soll's?‹« ruft er verzweifelt. »›Laß die Viecher woanders hingehen, wenn ihnen das nicht gefällt.‹ Natürlich gibt es aber für sie kein ›woanders‹, wo sie hinkönnen. Der Chingan-Staudamm wird auf lange Sicht nichts Gutes bringen. Bei ihrer ›Eroberung‹ des Amur werden die Ingenieure diesen ungebändigten Fluß nicht zähmen, sie werden ihn umbringen. Wir haben die Wahl, die Biologen zu sein, die den Amur für die zukünftigen Generationen zerstören lassen, oder diejenigen, die ihn retten.«

Sergeis Leidenschaft ist ansteckend. Die Amerikaner und Japaner applaudieren, aber die Chinesen hegen ernsthafte Zweifel an dem, was er gesagt hat, sofern ihre erbarmungslose Unergründlichkeit als Anhaltspunkt gelten darf. Einer nach dem anderen wenden sie sich dem einzigen Mitglied ihrer Delegation zu, das an den ursprünglichen Planungen für den Damm beteiligt war.

Dr. Ma Yiqing, Direktor der Zoologieabteilung am Institut für natürliche Ressourcen in Harbin, Heilong Jiang, hat viele Jahre lang in der Region gearbeitet und gilt als führender Experte sowohl für die Amur-Tiger als auch für die Kraniche Chinas.[7] Er erklärt den Konferenzteilnehmern, daß sein Land sich zwar von dem Dammprojekt im Jahr 1957 zurückgezogen, jedoch weiterhin Landvermessung betrieben und sich um Geologie, Wirtschaft, Flora und Fauna und sogar die Landschaft und das kulturelle Erbe der einheimischen Bevölkerung gekümmert habe. Daher wäre China gut vorbereitet gewesen, als Anfang der achtziger Jahre des 20. Jahrhunderts die beiden Länder ein »Komitee zur gemeinsamen wirtschaftlichen Förderung des Amur-Beckens« gründeten, das zwei Wasserkraftwerke am Fluß des Schwarzen Drachen vorschlug. Dr. Ma stimmt Dr. Smirenski zu, daß sowohl Lachse als auch Störe durch menschliche Aktivitäten drastisch reduziert worden sind. Jedoch habe seine Regierung – wirft er jetzt einen raschen Blick über die Schulter auf seine sauertöpfischen Kollegen? – zwei Naturreservate eingerichtet, in denen beide Spezies laichen können. Dabei lächelt Ma geheimnisvoll, was seine Zuhörer verwirrt.

Der Staudamm am mittleren Amur (der in China *Taipingtau* oder »Friedliche-Rinne-Kanal« heißt) wird auf das Chingan-Naturreservat nur wenig Auswirkungen haben – lautet die offizielle chinesische

Stellungnahme. Allerdings gibt Dr. Ma zu, daß er mit einem chinesischen Ingenieur gesprochen hat, der voll und ganz dem zustimmt, was sein russischer Kollege an Daten präsentiert hat. Angesichts solch eines Widerspruchs könne er selbst nur mit den Schultern zukken. Andererseits, fügt er sofort hinzu, sei der chinesische Ingenieur zu einer anderen Lösung gekommen: »Das spielt aber keine Rolle«, sagte der Ingenieur, »wir werden ihn sowieso bauen, denn nur mittels Elektrizität können wir mit minimalen Auswirkungen auf die Umwelt dem Volk Licht bringen. Es wäre eine Verschwendung des Schwarzer-Drache-Flusses, seine Energie nicht zu nutzen.«

»Ist es nicht Zeit, daß wir über andere Energiequellen nachzudenken beginnen, über andere Grundlagen für die Wirtschaft?« fordert Smirenski; er verunglimpft die Ingenieure, chinesische wie russische, als »die Hydro-Mafia«. An dieser Stelle steht Herr Piao Xi Wang auf, der noch junge Direktor der Naturreservate beim Umweltschutzbüro in Heilong Jiang (offensichtlich das Parteimitglied, das die Behörden zur Überwachung seiner Kollegen abgestellt haben), und er antwortet steif: »Es gibt keine ›Hydro-Mafia‹ in China. Unsere Ingenieure arbeiten zum Wohle des Volkes. Unsere Untersuchungen beweisen, daß der Friedliche-Rinne-Kanal so gut wie keine Auswirkungen auf das Naturreservat haben wird. Ohnehin wird das Volk es nur mit Hilfe von Staudämmen schaffen, ein anständiges Leben zu führen.« Er setzt sich.

»Aber selbst wenn Sie recht haben, ist der Chingan-Staudamm nur eines von vielen Problemen, mit denen wir am Amur konfrontiert sind!« Hier unterbricht sich Sergei, er weiß, daß seine Gefühlsausbrüche angesichts bürokratischer Vorbehalte und Untätigkeit zwecklos sind. Er beeilt sich, die Wogen zu glätten, und schließt das Treffen mit der Bemerkung, wie konstruktiv die Diskussionen seien – trotz gelegentlicher kleiner Meinungsunterschiede. Aber niemand kann sich vorstellen, daß unsere chinesischen Kollegen ihre Ansicht ändern oder, wenn sie es täten, dies laut zu sagen wagten.

Die Chinesen sind stramme Pragmatiker, die großen Wert auf Statistiken legen und sich von solch vagen Alternativen zu massiven Staudämmen wie etwa »Ökotourismus« nicht sonderlich beeindrucken lassen. Sie stellen fest, daß es in ihrem großen Land exakt

542 Mandschurenkraniche mit 110 Nestern gibt. Im privaten Rahmen beklagen sich die Russen, daß die Chinesen sich blind an die offiziellen Zahlen klammern, während sinnvolle ökologische Daten aus der Feldforschung fehlten. Sie behaupten sogar, die Chinesen hätten eine feindselige Einstellung gegenüber der ungezähmten Natur mit ihren wilden Tieren, die die Russen so lieben, und begründen dies damit, daß die Chinesen in ihrem eigenen Land den größten Teil der ursprünglichen Flora und Fauna zerstört und somit die Tuchfühlung mit der Natur verloren hätten.

Wohl wissend, daß es in Rußland an vielem mangelt, haben sich die Chinesen reichliche Essensvorräte mitgebracht, die sie für sich allein in ihren Kabinen verzehren; sie sind einfach verärgert über die in ihren Augen chronische russische Unhöflichkeit und Ineffizienz, ganz zu schweigen von den Defiziten bezüglich der Gastfreundlichkeit ihnen gegenüber. Die Chinesen hatten bei den Landausflügen nicht die ihnen zustehende Anzahl der limitierten Sitzplätze bekommen. Das ist zwar wahr, doch zugleich trifft auch zu, daß sie mehr als einmal lieber einen Einkaufsbummel auf dem lokalen Markt machten, als sich auf Buckelpisten durchschütteln zu lassen. Und genauso reiten die Russen zu vorschnell darauf herum, daß die Kleidung der chinesischen Delegierten völlig ungeeignet für die Feldforschung sei – die meisten tragen die ganze Zeit Straßenschuhe und weiße Hemden – und nur drei von ihnen Ferngläser hätten (die in China rar sind und sich auch nicht leicht ausleihen lassen, wie Jim Harris erklärt).

In den Augen der Chinesen genießen, wie der unermüdliche Simba Chan geduldig übersetzt, die Japaner eine Vorzugsbehandlung, weil es sich bei ihnen hauptsächlich um Wissenschaftler und Naturschützer handelt, während die Chinesen, obwohl das nicht ihre Schuld ist, größtenteils Bürokraten sind. In den Wirren der Kulturrevolution und des Großen Sprungs nach vorn, in denen Millionen Menschen starben, war für Naturschützer kein Platz vorgesehen, so daß es nur wenige und nur ältere in der Feldforschung ausgebildete Biologen wie Dr. Ma Yiqing gibt.

Wie nicht anders zu erwarten, ist Dr. Ma sowohl mit einem Fernglas als auch mit Expeditionskleidung ausgerüstet, und er hat sogar zum warmen Wetter passende braune Shorts. Er ist auch aufgeschlossener und umgänglicher als seine Landsleute – ja, sogar humorvoll und ausgelassen –, nicht nur weil er ein bißchen Englisch spricht, sondern auch weil er mit George Archibald in den vergangenen zwölf Jahren zusammengearbeitet hat und die entscheidende Bedeutung von Kranichreservaten begreift. Dr. Ma arbeitet hart daran, seine Delegation zu überreden, zu irgendeiner Art von Übereinkommen mit den Russen zu gelangen; vielleicht verärgert er aber auch seine Landsleute ein bißchen, die sich nicht die Freiheit nehmen, braune Shorts zu tragen und ihre Meinung zu äußern. Jeder von ihnen ist höflich und freundlich, wenn man ihm allein an Deck begegnet, die Miene läßt zaghafte Freude erkennen, wenn man ihn grüßt, doch als Gruppe entspannen sich unsere chinesischen Mitstreiter nur in der Sicherheit ihrer eigenen Quartiere, und wie man aus den Freudenausbrüchen und Trinksprüchen – *Gan bei!* – hinter geschlossenen Kabinentüren schließen darf, sind sie dann wirklich sehr entspannt.

Angesichts des Bevölkerungsdrucks und der industriellen Prioritäten ihres Landes, betont Dr. Archibald, muß man es den Chinesen hoch anrechnen, daß sie in jüngster Zeit Anstrengungen unternehmen, das bißchen Natur, das ihnen noch geblieben ist, zu schonen. Daher beschwört er seine murrenden Kollegen, den Glauben der chinesischen Delegation an internationale Zusammenarbeit zugunsten von Natur und Umweltschutz ernst zu nehmen.

Die japanische Delegation, die ihr eigenes Fernsehteam dabeihat, besteht aus Englisch sprechenden Ornithologen und Freunden von Dr. Archibald. Sie gehen den russisch-chinesischen Scharmützeln aus dem Weg, ergreifen nicht Partei und mischen sich nicht ein, nicht zuletzt, weil ihre Regierung dem neuen Rußland die Wirtschaftshilfe so lange vorenthält, bis die Russen einwilligen, die südlichen Kurilen zurückzugeben. Doch man kann sicher sein, daß wir auf diesem Dampfer in erster Linie Vogelschützer sind und erst in zweiter Nationalisten. (Michail Dichan, der junge Direktor des Kurilen-Reservats, sagt: »Es kümmert uns wirklich nicht, wem das Land gehört. Wir kümmern uns um die Kraniche.«) Insgeheim hegen die Japaner den Verdacht, daß die wenigen Kraniche auf den Kurilen besser dran wären, wenn Rußland die Inseln behielte, weil die Russen vermutlich weniger Interesse daran haben, Kranichbrutplätze trockenzulegen und zu Golfplätzen zu »entwickeln«.

Die Tage und Abende an Bord sind ausgefüllt mit wissenschaftlichen Vorträgen über gefährdete Arten und Gruppendiskussionen über so offensichtliche Gefährdungen der unberührten Natur wie das menschliche Bevölkerungswachstum, die Zerstörung von Flußsystemen, fehlende nachhaltige Waldwirtschaft, Industriegifte und andere Probleme, die Unternehmen und deren Speichellecker in öffentlichen Ämtern nicht zu kümmern scheinen. Bei den Mahlzeiten versuchen Archibald und Harris nach besten Kräften, die Beziehungen zwischen den Delegationen zu verbessern, die Kommunikation zwischen ihnen für die Zukunft zu fördern und den Schutz der bekannten Vogelzugrouten zu koordinieren. Wie ein Delegierter anmerkt, ist es an der Zeit, die Mandschurenkraniche als eine einzige biologische Einheit zu betrachten, nicht als fünf gefährdete Populationen in fünf verschiedenen Ländern.

Trotz zunehmender Schwierigkeiten mit dem niedrigen Wasserstand und frei liegenden Sandbänken hält unser Schiff seinen Kurs bei dieser symbolischen Reise auf dem großen Wasserlauf, der zwei Nationen trennt. Auch auf dem chinesischen Ufer werden die Backsteinsiedlungen kleiner und seltener, auch wenn man gelegentlich in der Ferne noch eine Fabrik sieht. Auf einem Deich am Südufer zieht eine Stute zwei Männer auf einem Bauernkarren mit großen Holzrädern, in kurzem Abstand folgt ihr Fohlen.

Am 9. Juli kommt das Schiff gegen Mittag in Innokentiewka an, einer Kosakensiedlung aus dem 19. Jahrhundert, in der seit den dreißiger Jahren die Landwirtschaft kollektiv betrieben wird; damals war die Getreideernte konfisziert und eine schwere Hungersnot ausgelöst worden, um die Einstellung der Bewohner gegenüber der Kollektivwirtschaft zu ändern. Wie bei den meisten Siedlungen entlang dem Fluß zeigt sich zu dieser Jahreszeit ein breiter brauner Strand, an dem ein paar robuste Sibirier ein Sonnenbad nehmen. Zu Stalins Zeiten, berichten diese Leute, lebten die Einheimischen von Gras und allem anderen, was die Taiga hergab; hin und wieder sei ein

Dorfbewohner in der Hoffnung auf einen Fisch mit Leine und Haken hierhergekommen und sei am Flußufer, zu schwach zur Heimkehr, an Hunger gestorben.

Am frühen Nachmittag landet ein braun und orange gestrichener Aeroflot-Hubschrauber auf dem Strand. Die Delegierten werden in Grüppchen über das Chingan-Naturreservat geflogen, um einen Überblick zu bekommen, und wieder einmal fehlen die Chinesen bei dieser Veranstaltung. Hat man sie nicht eingeladen? Sind sie nicht interessiert? Niemand scheint das zu wissen.

Landeinwärts der Siedlung liegt die Archara-Ebene, ein riesiger Landstrich aus Morast und Feuchtwiesen, durch den sich Bachläufe ziehen und aus dem Gruppen von Weiden, Birken und Pappeln wie Inseln aufragen. Aus seiner Deckung aufgescheucht, schießt ein Reh und dann noch eins durch die Birkeninseln, als würde eine Gewehrkugel zwischen den weißen Stämmen hindurchsausen. Wasservögel fliehen in alle Richtungen, als der knatternde Hubschrauber zur Seite schwenkt, um in den Baumkronen vier oder fünf Weißstorchnester zu inspizieren. So nah kommt er, daß die schwarzweißen Jungen sich in dem peitschenden Lärm und Wind ganz flach in die trockenen Zweige ducken.

Zu dieser Jahreszeit sieht man die Kraniche nur selten in der Luft, da sie sich um die Jungen kümmern, die noch nicht flügge sind. Und doch queren zwei Weißnackenkraniche mit lang ausgestreckten Hälsen in der Ferne den Himmel, und ein Stück weiter scheucht der Hubschrauber ein Paar auf, das gerade in der Mauser ist und – flugunfähig – mit wildem Flügelschlagen durch das Ried davonrennt. Aber leider zeigt sich kein Mandschurenkranich.

Seinem jungen Direktor Dr. Wladimir Andronow zufolge umfaßt das Chingan-Naturreservat 52 000 Hektar Sumpfland in der Archara-Niederung und 20 000 Hektar Hügelland, auf dem neben Eichen, Korea-Kiefern und Linden auch die Fichten und Tannen der nördlichen Taiga wachsen – ein Mischwald aus Laub- und Nadelhölzern, in dem sich die Fauna und Flora Sibiriens, der Mandschurei und des Lands am Ussuri treffen.

An einem See in der Archara-Ebene unterhält das Reservat eine

Kranich-Aufzuchtstation. Sie bekommt ihre Eier und Küken aus Nestern, die von den fast in jedem Frühling auf das Reservat übergreifenden Feuern bedroht sind. Das zunehmende Abfackeln der Marschen, die illegale Jagd, das unzureichende Gelände und der mangelnde Schutz sind die Hauptprobleme. Zu den Mitarbeitern des Reservats zählen 19 Wissenschaftler und Forscher, die neben den Kranichen auch Raubvögel studieren und die ökologischen Auswirkungen der Feuer und anderer Faktoren untersuchen, die die schwindende Kranichpopulation im Amur-Becken weiter dezimieren könnten. Seit die Station vor ein paar Jahren eröffnet wurde, hat ein männlicher Weißnackenkranich ganz allein drei Küken großgezogen, ein Paar verwaister *vipio* hat sich einer Schar wilder auf dem Vogelzug angeschlossen, und ein *japonensis*-Weibchen, selbst noch zu jung zum Brüten, wurde von einem vorbeikommenden Männchen mitgenommen, das, wenn alles gutgeht, zu ihrem lebenslangen Partner wird.

Gegenwärtig leben drei Mandschurenkraniche in der Station – ein Küken, ein einjähriges Tier und ein erwachsenes Männchen –, zu denen sich ein einzelnes Weißnackenküken gesellt. Mit ihrer zutraulichen Neugier und dem niedlichen Piepsen erinnern die Jungen mit den großen Füßen und der warmen, goldbraunen Farbe an Hühnerküken mit unglaublich langen Beinen. Das Mandschurenküken wird größtenteils von dem Einjährigen großgezogen, da das erwachsene Männchen keinerlei Vaterschaftstrieb zu verspüren scheint – ein ziemlich aggressiver Vogel, der wie eine Schlange zischt, während er sich an die nervösen Besucher heranschleicht und schließlich einen Japaner vom Fernsehteam rabiat stoppt, indem er ihn ziemlich raffiniert zwischen die Schulterblätter pickt. »Ich *angegriffen*«, schreit der arme Mann und wagt kaum, hinter sich zu schauen. In Gefangenschaft gehaltene Kraniche können in der Tat ziemlich reizbar sein, was gewisse Vorsichtsmaßnahmen erfordert, und am reizbarsten von allen, sagt Archibald, ist der Nonnenkranich – obwohl der Mandschurenkranich, der größte, schnellste und cleverste seiner Familie, vielleicht noch gefährlicher werden kann.

Ich habe kaum angefangen, von meinem Standort am baumbewachsenen Ufer des Sees aus die Sumpfzone abzusuchen, als knapp 200 Meter entfernt ein lebhaft rot-schwarz-weiß gefärbter Kopf aus dem Ried auftaucht, zurückgezogen wird und abermals auftaucht, diesmal in Gesellschaft eines zweiten Kopfes. Im nächsten Moment stolzieren zwei strahlendweiße Kraniche argwöhnisch ins Freie; die glänzenden schwarzen Tertiärfedern an ihren zusammengefalteten Flügeln haben sie elegant über den darunter versteckten Schwanz drapiert. Seite an Seite stehen sie, strecken ihre weißen Hälse und schwarzen Schnäbel der Sonne entgegen, trompeten im Duett eine Antwort auf den Ruf des gefangenen Männchens auf der Forschungsstation, das sie vielleicht als Eindringling in ihr Territorium betrachten. In der Regel wird das Duett vom Männchen mit einem durchdringenden, einsilbigen Schrei eröffnet, auf den das Weibchen mit einer raschen Folge von zwei oder drei Rufen antwortet; dann vernimmt man vom Männchen eine lange Reihe von tiefen Rufen, zu denen die hohen Schreie des Weibchens den Kontrapunkt bilden. Auf dieses Duett antworten alle Paare in der Umgebung wie ein Echo mit einem synchronen Chor.

Alle Kraniche haben außergewöhnlich scharfe Augen und sind sehr wachsam. Fast simultan wenden sich die beiden Köpfe mir zu, einen kurzen Augenblick lang erglüht das Karmesinrot im Grün der Marsch und der Bäume, dann ziehen sich die Vögel zwischen die im Wind wogenden Halme zurück. Erst als mein erstes Frohlocken abgeklungen ist, geht mir auf, daß das Paar sich zu dicht an der Forschungsstation aufhält, um wirklich wild sein zu können. Wie sich herausstellt, wurden die beiden aus wilden Eiern großgezogen, die man vor einem Frühlingsfeuer rettete. Sie haben sich so an die Forschungsstation gewöhnt, daß sie auf die Rufe der wilden Kraniche, die sie zum Zug nach Süden hätten bewegen können, nicht reagierten; ihre Küken sind allerdings jeden Herbst davongeflogen. Und doch: wie wunderschön waren sie in dem Moment, als ich sie erstmals erblickte – trompetende dreifarbige Kraniche in einem glitzernden Sumpf, von dunklem Wald umstanden, sich nicht bewußt, daß ihre eigentliche Natur ihnen abhanden gekommen ist.

Die meisten Kranicharten richten sich ihre Brutreviere in offenen Feuchtgebieten oder in der Nähe von Wasser ein. Dabei halten sie zum nächsten Paar ihrer eigenen Spezies so viel Abstand, wie es das zu verteidigende Territorium erlaubt. Hat sich ein Paar gefunden, brütet es jährlich, und sie sind ziemlich langlebig. Die Jungen, die das gefährliche erste Jahr überleben, brüten erstmals in ihrem vierten Jahr und dann Jahr für Jahr wieder, in freier Wildbahn mindestens 15 Jahre lang und ein gutes halbes Jahrhundert in Gefangenschaft.

Bei Kranichen schlägt meist der erste Brutversuch und ziemlich oft auch noch der zweite fehl. Trotz anderslautender Legenden bleibt ein Kranichpaar nur dann lebenslang zusammen, wenn die Reproduktion schon bald ziemlich erfolgreich ist, denn die kostbare Brutsaison kann nicht Jahr für Jahr mit dem Versuch verschwendet werden, unfruchtbare Eier auszubrüten. Doch dann halten sich die Partner die Treue, selbst in Gefahr, und diese Treue währt gelegentlich auch noch, wenn einer von beiden gestorben ist. (Es gibt Aufzeichnungen über einen verhungernden *japonensis*, der in der entmilitarisierten Zone zwischen Nord- und Südkorea den gefrorenen Leichnam seines Gefährten bewachte.) Beständige Partner tragen mehr Gene zur Population bei als flatterhafte, und biologisch gesehen überwiegen die Vorteile des intensiven und kontinuierlichen Brütens die Risiken. Die Paarbindung wird durch das elaborierte Tanzen und Präsentieren verstärkt, das diese Familie charakterisiert, genau wie durch den ausgeprägten »Doppelruf«, der für alle *Grus*-Arten typisch ist. Eine verlängerte, an und im Brustbein wie ein Waldhorn gewundene Luftröhre erlaubt jenes wilde Trompeten im Wind, das manchmal schon lange aus grauem Himmel zu hören ist, bevor die dunkle Kette der Reisegefährten durch die Wolken stößt.

Im Frühjahr kommt im Amur-Becken als erster der Mandschurenkranich, *G. japonensis*, an und steckt, so weit wie möglich von allen menschlichen Spuren entfernt, sein Brutrevier ab; den Schutz der Sümpfe verläßt er kaum. Der Weißnackenkranich, *G. vipio*, wählt in der Regel die Randbereiche desselben Bruthabitats und baut sich sein Nest im Ried oder in feuchten Wiesen, wenn auch für gewöhnlich dichter am landwirtschaftlich genutzten Land, wo er reichlich Futter findet. Da *vipio* größtenteils in einem begrenzten Gebiet den morastigen Boden nach Knollen durchsucht, während *japonensis* am Wassersaum Kleingetier jagt und Pflanzen frißt, gibt es zwischen den Arten wenig Konkurrenz und Streit.

Wie Archibald bewundernd hervorhebt, sind die Eier des Mandschurenkranichs außerordentlich glatt, wie es einem so eleganten Vogel geziemt, nicht »rauh und runzelig« wie bei anderen Arten. Merkwürdig und unlogisch ist jedoch, daß *japonensis* Eier legt, die unterschiedlich aussehen; manchmal sind sie rein weiß wie bei den subtropischen Spezies (den beiden Kronenkranichen, dem Sarus- und dem Brolgakranich) und manchmal bläulich oder gefleckt wie bei den meisten nördlichen Arten. Daß es bei *japonensis* gelegentlich ein weißes Ei gibt, läßt vermuten, daß seine Vorfahren in einer weiter südlich gelegenen Region Ostasiens brüteten, wo die weiße Schale die Sonnenhitze reflektiert. (An kaltes Klima angepaßte Arten wie der Nonnenkranich oder der Schwarzhalskranich des tibetischen Hochlands legen die dunkelsten Eier, die am meisten Wärme absorbieren.)

Da die Mandschurenkraniche ausschließlich in hohem, abgestorbenem Schilf brüten, stellt Feuer eine große Gefahr für die Nester dar, und manchmal verhindert es ganz und gar, daß gebrütet wird. Als in einem Jahr wegen Trockenheit und Feuer kein Mandschurenkranichnest mehr übrig war, beobachtete Sergei Smirenski einen *japonensis*, der ein *vipio*-Nest zerstörte und die Stelle in Besitz nahm. Aber auch wenn das Brüten zum Erfolg führt, leben nur drei von fünf Küken lange genug, um Fliegen zu lernen. Bei allen Kranicharten brüten beide Elternteile und kümmern sich um die Jungen, die bald nach dem Schlüpfen das Nest verlassen. In der Regel ist ein Küken beim Kampf ums Futter das dominante, und das andere geht vor Streß und Hunger bald ein.[8] In freier Wildbahn lebende Mandschurenküken gehen jedoch relativ duldsam miteinander um, wie Sergei vermerkt. Daher – und vielleicht noch aus anderen Gründen – ziehen *japonensis*-Paare oft zwei Küken groß.

Ich rudere auf dem See und schwimme und durchforste die Eichenwälder, ich erfreue mich an Haubentaucher, Isabellbrachvogel und Elsterweihe, an Kleibern, Gimpeln und Koreagoldschnäppern. Mit Archibald, Harris und noch ein paar anderen schlafe ich nachts in einem Zelt der Forschungsstation, um mich früh am nächsten Morgen einer Hubschrauber-Exkursion anzuschließen, bei der das sich mausernde *vipio*-Paar eingefangen und mit Sendern ausgestattet werden soll.

Mit der großzügigen Gastfreundschaft, der man überall in Rußland begegnet, bereiten uns unsere freundlichen Gastgeber ein köstliches Abendessen aus frischem Gemüse und würzigen Würstchen, bei dem man sich wie üblich mit Bier und Wodka im Übermaß zuprostet. Ein Archäologe schließt sich uns an, der im Eichenwald auf einer Kuppe mit Blick auf den See eine kleine Grabung hat – eine Fundstelle, sagt er, für Frühmenschen (wahrscheinlich *Sinanthropus*) und auch spätere paläolithische Nomaden, die vielleicht mit den Trägern der frühen japanischen Jomon-Kultur verwandt sind und deren Platz dann der kleine Mongolenstamm der Daguren (russisch: Dauri) einnahm, nach dem die Dagurische Steppe westlich von hier und der Dagurische Kranich, wie *G. vipio* in Sibirien heißt, benannt sind. Auf die eine oder andere Weise wurde die dagurische Kultur zur Zeit von Dschingis Khan und seinen Nachfolgern offenbar ausgelöscht. Zu den Artefakten, die der Archäologe uns zeigt, zählen Harpunen aus Knochen und Beile aus Walroßstoßzähnen, die die Daguren anscheinend durch Tauschhandel von einem nördlichen Stamm, etwa den Tschuktschen, bekamen, sowie Schaber aus Achat, ein mit figürlichen Darstellungen verzierter Eisenspiegel und eine Bronzeglocke mit einem Tigerkopfmotiv, die nach seiner Ansicht rund 1500 Jahre alt sein könnte. Das sind zwar ziemlich alte Objekte, doch sie erinnern mich nur daran, daß die Kraniche in ihrer heutigen Form schon über 60 Millionen Jahre lang flogen, bevor der Mensch sich ein Bild von ihnen machte.

Am nächsten Morgen fliegen wir nach einem heiteren Frühstück – dünne Blinis mit frischen Heidelbeeren und weißem Lindenblütenhonig – mit dem Hubschrauber los. Schon bald werden die zwei sich mausernden *vipio* gesichtet, flügelschlagend und mit erstaunlichem Tempo rennen sie über die Feuchtsteppe davon. Der Pilot schwingt seine große Maschine herum und schafft es, sie zurückzutreiben. Als sie endlich zu ermüden beginnen, werden Smirenski und Wladimir Andronow abgesetzt, um sie einzufangen. Doch obwohl der Hubschrauber die Kraniche weiterhin vor sich hertreibt, müssen die Männer noch lange, bis zur Erschöpfung, rennen, und das größere

Männchen entkommt ihnen schließlich ganz. Smirenski geht das Weibchen an, das ihm mit seinen rasiermesserscharfen Krallen einen bösen Riß quer über den Arm zufügt.

Ein erwachsener Kranich einer großen Spezies ist wirklich ein sehr kräftiges Tier, und sein langer, harter, spitzer Schnabel und seine Klauen sind gefürchtete Waffen. Bei den von Flügelschlägen begleiteten Attacken werden im allgemeinen zuerst die Krallen eingesetzt, und wenn das nicht reicht, um den Gegner zu erledigen oder zu verjagen, zielt der Kranich mit dem Schnabel auf den Kopf oder das Gesicht. Mehrere Paar Hände sind nötig, um den Vogel zu überwältigen und zu markieren, ohne ihn dabei zu verletzen: ein Mann hält die Beine und bindet sie zusammen, ein anderer packt ihn am Hals, während der japanische Ornithologe Dr. Kiyoaki Ozaki ihm einen Sack über den Kopf stülpt (die Dunkelheit beruhigt das Tier) und ein Tuch als Zwangsjacke um seinen Körper wickelt, um die Flügel an den Seiten zu fixieren und Schlagen zu verhindern. Dann wird der Vogel markiert – ein numeriertes rotes Band wird am rechten und ein grünes am linken Bein befestigt. Nachdem das Geschlecht bestimmt und das Tier gewogen und vermessen ist, befestigt Ozaki mit einer Art Geschirr einen kleinen Sender auf seinem Rücken, der erlaubt, den Vogel während seines Zugs per Satellit zu verfolgen. Als ihm der Sack wieder vom Kopf gezogen wird, zischt der riesige Vogel, dessen wütende, flammenfarbene Augen in der karmesinroten Haut mit Elektronengeschwindigkeit blinzeln, in seiner Not wie seine Reptilvorfahren. In der Mauser kann er mit seinen verschlissenen Federresten weder fliegen noch sich so verteidigen, wie er das mit vollem Federkleid könnte.

In der Stille des Sommers, in diesen sonnendurchfluteten Feuchtwiesen voller Iris und Lilien, fühle ich mich wie vor den Kopf geschlagen angesichts des Schauspiels von so viel Menschen- und Maschinenkraft, von Krach, Zeit und Geld, die dafür aufgewendet werden, einen einzelnen, in Lumpen gehenden Vogel einzufangen und zu markieren – von all dem, wozu der Mensch getrieben wird, um die letzten wilden Überlebenden seines eigenen rastlosen Wütens auf diesem kostbaren Planeten zu retten. Nach all diesem Aufwand und Einsatz kann es sein, daß man von diesem durch die desorientierende Erfahrung geschockten Vogel und angesichts der Gefahren, die auf Tausenden von Kilometern bei seinem durch den auf den Rücken geschnallten Transmitter beschwerten Vogelzug auf ihn lauern, vielleicht nie wieder hört.

Jim Harris räumt ein, daß der Funktransmitter die Risiken des Vogels auf seiner Wanderung erhöht. Er glaubt jedoch, daß die entscheidenden Informationen, die so gewonnen werden können, es rechtfertigen, den einzelnen Vogel zugunsten seiner ganzen Spezies einer solchen Gefahr auszusetzen. Das Verfolgen per Satellit kann das Rätsel der unbekannten Vogelzugrouten und -ziele nicht lösen, solange nicht viele Transmitter vielen Kranichen umgeschnallt werden. Aber zu wissen, wo diese Population vom mittleren Amur hinfliegt, wenn die Vögel die Grenzen queren, ermöglicht ein besseres Verständnis davon, welche Gebiete für Zwischenaufenthalte entlang der Route überwacht oder, besser noch, geschützt werden sollten.

Gegen sechs Uhr am nächsten Morgen erwache ich und stelle in der Dämmerung fest, daß das Schiff bei einem Kohlelager nahe des Dorfes Pojarkowo angelegt hat; Kräne (die Maschinen haben ihren Namen vom Wort »Kranich«) strecken rings um uns ihre langen Ausleger in den Nebel. Zierliche Amurfalken kreuzen wie riesige Schwalben auf der Jagd nach Insekten über dem Fluß, aber diese Falken sind ein schwacher Trost angesichts der Nachricht, daß der Fluß zu wenig Wasser führt und das Schiff nicht weiterkann. Der Kapitän hatte auf die Monsunregen gehofft, die sich schon um Wochen verspätet haben; der Dampfer wird nie sein Ziel bei der alten Grenzstadt Blagoweschtschensk am Zusammenfluß von Amur und Seja erreichen.

Ein Mietwagen wird aufgetrieben, und eine kleine Gruppe von Russen und Japanern fährt 80 Kilometer flußauf bis zum Dorf Murawiowka, wo die Einheimischen dafür votiert haben, an Sergeis SÖU 4500 Hektar Land für einen »Naturpark« innerhalb eines bereits existierenden Naturschutzgebiets mit Kranichbrutrevieren zu verpachten. Die historische Vertragsunterzeichnung findet am 10. Juli im Rathaus statt; 70 Gäste drängen sich bei der Zeremonie, es ist das erste Mal seit der Revolution von 1917, daß eine Privatorganisation russisches Land für ein Reservat bekommt. Wir vertiefen uns derweil in angeregte Gespräche über ein von drei Nationen betriebenes Kranichschutzgebiet in der zentralasiatischen Steppe. Auf Anregung der ICF wurde 1986 das Dalainor-Naturreservat mit einem riesigen See und einer Million Hektar Steppe in der Inneren Mongolei eingerichtet und 1989 das russische Daurski-Naturreservat mit 200 000 Hektar einschließlich der weitläufigen Tariseen an der mongolischen Grenze. Dieses Jahr hat die Äußere Mongolei ihr eigenes Daguurin- oder dagurisches Reservat mit 100 000 Hektar gegründet, das größtenteils an das russische an den Tariseen anschließt. In den nächsten beiden Wochen wollen Harris und ich in die östliche Mongolei reisen, um Berichte zu verifizieren, daß am entlegenen Fluß Kerulen Weißnackenkraniche brüten.

Auf dem Rückweg flußabwärts unterzeichnet die chinesische Delegation, immer noch mürrisch wegen angeblicher Diskriminierungen, eine nicht verbindliche Resolution, sich für den Schutz des Amur einzusetzen. Ihre Stimmung scheint sich aufzuhellen, doch nur Dr. Ma und der lächelnde Herr Piao sind entspannt genug, um beim abendlichen Singen im Speisesalon einzustimmen. Die Übersetzerin Elena Smirenski und Kitalik Iwan, der jakutische Freund des Nonnenkranichs, übernehmen mit ihren schönen Stimmen die Führung, während der Vertreter Südkoreas, Herr Cho, ein paar merkwürdige Akkorde auf seiner Gitarre beiträgt. Endlich kommt der Monsun: Am nächsten Tag hängen tiefe, dunkle Wolken über dem Fluß des Schwarzen Drachen. Sie künden von dichtem Regen, der uns in Chabarowsk begrüßen wird.

Von Chabarowsk fahren George Archibald, Jim Harris und ich zusammen mit Viktor Bachtin, Dr. Ma und weiteren chinesischen Delegierten aus Heilong Jiang mit dem Nachtzug Richtung Süden nach Spassk, einer Stadt in der Ussuri-Ebene östlich des Chankasees und westlich der Heimat des Amur-Tigers in den Küstenbergen.

Wie alle sibirischen Städte ist Spassk eintönig grau und hätte dringend ein paar Reparaturen und ein bißchen Farbe nötig, aber die Stadt ist sauber und dank ihrer Zementfabrik und den fruchtbaren Ackerböden auf dem ehemaligen Seegrund von gewissem Wohlstand. Wie in Chabarowsk steht auf dem Hauptplatz noch eine Lenin-Statue, was nicht von Ideologietreue kündet, sondern von Gleichgültigkeit – diese Städte liegen viele tausend Kilometer von Moskau entfernt und wandeln sich nur langsam. Die Straßen säumen dunkle, mattblättrige Pappeln, die Häuser sind meist von einem dunklen, bleigrauen Grün oder einem verwaschenen Blau, dahinter erstrecken sich Gemüsegärten. In diesem heißen Hochsommerwetter stehen die Einwohner nach Brot und Bier an, wobei letzteres aus einem großen Tank auf einem Wagen am Marktplatz verteilt wird. Der malerischste Ort, an dem ich vorbeikomme, ist ein alter Friedhof im Schatten von trauergebeugten Bäumen, der von hohem, melancholischem Gras überwuchert ist, das rauscht und flüstert. »Unsere Freunde liegen hier und unsere Kollegen«, erzählt eine junge Frau angesichts der dürftigen Grabsteine und der Plastikblumen, »und auch unsere Eltern. Deshalb heißt unser Friedhof die Zweite Stadt.«

Die Abschiedsparty am Abend des 15. Juli im Hotel Lotos gerät zur ausgelassenen Feier. Dank der geduldigen Vermittlung der ICF haben es die Chinesen und die Russen zwei Wochen lang miteinander ausgehalten. Jetzt prosten sie sich zu und schwören, sich wieder zu treffen, um gemeinsam an Kranich-Problemen zu arbeiten – was das Hauptanliegen und das Ziel der Amur-Konferenz war. »Chinesen, Russen und Japaner *müssen* zusammenarbeiten. Wenn wir diese Hoffnung aufgeben, geben wir den Amur auf und darüber hinaus noch viel mehr«, sagt Jim Harris. In einer Vereinbarung, die am folgenden Morgen in Spassk unterzeichnet wird, übernehmen es die Russen, im nächsten Jahr einen Hubschrauber zur Erfassung der Kraniche von Xingkai Hu zur Verfügung zu stellen, und die Chinesen, für die logistische Unterstützung zu sorgen. Biologen beider Länder sollen daran beteiligt sein. Im Gegensatz zur rein rhetorischen Amur-Deklaration ist dies eine handfeste, praktische Vereinbarung, die alle Anwesenden als den entscheidenden ersten Schritt bei der Einrichtung eines internationalen Reservats für gefährdete Kranicharten betrachten. Fragil wie die Sache ist, macht sich jetzt doch Harmonie breit; Noritaka Ichida von der japanischen Wildvogel-Gesellschaft ist bereits in Richtung Kurilen abgeflogen, um mit dem *sapowednik*-Direktor Dichan ein Kooperationsprogramm zugunsten der kleinen *japonensis*-Population auf den Inseln aufzulegen.

An unserem letzten Morgen begleite ich zusammen mit Harris und Juri Schibaew, einem Kranich-Biologen aus Wladiwostok, zwei chinesische Regierungsvertreter auf einer Hubschraubererkundung der Grenzregion, wo, wie man hofft, bald ein internationales Kranichreservat eingerichtet werden könnte. Die Chinesen hatten 1986 den ersten Schritt getan, indem sie ihr Xingkai-Hu-Reservat einrichteten, das sie seither ausgeweitet haben. Sie nehmen für sich in Anspruch, daß rund 60 der 130 Mandschurenkraniche im Seegebiet auf chinesischem Territorium leben. Auf der russischen Seite wurden vier Jahre später fünf isolierte, von landwirtschaftlich genutztem Land umgebene Naturschutzgebiete zum Chankasee-Reservat zusammengefaßt, zu dem 800 000 Hektar Feuchtgebiete und offenes Wasser, eine Pufferzone von trockeneren Marschen sowie eine Angel- und Jagdverbotszone von 1,5 Kilometer Breite rund um das Ufer gehören. Die beiden Gebiete stoßen an der Nordostecke des Sees aneinander, und dies wäre eine vielversprechende Stelle für ein internationales Reservat.

Viele Jahre lang lieferte dieses flache Feuchtgebiet östlich des Chankasees zusammen mit einigen wenigen Bauernhöfen koreanischer Einwanderer in Kasachstan den gesamten in der UdSSR angebauten Reis. Da dies der fruchtbarste Boden von ganz Sibirien ist – Getreide, Sojabohnen, Tomaten, Reis, das meiste davon auf riesigen kollektiven Feldern, die sich bis zum Horizont erstrecken –, wurde der Vorschlag, die Feuchtgebiete am See in ein Kranichreservat umzuwandeln, energisch bekämpft. Genauso liegt auf der chinesischen Seite das Xingkai-Hu-Reservat zu nahe am wertvollen Ackerland der Drei-Flüsse-Ebene. Ohnehin könne, sagt Dr. Ma, keine Provinzregierung ein internationales Reservat autorisieren, und Herr Hu Zheng Wu – stellvertretender Direktor der Forstverwaltung von Heilong Jiang und der ranghöchste Vertreter der Delegation – müsse den Forstminister in Beijing fragen, der jeder Vereinbarung und auch der vorgeschlagenen Finanzierung zustimmen muß.

»Manchmal Geld nicht okay, manchmal Geld schon okay«, orakelt Ma Yiqing.

Der Hubschrauber überquert die Getreidefelder westlich von Spassk, fliegt nach Norden über Reisgärten und die Marschen der Pufferzone zwischen Stadt und See. Silbern glitzert der Chankasee durch den Nebel. Er ist ein flaches, ungefähr ovales Becken, das in Nord-Süd-Richtung gut 80 Kilometer mißt und rund 60 Kilometer an seiner breitesten Stelle. Nach Kaspischem Meer, Aral- und Baikalsee ist dies der größte See Rußlands, aber er ist im Schnitt nur 3,5 Meter tief. Er ist hochgradig mit Schwermetallen aus dem Kohlebergbau und auch mit den Herbiziden und Pestiziden der riesigen Landwirtschaftsbetriebe belastet.

Spassk liegt noch immer in Sichtweite, als drei gigantische weiße Vögel auftauchen, die in mäßigem Tempo nach Nordosten fliegen, einen Kurs, der sich mit unserem zu schneiden droht. Ich beuge mich vor und schreie Jim Harris »Mandschuren!« zu; der nickt und lächelt mich über die Schulter zustimmend an. Die Kraniche drehen nach Norden ab und nehmen mit kräftigen Flügelschlägen Geschwindigkeit auf – wobei sich die Spitzen kurz nach oben durchbiegen, wie es für diese Familie charakteristisch ist. Durchs Fernglas kann ich ihre eleganten rot-schwarz-weißen Köpfe sehen.

Die Vögel wenden sich der Sonne zu und verschwinden aus dem Blick, während der Hubschrauber über die Marschen knattert. Der Wind seines Rotors beugt das grüne Ried und riffelt silbrig das Wasser der schwarzen Tümpel. Sie sind mit großen weißen Vögeln übersät – Schwänen, Störchen, Silberreihern –, die sich an Statur oder Majestät nicht mit den überwältigenden Kranichen messen können.

Etwa 80 Kilometer nördlich von Spassk nähert sich der Hubschrauber der Grenze und einem kleinen Fluß, der das Chankasee- und das Xingkai-Hu-Reservat trennt. Er führt den Wasserüberschuß des nebelverhangenen Chankasees nach Osten zum Ussuri ab und jener dann weiter nach Norden zum Amur. An dieser Stelle dreht der Hubschrauber nach Süden und folgt einer waldigen Hügelkette, die den Rand dieses riesigen Suppentellers bildet. Direkt östlich der Hügel erblicken wir eine Familie von vier *japonensis*, die durch die offene Marsch zwischen Tümpeln herumstolziert; gelassen treiben die erwachsenen Vögel ohne viel Geflatter oder Erregung die großen braunen Küken von der blaßgrünen Wiese ins dunkelgrüne Schilf am Wassersaum.

Wir wenden in einem großen Bogen, um sie nicht aufzuscheuchen, und werfen noch einmal einen Blick darauf. Auf der weiten Marsch erinnern diese gigantischen Vögel mit ihren riesigen Küken an ihre Vorfahren, kranichähnliche Vögel, die im Morgenlicht des Eozäns zwischen Dinosauriern herumspazierten, vor 60 Millionen Jahren.

ZWEI

In der Dagurischen Steppe

[In Schanganor] hat der Großkhan einen Palast, den er sehr gern besucht, weil er ... von Ebenen umgeben ist, auf denen man Kraniche ... in großer Zahl findet ... Um ihnen Futter zu verschaffen, läßt der Großkhan Hirse, Buchweizen und andere Körner in jeder Jahreszeit aussäen ...

Marco Polo

Vom Weißnackenkranich, *Grus vipio*, der als »sehr selten und von Ausrottung bedroht«[1] gilt, wußte man, daß er an verschiedenen Stellen im Einzugsgebiet von Amur und Ussuri in Südostsibirien sowie im nördlichen China brütet. Diese kleine Population zog zum Überwintern ins Mündungsgebiet des Han und in die entmilitarisierte Zone auf der koreanischen Halbinsel. Andere flogen weiter über die Koreastraße auf die Felder von Izumi und in die Araseki-Ebene auf Kyushu, der großen Südinsel Japans. Wieder andere, die offensichtlich von weiter westlich kamen, tauchten in größerer Zahl im Gebiet des Pojang- und des Dongtingsees im Flußbecken des Jangtse im Südosten Chinas auf – was ein großes Rätsel aufgab, da die am Pojang-See überwinternde Population, die man erst 1981 entdeckte, mehr als doppelt so groß war wie die Zahl der Exemplare, die im Einzugsbereich des oberen Amur brüten. Dr. Ma Yiqing zufolge wurden die wenigen *vipio* in Nordchina überall der Anzahl nach von *G. japonensis* weit übertroffen, und dasselbe galt weiter im Norden am Amur in Sibirien, wo die Art deutlich im Niedergang begriffen war. Die Umweltschützer wußten nicht, wie sie *G. vipio* helfen sollten, da der Zentralbereich seiner nördlichen Brutgebiete und seine genauen Zugrouten unbekannt waren.

Während des Kalten Kriegs waren Sibirien und Zentralasien für Ornithologen aus dem Westen nicht zugänglich, sie konnten dort keine Feldforschung betreiben, und auch die Kommunikation mit ihren isolierten asiatischen Kollegen war erschwert. Erst als 1991 das Sowjetregime zusammenbrach, erhielt die ICF einen Bericht, daß der Weißnackenkranich in der Dagurischen Steppe in der nordöstlichen Mongolei brüte. Er war auch weiter südlich gesichtet worden, in den entlegenen Marschen, wo der ungezähmte Kerulen über die Grenze der Inneren Mongolei fließt, also im am weitesten westlich gelegenen Einzugsgebiet des Amur. (In ihrer Begeisterung über diesen Bericht hatte die ICF zwei mongolische Ornithologen zur Kranichkonferenz auf dem Amur eingeladen, doch sie hatten nicht kommen können, da die Flüge wegen des Kerosinmangels in ihrem Land annulliert worden waren.) Jim Harris und ich hofften, den Bericht über bedeutende *vipio*-Brutreviere in jener Region bestätigen zu können.

Auf unserem Weg in die Mongolei schlossen Jim Harris und ich uns einigen chinesischen Delegierten an, die von der Amur-Konferenz heim nach Heilong Jiang reisten. Mit dem Zug wollten wir von Rußlands Fernem Osten über die Grenze nach Harbin und von dort weiter nach Beijing fahren, um dort ein Flugzeug nach Ulaan Baatar zu bekommen, das zweimal wöchentlich fliegt, von wo aus wir auf der Suche nach den Hauptbrutgebieten von *G. vipio* in die östliche Mongolei reisen wollten.

Von Spassk aus fuhr unsere Gruppe mit dem Bus zur kleinen Grenzstadt Kamen-Ribotow, um dort den Zug nach Harbin zu nehmen. Dort befand ein Grenzbeamter – ein Oberst Sawin –, daß Paß und Visa des *Amerikanski* nicht in Ordnung seien. Um Rußland verlassen zu können, sagte der Oberst, müsse der *Amerikanski* eine Art Bestätigung von einer übergeordneten Behörde erhalten, daß diese Papiere akzeptabel seien. Im Endeffekt bedeutete dies eine vierstündige Busfahrt zurück nach Spassk und eine Nacht im Zug nach Chabarowsk, fast tausend Kilometer in die falsche Richtung.

Njet pro-blem, versicherten mir meine russischen Freunde. Nach russischer Art mit Händen und Füßen redend, debattierten sie mit Oberst Sawin. Hatte sich vielleicht an diesem entlegenen Ort noch nicht herumgesprochen, daß der Kalte Krieg zu Ende war? Doch dieser halsstarrige Beamte verschloß Augen, Ohren und Mund, stellte sich taub gegenüber allem Flehen. Wie betäubt ging ich auf den Bahnsteig und winkte Jim Harris und Dr. Ma nach, als die Lokomotive pfiff und der Zug ruckte und sich dann langsam über die Grenze nach China in Bewegung setzte.

Viktor Bachtin, der uns als Dolmetscher begleitete, war am Boden zerstört. »Ich schäme mich für mein Land«, sagte er immer wieder, egal wie oft ich ihn darauf hinwies, daß in jedem Land übelwollende Bürokraten das Leben für Wehrlose zur Qual machen. Trotzdem hatte mir dieser Sawin einen hundsmiserablen Dienst erwiesen, denn ich besaß ein kostbares Ticket für das nur zweimal wöchentlich verkehrende Flugzeug von Beijing nach Ulaan Baatar. Es sollte in drei Tagen abfliegen, und wenn ich es verpaßte, würde ich Jim Harris und die Kranichexpedition in die östliche Mongolei niemals einholen.

Entmutigt kehrten wir mit dem Bus nach Spassk zurück. Mitten in der Nacht weckte ich George Archibald, um mir ein paar Rubel zu borgen. Archibald zog sich zuvorkommend ein paar Hosen über den Schlafanzug und ging mit uns zum Bahnhof. Obwohl niemand von uns ernstlich glaubte, daß ich Beijing rechtzeitig erreichen würde, nahm ich am selben Morgen um 3.15 Uhr den Zug nach Chabarowsk.

In Chabarowsk holte mich Sergei Iwanow, ein junger Ornithologe, der mit uns auf dem Amur gewesen war, vom Bahnhof ab. Er führte mich geradewegs zum Visabüro, wo man feststellte, daß meine Papiere in Ordnung waren, *Njet pro-blem*. Sergei Smirenski sagte ebenfalls *Njet pro-blem* und brachte mich eilends zum Flughafen, wo wir erfuhren, daß es keine Direktflüge nach Beijing gab und daß die beiden Flüge nach Harbin, wo ich möglicherweise einen Zug bekommen würde, in dieser Woche überbucht waren. *Njet pro-blem* sagte Smirenski besorgt, aber über alle Maßen zuvorkommend. Da der erste Flug nach Harbin am selben Abend ging, brachte er mich um 20.30 Uhr wieder zum Flughafen, in der Hoffnung auf eine Stornierung. Sergei meinte, ein bißchen Bestechung könnte einen freien Sitz bewirken, und in der Tat funktionierte das. Er winkte mir zum Abschied und verschwand in der Nacht. Er war kaum gegangen, als der Grenzbeamte an der letzten Sperre meinen Paß hinklatschte und zu einem roten Telefon griff, um mit einer unbekannten Instanz zu konferieren – Oberst Sawin? Qualvolle Minuten vergingen, während derer die Leute hinter mir gereizt reagierten und frei heraus meine zur Schau gestellte Unschuldsmiene – *Njet pro-blem!* – in Zweifel zogen, während ich innerlich brüllte. Plötzlich winkte der Beamte mich durch, vielleicht weil es einfach zuviel Mühe machte, diesen verdammten *Amerikanski*, dessen Ausrüstung bereits an Bord war, aufzuhalten.

Um zwei Uhr früh am nächsten Morgen kam ich im Hotel Schwan in Harbin an. Bei Tagesanbruch stellte ich mit der tatkräftigen Hilfe meines Zimmermädchens fest – einer entzückenden jungen Dame namens Fräulein Chen Shih und der einzigen Person im Hotel, die ein bißchen Englisch sprach –, daß der tägliche Zug nach Beijing just in dem Moment abfuhr, als wir dies in Erfahrung brachten, und daß der nächste freie Platz auf dem täglichen Flug erst in vier Tagen zu bekommen war. Unverzagt machte Fräulein Chen Shih meinen Amur-Weggenossen Dr. Ma ausfindig, der gerade dem Zug von Kamen-Ribotow entstiegen war. Unverzüglich kam er mit seinem Fahrrad herbei, hieß mich zu warten, dann strampelte er fort zum chaotischen Büro der Fluggesellschaft. Ich verbrachte einen langen, von Spannung erfüllten Tag in der Hotelhalle, bis er strahlend zurückkam, wieder hatte eine bescheidene Bestechung Wunder bewirkt.

Ma ignorierte meine Dankbarkeit, weigerte sich, in seiner Stadt mein Gast zu sein, und verfrachtete mich in seine kleine Wohnung, wobei er unterwegs haltmachte, um weiße Pfirsiche, Tomaten und Gurken zu kaufen. Nach dampfend heißen Tüchern, Tee, Pfirsichen und Bier und dann einem köstlichen Abendessen, an dem auch sein Sohn und ein paar Freunde teilnahmen, feierten wir das ein oder andere mit unverdünnt genossenen Gläsern *bai jiu*, einem aromatisierten und höchst tödlichen chinesischen Wodka. »*Gan bei!* Dreimal *Gan bei!* Drei ist chinesisches *Prin*-zip!« rief mein fröhlicher Retter. Ma bestand darauf, daß ich ihn künftig als »Lo Ma« anredete, was so viel wie »Alter Hund« bedeutet.

Reichlich mitgenommen verabschiedete ich mich um vier Uhr morgens vom Hotel Schwan. Da China daran festhält, in einem Land, das von Osten nach Westen weit über 3000 Kilometer mißt, nur eine einzige Zeitzone zu haben, war es bereits heller Tag. Trotz des Menschengedränges überall in China herrscht doch ein Maß von Sauberkeit und Ordnung, das im deutlichen Kontrast zur Hinfälligkeit Rußlands steht. Straßenkehrer mit weißen Masken und langen Strohbesen reinigten die breiten Fahrbahnen, wobei sie ständig den Schwärmen von winzigen Traktoren mit alten Bauernkarren dahinter auf dem Weg zu den Straßenmärkten ausweichen mußten. Gemüsegärten grünten und blühten in jedem halbwegs geeigneten Winkel der Stadt und entlang der gesamten Schnellstraße zum Flughafen, wo ein riesiges Plakat GLÜCKLICHE REISE wünschte.

Als wir Richtung Süden Heilong Jiang und die riesigen Landwirtschaftskollektive der Provinz Jilin überflogen, beeindruckte mich, wie durchorganisiert die Landschaft war. Die niedrigen roten Dörfer und Städte sind kompakt gehalten und wuchern nicht hinaus zwischen die Äcker und Felder. Man sieht es mit Wohlgefallen, bis einem aufgeht, wie zahlreich und groß diese Backsteinansammlungen sind, die da wie Pilze aus dem grünen Ozean der industrialisierten Landwirtschaft schießen. Die Bevölkerung Chinas zählt weit über eine Milliarde Menschen – ein Fünftel aller zu stopfenden menschlichen Münder –, und es wird einem schlagartig klar, warum es dort keine Bäume gibt, warum noch das letzte bißchen Boden in der Stadt Nahrung produzieren muß und warum auf die Zukunft der Kraniche – und der Tiger und der Pandas – der dunkle Schatten der Menschheit fällt.

Ich überraschte Jim Harris beim Frühstück in der Halle des schönen West Park Hotels in Beijing. Da er Termine im Zoo wahrzunehmen hatte, sammelte ich mich auf einem langen Spaziergang über den Tiananmen-Platz und durch die Verbotene Stadt. Irgendwo da oben war es ein sonniger Tag – soll heißen, die Sonne schimmerte schwach durch Smog und Staubnebel, die chinesische Städte sogar bei schönem Wetter einhüllen, weil überall minderwertige Kohle verbrannt wird. Die Luftverschmutzung wird von Horden hupender Vehikel noch verschlimmert; sie stinken und qualmen in dem stockenden Verkehr, der dieses Sanktuarium an Stille und Weite umtost, und doch wirken bei alldem der unendlich große Platz und der monumentale Palast heiter.

Vor der Halle der Höchsten Harmonie erwarteten mich auf einer Hochterrasse drei vornehme Bronzekraniche. Es sind die berühmtesten Kranichstatuen der Welt; ursprünglich hielten sie im kaiserlichen Palast zu beiden Seiten des Herrscherthrons als Symbole für langes Leben und Glück Wache, und wie die meisten Tierdarstellungen in der chinesischen Kunst sind sie wunderschön. Mittlerweile aber war ich auf etwas gestoßen, was mir wie eine Aversion gegen alles Natürliche im chinesischen Alltagsleben vorkam. Als ich am Flughafen von Beijing in ein Taxi stieg, begrüßte mich ein lauter Entsetzensschrei des Fahrers, der gerade einen kleinen blaßrosa Gecko auf seiner Windschutzscheibe entdeckt hatte. Ehe ich protestieren konnte – denn nachdem das Tier wer weiß wie viele Kilometer von Flughafenbeton bewältigt hatte, hätte diese tapfere Echse bestimmt ein besseres Schicksal verdient –, brachte sie der Mann mit wiederholten Schlägen seiner Scheibenwischer zu Tode; dann drehte er sich mit einem breiten Lächeln des Triumphs und der Erleichterung um, als hätte er einen Drachen erschlagen. Und jetzt, in der Verbotenen Stadt, versuchte ein Jugendlicher, der vor mir an einer Mauer entlangging, eine harmlose Eidechse mit einer zusammengerollten Zeitung umzubringen. In höchster Aufregung sprang er vor und zurück, als stünde das verzweifelte kleine Tier im Begriff, ihn brutal anzugreifen. Glücklicherweise hatte der junge Mann zu viel Angst, um sein Ziel zu erreichen, und er schien wirklich dankbar, mit seinem Leben davongekommen zu sein, als die fingerlange Echse in einer Spalte verschwand und einen kleinen, traurigen, zuckenden Schwanz zurückließ.

Vor allem von 1949 an kam es in China zu einem entsetzlichen Mißbrauch und Mißmanagement von Land und Leben, was dazu führte, daß sich die Öffentlichkeit der ungezähmten Natur entfremdete. Auf eine große, menschengemachte dreijährige Hungersnot Anfang der sechziger Jahre folgte die sogenannte Kulturrevolution, die 1966 begann und bei der durch Hunger und Gewalt über 30 Millionen Menschen starben, wobei es im dürren Süden angeblich verbreitet zu Kannibalismus kam. Auf den Ebenen in Westen wurden ganze

Herden von Antilopen und Kiangs – Halbeseln – eingefangen und mit Zügen zu den hungernden Millionen in den Städten des Ostens verfrachtet. Die letzten chinesischen Tiger, Leoparden, Wölfe und Rothunde wurden gejagt und als »Parasiten« getötet. Spatzen, Ratten und Heuschrecken wurden als »Klassenfeinde« und »Plagen« zum Tode verurteilt, da sie dem Volk zuviel von seinem Getreide wegfraßen. (China wurde in einer dreitägigen landesweiten Kampagne von Spatzen »gesäubert«, wobei alle denkbaren Waffen von vergiftetem Getreide bis zu Feuerwerkskörpern zum Einsatz kamen und Millionen anderer kleiner Wirbeltiere mit ihnen vernichtet wurden. Erst in jüngster Zeit wurde verfügt, daß die Spatzen ihre konterrevolutionäre Aktivität durch den Verzehr von Insekten wettmachen, und die gemeine Wanze steht jetzt an ihrer Stelle auf der Todesliste.)

Jim Harris sagt: »Die Chinesen lieben die Idee der Natur als Abstraktion, als Metapher, daher nimmt sie in ihrer Kunst so breiten Raum ein, aber die reale Natur macht sie nervös. Die jüngeren Generationen haben keine Erfahrung mit der Natur, geschweige denn mit wilden Tieren.« Die Kampagnen gegen wilde Tiere fielen mit der offiziellen Ächtung der Naturkundeausbildung an den Universitäten zusammen. Obwohl die Regierung ihre Umweltpolitik geändert hat, mangelt es immer noch an in der Feldforschung ausgebildeten Biologen – daher hatte die chinesische Delegation auf dem Amur dieses bürokratische Übergewicht.

Ich kaufte ein Stück Wassermelone, um bei meinem Spaziergang durch den Park meinen Durst zu stillen. Am nächsten Morgen starteten wir in Begleitung des jungen Tsuyoshi »Go« Fujita von der japanischen Wildvogelgesellschaft zu unserer »glücklichen Reise« mit dem Flugzeug in die Mongolische Volksrepublik.

Nordwestlich von Beijing verlassen wir die dichtbevölkerte Ebene, das Hellgrün der Landwirtschaftsflächen wird abrupt von den dunklen Jadetönen sich jäh erhebender, immergrüner Berge abgelöst. Die Große Mauer – im 3. Jahrhundert v. Chr. begonnen und angeblich das einzige Menschenwerk, das man vom Mond aus erkennen kann – windet sich hier wie eine steinerne Schlange über die bewaldeten Berggrate. Kurz darauf folgen auf die Berge die flacheren, trockeneren, weniger fruchtbaren Landstriche der Inneren Mongolei, die wiederum in die harschen Grau- und Gelbtöne der Wüste Gobi übergehen.

Mit dem Flugzeug ist die Gobi kaum eine Stunde von Beijing entfernt. Daß dieses wilde, unerschlossene Land des Dschingis Khan (dessen Reiterei Eurasien überrannte und das Jin-Kaiserhaus erzittern ließ) so nahe lag, führte zum Bau einer Barriere, die sich vom Gelben Meer den ganzen Weg nach Westen bis zur Grenze von Nei Monggol Zizhiqu (der autonomen Republik Innere Mongolei) und auch bis zu der entlegenen Region erstreckte, die zur Äußeren Mongolei wurde und deren alte Hauptstadt Karakorum war. Kublai Khan, der Enkel des großen Khan, ließ seinen Thron in der chinesischen Hauptstadt Dadu errichten, die unter den späteren Kaisern zu Peking wurde und sich heute Beijing schreibt. Von Karakorum ist nichts weiter übrig als eine einsam auf der Ebene liegende große, steinerne Schildkröte, die den wütenden Winden Zentralasiens seit dem 13. Jahrhundert widerstanden hat.

Die Grenze zwischen den beiden Mongoleien verliert sich in der trockenen Einöde der Gobi. Allmählich weichen die Sanddünen ariden Ebenen, dann Grassteppen, die sich während der Monsunsaison im Sommer, wenn das Land den größten Teil seiner mageren Niederschläge abbekommt, in ein regensattes Grün verwandeln, das sich dort noch vertieft, wo kleine Flußtäler die Hochebene durchschneiden. Endlos erstreckt sich grasbestandenes Hügelland ohne Straßen oder Zäune bis zum Horizont. Hin und wieder heben sich kleine Gruppen runder Nomadenzelte wie weiße Pilze von der Steppe ab, und dann und wann ziehen Herden und einsame Reiter durch die Landschaft – Pferde, Rinder, Schafe und Ziegen, ein Kamel. Alle scheinen dem Rand einer glitzernden Stadt im Norden zuzustreben, die dort 1300 Meter über dem Meer liegt. Jenseits klettern die von dunklen Koniferen-Mähnen gekrönten Vorberge zum Kentei-Gebirge hoch, das sich unbewohnt nordwärts über die Grenze bis nach Sibirien hinein erstreckt.

Die nomadische Schamanenkultur der Mongolen, einst fest in der Hand von lokalen Gottheiten und dem Himmelsgott Tengri, ist größtenteils verschwunden, seit Ende des 16. Jahrhunderts die Lehre der Gelugpa-Sekte des tibetischen Buddhismus (der Reformbewegung, der die Dalai Lamas vorstehen) zur Staatsreligion wurde. Das Lama-Kloster Gandan bei Yihee Huree (dem Rest der Welt besser als Urga bekannt) wurde Sitz eines Lamas mit dem Titel »Lebender Buddha der Mongolei«, des nach dem Dalai und dem Panchen Lama am meisten verehrten heiligen Mannes der gesamten buddhistischen Hierarchie. Die Gesellschaft blieb zwar nomadisch, aber der eiserne Kampfgeist der Tatarenreiter wurde offensichtlich durch die friedfertigen Lehren des Buddhismus gemildert, denn das Territorium wurde schließlich von ebendem chinesischen Reich absorbiert, das man einst erobert und regiert hatte. De facto wurde die Mongolei zu einer Kolonie der Qing-Dynastie, und erst als der letzte Kaiser 1911 abdankte, wurde die Äußere Mongolei wieder unabhängig und stellte sich unter den Schutz Rußlands.

1921 nutzte die neugebildete Union der Sozialistischen Sowjetrepubliken die Gründung einer »Mongolischen Volkspartei« als Vorwand, um in das Land einzufallen und die erste kommunistische Satellitenregierung zu bilden. Vier Jahre später wurde Yihee Huree, jetzt Hauptstadt der neuen Mongolischen Volksrepublik, in Ulaan Baatar – oder Ulan-Bator – umbenannt, was »Stadt des roten Helden« bedeutet.

Als 1928 Stalins Marionette Chorlogiin Tschoibalsan (oder Tschojbalsan) an die Macht kam, wurde der Nationalstolz auf Dschingis Khan mit aller Macht unterdrückt, und in den dreißiger Jahren wurde – teils weil der mongolische Buddhismus degeneriert war und seine Priester sich nicht für Reformen interessierten – die mongolische Religion als Fortschrittshindernis gebrandmarkt. Im Zug der antiklerikalen Säuberungen, die in der Sowjetunion bereits stattfanden, wurden die 3000 buddhistischen Tempel des Landes zerstört, ihre Besitztümer beschlagnahmt, die Mönche und Lamas ihrer Roben beraubt, hingerichtet oder in den Untergrund getrieben. Als einziges Lamakloster verschonte man Gandan, das »Große Kloster«, das zu so etwas wie einem baufälligen Museum wurde. Erst in den siebziger Jahren erlaubte man ein paar alten Mönchen, aus ihren Verstecken zu kommen und stellvertretend für andere ihre Religion wieder zu praktizieren, und ein reformiertes Kloster, Taschi-Tschoeling, wurde in der Stadt wiedereröffnet. 1979 besuchte der Dalai Lama Gandan, was den Rotchinesen Gelegenheit bot, ihn wegen seines schlechten Einflusses auf Tibet zu verunglimpfen.

Als 1989 die Rote Armee abzog, wurden Buddhismus und Dschingis Khan wieder offiziell in das Kulturerbe des mongolischen Volks aufgenommen, und zwei Jahre später, im September 1991, kehrte der Dalai Lama nach Gandan zurück; so stark war nach Jahrzehnten der Unterdrückung die angestaute religiöse Begeisterung, daß Zehntausende ihn willkommen hießen. Die Pilger kamen mit Bussen und Lastwagen und auch zu Pferd, wie ihre Staubwolken durchzog Spiritualität das Land. (Wie schon der erste Besuch Seiner Heiligkeit rief auch dieser zweite indignierte Proteste in Beijing hervor, wo man sich darum bemühte, die Äußere Mongolei wieder in die eigene Einflußsphäre zu bekommen und jedes Aufkommen von Nationalismus, jede »lamaistische« Wiederbelebung brandmarkte, weil das die Innere Mongolei auf falsche Gedanken bringen könnte.)

Am Flughafen von Ulaan Baatar erwartet uns der mongolische Säugetierexperte Sharaid Sugarragchaa Chuluunbaatar. Sharaid ist ein häufiger Familienname bei den Burjaten, den Mongolen dieser Region, die sich bis jenseits des Baikalsees nach Sibirien hinein erstreckt, und Chuluunbaatar könnte man mit »Steinkrieger« übersetzen. »Der Name ist vielleicht zuviel der Ehre«, seufzt dieser kleine Mann, hinter dessen Niedergeschlagenheit und trauriger, leiser Stimme plötzlich ein erfreutes Lächeln und so etwas wie Humor aufblitzen. Chuka, wie Freunde ihn nennen, ist in Begleitung von Dr. Ayurzaryun Bold und Dr. Natsagdorjin Tseveenmyadag (im folgenden »Bold« und »Tseveen«) zum Flughafen gekommen, den zwei herausragenden mongolischen Ornithologen, die die ICF über die Kranichbrutgebiete in der östlichen Mongolei informiert hatten, die aber nicht zu unserem Treffen am Amur hatten kommen können. Bold und Tseveen, erklären sie, freuten sich sehruns auf der Reise nach Osten an den Kerulen zu begleiten, von wo aus wir weiter nach Norden in die Dagurische Steppe und die entlegenen Flußtäler nahe der sibirischen Grenze weiterfahren werden. Als Organisator unserer Expedition hat Chuka Zimmer im Balgal-Hotel reservieren lassen, wo man die Handtücher, wie Lotusblüten gefaltet, auf den Betten drapiert und das Essen ständig frisch von einer großen, mütterlichen Russin zubereitet wird, die die unergründlichen Dinge, welche die Fremden tun und sagen, sehr belustigen.

Nach sieben Jahrzehnten als Hauptstadt eines Marionettenstaats sind die öden breiten Straßen und die leblos-grauen Bauwerke Ulaan Baatars die letzten Monumente sowjetischer Oberherrschaft und der Schwärme von Technokraten, die einer Hirtengesellschaft Dreckindustrien aufgepfropft und deren Religion und traditionelle Kultur fast ganz ausgerottet haben. Mit dem Zusammenbruch der UdSSR nach 1989 geriet der Wiederaufbau der Stadt halb vollendet ins Stokken; aus Geld- und Treibstoffmangel stillgelegt, hängen die Kräne wie gigantische Heuschrecken gebeugt über den rostenden Armierungen der Betonblöcke – häßlichen Überbleibseln von Komitee-Denken und Behelfslösungen, die schon altersschwach waren, als sie gebaut wurden. Wie in sibirischen Städten legen die wirren Haufen von miesen Baumaterialien, die man wie Abfall einfach irgendwie hingeworfen hat, Zeugnis von der Apathie ab, die dieser seelenlose »Fortschritt« mit sich brachte. Alles wird vergeudet, sogar Raum – nach dem Zufallsprinzip stehen die Bauten auf riesigen, unzusammenhängenden Grundstücken, zwischen denen einsame Gestalten wie Überlebende umherhasten.

Man muß sich diese Gestalten gegen Ende des Winters vorstellen, wenn die Durchschnittstemperatur bei –20 Grad Celsius liegt und beißende Abgase aus der primitiven Industrie sich wie ein Leichentuch auf die Stadt legen. 1991 produzierten diese Fabriken Waren im Wert von 85 Millionen Dollar, die wegen der dem System immanenten schlechten Qualität keine Abnehmer fanden. Schlimmer noch, Rußland verkündete, daß die der Mongolei in der Vergangenheit gewährten Wirtschaftshilfen im nachhinein als Schulden betrachtet würden. Das Aufkündigen der russischen Wirtschaftshilfe und der russischen Handelsbeziehungen bewirkte zusammen mit neuen Sparmaßnahmen zur Befriedigung der extrem hohen Zinsforderungen des Internationalen Währungsfonds und der Weltbank, daß ein bereits schwankendes System vollends zusammenbrach.

Das westliche Ausland und Japan haben 200 Millionen Dollar versprochen, um dem Land den Übergang zur Marktwirtschaft zu ermöglichen, was nicht annähernd ausreicht, um eine so marode industrielle Infrastruktur wie diese wettbewerbsfähig zu machen. Vergangenen Monat (Juni 1992) lehnte das Volk aus Angst vor dem Chaos und einem Hungerwinter die neuen demokratischen Kandidaten ab und gab die Macht wieder der Mongolischen Revolutionären Volkspartei – der alten Kommunistischen Partei (wenn auch nicht dem alten Regime). Dieses Land in höchster wirtschaftlicher Not verfügt über immense Bodenschätze, aber bis diese erschlossen werden können, darin sind sich alle einig, muß es unter Instabilität und Mangel leiden.

Während unseres Aufenthalts gab es in der Hauptstadt nur mit Unterbrechungen Strom; Fleisch, Mehl, Zucker, Streichhölzer und Wodka waren streng rationiert. Doch wie in Rußland führen die dunklen, kalten Treppen zwischen den rostrot gestreiften Wänden der Betonbauten zu warmen Privatwohnungen, und auf der Straße, wo man noch den traditionellen *deel* sieht – einen knielangen Mantel mit hohem Kragen, den die Männer auf traditionelle Weise mit einer Schärpe und zu Stiefeln tragen, die Frauen in voller Länge –, wirken die Menschen verhältnismäßig fröhlich und energiegeladen angesichts des chronischen Mangels, unter dem sie leiden, seit Rußland für sein Öl harte Währung verlangt.

Heute sind die grün-goldenen Tempel, Hallen und ummauerten Gänge des Klosters Gandan in der gesamten Stadt des roten Helden die einzige Wohltat für das Auge. Solange der sechsstöckige Haupttempel mit seinem Pagodendach restauriert wird – die einzige Baustelle der Stadt, auf der die Arbeit voranzugehen scheint –, halten die gut 100 Mönche den Gottesdienst betend und singend, Trommeln schlagend und Hörner blasend in einer Seitenkapelle auf einem mit Kiefern bestandenen Hof ab, den Räucherwerk-Düfte durchziehen. Am überdachten Eingangstor haben lokale Künstler in der Hoffnung auf Touristen (gegenwärtig besuchen weniger als 300 pro Jahr die Mongolei) kleine Gemälde ausgestellt, die meist die weißen Nomadenbehausungen namens *gers* (im Russischen Jurten), Pferde, Reiter und die traditionelle Lebensweise der Steppenwirtschaft darstellen, die diese Stadtbewohner über die langen Wintermonate mit durchfüttern muß.

Die meisten Mongolen leben noch immer als Nomaden, und sogar hier in ihrer kleinen Hauptstadt lebt fast die Hälfte der 500 000 Einwohner hinter Holzpalisaden in *ger*-Lagern, deren Zelte man in gut einer Stunde abbauen und wieder hinaus in die Steppe bringen kann. Diese halbe Million Einwohner stellt fast ein Viertel der Gesamtbevölkerung eines Landes dar, das so groß ist wie Westeuropa – mit 2500 Kilometern Ausdehnung von Westen nach Osten ist es das größte Binnenland der Erde. Der überwiegende Teil der Mongolei ist unbewohnt und unberührt, nicht allein die Wüsten im Süden und Westen, sondern auch die abgelegenen Ebenen und Sümpfe im fernen Nordosten, wo sich die endlosen Horizonte der Dagurischen Steppe, unseres Ziels, bis hinüber in die Innere Mongolei erstrecken.

Am Abend bringen unsere Gastgeber ausgezeichneten *arak* (mongolischen Schnaps) und gute Karten der östlichen Landesteile, und wir diskutieren lebhaft und aufgeregt. Nach Jahren erzwungener Geselligkeit in asiatischen Kranichländern, deren Sprachen er nicht spricht, hat sich Jim Harris missionarische Umgangsformen zugelegt, die darauf bauen, daß unentwegtes Lächeln und fröhliches Lachen Gutmütigkeit vermitteln, wenn es an substantieller Kommunikation mangelt. Jims fröhliche Wesensart und sein Enthusiasmus sind echt, wie seine Zuhörer erkennen, und dahinter stecken ein gründliches ornithologisches Wissen und eine rasche Auffassungsgabe, was ihn zu einem ausgezeichneten Reisebegleiter macht. Chuka spricht etwas Englisch und Go Fujita noch ein bißchen weniger, aber er kann mit Bold und Tseveen, die uns meistens in russisch-mongolischem Pidgin und taxonomischem Latein ansprechen, ein paar Brocken Russisch austauschen. Ansonsten müssen wir mit dem internationalen guten Willen und der gemeinsamen Leidenschaft für Kraniche auskommen.

Im Sommer ist die Mongolei für plötzliche, extreme Wetterumschwünge berüchtigt. Am späten Nachmittag des folgenden Tages verlassen wir Ulaan Baatar in einem Unwetter mit Regen und Hagel, das Springfluten von Matschströmen durch die Straßen treibt, Autos und Busse zum Stehen bringt und die Ziegen sich gegen die Mauern drücken läßt, nicht jedoch die Fußgänger durcheinanderbringt, die kaum ihre Schritte beschleunigen, um Schutz vor der Sintflut zu suchen. Diese Ausdauer, diese Indifferenz gegenüber den Elementen ist überall in der Mongolei zu finden und kann ein Stück weit den Wirbelsturm erklären, den Dschingis Khan entfachte, sowie die Barriere der Großen Mauer und den Umstand, daß die Wände in den kaiserlichen Palästen des alten Peking stellenweise 1,5 Meter dick sind, um die Barbaren besser auf Abstand zu halten.

Die Expeditionsteilnehmer wollten Richtung Osten nach Tschojbalsan fliegen und dann über Land stromab dem Kerulen folgen, doch wegen des Treibstoffmangels sind alle Inlandsflüge bis auf weiteres gestrichen. Statt dessen werden wir vier Tage lang mit zwei Allradwagen auf der »Ost-West-Autobahn« unterwegs sein; Geräte, Zelte, Ofen und Gummiboote nehmen wir auf einem Einachsanhänger mit. Unsere freundlichen und zuvorkommenden Fahrer, Dorj und Dawa, werden uns beim Kochen und im Zeltlager helfen.

Ein paar Kilometer östlich von Ulaan Baatar verwandelt sich die Straße je nach Wetterumschwung entweder in Matsch oder eine Waschbrettpiste. »Hoffentlich sind sie zäh genug, um diese Fahrt durchzustehen«, warnt der wortkarge Dr. Bold. Sein Name bedeutet »Fels«, und mit seinen 65 Jahren ist er ein ausdauernder alter Haudegen mit dunkler Brille und einem braunen Anzug, der während der gesamten Expedition seinen Bedürfnissen genügen wird. Sein Gesicht ist verwittert wie ein Baumstumpf, flinke, lustige Augen blinzeln aus eliptischen Lederlöchern, nichts kann ihn überraschen, weder Gutes noch Schlechtes, nichts, was die Menschheit im Angebot hat. Sein Begleiter Tseveen, 37, ist ebenso kompetent und zäh, wie er auf der Reise unaufdringlich unter Beweis stellen wird. (Wie es zu einem so schüchternen und stillen Mann paßt, trägt Tseveen Tarnkleidung mongolischer Herstellung, wobei er sich vielleicht nicht bewußt ist, daß die seltsamen tropischen Grüntöne in jedweder Landschaft ein exotisches Bild abgeben.) Beide sind Mitglieder der mongolischen Akademie der Wissenschaften, die ihnen ein kärgliches Gehalt am Rand des Existenzminimums zahlt. Zusätzlich leitet Bold die mongolische Kranich-Stiftung, deren Sekretär Tseveen ist. Zusammen mit ihrem Freund »Steinkrieger« stellen sie ein Viertel der gesamten mongolischen Mitglieder.

Am Stadtrand überquert die Straße die Tuul (Tula), die nach Westen und Norden zum Orchon fließt, von dort in die Selenga mündet, die wiederum aus der Mongolei heraus zum Baikalsee fließt. Eine Stunde weiter östlich windet sich die Straße, jetzt eine Staubpiste, ein Hochtal zur Kontinentalscheide hinauf. Westlich dieses Bergrücken fließt alles Wasser in Richtung Arktis oder versickert in den zentralasiatischen Wüsten, während östlich davon alles Wasser zum Pazifik fließt. Der Kerulen, den wir übermorgen erreichen sollen, mündet in den Dalainor-See in China, dessen Wasser von einem Nebenfluß des Amur abgeleitet wird.

Auf der Paßhöhe steht ein großes *obo*, ein aus Steinen errichtetes Grenzmal, das mit Fetzen und Schnapsflaschen, rostigen Dosen, zerborstenen Thermoskannen und anderen »Opfergaben« geschmückt ist, worunter sich auch zwei Paar alter Krücken und einige zerrissene buddhistische Gebetsfahnen finden. Daß ängstliche Wanderer solche Steinmale errichten, um zornige Lokalgottheiten zu besänftigen, ist zwar in vielen Gebirgsgegenden seit alters Sitte, bei diesem hier handelt es sich aber um eine degenerierte Form der buddhistischen Stupas oder Tschorten, die man auf Paßhöhen überall im Himalaya und in den Gebirgen Zentralasiens findet. Die Mongolen gehen um das *obo* herum und deponieren Steine vom Straßenrand, doch als wir sie fragen, ob sie Buddhisten seien, blicken sie argwöhnisch und schütteln den Kopf. Vor nicht allzu langer Zeit hätte es das Leben kosten können, Buddhist zu sein. »Wir sind alle ein *kleines* bißchen Buddhisten«, murmelt Chuka.

Lange nach Einbruch der Dämmerung bauen wir unsere Zelte auf einer kleinen Grasebene auf. Hier in der Steppe sind die Nächte im Juli sehr kalt. Der Skorpion und der Schwan glitzern im kalten Licht, und die Milchstraße schwingt sich in Schwaden den ganzen Weg bis zum Horizont hinab. Am nächsten Morgen läßt sich meine erste Mongolenlerche unbekümmert auf einem Graskissen vor dem Zelt inspizieren. Nicht weit davon entfernt steht ein fahler Isabellschmätzer, ein alter Bekannter aus seinem Winterquartier in der ostafrikanischen Serengeti. Bei einem Spaziergang über die Grasebene in der Morgensonne finde ich Boviste und andere Pilze, die Dorj und Tseveen zum Frühstück zubereiten.

Schließlich sind wir wieder unterwegs und fahren grasbewachsene Hänge zum Kerulen hinunter. Steppenmurmeltiere stehen aufrecht wie riesige Präriehunde vor ihrem Bau, und ein krankes Tier liegt neben der Piste, sein Fell – golden und elfenbeinern in der Morgensonne – hebt und senkt sich mit jedem schwächer werdenden Atemzug. Die Mongolen winken mich davon weg, sie hupen und schreien in höchster Aufregung: Ein krankes Murmeltier, geben sie mir zu verstehen, könne durch Bazillen in seinem Atem eine tödliche Lungenkrankheit auf Menschen übertragen.[2]

Ein Steppenfuchs huscht durch das wogende Gras, ein Steppenadler stößt auf ein junges Murmeltier herab. Wütend starrt der Adler die näher kommenden Fahrzeuge an, während er hellrote Fetzen abreißt. Säuberlich weidet er dann den Nager aus und läßt das schwere Gedärm zurück, um sich dann, die Reste über die Grasspitzen schleifend, wieder in die Luft zu erheben.

Auf einer Hochebene überqueren zwei elegante graue Vögel, ein Küken antreibend, ein Gerstenfeld. Auf ein Signal der Eltern hin duckt sich das Küken flach zwischen die kargen Gerstenhalme. Suche nach Futter vortäuschend, entfernen sich die Erwachsenen, dann schwingen sie sich mit einem ratschenden Trompetenruf – ähnlich dem der Kanadischen Kraniche, nur weniger musikalisch – in die Lüfte. Fast auf der Stelle fliegen sie einen Kreis zurück, landen ganz in der Nähe und recken die langen Hälse besorgt in unsere Richtung. In der Zwischenzeit haben wir das flachgeduckte Küken gefunden – wie ein graues Hühnchen mit langen Beinen und riesigen Füßen sieht es aus. Rasch macht sich Go Fujita ans Werk, und der erste auf dieser Expedition beringte Kranich trägt nun ein grünes Band am Bein, auf dem »Y-01« steht.

Beim Jungfernkranich, *Anthropoides virgo*, handelt es sich um eine kleine Spezies, die sich an Halbwüsten und natürliches Grasland angepaßt hat, vorausgesetzt, daß sich in der Nähe Wasser findet. Im Gegensatz zu den meisten anderen Kranicharten bevorzugt er trokkenes Klima, festen Boden und sucht in der Nähe von Flüssen und Seen Schutz im niedrigen Gras, wo er zwei grünliche oder gelbgraue Eier legt, ohne auch nur den Versuch zu machen, vorher in die Steine und Kiesel eine flache Mulde zu scharren. Trotzdem verläßt dieser

Vogel nur sehr ungern sein bescheidenes Heim, schreiben Bold und Tseveen, und man kann sich unter Umständen bis auf fast 50 Meter nähern, ehe »der aufgestörte Vogel das Nest ohne ein Alarmzeichen verläßt, als würde er einfach [nach dem Ausruhen] aufstehen. Ruhig am Boden pickend, geht er fort in Richtung seines Partners, der bereits eine erhebliche Entfernung zum Nest zurückgelegt hat und deutlichere Anzeichen von Furcht zeigt, als derjenige, der es gerade verlassen hat.« Viele Gelege werden von darübertrampelnden Tierherden zerstört, was vielleicht erklärt, warum die Nachkommenschaft bei dieser Spezies sich meist auf zwei Küken beläuft. Einen Tag nach dem Schlüpfen hat man die nestflüchtigen Küken schon hinter ihren watenden Eltern herschwimmen und über ein flaches Flüßchen entschwinden gesehen. In der Regel werden beide Küken flügge (was bei den *Grus*-Kranichen nur selten der Fall ist), und mit sechs Wochen sind sie zum Vogelzug bereit.[3]

Der Jungfernkranich hat sein Freßverhalten ganz auf das Hochland abgestellt, wie sein kurzer, zum Samenaufpicken geeigneter Schnabel beweist, aber er kann auch in flachen Sümpfen auf Nahrungssuche gehen; hier in der Steppe haben wir ihn selten weit von Wasser entfernt gefunden. (Es überrascht nicht, daß dieses generelle Freßverhalten auch den beiden anderen Kranicharten gemein ist, von denen es noch vergleichsweise große Stückzahlen gibt, dem weitverbreiteten Graukranich Eurasiens, *Grus grus*, und dem Kanadischen Kranich, *G. canadensis*, Nordamerikas und Nordostsibiriens; im Gegensatz dazu sind alle drei Spezies der seltenen weißen Kraniche weitgehend auf Sumpfland angewiesen.)

Gerade die Schlichtheit des silbern-blaugrauen Gefieders, das abgesetzt ist mit einem schwarzen Latz spitzer Federn, die hängend an der Brust anliegen, und mit langen weißen Kopffedern, die sich von der roten Iris des Auges nach hinten erstrecken, macht den Jungfernkranich zu einem der schönsten Mitglieder seiner Familie. Einer Überlieferung zufolge hat diese Spezies ihren Namen von Königin Marie Antoinette erhalten, die angeblich die spröde Eleganz ihres neuen Lieblingstiers bewunderte. Die Mongolen nennen ihn »den lieblichen Vogel«, und man findet den Jungfernkranich überall im Land mit Ausnahme der Wälder im Norden und der Hochgebirgsplateaus, und darüber hinaus ist er Richtung Osten bis zum Großen Chingan in Nordchina und Richtung Westen über ganz Zentralasien bis zur Ukraine und zur Krim verbreitet. Früher reichte sein Verbreitungsgebiet bis auf die Iberische Halbinsel und nach Nordwestafrika, und eine kleine, ortsfeste Population soll noch im Atlas Zentralmarokkos leben. Aus seinem westlichen Verbreitungsgebiet zieht er über die Türkei und den Kaukasus, den Irak und Saudi-Arabien zum Überwintern an die großen Flüsse in der Nordhälfte Afrikas – kurz, ein weitgereister Vogel. Meinen ersten habe ich vor vielen Jahren nahe dem Äquator im Sudan gesehen; sein Abbild fand ich auf dem uralten Mosaikboden der Grabeskirche in Jerusalem.

Jungfernkraniche sind in der mongolischen Steppe zwar keine Seltenheit, aber ihre Zahl war stark dezimiert worden durch die zunehmende Urbarmachung und Infrastrukturentwicklung, die bereits die Populationen dieser Art weiter im Westen und hoch im Norden jenseits der Baikalregion reduziert hat. In der buddhistischen Mongolei ist das Töten wilder Tiere eine Sünde, die noch schlimmer ist, wenn verwaiste Nachkommen zurückbleiben, aber wie alle Kraniche, die landwirtschaftlich genutzte Gegenden aufsuchen, werden auch Jungfernkraniche oft Opfer von Stromleitungen und Pestiziden. Bold und Tseveen geben der übereilten wirtschaftlichen Entwicklung durch die UdSSR die Schuld, der jegliches ökologische Verständnis oder gar Rücksichtnehmen abginge; sie machen sich um »den lieblichen Vogel« in ihrem Land Sorgen.

Durch eine mit Wildblumen bestandene Grasebene und den strengen Duft von Beifuß (*Artemisia*) folgt die Piste einem kleinen Gewässer, das zu den entlegensten Nebenflüssen des Amur zählen muß; sie erreicht schließlich einen See und eine Mineralquelle, wo 15 bis 20 Jungfernkraniche durch die umliegenden Wiesen stolzieren. Es ist ein heißer Tag, und an der Quelle hat sich einer großen Schar Rostgänse, zimtgold im klaren Licht, eine Gruppe menschlicher Nomaden angeschlossen, die ihre bleichen Körper unter den geduldigen Blicken ihrer wartenden Pferde mit heilkräftigem Schlamm einschmieren.

Schon senkt sich das Hochland hinunter in die hügelige Ebene der offenen Steppe mit Inseln vereinzelter weißer *gers* und dunklen Ketten von Pferden. Über den Ozean aus Gras jagen rasch die Schatten weißer Wolken hoch oben am blauen Himmel – genauso wurden erstmals die großen Ebenen Nordamerikas beschrieben, die wir nie wieder sehen werden. Die Steppen der östlichen Mongolei – eine Fläche von über 250 000 Quadratkilometern – sind das letzte große Grasland-Ökosystem, das es auf der Erde noch gibt, und nur mit dem Chang-Tang-Plateau Nordtibets zu vergleichen. Das wilde Przewalskipferd, 1951 ausgerottet, wurde vor einigen Jahren hier wieder angesiedelt, und die Steppe ernährt noch Unmengen Mongoleigazellen, bis zu 50 000 Tiere in einer Herde, insgesamt vielleicht zwei Millionen: »Eines der großen Naturspektakel, die es in Asien noch gibt«, wie der Feldbiologe George Schaller festhielt, »eine der größten Wildpopulationen der Welt, und niemand hat je davon gehört.«

Gegen Mittag erreichen wir die Stelle, wo der Fluß weite, nasse Überschwemmungswiesen passiert, um sich dann mit dem oberen Kerulen zu vereinen, der schnell und frisch und kalt aus dem Kentei-Gebirge herunterströmt und sich hier in einem großen Bogen nach Osten weitet. Am Nachmittag werden die Jungfernkraniche zahlreicher, und aus einer Schar von 60 oder mehr Tieren fangen und markieren wir gerade ein paar Küken, als sechs Tatarenjungen, drei von ihnen ohne Sattel reitend, auf uns zu galoppieren, um die Fahrzeuge zu inspizieren und uns erstaunt zuzuschauen. Mit ihren schmutzigen Mänteln und staubigen Stiefeln, der sonnengeschwärzten Haut und dem ungeschnittenen Haar (mit Ausnahme der beiden jüngsten, denen man gegen Läuse die Köpfe rasiert hat) sehen sie wild und stolz und scheu zugleich aus. Wenn wir zu nahe kommen, lassen sie die Pferde rückwärts gehen, sie versuchen ihre Verwunderung zu verbergen, distanziert zu wirken, doch dann starren sie Go Fujita an, als der seinen Schamanenkasten mit der glitzernden Ausrüstung öffnet – er bildet die mongolischen Vogelschützer aus, die ihm assistieren – und mit großer Umsicht einen weißen Musselinsack über den Vogelkopf stülpt. Er stellt das Tier mit Klebeband um die Beine und einer Art Bandage um den Körper ruhig, während er grüne Plastikringe am Oberschenkel befestigt und zusammenklebt, dann den Vogel vermißt und wiegt, solange der Kleber trocknet. Unnachgiebig in seiner Präzision – er versucht sogar die Höhe des Grases bei jeder

Küken-Fundstelle zu messen, bis er gebeten wird, das zu lassen, damit wir nicht erst im Winter den Unterlauf des Kerulen erreichen –, notiert Go noch das letzte Detail in seinem Buch, bevor er das Klebeband durchschneidet, den Sack und die Bandage entfernt und das Küken freiläßt, das über die Ebene davonläuft.

Auf Chukas Frage, ob sie junge Kraniche fangen und ob sie sie essen, antworten die Nomadenjungen stolz: »Ja, das machen wir!« Vielleicht ist das aber Prahlerei. Die Küken könnten die Jungen zu Pferd leicht fangen, aber die erwachsenen Jungfernkraniche hier sind nicht scheu, kommen nahe an die Herden und Habitate der Menschen heran und zeigen eine Zutraulichkeit, die nahelegt, daß man sie in Ruhe läßt. Der einzige tote Kranich, den wir auf dieser Expedition sehen, liegt unter der Stromleitung eines der Verwaltungszentren (Schule, Versammlungshaus, Werkstatt, Krankenhaus und Tierklinik), wie man sie in jedem Distrikt der Steppe für überwinternde Nomaden errichtet hat und die zu dieser Zeit des Jahres größtenteils verlassen sind.

Wir kampieren nachts am Flußufer und hören Kraniche und Kuckucke rufen, Rotschenkel und eine Eule. Die Geräusche der Nacht weichen bei Tagesanbruch den Warnrufen von Murmeltieren und dem Morgenlied der Feldlerche. Der Tag beginnt mit sporadischem Regen und Kälte. Da jetzt Monsunsaison ist – die Mongolei erhält das Gros ihrer Niederschläge Mitte des Sommers –, erwarten wir voll Unbehagen weiteren Regen. Schon jetzt sind die roten Wagenfurchen so ausgefahren, daß Reisende vor uns – meist Lastwagenfahrer, wie wir aus den wenigen Fahrzeugen unterwegs schließen können – ihre eigenen Spuren neben der Piste ins Gras geschnitten haben, um tiefen Schlaglöchern auszuweichen. Mancherorts fächern bis zu zehn oder einem Dutzend Spuren aus und mäandrieren Kilometer um Kilometer, ehe sie sich wieder zu einem Band vereinen, wo die ursprüngliche Piste in einer Furt einen Fluß quert oder einen Bergabhang passiert.

Die Myriaden von Fahrspuren erodieren und vernichten das Grasland, und der Tag wird kommen, da abgerechnet wird. Wer aus einem Land kommt, das vom Menschen bereits bis zur Erschöpfung traktiert wurde, weiß, wie fragil eine so riesige Weite sein kann, selbst eine Steppe, in der außerhalb der kleinen Siedlungen nur ein Bewohner auf etwa 2,5 Quadratkilometer kommt. Im Moment scheint die Steppe endlos, wie ein langhaariges grünes Fell, das fest über diese Landschaft aus sanft geschwungenen Ebenen und alten Hügeln gespannt ist. Der größte Teil des Plateaus ist gewellt, aber es gibt auch schimmernde, flache Landstriche, wo der Horizont so nah scheint, daß die Reiter zwischen Gras und Himmel wie Riesen wirken. Mit ihren traditionellen Hüten und *deels* wirken die gestiefelten Gestalten mythisch, und ihre »Mongolenponys« erscheinen noch antiquierter; mit ihren gedrungenen Körpern, dünnen Beinen und schweren Köpfen erinnern sie an *Equus caballus przewalskii*. Wie den amerikanischen Mustang – das »Indianerpony« – gibt es auch die Mongolenponys in allen möglichen Farben, doch die meisten sind kastanienbraun, schwarz und grau, haben dicke schwarze Mähnen und einen wachen Blick. Auch die Ziegen der Nomaden wirken mit ihren irren gelben Augen und den überdimensionierten Hörnern archaisch. Nur die Schafe und Rinder sehen domestiziert aus – das heißt, abgestumpft und träge im Blick und im Verhalten, zufrieden damit, in brüllenden Herden hin und her geschoben zu werden.

Dies ist das Land der großen Saker- oder Würgfalken – zwei Erwachsene im Flug, dann zwei Junge auf Murmeltierhügeln, dann ein dritter, vereinzelter Vogel, noch einer und noch einer, alle binnen weniger Kilometer. Beim Abflug durchschneiden die scharfen Flügel des Falken die Luft wie zwei Messer, die man aneinander schärft. Dieser riesige, sandfarbene Räuber zeichnet sich durch den schweren Flug des Gerfalken aus – Wanderfalken wirken im Vergleich geradezu »leicht«.

Friedrich II., Kaiser des Heiligen Römischen Reiches, soll mit Gerfalken Kraniche gejagt haben; auch die Beizfalken von Kublai Khan gingen auf Kranichjagd. »Sein höchstes Vergnügen hier ist die Jagd mit Geierfalken und Sperbern«, schrieb Marco Polo. Es ist zu vermuten, daß diese »Geierfalken« [Gerfalken] in Wirklichkeit Sakerfalken waren, die man im Gegensatz zu Gerfalken in der Steppe fangen kann.

Kamele ziehen nicht angeleint stolz und distanziert in kleinen Gruppen umher und warten darauf, daß man sie wieder einmal zur

Pflicht ruft, was in einem oder auch in vier Monaten der Fall sein kann, je nach dem Zustand der Weidegründe. Es sind zweihöckerige Kamele, von deren wilden Vorfahren noch ein paar in der Gobi und in anderen Wüstenregionen leben. Sie werden fast ausschließlich als Zugtiere vor einachsigen, gedeckten Wagen eingesetzt, auf denen sich der Hausrat stapelt. Wird ein neues Lager aufgeschlagen, werden die Karren in einer Reihe, nach vorn auf die Deichsel gekippt, geparkt und als Lagerraum genutzt. Man bindet auch die Pferde daran an, die von Tagesanbruch bis zur Abenddämmerung gesattelt in der Nähe der Jurteneingänge stehen. Die ärmlichsten *gers* – die mit den verrufensten Erwachsenen und den dreckigsten Kindern – stehen meist auf überweidetem Land, das von menschlichem Unrat übersät ist.

Da ich von der Wildheit der Nomadenhunde gehört hatte, erwartete ich ein stämmiges Untier ähnlich den Mastiffs, die ich im Hochland von Tibet traf. Doch diese Kreaturen hier haben mehr mit dem Barsoi gemein, und vielleicht wurden beide ursprünglich für denselben Zweck gezüchtet, denn da sie rank und schlank sind und mit ihren langen Beinen weit ausgreifen, können sie um so besser die Grauwölfe verfolgen, die es in diesem Land noch immer gibt. Einige bellen aus der Ferne, wenn die Fremden vorbeikommen, sind oft sogar so weit weg, daß sie selbst nicht zu sehen sind; andere springen lautlos heran und verfolgen die Autos ein, zwei Kilometer oder mehr, wobei sie so nahe kommen, daß man nicht die Hand aus dem Fenster halten sollte. Vor einem unbekannten *ger* steigt man niemals aus, um sich ihm zu Fuß zu nähern, solange nicht ein Gesicht aus dem niedrigen Eingang hervorlugt und man sich der momentanen Befindlichkeit des Hundes vergewissert hat.

Westlich der Stadt Ondor Chaan (»Großer König«) bietet ein kleiner Moorsee eine Oase für wandernde Wasservögel, von denen viele noch ihr Brutgefieder tragen: Uferschnepfen, Große Brachvögel, Rotschenkel, Dunkler Wasserläufer, Goldregenpfeifer und Spitzschwanz-Strandläufer teilen sich die Ufer mit weißgeflügelten Trauerseeschwalben, Rostgänsen, Schnatterenten und Krickenten. Sechs Ornithologen müssen mit zwei Feldstechern auskommen, wobei einer ein Geschenk der ICF an die mongolische Ornithologische Stiftung zum Dank für ihre praktische Beteiligung an dieser Reise ist. Selbst Dorj und Dawa lieben die Ferngläser und lernen es schnell, die größeren Vögel zu identifizieren; die Schafstelzen und Grauwangenstare am Rande des Sumpfes ignorieren sie.

Ondor Chaan, dessen Wirtschaftskraft auf Weizenmehl gründet, ist die wichtigste Siedlung zwischen Ulaan Baatar und Tschojbalsan. Da nur ein Prozent der Mongolei landwirtschaftlich nutzbar sind (90 Prozent sind Grassteppe oder Wüste, der Rest ist Wald, größtenteils in den Bergen im Norden, über die Hälfte des Landes liegt ganzjährig in Permafrost) und da sowohl Regenfälle wie das Datum des letzten Frühlingsfrostes so kapriziös sind wie dieses Monsunwetter, hat der Ackerbau notwendigerweise nur geringe Bedeutung. Wo die Böden es, wie hier, zulassen, bauen ein paar Kollektive Getreide an, doch in diesen schweren Zeiten, da es keinen Treibstoff gibt, stehen die roten Mähdrescher und Erntemaschinen sowjetischer Herkunft hinter mit Unkraut zugewachsenem Stacheldraht still; archaisch wie die Dinosaurier wirken sie, deren mächtige Knochen aus dem Sand der Gobi ragen. Ulaan Baatar ist sowohl auf dem Schienen- als auch auf dem Luftweg mit China verbunden, zusätzlich gibt es eine Fluglinie nach Irkutsk nahe des Baikalsees, während Tschojbalsan sich der Zugverbindungen nach Moskau und Wladiwostok über eine Abzweigung der Transsibirischen Eisenbahn bei Tschita rühmt; Ondor Chaans einzige Verbindung mit der Außenwelt ist diese unbefestigte Piste, gesäumt von *ger*-Ansammlungen und Holzhütten, stinkenden Industrieabfällen, halbfertigen, verbrannten oder verfallenen öffentlichen Gebäuden, durch die der Wind pfeift. Nur ein kurzes Stück verwandelt sich die Piste in eine von Pappeln gesäumte gepflasterte Straße; am östlichen Stadtrand versinkt sie wieder im Boden der großen Steppe.

Keine Stunde vergeht, da schert die Achse aus, und ein Rad löst sich vom Anhänger; es springt hoch, schlägt hinter Dorjs Auto wieder auf und stoppt die Expedition jäh. *Kaput*, erklärt Dorj. Dieses hilfreiche Wort ist in der Mongolei so weit verbreitet wie das *njet pro-blem* in Sibirien. Mit Dorj und Tseveen macht sich Chuka zu einer Bergbausiedlung gut 25 Kilometer weiter nördlich auf. Bold bewacht die abgeladene Fracht, der Rest von uns nutzt die Verzögerung, um Jungfernkranichküken aufzuspüren, einzufangen und zu markieren.

Auf einem Hügel in der Nähe besteigt vor einem *ger* mit einem großen Viehpferch ein dicker Mongole sein Pferd und reitet, von seinem Sohn gefolgt, mit seinem uralten Zündnadelgewehr die Straße hinunter. Er macht sein Pferd an unserem kaputten Karren fest, und dann berichtet dieser Mann in seinem nachtblauen *deel* mit orangefarbener Schärpe, das Jahr sei so trocken, daß es sogar kaum Wildblumen gäbe – wobei er erstaunt dreinblickt –, was ihn zwinge, schon in zwei Wochen sein *ger* auf frisches Weideland zu verfrachten statt erst Anfang August, wie er es geplant hatte. Er will, daß sein Sohn ein paar Brocken Englisch lernt, da aber weder Bold noch Dawa ein einziges Wort von dem verstehen, was wir sagen – geschweige denn übersetzen können – und sogar Go Fujita mit seinen gestelzten Phrasen Englisch viel besser spricht, als er es versteht, ist der schüchterne, stille Junge in einem purpurnen *deel* mit karmesinroter Schärpe kein bißchen klüger, als die beiden sich auf ihre ungepolsterten Holzsättel schwingen und wieder davonreiten. Sie überqueren die harte Ebene in der steifbeinigen Gangart – nicht ganz ein Galopp –, die die zähen Mongolenpferde stundenlang durchhalten: das Ausdauertempo, das die Blitzüberfälle von Dschingis Khan möglich machte. Selbst heute noch sieht man kaum einen Mongolen sein Pferd Schritt gehen lassen, und nur selten läßt er es traben oder kantern; er stellt sich lieber vom ersten Schritt an in die Steigbügel und gibt ihm die Peitsche.

Im Dämmerlicht kehren die Nomaden, sie heißen *arats*, mit einem frisch erlegten Murmeltier zurück, das sie als großzügigen Beweis der Gastfreundschaft in der Steppe vor unserem Behelfslager zu Boden werfen. In der einheimischen Küche gelten diese großen Nagetiere als Delikatesse, und über weite Strecken sind sie schon ausgerottet; dieses hier wurde außerhalb der Saison geschossen, warnt der *arat*. Er duckt sich hinter ein Grasbüschel, um es auszunehmen und zu häuten, damit man ihn von der Straße aus nicht sieht, obwohl in den vielen Stunden seit unserer Panne nicht ein Fahrzeug vorbeigekommen ist.

Als Nomaden der windigen Hochebenen, die jede Arbeit verachten, die sich nicht vom Rücken des Pferdes aus tun läßt, legen die *arats* mehr Wert auf das Reisen mit leichtem Gepäck als auf Besitz und ausgedehnte Sippen; sie finden sich in lockeren Gruppen miteinander verwandter Familien zusammen, die sich um die gemeinsamen Herden kümmern. Nach so vielen Jahrhunderten der Unabhängigkeit kämpften sie hart darum, den Zwangskollektivierungen zu entgehen, und manchmal schlachteten sie ihre Tiere lieber, als sie von Staatsbetrieben vereinnahmt zu sehen. Wie bei den meisten Hirtengesellschaften manifestiert sich nicht nur ihr Reichtum, sondern auch der Sinn ihres eigenen Daseins in ihren Herden, besonders den Schafen, die ihr Grundnahrungsmittel sind – eine Nudelsuppe mit Hammel, dazu *ayrag* (vergorene Stutenmilch), gepreßter Sauermilchquark, Käse und Joghurt, zusammen mit süßen Keksen oder Brot. Im Frühling und Sommer ersetzen die Milchprodukte das getrocknete und gefrorene Fleisch, für das im Herbst alle bis auf die stärksten Tiere geopfert werden. (Die mongolischen Flüsse sind zwar voller Fische, doch die Menschen kümmern sich kaum darum, und der Jagd auf Wild und Vögel setzt die buddhistische Tradition enge Grenzen; Obst und Gemüse gibt es mit Ausnahme von einigen wenigen Äpfeln und Kartoffeln nicht – wir sehen zwar keine, aber man erwähnt sie immerhin.) Heute geht es den *arats* als Selbstversorgern weit besser als ihren Landsleuten, die in die Minen, in die schlecht geführten Industrien oder in die heruntergewirtschafteten Städte gingen. Mit ihren 20 Millionen Herdentieren – rund zehn pro Kopf – müssen die *arats* ihre Verwandten in der Stadt mit ernähren. Die Viehhaltung ist die Hauptstütze der mongolischen Wirtschaft, wie es schon in den Tagen des Dschingis Khan war. Sie ist zugleich Grundlage des Exports (hauptsächlich nach Rußland) von Wolle und Fellen und auch Fleisch.

Egal wie abgelegen die Ecke, in der wir unser Lager aufschlagen, oder wie mies das Wetter ist, immer taucht ein *arat* am Horizont auf und reitet heran, um sich die Eindringlinge genau anzusehen. Die Nomaden sind erstaunt über die merkwürdigen Dinge, die wir mit den Kranichen machen, aber nicht unfreundlich, sie scheinen es willkommen zu heißen, in einem Land, in dem alles bis auf das Wetter nur so langsam wechselt, neue Gesichter und neue Verhaltensweisen kennenzulernen. Wenn wir in größerer Entfernung *gers* passieren, kommen die jungen Leute von weit her geritten oder sogar gerannt, einfach um nur am Straßenrand zu stehen und uns vorüberfahren zu sehen. Sie lächeln, wenn wir die jungen Kraniche nach dem Markieren wieder freilassen – nicht weil sie sie etwa so sehr lieben, sondern weil sich in den Kranichen mächtige Geister manifestieren, und diesen Kreaturen Leid zuzufügen könnte Unglück bringen.

Es ist schon lange dunkel, als unsere Freunde mit einem stabilen alten Anhänger zurückkehren, den sie in der Bergbausiedlung gekauft haben; inzwischen haben wir neben der Piste das Lager aufgeschlagen, denn wir vertrauen darauf, daß keine Fahrzeuge auf der »Ost-West-Autobahn« unsere Nachtruhe stören werden.

Da sechs Ornithologen dazu neigen, die Autos zu oft anzuhalten, um Vögel zu studieren, liegt die Expedition bereits zwei Tage hinter dem Plan. Um Zeit wettzumachen, stehen wir am nächsten Morgen vor sechs Uhr auf und verzichten darauf, Frühstück zu kochen; stattdessen essen wir das fette Murmeltier kalt, wobei lauwarmer Kaffee und kalter Reis den Genuß keineswegs erhöhen. Zweifellos wäre das Murmeltier, frisch im eigenen Fett gebrutzelt, köstlich gewesen, doch im Lauf der kalten Nacht ist es speckig und tranig geworden.

Von diesem kühlen Morgen, der einen langen, heißen Tag verspricht, sind bereits zwei Stunden vergangen, und wir haben den neuen Anhänger noch immer nicht vollgeladen und den alten umgekehrt daraufgehievt. Das Lager abzubrechen dauert Tag für Tag fast drei Stunden, wie sehr auch die Amerikaner versuchen, das zu beschleunigen. Dawa und Dorj sind von den langen, harten Tagen – die manchmal bis zehn Uhr nachts dauern – hinter dem Steuer erschöpft, sie helfen die Zelte aufschlagen, kochen, waschen und holen Wasser; vom Frühstückmachen sind sie daher befreit, und sie dürfen sogar so lange auf den Rücksitzen der Autos schlafen, wie sie wollen, was bei Dawa bis genau eine Stunde nach dem Aufstehen aller anderen der Fall ist. Mongolen beeilen sich selten, noch seltener hetzen sie andere, und heute morgen erfordert das schwierige Beladen des kaputten Anhängers, weil wir eine riesige Menge Gepäck haben, eine weitere Stunde, bis sich alle einig sind, daß wir aufbrechen können. Als wir gegen 8.30 Uhr schließlich das Lager verlassen wollen, kommt ein Lastwagenfahrer des Wegs, der sich bereit erklärt, den defekten Anhänger nach Ulaan Baatar mitzunehmen, und eine weitere Stunde vergeht mit Verhandlungen und Abladen. Inzwischen ist es schon warm, und da wir Wasser brauchen, verzögert sich die Weiterfahrt abermals, weil wir erst ein einsames *ger* besuchen, bei dem die Seitenbahnen hochgerollt sind, damit der warme, trockene Sommerwind hindurchwehen kann. Die beiden Hunde sind alt, machen aber einen mißtrauischen Eindruck, und Dawa weigert sich, nur einen Fuß aus dem Wagen zu setzen, bis sie im Innern des Zeltes gesichert sind.

Die Piste folgt dem Fluß in Richtung Osten. Die Steppe ist baumlos, es gibt noch nicht einmal kleine Büsche, und das Gras wird höher und dichter. Kraniche werden in diesem Land der langen Gräser seltener, und die Falken, die dazwischen keine Beute ausmachen könnten, sind ganz verschwunden; nur die Schmätzer und die Lerchen sind so arten- und zahlreich wie zuvor, und die Wiedehopfe lassen es sich in einem ganzen Spektrum von Habitaten gutgehen, von Sumpfstrichen über trockene Berghänge bis zu leerstehenden Winterställen in einem alten Pferch. Auch die Zahl durchziehender Kamele hat zugenommen, und es gibt große Herden frei laufender Pferde.

Im Verlauf des Tages wird das Gras immer länger und dicker, bis sogar die Lerchen weniger werden. Die Kraniche verschwinden vollständig und auch die Menschen bis auf einen einsamen Reiter in der Ferne. Erde und Himmel sind von klarem Grün und Blau. Auf einem Plateau, von dem aus man in der Ferne Tschojbalsan liegen sieht, stehen die Ruinen riesiger, pyramidenförmiger Bunker, die zu einer Raketenstellung gehören, welche vor zwei Jahren aufgegeben wurde; unter den blinden Fensteraugen eines zerfallenden Wachhäuschens und von kräftigem Unkraut mit Beschlag belegt, werden die Reste nicht mehr viele Sommer lang die Grasbrache überragen.

In der Ferne erhebt sich etwas, das auf den ersten Blick wie eine weitere verfallene, von der Geschichte vergessene Sowjetruine aussieht. Wie sich herausstellt, handelt es sich um einen seltsamen achteckigen Backsteinturm – »ein uralter Wachturm«, meint Chuka, der einen ähnlichen in der Nähe der alten Mongolenhauptstadt Karakorum gesehen hat. Auf die Frage, wie alt der Turm sei, zuckt er mit den Schultern und sagt: »Weiß keiner.« Pazifiksegler zwitschern inner- und außerhalb des antiken Bauwerks, das auch zwei Paaren von Klippentauben Schutz bietet – die ersten in der Steppe gesichteten Wildtauben. Vielleicht haben irgendwann vor Jahrhunderten vorbeiziehende Tauben den einsamen Turm auf der leeren Ebene entdeckt und ihn zu einem Außenposten ihres Habitats gemacht. Im Gegensatz zu den sowjetischen Bauwerken hat diese alte Konstruktion aus kleinen, archaischen Ziegeln die Jahrhunderte überdauert, vielleicht weil man die Arbeit mit so großer Sorgfalt ausgeführt hat. Die schlichte Schönheit des Turms wird von einem zerklüfteten Fenster zum Himmel, wo eine Aussichtskanzel wegbrach, ebenso unterstrichen wie von den Sonnenflecken, dem Staub und den leisen Tönen der gefiederten Bewohner auf ihren windgeschützten Nistgesimsen.

Außerhalb von Tschojbalsan, der einzig nennenswerten Siedlung in der Ostmongolei, stehen weitere Militärbaracken mit zerbrochenen Fenstern. »Russki«, grummelt Bold mit einer geringschätzigen Handbewegung in Richtung der desolaten Stadt, die nach dem verstorbenen Diktator, der Marionette Stalins, benannt wurde. Hier begrüßen wir zwei chinesische Kollegen aus der Inneren Mongolei, die sich unserer Suche nach Weißnackenkranichen anschließen und sich an den Vorgesprächen für das geplante internationale Naturreservat hier in der Grenzregion beteiligen wollen. Da an der Grenze zwischen der Inneren und der Äußeren Mongolei kein friedliches Klima herrscht, mußten die Neuankömmlinge vom Dalainor-See erst nach Sibirien in nordwestlicher Richtung bis Tschita reisen, von wo sie dann mit der Eisenbahn wieder nach Süden in die Äußere Mongolei fuhren.

Am nächsten Tag führt die Piste nach Nordosten über Plateaus oberhalb der Flußebene und leere, langgestreckte Grashügel. Vögel gibt es offensichtlich nur wenige, aber wir sichten einen Gruidae-Verwandten, eine Großtrappe, die wie ein kurzhalsiger, kurzbeiniger Kranich mit kurzem Körper aussieht – viel weniger anmutig als Kraniche, doch genauso würdevoll. Schwer mit den strahlendweißen Flügeln schlagend, erhebt sich die Trappe aus dem dichten Gras und schleppt sich über die Steppe davon; wir jubeln, denn dieser mächtige, stark dezimierte Vogel ist einer von den seltenen Arten, die zu finden wir gehofft haben.

Nicht weit davon entfernt erblickt der scharfäugige Dawa ein Sibirisches Feuerwiesel (*Mustela sibirica*), einen großen Raubmarder mit schwarzer Maske, der eng mit dem fast ausgelöschten Schwarzfußiltis (*M. nigripes*) der nordamerikanischen Prärie verwandt ist. Zu Fuß jagen wir das Tier über die Steppe, wollen es einkreisen, um es genauer betrachten zu können, doch das große, schnelle, feuerrote Wiesel beschimpft seine Verfolger aufs heftigste, ehe es zu meinen Füßen in einem Bau verschwindet.

Weiter östlich, wo das Gras einen kurzen, spärlichen Wuchs aufweist, steht eine Schar von über 60 Jungfernkranichen. Zu dieser Jahreszeit gruppieren sich auf diese Weise noch nicht geschlechtsreife Vögel und solche, die keinen Partner gefunden oder erfolglos gebrütet haben, weil Eier oder Küken Räubern zum Opfer fielen; diese Tiere sammeln sich auf die ersten Regungen des Wandertriebs hin, der sie an einem Septembertag in die Luft aufsteigen lassen und sie Richtung Süden auf eine lange Reise über die Gobi und die große Takla-Makan-Sandwüste, das aride Kunlun-Gebirge und Tibet und weiter über den Himalaya zur Wüste Thar und in die Tiefebenen Vorderindiens schicken wird.

Die Piste arbeitet sich nach Osten vor, überquert das Plateau. Darunter tauchen breite Schleifen des Kerulen auf. Diese Flußebene – das eigentliche Ziel unserer Reise – sieht naturbelassen und unbewohnt aus, doch in diesem Jahr auch zu braun und zu trocken, um Weißnackenkraniche anzulocken. Als die Piste jedoch vom Plateau hinab zum Fluß führt, sehen wir in den Schilfgürteln Schwärme von Wasservögeln, und unsere Hoffnung wächst.

Auf einem freien Plätzchen oberhalb eines flachen Sees namens Tsagaan Sum (Weiße-Kirche-See) erhebt sich ein Hügel aus Erde und Schutt – die einzigen Überreste eines buddhistischen Tempels, der während der antiklerikalen Säuberungen in den dreißiger Jahren des 20. Jahrhunderts niedergerissen wurde. Die ausgefahrene Piste und dieser stumme Steinhaufen sind die einzigen Zeichen von Menschen in dieser stillen Landschaft.

Von einem Hochufer an einer engen Biegung aus finden Tseveen und Bold den Flußabschnitt wieder, an dem sie vor einigen Jahren erstmals Weißnackenkraniche am Kerulen sichteten. Auf der Flußseite gegenüber von unserem Camp liegt die Wolfsinsel, und hinter dieser erstrecken sich Sümpfe und ein nicht auszumachender See – ein Schlupfwinkel der aggressiven Wölfe, sagt Bold, die gemeinsam mit den Mücken die Hirten aus dieser Gegend fernhalten. Bold kramt seine kleinen roten Becher und die Flasche *arak* hervor und erzählt Wolfsgeschichten, während seine Freunde sich an dem Alkohol erwärmen und dem Murmeln des Flusses lauschen, dem Klagen der Kiebitze, dem Schrei der Sumpfhühner und dem urtümlichen Schnarren der Jungfernkraniche. Da *Anthropoides virgo* die lange, gewundene Trachea der *Grus*-Arten fehlt, weist er nur wenig von den jagdhorngleichen Resonanzen seiner größeren Verwandten auf, zu denen auch der Weißnackenkranich zählt, nach dem wir in dieser Nacht lauschen, den wir aber nicht zu hören bekommen.

Bei Anbruch der Morgendämmerung regnet es, doch schon bald klart der Himmel auf. Da wir keine Zelte abschlagen müssen, brechen wir rasch zu einer Fahrt flußabwärts Richtung Osten bis zur Grenze auf, und der Tag beginnt vielversprechend mit der Sichtung zweier Großtrappen dicht beim Lager. Wie die Trappe von gestern haben sie sich mit Jungfernkranichen zusammengetan, als hätten sie eine vage Ahnung von ihren uralten Verwandtschaftsbeziehungen. Ein paar Kilometer weiter südlich springen zwei Wölfe über einen Kamm davon. Dahinter führt die Piste allmählich zu einer gleißenden Fläche namens Khoyor Melkhit (Zwei-Frösche-See) hinunter, und als wir näher kommen, entdecke ich in der Südwestecke hinter einer Ansammlung von Graureihern einen riesigen Vogel. »Seht ihr den Vogel?« Ich zeige hin, und Jim Harris brüllt: »Stop!«

Ein Prachtexemplar eines erwachsenen *vipio* steht da in einiger Entfernung, versteinert vom Anblick und Lärm der Fahrzeuge; dann erhebt er sich mit einigen Schlägen seiner großen, nach oben schnappenden Flügel vom Ufer. Seine Wachsamkeit und seine rasche Flucht (Merkmale, die er mit den Trappen gemeinsam hat) lassen auf die Nervosität eines brütenden Tieres schließen, und wir hoffen, daß irgendwo in diesem Flußsystem ein Partner und Küken auf dieses majestätische Wesen warten, das den silbrigen See überquert, wobei sich der lange Hals und die langen Beine als Silhouette vor der Sonne abzeichnen, die jetzt aus den blauen Bergen Chinas emporsteigt.

Nach Süden hin mäandriert der Fluß durch weite grüne Wiesen, und rings um dieses Tal erheben sich trockene, windige Hochebenen, auf denen kaum ein weißes Zelt oder ein Reiter, kaum ein Pferd zu sehen sind. Bold und Tseveen zufolge werden die Wiesen am Fluß erst im Mai überflutet, wenn in den nördlichen Bergen der Schnee schmilzt – ein bißchen spät für Weißnackenkraniche, die in ihren bekannten Brutgebieten im Amurbecken schon Ende März oder Anfang April eintreffen und binnen eines Monats ihre Eier legen. In diesem Jahr haben sich die Monsunregen verspätet, aber auch wenn man das berücksichtigt, sehen diese Wiesen zu trocken aus. In guten *vipio*-Habitaten, wie wir sie vor ein paar Wochen am Amur gesehen haben, erkennt man in den Marschen und Sümpfen nicht mehr den Flußlauf, so sehr sind die Wiesen überflutet. Hier sieht ein kleiner Sumpf von 1,5 Kilometer Durchmesser vielversprechend aus, doch wir suchen vergeblich nach einem weißen Schlangenhals mit einem hellroten Kopf darauf, der aus dem Schilf auftaucht, um sich gleich darauf wieder herunterzukrümmen.

Am Grenzposten spaziert eine Schar Jungfernkraniche zwischen vielleicht 200 Pferden umher, die schnauben und stampfen und die Köpfe zusammenstecken, eine große Masse schwarzschwänziger Leiber aller Schattierungen. Die Soldaten begrüßen ihre seltenen Besucher mit getrocknetem Quark (*aruul*) und dünnem Milchtee, zu dem süße Plätzchen gereicht werden; danach geleitet uns ein junger Offizier durch eine Schranke ins Niemandsland, wo man von einem Vorsprung aus eine riesige Riedgraswiese von fast zwei Kilometern Breite und mehreren Kilometern Länge überblicken kann. Hinter Gehölzen am Flußufer steigt das Tal bis zu einer grasbestandenen Kammlinie an – der Grenze zu China, wie man aus dem beeindrukkend hohen Zaun schließen kann; dahinter setzt sich die große Steppe Richtung Osten entlang dem Fluß fort, der weiter zum 80 Kilometer entfernten großen Dalai Nuur oder Dalainor-See fließt, dem »Weltozean«. Ein Großteil des Sees und des umliegenden Graslands sind für das Dalainor-Wildreservat vorgesehen, fast 400 000 spärlich besiedelte Hektar – was etwas ganz anderes ist, erklärt Jim Harris, als Chinas Reservate weiter östlich, wo zahlreiche Menschen inmitten dessen, was an Natur noch übrig ist, ihr Auskommen finden müssen.

Der Dalainor ist über einen künstlichen Kanal mit dem Amur verbunden und das westlichste Brutterritorium des Mandschurenkranichs, wie schon Prschewalskij feststellte: »Im Gebiet des Dalainor trafen wir nur wenige dieser Kraniche an und glauben infolgedessen, daß sie sich nicht weit ins Innere Asiens hineinbegeben.«[4] Östlich des Sees teilt sich im gesamten Amur-Becken *japonensis* sein Habitat mit dem seltenen *vipio*, den er fast überall im gemeinsamen Verbreitungsgebiet an Zahl weit übertrifft. Das könnte daran liegen, daß die hohen Schilfgürtel und tiefen Sümpfe, die der eher aquatische *japonensis* frequentiert, an den chinesischen Seen häufiger sind, während in der Mongolei die Riedgraswiesen und flachen Sümpfe, die *vipio* bevorzugt, die Regel sind. (Abgesehen von einem einzigen Bericht über Brutplätze aus den zwanziger Jahren des letzten Jahrhunderts sind Sichtungen von *japonensis* in der Mongolei selten, doch am unteren Kerulen, wo es beide Arten von Feuchtgebieten gibt, ist die Wahrscheinlichkeit ihres Vorkommens am höchsten.)

Unsere »Innermongolen« Wul Ji und Li Ming stammen aus der Gegend am Dalainor, wo Li Mings Vater Direktor des Naturschutzgebietes und Wul Ji dem Umweltschutzbüro zugeordnet ist. Ungleicher könnten die beiden kaum sein. Der rundliche, überschwengliche Ji hat hinten das Hemd aus der Hose hängen und trägt weiße Sportschuhe mit offenen Schnürsenkeln, während der schlanke, zuvorkommende, enigmatische Li einen feschen, gutsitzenden Tarnanzug mit passender Mütze und entsprechenden Stiefeln trägt. Dennoch sind die beiden dicke Freunde und sogar miteinander verwandt, denn sie tragen beide den Namen Borjin – wie sie stolz verkünden, denn Borjin ist der Familienname von Temujin, oder Dschingis Khan, der, wie sie erzählen, in ihrer Provinz begraben liegt.

Die »äußeren« Mongolen werden von den »inneren« Mongolen und den Chinesen oft als Bauern und Gauner verunglimpft, während die »äußeren« Mongolen ihrerseits die »inneren« als »zahme Mongolen« verachten, die sich als ethnische Kuriositäten von ihren chinesischen Herren ausbeuten lassen. (Eine weitere Million Mongolen lebt jenseits der russischen Grenze im Gebiet des Baikalsees.) Mit 3,5 Millionen einheimischen Bewohnern ist die Autonome Republik Innere Mongolei – annähernd so »autonom« wie Tibet – wesentlich dichter bevölkert, doch den Einheimischen steht schon die fünffache Zahl an Han-Immigranten gegenüber, die Beijing dorthin geschickt hat. China hat in erheblichem Maß in diese Provinz investiert, um sie davon abzuhalten, ihrem westlichen Nachbarn nachzueifern und an Demokratie, ein Wiedererstarken des Lamaismus und andere konterrevolutionäre Übel zu denken; doch auch unter diesen Umständen widersetzen sich die Mongolen der Han-Kultur und -Bürokratie mit Chinesisch als offizieller Sprache, was ihnen einen unterlegenen Status im eigenen Land verleiht. (Während der Kulturrevolution verloren über 40 000 Mongolen ihr Leben, obwohl die Bevölkerungsgruppe weniger als ein halbes Prozent des Staatsvolks ausmacht.)

Auch die Äußere Mongolei war eine chinesische Kolonie, bis sie sich nach dem Sturz der Qing-Dynastie im Jahr 1911 geradewegs dem russischen Bären in die Arme warf; knapp entkommen – und wohl wissend, was passierte, als die Han in der Mandschurei, in Tibet und in der Inneren Mongolei die Macht übernahmen –, ist die Äußere Mongolei um so mehr darauf bedacht, ihre Unabhängigkeit zu bewahren. Als gute Vogelfreunde wollen unsere »inneren« und »äußeren« Mongolen jedoch eindeutig alle politischen Gegensätze beiseite lassen und als Steppenkameraden Freunde werden.

Am Grenzposten stärken wir uns mit heißer Hammelsuppe, in der dicke Brocken vom festen Fett des Schwanzes schwimmen; dann fahren wir weiter nach Norden zu ein paar kleinen Seen, wo unser einsamer *vipio*, wie Dr. Bold glaubt, vielleicht hingeflogen ist. In diesem trockenen Sommer sind die Seen kaum mehr als dunkle Flecken im Grasland, die von unauffälligen, scheuen Vögeln aufgesucht werden – jungen Hufeisen-Regenpfeifern. Doch als wir uns wieder dem Lager nähern, scheuchen die Autos drei Kraniche aus dem Sumpf hoch, die Harris, der nach dem Fernglas schnappt, als die ersten Graukraniche, *Grus grus*, auf dieser Reise identifiziert.

Vorsichtig pirschen wir zu der Stelle unterhalb des Steilufers, wo die Kraniche hingeglitten sind; sie sind nicht weit von ein paar Jungfernkranichen entfernt, die einen guten Vergleichsmaßstab hinsichtlich Größe und Stimme abgeben. Ihre Rufe ähneln sich irgendwie, aber der *grus* mit seinem schwarzweiß gestreiften Kopf – das Rot beschränkt sich auf ein kleines Krönchen – ist deutlich größer als der Jungfernkranich (und erheblich kleiner als *vipio*), und seine Stimme ist tiefer und kräftiger.

Grus grus ist, auch nach Kranichmaßstäben, bemerkenswert scheu und vorsichtig – mit ein Grund für das nachhaltige Gedeihen der Art. Ist der Nistplatz an einem abgelegenen See, in einem Sumpfland oder in einem Feuchtgebiet erst einmal gewählt, verhalten sich die Vögel ganz still und verschwiegen, um keinesfalls das Vorhandensein von Eiern oder Küken zu verraten. Noch ehe wir näher kommen können, ergreifen die drei *grus* die Flucht und verschwinden in dem Sumpf nördlich unseres Lagers am Kerulen.

Gleich drei Arten von wilden Kranichen an einem einzigen Tag gesichtet zu haben, hat mir Auftrieb gegeben, und ich begebe mich allein auf einen langen Spaziergang flußaufwärts. Bei Tsagaan Sum und der Tempelruine steigen zwei weitere *grus* auf – vielleicht zwei von unseren drei Vögeln –, fliegen zurück in Richtung der Ebene und queren dabei einen Regenbogen, der sich weit nach Osten hinunter bis zu seinem Goldtopf in den blauen Bergen Chinas erstreckt.

Früh am nächsten Morgen wird eine Kornweihe bei ihrem Flug über das Lager von einem Sakerfalken aufs heftigste bedrängt. Der riesige Falke ist so viel schneller und beweglicher, daß er sein Opfer von unten angreifen kann, aber er spielt nur und macht keine Anstalten, den anderen Greifvogel zu töten.

Auf dem Campingtisch steht eine jadegrüne Dose mit goldenen chinesischen Schriftzeichen, die aus unerforschlichen Gründen ins Französische und Englische übersetzt wurden: *China Green Tea. Temple Of Heaven. Special Gunpowder*. In der Nacht ist ein Lastwagen, der zum Grenzposten wollte, mit einer Panne auf der Straße liegengeblieben, und der Mann, der in unser Lager kommt, freut sich, Gunpowder-Tee zu bekommen; zu *deel*, Schärpe und Stiefeln trägt er eine Baseballkappe mit der Aufschrift »U. S. 101«.

Chuka kümmert sich um das Lager, während Go Fujita mit Wul Ji und Li Ming Kraniche fangen geht. Er bringt ihnen bei, wie man die Vögel markiert. Jim Harris, Bold, Tseveen und ich lassen uns von Dawa ein paar Kilometer stromauf fahren und mit den beiden Schlauchbooten absetzen. Bold nimmt seine alte doppelläufige Flinte mit, da er vorhat, unsere kärglichen Speisevorräte etwas aufzufüllen. In der Hoffnung, einen Weißnacken-Kopf aus dem Schilf hervorschießen zu sehen, wollen wir den Kerulen hinunter durch das Stauwasser des Sumpfes treiben und rudern, bis uns die Strömung wieder zu unserem Lager bringt.

Durch sumpfige Senken und gewundene Seitenarme manövrieren wir die Boote ein, zwei Kilometer durch den Sumpf bis zum Hauptarm. Wir kommen an einem Altwasserarm vorbei, der in diesem Dürrejahr ganz ausgetrocknet ist, und hier zeigt uns Bold ein paar schöne große Wolfsspuren, dann Wolfskot. »*Canis lupus*!« Neben diesen Abdrücken finden wir die frische Spur einer Gazelle, hinter der, wie Bold glaubt, der Wolf vielleicht her war. Einen anderen Kothaufen, zu klein für einen Wolf, zu groß für einen Fuchs, identifiziert er als den eines Marderhundes (*Nyctereutes procoyonoides*), eines untersetzten, schwarzmaskierten Kaniden, der vor allem Kraniche und andere Bodenbrüter jagt. Diese abscheuliche Kreatur, behauptet Bold, sei in der Mongolei nicht heimisch, sondern habe sich erst kürzlich aus Rußland und China eingeschlichen: »*Njet Mongolica fauna – immigrantski!*« Der Marderhund erinnert ihn unangenehm an die Bisamratte, die wir gestern abend bei unserem Lager durch den Fluß schwimmen sahen. »*Njet Mongolica! Amerikanski immigrantski!*« hat Bold geschimpft.

Bei diesem Niedrigwasser können wir nicht über das Schilf und die weidenbestandenen Hochufer hinaussehen, dennoch ist unsere Fahrt angenehm und produktiv, denn Bold und Tseveen sammeln sich mausernde Stockenten, um unser tägliches Einerlei von Ziegen- und hartgekochtem Hammelfleisch etwas aufzulockern. Allerdings hat unsere Suche nach einem brütenden *vipio* bislang nichts erbracht. Da der Weißnackenkranich seine Ernährungsgewohnheiten menschlicher Landwirtschaft angepaßt hat und heute fast alle bekannten Nester innerhalb einer im Flug leicht zu bewältigenden Entfernung von Feldern zu finden sind, erscheint dieses trockene Steppenland allmählich nicht mehr als wahrscheinliches Habitat.

Als wir schließlich, von unserer vierstündigen Expedition ermattet, wieder aus dem Schilf auftauchen, hören wir mit Erstaunen, daß Dawa bei seiner Rückfahrt entlang dem Sumpf einen guten Kilometer vom Lager entfernt einen Weißnackenkranich mit Küken beobachtet hat; mit einer Mischung aus Freude und Unglauben ergründen wir sein Gesicht und versuchen seine ornithologischen Fähigkeiten zu taxieren. Noch während wir ihn in die Mangel nehmen, fliegen acht Kraniche über den Sumpf, erst eine Gruppe von vier, dann noch mal vier, und Jim, der noch immer von Dawas Geschichte irritiert ist, schreit: »*Grus monachus*!« Er ist überzeugt, daß die ersten vier Vögel Mönchskraniche waren, die für gewöhnlich nicht durch dieses Gebiet ziehen. »*Njet! Anthropoides!*« fährt Dr. Bold ihn an.

Trotz deutlicher Größendifferenzen zwischen den Arten, ist die Identifizierung von Kranichen im Flug nicht so einfach, wie man sich das vielleicht vorstellt, noch dazu in einem Land, wo bislang sechs verschiedene Spezies beobachtet worden sind. Die meiste Zeit halten die vorsichtigen Vögel großen Abstand, und je nach Einfallswinkel des Sonnenlichts wird die Färbung manchmal seltsam verzerrt, das sanfte Grau wirkt schwarz, das Silber weiß, was den Gesamteindruck des Vogels völlig verändert. Der rauchgraue *Grus grus* beispielsweise sieht oft weiß aus; selbst der dunkelgraue Hals kann im grellen Sonnenlicht ausbleichen, vor allem wenn es von Schneefeldern zurück zum Himmel reflektiert wird; das könnte gelegentliche Berichte von »Schneekranichen« erklären, die den Himalaya überqueren.

Das Bestimmungsproblem bleibt ungelöst. Wir zwängen uns in die Autos und fahren in der schwachen Hoffnung, Dawas *vipio*-Sichtung zu bestätigen, flußauf. Aber zwischen der Piste und dem Schilf, wo Dawa sie gesehen zu haben glaubt, gibt es keine Weißnackenkraniche und auch keinerlei Anzeichen für Jims Mönchskraniche, die ungefähr von hier aus aufgestiegen sein müßten. Deprimiert starrt er ein paar Jungfernkraniche an – ein hübscher, heiterer und doch in diesem Moment äußerst unbefriedigender Anblick.

Schweigend wandern wir am Sumpf entlang nach Westen und bemühen uns nach Kräften, die frisch erblühten, leuchtendgelben

Teichrosen und die Sumpfvögel zu bewundern, unter denen sich auch mehrere Strandläuferarten finden, die ich noch nie zuvor auf dieser Reise und auch nicht in meinem ganzen Leben gesehen habe: der Temminckstrandläufer und der Rotkehl-Strandläufer, dessen gesamter Kopf in der Sonne rot, golden und kupfern schimmert, und der Sumpfläufer, der sich unter ein paar Spitzschwanz-Strandläufer gemischt hat, dazu große Scharen Uferschnepfen und Dunkle Wasserläufer. Den Ufervögeln – den »Vögeln des Windes« – und ihren erdumspannenden Wanderzügen gilt schon mein Leben lang meine Leidenschaft[5]: ich bin begeistert.

Einen knappen halben Kilometer jenseits eines flachen Morasts stelzen vor einer Wand aus großem, sonnenüberflutetem Schilf vier Jungfernkraniche durch hellgrünes Gras, das wie frisch gemähter Rasen wirkt, und 50 Meter westlich davon ziehen in voller Sonne zwei Weißnackenkraniche, gefolgt von einem großen goldenen Küken im Daunenkleid, mit großen Schritten ihres Wegs. Von Freude überwältigt, ducken wir uns flach hin und studieren in verzücktem Schweigen die *vipio*-Familie, bis die Vögel im grünen Schilf verschwinden. Diese Kranicheltern haben während der vergangenen drei Tage am Weiße-Kirche-See nicht ein einziges Mal gerufen.

Dawas leichtes Grinsen beschämt uns. Während die ausgebildeten Wissenschaftler den Sumpf durchforsteten, hat der bescheidene Fahrer ganz ohne Fernglas ihre Vögel für sie gefunden – die ersten dokumentierten brütenden Weißnackenkraniche, *Grus vipio*, im Kerulen-Tal der östlichen Mongolei.

Heute rudern wir quer über den Fluß und kämpfen uns zu Fuß durch den Sumpf; unser Ziel sind zwei versteckte Seen, wo Tseveen vor zwei Jahren einige Vögel zu wissenschaftlichen Zwecken fing. Beschwerliche 800 Meter weit schieben und schleppen und waten wir durch dickes Weidengestrüpp und Morast und rauhes, bis zu drei Meter hohes Schilf; schließlich erreichen wir den Rand eines großen Sees voller Lilien, auf dem es von Wasservögeln nur so wimmelt, unter anderem goldhalsigen Singschwänen mit zwei großen Jungen. Mit schweren Schlägen heben die Schwäne ab und steigen und kreisen vor zarten weißen Wolken am blauen Himmel Runde um Runde um einen kreisförmigen Horizont aus lavendelförmigen, windzerzausten, hohen Riedgrasbüscheln. Der Wind trägt ihr musikalisches Wehklagen wegen der Jungen zu uns, die sich auf der anderen Seite ans Schilf drücken. Die Schilf-Wände bieten Schutz vor dem starken, böigen Wind, der drüben im Lager die Schlauchboote herumwerfen und wegfegen und sie, mit Dorj und Dawa im Gefolge, dreieinhalb Kilometer weit den Fluß hinabtreiben wird.

In der Abenddämmerung flaut der Wind ab, Uferschwalben kreuzen den Fluß hoch und runter und hoch und runter. Dann, plötzlich, ballen sie sich wie ein gigantischer Mückenschwarm zusammen, wirbeln empor und sind weg. Wo eben noch Hunderte flatterten, ist keine einzige mehr. Nur die Weiden spiegeln sich im Zwielicht im stillen Fluß.

Als der Morgen graut, regt sich kein Lüftchen, und aus einiger Entfernung, vom Liliensee her, ruft einsam und traurig ein Schwan. Wir brechen auf, als von Osten zwei *vipio* unterhalb des Talrands heranfliegen, die Flügel anstellen und hinab zum Ende des flachen Sees bei der Tempelruine gleiten, nicht weit von der Stelle entfernt, wo wir tags zuvor das Paar mit dem Küken gesehen haben. Sind dies dieselben beiden, wenn ja, warum haben sie ihr Küken verlassen? Ich gehe nach Westen zur Ruine und weiter um das Bett aus gelben Blüten am Sumpfrand herum zum Nordende des Sees.

Die beiden Kraniche steigen aus einem flachen Morast hoch, doch statt zu fliehen, landen sie ein Stück weiter wieder. Sie ignorieren mich, stelzen ruhelos auf der Niederung herum, wobei sich ihre Wege kreuzen, gehen aus unterschiedlichen Richtungen in das Schilf hinein, kommen wieder heraus, all das sieht nach einer systematischen Suche aus. Die ganze Zeit stoßen sie dabei einen merkwürdigen Ruf aus, ein einfaches *ka-kuk* – wobei *ka* der hohe Ton ist – und manchmal einfach nur *ka*.

Bestimmt rufen die beiden das goldene Küken, wollen es aus seinem Versteck locken. Ein paar Minuten später starten sie wieder, überqueren ein Schilfdickicht und landen auf der Grünfläche, auf der sie gestern posiert hatten. Dort nehmen sie die intensive Suche und die Rufe wieder auf. Nicht ein einziges Mal scheint sie meine Anwesenheit zu erschrecken, auch zeigen sie nicht das »Ersatzverhalten«

des Pickens und Fressens, mit dem Vögel Streß abbauen. Sie rufen noch immer, sie gehen hinein und hinaus, bis sie schließlich ganz im Schilf verschwinden, verstummen und nicht wieder auftauchen.

Es überrascht mich, daß ein Küken im Daunenkleid von beiden Erwachsenen allein gelassen wird (allerdings kommt es bei dieser Art vor, daß die Küken allein sind, wenn die Nahrungsgründe weit entfernt liegen). Ich frage mich, ob es sich bei diesem Paar um andere Vögel handelt als die gestern gesichteten, aber wenn das der Fall ist, warum ist dann ihr Küken so nahe der Stelle, wo wir das andere Paar gesehen haben? Das ergibt keinen Sinn, oder zumindest weniger als die unwillkommene Erklärung, die sich bereits aufdrängt – daß das goldene Küken von dem Wolf oder dem Marderhund geholt worden ist, deren Spuren wir gestern morgen hier ganz in der Nähe fanden. Das würde erklären, warum das Elternpaar über die Ebene davongeflogen und warum es zurückgekehrt ist, um – vielleicht in einem letzten Aufbäumen des Elterninstinkts – nach dem Küken zu suchen.

Ich habe mir kaum dieses traurige Ende des ersten dokumentierten *Grus-vipio*-Nachwuchses am Kerulen ausgemalt, als am anderen Ende des Schilfgürtels ein junger Kranich auftaucht und rasch hinüberläuft zu der Lücke in der Schilfwand, in der die Erwachsenen verschwunden sind, die noch immer ab und zu rufen. Ich bin so aufgeregt, daß ich fast laut schreie, denn dies ist nicht das Küken von gestern, sondern ein viel größeres – größer sogar als die beiden erwachsenen Graureiher, an denen es auf seinem Weg zur Schilflücke vorbeirennt. Das gestrige kleine Küken hatte noch Daunenfedern, die mit Ausnahme des satten Golds im Nacken goldbraun waren; dieses hier ist scheckig und ergraut schon, wo die Kielfedern die weichen Daunen ersetzt haben. Plötzlich hat sich die Tragödie ins Gegenteil verkehrt. Wenn dies tatsächlich ein zweites Küken ist, was ist dann die Erklärung? Kann es zwei Brutpaare so dicht nebeneinander geben? Ich glaube nicht, daß ich ein kleines, goldfarbenes Küken mit einem großen, grauen verwechselt habe.

Die Kraniche bleiben stumm und tauchen nicht auf, vermutlich weil sie mit ihrem Küken wieder vereint sind. Doch die enge Nachbarschaft zweier Paare ist höchst unwahrscheinlich. Im Lauf der folgenden Tage ringen wir uns zu der konservativen Annahme durch, daß das zweite Küken das größere von zwei Geschwistern war, was bedeutet, daß in diesem Fall das jüngere, am Vortag gesichtete Küken möglicherweise verloren ist.

Ich bin froh und dankbar, daß ich solches Glück hatte und *Grus vipio* aus nächster Nähe und im klaren Morgenlicht vor dem frischen Schilf beobachten konnte. Mit seinem brillanten karmesinroten Gesicht, den feuerfarbenen Augen und der Alabastersäule des Halses, die sich hinunter bis zum warmen Silber der Flügeldecken erstreckt, und dem Schiefergrau der Kehle und des Bauches, das sich in bestimmtem Licht in ein glänzendes Schwarz verwandeln kann, ist dies sicherlich der »orientalischste« aller Kraniche, was noch durch die roten Beine verstärkt wird, die er mit dem Nonnenkranich gemein hat; meiner Ansicht nach kann es dieser Vogel, was die urtümliche Eleganz angeht, mit dem Mandschurenkranich aufnehmen.

Die Expedition hat zwar bestätigt, daß *vipio* am Kerulen brütet, doch die wenigen Vögel hier können nicht die großen Scharen erklären, die in Südostchina überwintern. Wir suchen noch immer nach dem Kernland des Vogels und nehmen eine alte Piste zur nordöstlichen Grenze unter die Räder.

Der Fahrweg windet sich über trockene Hochebenen, die von Steppenadlern und Mongoleigazellen durchstreift werden – stämmigen Tieren mit langen Köpfen, cremefarben am Rumpf, das Deckhaar ansonsten gelbbraun –, die sich mit denselben Prellsprüngen wie alle Gazellen auf der Welt entfernen. Im Westen liegt der Damm der einsamen Eisenbahnstrecke von Tschojbalsan zur russischen Grenze, und am Horizont ragen die riesigen roten Umrisse der Erntemaschinen und Mähdrescher eines Kollektivbetriebs, der Weizen und Gerste anbaut; mangelhafte Wartung und fehlender Treibstoff haben sie stillgelegt. Schnelle taubengroße Flughühner kreuzen in kleinen Scharen die kaum auszumachende Piste, die schließlich zu einem aufgelassenen Depot mit durch Unkraut geborstenem Beton und staubigen, eingeworfenen Fenstern führt. »Noch eine Sowjetruine«, murmelt Chuka. »Die hat noch nicht einmal einen Namen.«

Weiter nördlich wird die Grasdecke wieder dicker, es wachsen lavendelfarbene Astern, nachtblaue Kratzdisteln und gelbe Lilien, und die Piste führt ein paar Kilometer weit nach Osten zum Khukh Nuur, dem Blauen See, zehn Kilometer im Durchmesser, ein Spiegel des Himmels im trockenen, strohgelben Land. An seinem windgeschützten Ufer schnattern am Fuße eines mit Schwertlilien durchsetzten Grashangs tausende verschiedener Wasservögel, und um den Südbogen des Sees zieht eine Herde von vielleicht 80 Gazellen. Dr. Bold hat die Erlaubnis, zur Ernährung unserer Expedition zwei Gazellen zu erlegen, und er hat ein paar gute Gelegenheiten verstreichen lassen, weil er kein totes Tier in der Mittagshitze tragen wollte. Jetzt, da der Zeitpunkt ihm gelegen kommt, ist die Herde zu weit entfernt; an diesem Tag sehen wir keine anderen mehr.

Der Blaue See liegt inmitten der Dagurischen Steppe (von mongolisch *Daguurin*, den Daguren, Nomaden, die schon zur Zeit von Dschingis Khan hier die Alteingesessenen waren und die noch immer einige abgelegene Winkel der Steppe bewohnen – Lis Frau ist eine Daguur, erzählt er uns). Kaum von Menschen bevölkert, erstreckt sich die Dagurische Steppe sowohl bis nach Sibirien als auch bis nach China hinein, und die ursprüngliche Flora und Fauna ist hier noch von großer Vielfalt. Wir diskutieren die Aussichten für das vorgeschlagene, grenzübergreifende Dagurische Naturschutzgebiet in diesem Dreiländereck; die Möglichkeit begeistert uns alle, auch den zurückhaltenden Li Ming. Trotz seines internationalen Status könnte es niemals ein zusammenhängendes Gebiet werden – sowohl das russische als auch das mongolische Reservat umfaßt separate Landstriche, und der Dalainor in der Inneren Mongolei ist Hunderte von Kilometern von beiden entfernt –, aber all diese Gebiete liegen in der Dagurischen Steppe und bieten gute Habitate für *Grus vipio* (der in Sibirien als Dagurischer Kranich bekannt ist).

Die kaum als solche zu bezeichnende Piste kreuzt wieder einmal die Eisenbahnlinie und zieht sich nordwestwärts durch eine Ebene hin, wo Mengen von gerade flügge gewordenen Lerchen und Piepern tief über dem grasbewachsenen Weg vor uns umherschwärmen, ihre noch schwachen Flügel ausprobieren, vielleicht zum erstenmal, und zu unerfahren sind, um ein bißchen höher zu steigen und über die Steppe davonzusegeln. Wir errichten das Lager auf einer Anhöhe am

Duroo Nuur, einem runden und ziemlich unbelebten See, der vom Ulds durchflossen wird. Mit Jim gehe ich am See entlang, aber wir sehen keine Kraniche und verzeichnen überhaupt nur wenig Vögel. Ein junger *arat* aus dem *ger* am gegenüberliegenden Ufer reitet mit einem schwarzen Reifenschlauch zum Wasser hinunter, steigt ab, zieht sich bis auf die Shorts aus und paddelt zu uns hinüber, um herauszufinden, was wir da machen. Da wir nicht antworten, sondern nur lächeln können, folgt er uns verdächtig still bis zu der Stelle, wo der Ulds, flacher und langsam fließend, den See auf seinem Weg nach Norden zu den Tariseen an der russischen Grenze verläßt.

Dieses leere Land ist von Nomaden bevölkert, die Pferde züchten und nur wenig Vieh; am nächsten Morgen sehen wir eine Herde von mindestens 300 Tieren. Die Pferde separieren sich von selbst in Gruppen von vielleicht 50 Stück und bilden um irgendeine interessante Stelle herum gesellige Zirkel, wobei sie ihre schwanzschwingenden Hinterteile dem Rest der Welt zuwenden, während sie ein schlafendes Fohlen betrachten.

Vergeblich suchen wir ein paar kleinere Seen nach einem seltenen Vogel namens Lönnber-Möwe ab und fahren weiter in den äußersten Nordosten des Landes, ohne einen einzigen *vipio* zu sichten, vielleicht weil diese Seen brackig sind und die Wiesen salzig. Schließlich fahren wir nordwestlich zur Grenzstadt Ereentsav (»Leeres Flußbett«), die gegenüber einem russischen Dorf namens Salawioski liegt, was die lokale Bezeichnung für den Sprosser ist. Hier erfahren wir von Bolds altem Freund Herrn Choijilsuren, dem Chef der Distriktverwaltung, daß der mißtrauische junge *arat* den ganzen Weg nach Norden bis Ereentsav geritten ist, um zu berichten, daß zwei mit Ferngläsern bewaffnete Spione mit ihren Spießgesellen beim Duroo Nuur kampierten. Herr Choijilsuren ist ein rotwangiger Burjate mit silbernem Bürstenhaar und einem überraschten Lächeln, der uns schon erwartet hat und den jungen Mann beruhigt, daß wir Kranichfanatiker, ansonsten aber ziemlich harmlos seien. Der Chef instruierte auch einen befreundeten Burjaten, der nach Rußland zurückkehrte, den gelangweilten Soldaten dort drüben mitzuteilen, daß sie nicht auf einige merkwürdige Gestalten schießen sollten, die mit Ferngläsern an der Grenze herumstreichen.

Choijilsuren bekehrte sich erst spät zum Naturschutz; einst tötete er 97 Wölfe, bis er »die Lust daran verlor, sie umzubringen«. Er brachte auch zahllose Kraniche um und hängte sie an Pfosten entlang den Feldern, um ihre Artgenossen zu warnen, sich nicht am Getreide zu vergreifen. Der *tsen toguru* (»Kranich von Metallfarbe«: der Weißnackenkranich), der größere, erzählt er uns, »richtete mehr Schäden an als die anderen, nicht nur wegen der Mengen, die er vertilgte, sondern auch wegen des verdammten Herumstolzierens, bei dem das Getreide niedergetrampelt wurde. Die Einheimischen sind jedoch zu mir gekommen und haben mich gebeten, die Vögel nicht mehr zu schießen; sie sagten, *tsen toguru* zu töten würde mit Sicherheit Unglück über sie bringen.« Heute steht er an der Spitze der lokalen Naturschutzbewegung.

Nach einer Pause mit Keksen und Joghurt brechen wir zu weiteren Kranichforschungen am größten der Tariseen auf. Zu ersten Sichtungen kommt es mehrere Kilometer westlich von Ereentsav, und unsere Beute ist zwar weit entfernt und fast völlig in einem großen Schilfgürtel zwischen Piste und See versteckt, aber der immer wieder zwischen dem hohen Schilf aufblitzende weiße Fleck ragt zu hoch, um irgendein anderer Vogel außer einem Kranich sein zu können. Aufgeregt machen wir uns zu Fuß auf den Weg durch das Riedgras. Die einzigen beiden weißen Kraniche in Asien sind der Mandschuren- und der Nonnenkranich, und beide sind in der Mongolei selten oder nur Zufallsgäste – es gibt nur drei dokumentierte Sichtungen von *Grus japonensis* hier, obwohl die Art nicht weit weg am Dalainor brütet. Tseveen und Bold, die seit Jahrzehnten das Land bereisen, haben nie Mandschurenkraniche gesehen, allerdings dreimal Nonnenkraniche. Da erst vor zwei Jahren an diesem See ein Nonnenkranich auftauchte, ist es wahrscheinlich, daß diese Art hier vorkommt und nicht der Mandschurenkranich.

Vier von uns stapfen fast zwei Kilometer weit in den Sumpf und machen alle paar hundert Meter halt, um mit dem Fernglas unsere Beute im wiegenden Schilf zu lokalisieren; wir geben unser Bestes, um den Kopf zu erkennen, der uns eindeutig die Spezies verraten würde. Zwischen den hin und her wogenden hohen Schilfrohren scheint es manchmal zwei weiße Fragmente zu geben, was uns überlegen läßt, ob wir es vielleicht mit einem Paar zu tun haben. Wir sind noch rund 400 Meter weg, als wir uns ernsthaft zu fragen beginnen, warum wir keinen Kopf ausmachen können, doch schließlich hebt sich das Haupt empor. Jim Harris hat es im Fernglas. Abrupt richtet er sich auf. »Weißes Pferd«, stöhnt er. So ist es: Ein weißes Pferd tief im grünen Schilf, das einzige weiße Pferd, so weit das Auge in jedwede Richtung blicken kann. Wortlos macht unsere Gruppe von Kranichexperten auf dem Absatz kehrt und kämpft sich mühsam zur Straße zurück.

Von einer Anhöhe rund 30 Meter über dem See kann man weite Strecken der Sumpfzonen und des Ufers überblicken. Fast sofort werden Kraniche entdeckt, *G. vipio* und *G. grus*, beide mit Küken. Bereits zuvor waren wir an einer Jungfernkranichfamilie vorbeigekommen, und vielleicht um uns wegen *G. equus* zu trösten, merkt Jim an, wie ungewöhnlich es ist, drei freilebende Kranicharten mit Jungen an einem einzigen Tag zu sichten. Wir zählen zehn weitere Graukraniche, von denen einige auf einem Grasstück stehen, andere über die Grasinseln fliegen, die sich weit in den See hinaus erstrecken.

G. grus ist ein aschgrauer, oben braun gesprenkelter Vogel; die vordere Halsseite und der obere Nacken sind wie die primären und sekundären Flugfedern rußschwarz, und die lang geschwungenen sekundären bilden die am stärksten gerundeten Turnüre von allen Kranichen, wenn er sie nach dem Landen über seinem bescheidenen Schwanz zusammenfaltet. Kopf, Nacken, Kehle und Hals sind schwärzlich, während sich am Kopf von den Augen über die Ohren und weiter seitlich hinunter bis zum Nacken weiße Streifen ziehen. Auf der Stirn und zwischen den Augen bis hinunter zum Schnabel zeigt sich nackte schwarze Haut, die wie das kleine Krönchen aus roter Haut am Hinterkopf mit spärlichen schwarzen Stoppeln besetzt ist. Das Rot-Schwarz-Weiß des Kopfes ist weniger eindrucksvoll als bei *japonensis* und *americana* (obwohl der eurasische Graukranich von der Gestalt des Kopfes wie von der DNS her eng mit dem Schreikranich verwandt ist).

Der Graukranich nistete einst nur selten in der nördlichen Mongolei, doch in den letzten Jahrzehnten ist er weiter nach Süden vorgedrungen, was zweifellos auf die intensive russische Landwirtschaft im Grenzgebiet zurückzuführen ist, und heute brütet die Art überall in den Flußauen dieses Landes. Seine Ernährung hat er auf die Saaten und Schößlinge des Menschen umgestellt – in der Mongolei Weizen, Hafer und Gerste –, und man sieht ihn oft am Himmel weite Kreise ziehen, als wolle er erst das Terrain erkunden, ehe er langsam zu den Feldern herabgleitet. Im Gegensatz zum Jungfernkranich, der durch die tief eingeschnittenen Täler fliegt, überquert der Graukranich in der Regel die Gipfel des Himalaya.

> In Kansu ... wurde unser Zelt auf 3200 Metern über dem Meer errichtet. Aber diese Vögel [*G. grus*] flogen in so enormer Höhe, daß sie kaum zu sehen waren. Während des ganzen Tages schien eine Schar der anderen zu folgen. Bei Koko-nor trafen sie am 17. März ein. Im Ussuri-Land trafen wir *G. communis* nicht an.
>
> *Nikolaj Prschewalskij*, 1875

Die Piste folgt der Grenze nach Westen, bis der See hinter uns liegt. Im Norden, auf einem flachen Hügel in Sibirien, steht ein Mischwald aus Pappeln und Nadelbäumen – ein letztes Überbleibsel des ursprünglichen Waldes, sagen die Mongolen, wo die Dagurische Steppe auf die paläarktische Taiga trifft. Ein Stück weiter führt die Piste am Grenzzaun entlang; hier stehen die riesigen roten Maschinen der sibirischen Kollektive untätig am Rand der Getreidefelder, zwischen denen man Pappelreihen als Windschutz gepflanzt hat, und hier fliegt ein Paar Weißnackenkraniche, das aus einem schilfbestandenen Teich in der Mongolei aufgestiegen ist, in niedriger Höhe über die Piste und den Stacheldraht und gleitet hinüber ins russische Getreide, um sich elf weiteren Exemplaren seiner Spezies anzuschließen, die zusammen mit 17 Jungfern- und zwei Graukranichen eine einzige große Schar bilden. Ich springe aus dem Wagen und renne den Zaun entlang, als eine neue gemischte Gruppe von *grus* und *vipio* nach Rußland hinüberfliegt. Die *vipio* gehen zwischen den anderen nieder, die *grus* aber segeln über die Pappeln aufs nächste Feld, wo sie sich zwei weiteren Gruppen von Jungfernkranichen anschließen.

Einige der Kraniche im zweiten Feld wirken klein und dunkel, von untersetzter Statur, und als sie die weißen Köpfe und Hälse in die Höhe recken, jauchze ich auf: »Mönche!« Harris, der mir nacheilt, hält dies für unwahrscheinlich, doch einen Moment später ruft er: »Du hast recht! *Monachus*!« Von unserem Beobachtungspunkt aus zählen wir 40 Jungfern-, 16 Grau-, 13 Weißnacken- und 13 Mönchskraniche – vier Kranicharten auf einem Fleck, darunter die ersten *G. monachus*, die mir unter die Augen kommen.* Ich bin begeistert, genau wie Jim. Trotz all seiner Erfahrungen mit freilebenden Kranichen in zahlreichen Ländern hat er niemals zuvor vier Spezies zugleich gesichtet. »Ich weiß, wieviel Glück ich habe«, versichere ich ihm grinsend, »das mußt du mir nicht sagen.«

Der Mönchskranich, kaum 90 Zentimeter groß, ist neben dem Jungfernkranich der kleinste von allen. Der Körper ist grau, Hals und Kopf sind flaumig weiß, er hat gelbe Augen und einen grünlichen Schnabel, und wie seine Verwandten unter den nördlichen *Grus* hat er ein gockelhaftes Arrangement von verlängerten Tertiärfedern, die sein Hinterteil zieren, sowie die obligatorische nackte rote Haut auf dem Kopf, die bei dieser Spezies auf der Stirn sitzt und das Weiß der Krone wie des Halses von der nackten schwarzen Haut zwischen Augen und Schnabel trennt und partiell von feinen schwarzen Federn, die an Daunen oder Haare erinnern, verdeckt wird. Wie *G. vipio* kann diese Spezies die nackte Haut unter den Stirnfedern zusammenziehen.

Die lateinische Bezeichnung *monachus* geht wie der deutsche Name »Mönchskranich« auf die weiße Kapuze oder Haube zurück. Über die Naturgeschichte dieses scheuen und seltenen Vogels weiß man wenig, nur, daß er in sumpfigen Wäldern oder Lärchen-Torfmoos-Morasten mit vereinzelten kleinen Bäumen nistet; vielleicht ist seine kurzbeinige, untersetzte Statur, die ihn wenig elegant wirken

* Die lateinischen Bezeichnungen für drei der *Grus*-Arten – Mönchs-, Schrei- und Brolga- bzw. Australischer Kranich – werden in der wissenschaftlichen Literatur unterschiedlich geschrieben: *monachus/a, americanus/a* und *rubicundus/a*. In diesem Buch verwende ich einheitlich die Bezeichnungen *monachus, americana* und *rubicundus*.

läßt – jedenfalls im Vergleich zu anderen Kranichen –, wie seine relativ bescheidene Flügelspannweite eine Anpassung an diese bewaldeten Habitate, in denen das Flugvermögen nicht so wichtig ist. Das erste *monachus*-Nest wurde erst 1974 am Fluß Bikin in der Region Primorje im russischen Fernen Osten entdeckt, die auch das letzte Rückzugsgebiet des Amur-Tigers ist. Der späte Zeitpunkt ist zum einen darauf zurückzuführen, daß das Brutgebiet bis vor wenigen Jahren für ausländische Wissenschaftler unzugänglich war, und zum anderen darauf, daß die Nester schwer zu entdecken sind. Während die tarnfarbengrauen Kraniche von geringerem Wuchs mit kleineren Feuchtgebieten auskommen als die weißen Kraniche, hat der schwärzliche *monachus* seine Unerkennbarkeit im tiefsten Schatten auf die Spitze getrieben. Noch Ende des 19. Jahrhunderts waren Mönchskraniche in Ostsibirien westlich vom Baikalsee weit verbreitet, sie überwinterten in Südostchina und auf Kyushu, der Südinsel Japans. Hybriden sind bei Kranichen selten, doch *grus* und *monachus* – beide außerordentlich menschenscheu – kreuzen sich immer wieder einmal, wobei die Jungen der zweiten Generation im Winter auf Kyushu auftauchen. (Zwar tendiert *monachus* dazu, in Nordostasien *G. grus* zu ersetzen, doch es tauchen auch ein paar Graukraniche regelmäßig in Japan auf.)

> [*G. monachus*] ist während des Frühlingszuges zwischen dem Dalai-nor-See und der Stadt Kalgan sehr zahlreich: Weiter westlich kommt er nicht vor. Am Baikal-See ist er sehr häufig, und er muß folglich jenseits an den Grenzen der Gobi-Wüste entlang ziehen ... Ein paar dieser Kraniche wurden im Frühjahr am [K]anka-See gesichtet. *Nikolaj Prschewalskij*, 1875

Nach Einbruch der Dunkelheit schlagen wir auf einem Hochplateau über einem Nebenfluß des Imalkha das Lager auf; ein einsames Licht auf der anderen Seite erweist sich in der Morgendämmerung als ein russischer Grenzposten, der noch immer die C. C. C. P.-Insignien der Sowjetunion trägt. Die Grenze hier ist so unbewohnt und wenig bewacht, daß russische Burjaten herüberkommen, um das Heu ihrer Nachbarn zu ernten.

Noch immer auf der Suche nach brütenden *vipio* in namhaften Stückzahlen wenden wir uns nach Süden, queren im leichten Regen das Hochland zu Füßen der Blauen Berge und fahren wieder ins Tal des Ulds hinunter. Bei der dreistündigen Tour sehen wir an Kranichen lediglich ein einsames *vipio*-Paar, das durch sein Zögern, den Schilfsumpf zu verlassen, verrät, daß es Nachwuchs hat. Wir können das Küken nicht finden, nur das Nest, eine runde Plattform aus zusammengepreßten Pflanzen, die die nistenden Vögel oberhalb des Wasserspiegels anlegen, indem sie ringsherum Pflanzen ausreißen und so etwas wie eine Wasserburg bauen. Während der Suche zeigt mir Tseveen zwei graue Marderhund-Welpen, die mit ihren Knopfaugen in den schwarzen Gesichtsmasken aus dem Eingang zu ihrem Labyrinth unter dem Riedgras hervorlugen.

Am Ulds gibt es viele Kraniche – so viele, sagt Bold, daß die Bauern dort im Frühherbst über Ernteausfälle klagen –, und es fällt schwerer, kalter Regen, als wäre endlich der Monsun gekommen. Es ist der erste richtige Regen seit einem Monat, sagt Bolds Freund Herr Dorjpurev (»Glocken-Donnerstag«), ein wohlhabender *arat*, der uns warmherzig in seinem Haus willkommen heißt.

Herr Dorjpurev ist ein fröhlicher Mann mit einer fröhlichen Burjaten-Frau und einem starken Sohn namens Khureltogoo (»Bronzekessel«) sowie einer anmutigen Schwiegertochter in einem purpurroten *deel* mit hohem Kragen und Goldbesatz an den breiten Aufschlägen, zierlichen Slippern und weißen Strümpfen; anmutig serviert sie uns Milchtee, bis sie durch die niedrige Holztür enteilt, um ihrer Schwiegermutter beim Kochen zu helfen. Überall im Hinterland der Mongolei werden wir der großzügigen Gastfreundlichkeit der Steppenbewohner teilhaftig, die ziemlich unbehelligt vom Chaos in den Städten ihren äonenalten Gebräuchen und Wirtschaftsweisen anhängen.

Herr Dorjpurev hat sich zur Ruhe gesetzt, lebt in einem Doppel-*ger* und läßt seine Pferde bei Rennen in Ereentsav laufen. Als eher exotisches Mitglied der Mongolischen Ornithologischen Stiftung katalogisiert er die Anzahl von Kranichen im Ulds-Tal. Er hat einmal mit einem Seil einen Mönchskranich eingefangen, der so stark war, berichtet er, daß er ihn aus dem Sattel hob, doch glücklicherweise riß das Seil, und er fiel auf die Erde zurück. Lachend wirft er seinen Kopf in den Nacken, um zu sehen, ob seine Geschichte diesen hochaufgeschossenen Fremden gefällt.

Dorjpurevs *ger* ist insofern ungewöhnlich, als es ein Holzvestibül als Eingang und einen Generator und somit Elektrizität hat. Ansonsten gleicht es ziemlich allen anderen: ein kompaktes rundes Zelt aus gerolltem und dann mit Wasser komprimiertem Wollfilz. Die meisten *gers* haben rund sechs Meter Durchmesser und senkrechte Außenwände, die von einem 1,2 bis 1,5 Meter hohen Holzgitterwerk getragen und verstärkt werden. Von diesen Pfosten ragen die Balken, die das schräge Dach tragen, in einem Winkel von 45 Grad hoch bis zur Spitze, wo sie mit einem runden, leichten Holzgitter in Form eines Speichenrads verstrebt sind und auf Abstand gehalten werden. Dieses Speichenrad, das das Licht herein- und den Qualm des Feuers herausläßt, wird manchmal seinerseits noch von einem oder zwei senkrechten Holzpfosten getragen. In der Regel ist die Feuerstelle in der Mitte des *ger*, doch dieses hat einen Gasherd, der an einer Seitenwand steht, genau wie die Kleidertruhen, die kleinen Betten, auf denen wir sitzen, und weiterer Hausrat wie etwa eine Nähmaschine oder zusammengerollte Winterteppiche. Das Ganze wirkt wie eine Schiffskabine, klein, aber geräumig genug, mit nichts Überflüssigem, aber ein wenig Luxus wie etwa einem Glasschränkchen mit Souvenirs und Familienfotos, und jeder Menge Platz in der Mitte des Raums, wo man aufrecht stehen und umhergehen kann. Der kreisförmige Raum mit seinen angenehmen Proportionen gibt mir das Gefühl, daß ich permanent in einer solchen Behausung leben könnte, nur mit den Besitztümern, die bequem darin untergebracht werden können. Fast alle Gegenstände, die die Familie verwendet, sind handgemacht und auf Dauer ausgelegt. Mir wird klar, daß die *arats* die letzten wahren Kunsthandwerker in diesem unglücklichen Land sind, das der Selbstversorgung entsagen mußte und nun von einer Technologie abhängig ist, die versagt hat.

Da sowohl Fujita und Harris als auch die beiden Chinesen Amateurfotografen sind, legt die Familie die besten Gewänder an und tritt, als der Regen kurz nachläßt, vors Zelt, um sich aufnehmen zu lassen. Dorjpurev hat sein ledernes *deel* gegen einen sattrotes getauscht und auch den traditionellen Mongolenhut und glänzende Stiefel angelegt. Zum Fotografieren schwingt er sich auf sein Pferd, wo ein echter Mongole, wie man weiß, eben hingehört.

Nicht weit vom *ger* entfernt bauen wir auf einem Lagerplatz oberhalb des Gänse-Sees schnell unsere Zelte auf, da der Regen wieder einsetzt. Starker Wind kommt auf und bringt die erste Herbstluft mit, und in diesem leichten Sturm zieht eine Schar Weißnackenkraniche mit silbernen Schwingen am eisengrauen Himmel vorüber.

Der kleine südliche Teil des neuen Daguurin-Naturschutzgebiets besteht aus einem Stück Flußtal, wo der Ulds sich anmutig durch Feuchtwiesen windet. Hier finden wir eine Gruppe von 46 Graukranichen und markieren zwei weitere Jungfernkraniche. Wir queren den Fluß durch eine Furt und wenden uns nach Westen. In den Kornfeldern des vergangenen Jahres treffen wir einen Fuchs und drei Gazellen, eine stattliche Zahl von Weißnacken- und einige wenige Grau- sowie 75 Mönchskraniche – eine ungewöhnlich große Anzahl von *monachus* außerhalb der überfüllten Winterquartiere in Südjapan.

Dorjpurev hat uns eine große schwarze Ziege geschenkt, und am Abend erwartet uns ein Ziegen-Festmahl. Der größte Teil des Fleisches ist zum Trocknen und Räuchern über einem Dungfeuer beiseite getan worden, der Ziegenbalg wurde mit dem restlichen Fleisch und den Knochen und erhitzten Steinen gefüllt und dann fest zusammengenäht, so daß im Inneren alles im eigenen Saft gart. Als es soweit ist, bietet man den Gästen heiße, fettige schwarze Steine an, die man fest zwischen Fingern und Handfläche drücken muß, um sich eine gute Gesundheit zu sichern, danach werden die Steine zu einem kleinen Häufchen gestapelt. Wir nehmen Haltung an und verbeugen uns mit zusammengedrückten Handflächen leicht in Richtung des Steinhäufchens, um der Ziege für ihr Opfer zu danken. Diese Zeremonie voller Ehrfurcht vor dem Augenblick sowie jedem anderen Augenblick und auch voller Dankbarkeit für das, was einem zum Leben gegeben wird, ist buddhistisch, und doch scheuen sich die Mongolen, darüber zu sprechen, da der Buddhismus so viele Jahrzehnte verboten war.

Khureltogoo ist durch den Sumpf herübergeritten, um das Ziegenfleisch und die Knochen zusammen mit Schalen voll heißem geschmolzenem Fett aus dem Ziegenbalg zu servieren. Er erzählt uns, der Kranich sei nach der mongolischen Überlieferung ein wilder und wütender Vogel. Er sagt auch: »Mein Großvater war ein Lama, und mein Bruder ist es auch. Wir sind eine sehr religiöse Familie. Wir glauben, daß der Kranich jenen Unglück bringt, die ihre Hand gegen ihn erheben, aber wenn man den Kranich in Ruhe läßt, ist er bloß ein Vogel.« Als wollten sie Zeugnis davon ablegen, erscheinen flügelschlagend 100 Mönchs- und Graukraniche, segeln über den See und landen im Riedgras unten am Ufer.

Zwei Jugendliche auf einem Motorrad tauchen auf; sie drücken sich abseits der Festtafel herum, bis sie eingeladen werden und freudig teilnehmen. Auf die Frage, wer sie seien, sagt Chuka ruhig: »Das weiß niemand.« Bald kreisen wieder Bolds kleine rote Becher mit dem guten *arak*, und alle prosten unseren Freunden vom Dalainor-See zu, die noch in dieser Nacht nach Ereentsav und über die Grenze nach Salawioski wollen, um dann wie gehabt ihren Heimweg in die Innere Mongolei anzutreten.

Der Regen kommt und geht. Gegen Mitternacht erhebt sich ein Sturm, der unsere Zelte einreißt. Es regnet den ganzen Vormittag.

Es ist August geworden, und die *vipio*-Küken sind zu groß, um sich durch Niederkauern unsichtbar zu machen; sie fliehen über den Sumpf oder versuchen unter dichtem Pflanzenwuchs in Deckung zu gehen. Vergebens jagen wir durch Binsen und Schilf hinter ihnen her; wir bilden eine Linie und schlagen einen großen Bogen zurück, doch trotzdem entkommen sie uns. Vor ein paar Tagen flogen zwei junge, flügge gewordene Jungfernkraniche mit ihren Eltern davon, als wir sie fangen wollten, und das passiert mit jedem Tag öfter. »Die lieblichen Vögel« sind die letzten Kraniche, die im Frühling ankommen (Ende April bis Anfang Mai), und die ersten, die wieder davonfliegen; in den letzten beiden Augustwochen sammeln sie sich in großen Scharen, bis zum Ende des Monats werden sie verschwunden sein.

Unsere Straße wendet sich wieder nach Westen, das lange Tal des Ulds hoch. An einem grauen Tag mit undurchdringlichen Wolken und ständigem Wind, die der Steppe die strenge Monotonie der arktischen Tundra verleihen, überqueren zwei Schwäne mit traurigen Rufen das hügelige Grasland, dazu Große Brachvögel und ein Sakerfalke. Wo Nomaden ihre Herden hatten, ist die Wildweide kurz gefressen, und an einer Stelle finde ich einen Daurischen Langohrigel, der sich im dichten Gras zu einer kleinen, kompakten Kugel zusammengerollt hat. Vorsichtig drehe ich ihn herum und ziehe die Stacheln an der Unterseite ein bißchen auseinander: Ein angsterfülltes schwarzes Auge und eine glänzende schwarze Nase kommen zum Vorschein.

Viele Schwäne wiegen sich auf dem kabbeligen dunklen Wasser des Weiße-Scheren-Sees, wo im Juni 1981 Bold und Tseveen einen Nonnenkranich sichteten. Im 19. Jahrhundert, so fanden sie heraus, kamen die weißen Kraniche bei ihrem Frühlingszug durch die Dagurische Steppe, doch im Gegensatz zu anderen Kranichen wurden sie gejagt, und jetzt sind sie verschwunden. Von einem Steilhang am Fluß aus zählen wir acht Schwarzstörche, eine weitere Seltenheit in dieser Gegend; Schwarzstörche ziehen nach Indien und Afrika, wo ich sie das letztemal am Himmel von Zimbabwe über den Gärten des Victoria Falls Hotels kreisen sah. Dicht bei den Störchen flattert und tanzt auf dem Grasstreifen am Ufer ein Jungfernkranichpaar – nicht um zu balzen, sondern um seine Paarbindung zu festigen. Rasch laufen wir in den Sumpf, um das beinahe flügge Küken eines anderen Paars einzufangen und zu markieren. Dabei scheuchen wir ein Paar Weißnackenkraniche von einem Stoppelfeld auf, das offenkundig ein bißchen zu früh im Bogen zurückkehrt. Der scharfäugige Chuka sieht kurz den Kopf des Jungtieres aufblitzen, und Dorj findet es schließlich – das zehnte markierte Küken und endlich das erste von *Grus vipio*.

Die Eltern landen in der Nähe und suchen in großen schnellen Zickzack-Läufen das Feld ab, bis der größere der Vögel, wahrscheinlich das Männchen, nur noch Meter von der Stelle weg ist, wo ich im Stoppelfeld hocke; mit weit geöffnetem Schnabel reckt er den Hals und späht, im wildroten Gesicht blitzen im goldenen Auge rote Reflexe auf. Ein großartigeres Auge habe ich in meinem ganzen Leben nicht erblickt. *Vipio* hat für einen Kranich eine rauhe Stimme, tief und laut zugleich, und wie alle Kraniche »schnurrt« oder »knurrt«

er, je nach Zuhörer; mit einem elterlichen Gurren rechne ich am wenigsten. Doch kein zweites Küken zeigt sich, die Eltern suchen nach dem eingefangenen. Als es freigelassen wird, halten sie Abstand, reagieren weder auf sein verzweifeltes Piepen, noch gehen sie auf es zu. Auch das Küken läuft nicht in ihre Richtung, es scheint zu wissen, daß es unverzüglich in der Ufervegetation Schutz suchen muß. Die Eltern folgen schweigend und in einigem Abstand.

In Bayan Dun statten wir Chukas Onkeln, Lkhamjar und Bazarsad, einen Besuch ab, zwei friedlichen älteren Burjaten mit Gesichtern wie aus Mahagoni geschnitzt, die im Sommer in Hütten am Fluß leben, wo sie Joghurt, Käse und Quark herstellen. Am nächsten Tag treffen wir in Bayan Uul, einem Dorf voller Regenpfützen und Lattenzäune, eine freundliche Frau mit einem Pferdewagen voller Kinder, die sich als Chukas Cousine Dolgorkhand erweist. Sie lädt uns ein, ihren Vater zu besuchen.

Seine alten Knochen stehen wie gemeißelt um tiefliegende Falkenaugen; Onkel Jamst ist mit seinen 80 Jahren das kriegerische Ebenbild seiner beiden Brüder. Einst war er ein Meister im Bogenschießen, und auf seine bescheidene Art zeigt er uns stolz seinen aus Steinbockhorn und Birke zusammengeklebten Kompositbogen und seine Pfeile mit Adlerfedern. Als junger Mann lebte Jamst zölibatär und war ein Lama. Religiös ist er noch immer, doch schließlich war er gezwungen zu heiraten, um der Unterdrückung der Buddhisten durch die Sozialisten zu entgehen. Über diesen Umstand scheint er nicht unglücklich und auch nicht Tante Regzedmaa, seine fröhliche Frau. In ihrem purpurnen *deel* mit langen weißen Borten erinnert Tante Regzedmaa mich verblüffend an eine Freundin, eine ältere Navajo aus Big Mountain, Arizona. Während Kinder und Enkel ein und aus gehen, werden wir mit feinem Milchtee und geronnener saurer Sahne (*zookhii*) sowie gutem, körnigem Brot und leicht süßen Plätzchen bewirtet.

Ein Falkenmorgen: ein Turmfalke, ein Rotfußfalke, viele Sakerfalken. Ein Weißnackenkranich an einem Nebenfluß des Dalt, dann weitere fünf, die tanzen, springen, hüpfen. Zwei weitere *vipio* dicht bei der Piste und noch einmal zwei, dann zehn Paare in einem kleinen Tal, dazu sieben weitere *grus* und acht Großtrappen in der Flußaue – wir sind erstaunt. Die zehn *vipio*-Paare mit Jungen auf gerade eineinhalb Kilometern Flußaue sind die bei weitem größte Brutkonzentration, von der wir je gehört, und das Aufregendste, was wir auf unserer ganzen Reise gesehen haben; sie bestätigt Tseveens und Bolds Theorie, daß die Dagurische Steppe das zentrale Brutrevier des *tsen toguru* ist, vor allem diese langen Täler östlich des Kentei-Gebirges. Da die Dagurische Steppe in Rußland von der Landwirtschaft so stark verändert wurde, scheinen diese Flußbecken der Mongolei das letzte Rückzugsgebiet der Weißnackenkraniche zu sein. Hier hat sich die Spezies an die kleinbäuerliche Viehhaltung angepaßt; sie laufen um die Herden herum und durch sie hindurch, wobei das Vieh nicht tief genug in die Schilftümpel und Riedgras-Feuchtwiesen geht, um sie beim Brüten zu stören. (Allerdings können die Feuer, die gegen Ende des Frühlings gelegt werden, um die Wildweiden zu erneuern, und die der Wind über diese Täler trägt, viele Nester und Jungen vernichten.) In diesem Hinterland nistet *G. vipio* innerhalb der Sicht- und Hörweite von menschlichen Behausungen, vielleicht vom Aberglauben der Hirten beschützt. Wir finden Weißnackenkraniche sogar an einer Stelle, wo zehn *gers* an drei Seiten eines großen Teichs mit minimaler Schilfdeckung errichtet wurden. Darüber hinaus tolerieren diese Vögel andere derselben Spezies auf wesentlich kleineren Brutterritorien, als anderenorts für nötig erachtet werden – 400 Hektar pro Paar im Zhalong-Reservat in China beispielsweise.

Je näher das Ende des Sommers rückt, desto mehr Jungvögel fliehen, wenn sich die Autos nähern, aber wir haben unsere Fangmethoden verbessert. Heute ergreifen wir nach längerer Jagd einen zweiten *vipio*, wobei zwei Beobachter mit Ferngläsern den fliehenden Vogel im Blick behalten und die Markierer zu der Stelle dirigieren, wo er schließlich im hohen Schilf Schutz sucht.

Am späten Nachmittag senkt sich die Piste in eine weite Ebene, wo 24 Jungfern-, zwei Weißnacken-, vier Grau- und ein einsamer Mönchskranich im Abstand von nur 100 Metern voneinander stehen – das zweite Mal in wenigen Tagen, daß diese vier sich auf den

Zug vorbereitenden Spezies gemeinsam auftauchen. Diese Kraniche ziehen hauptsächlich tagsüber (nur wenn sie in sehr großer Höhe die Berge überqueren, fliegen sie vielleicht unter dem nächtlichen Sternenhimmel weiter). Sie starten am mittleren Vormittag, wenn die Luft sich erwärmt und eine Thermik sich entwickelt, steigen auf und gleiten in einer Höhe von 1100 bis 4000 Metern mit 40 bis 60 Stundenkilometern (bis 80 Stundenkilometer bei Rückenwind) an den Rändern von Hochdruckgebieten nach Norden oder Süden.

Heute werden vier Falkenarten beobachtet: Saker-, Turm- und Rotfußfalken sowie kurz vor der Abenddämmerung ein Baumfalke, der sich auf eine Lerche stürzt, die von Dorjs Auto aufgescheucht wurde. Der kräftige Vogel – etwa von der Größe eines Wanderfalken – verpaßt sie, scheint einen Salto zu schlagen, macht so kehrt und verdreht in der Luft den Schnabel und den Kopf mit den markanten Backenstreifen, um die Lerche zu schnappen, während ihn seine scharfen Scherenflügel schon wieder davontragen.

Den ganzen Weg nach Westen zählen und markieren wir, dokumentieren die Sichtungen und machen nur kurz Pause, um Stein- und Seeadler zu bewundern. Nach und nach wird das Tal enger, die grasbewachsenen Hügel rücken zusammen und wachsen sich zu Kammlinien mit dunklen Mähnen aus Lärchen und Kiefern aus; ab und an bricht eine weiße Wolke hervor – umeinander kreisende Scharen von wilden Klippentauben. Knapp 200 Kilometer stromauf von den Tariseen erreicht die Piste die Ausläufer des Kentei-Gebirges, die Berge werden nach Westen immer höher. Der Saum von Nadelbäumen auf den höchsten Kämmen steigt herab, während die Piste an Höhe gewinnt; ein Junge zu Pferd reitet als Silhouette den Horizont entlang, ihm folgt eine lange, gemächliche Kette von Kamelen.

Es geht wieder bergab. Am gegenüberliegenden Ende einer Ebene treiben und wirbeln Wolkenfetzen im grauen Licht der verhangenen Abendsonne chaotisch über den dunklen Gipfeln. Der Monsun hat uns im Griff. Nach vier Tagen Regen ist die Ebene ein bodenloser Morast, und die Fahrzeuge schlingern, schleudern und stampfen wie betrunken. In der Überschwemmungszone hat der Fluß sich schon weit zwischen den Weiden ausgebreitet. Ein ziemlich einfältiger Hase will den Scheinwerfern entkommen und rennt minutenlang wie verrückt vor uns her, bis er schließlich beiseite springt; später erfaßt der Lichtstrahl die Augen eines kleinen, gefleckten, silbergrauen Manuls. Er krümmt den Buckel und zieht sich ins Gras am Straßenrand zurück.

Der kaum auszumachende Fahrweg folgt einer merkwürdigen Erhebung in der Ebene, oben abgerundet und seit langem grasüberwachsen wie ein alter Eisenbahndamm. »Dschingis' Mauer«, sagen Bold und Chuka und behaupten, sie hätte sich durch die ganze Mongolei gezogen. Ob sie tatsächlich Dschingis erbaute, ob sie wirklich aus der Zeit der Goldenen Horde datiert, »weiß niemand«. Ich muß an die sowjetischen Raketenstellungen denken, die auch schon überwuchert sind, und frage mich, ob irgendein Mongole späterer Zeiten sie mit einem »weiß niemand« kommentieren wird.

Es ist nach zehn Uhr nachts, und es regnet noch immer, als wir auf einem Grashügel oberhalb der alten Mauer das Lager aufschlagen.

Ein kalter Wind aus der Steppe im Westen hält die Regenwolken zurück, die massiv auf den Bergen liegen, von denen wir kommen. Die frühe Morgensonne wärmt die Zelte, und über das dampfende Gras erklingt das merkwürdige Auf und Ab eines Jungfernkranich-Rufs. (Die Jungfernkraniche der östlichen Mongolei müssen den Himalaya überqueren, um in den Ebenen des westlichen Indiens zu überwintern.) Wir ziehen Kleidungsstücke an, die noch klamm und feucht von der Kranichjagd am Vortag sind. Das Brot ist alle, und Chuka macht statt dessen *chapatis*. Alle sind bester Laune, und am fröhlichsten ist Dorj, dessen breites, offenes Gesicht jeden Morgen eine Belebung darstellt.

Am frühen Vormittag besucht uns ein Junge, der ausgesprochen hübsch ist, auf einem häßlichen, wie von Masern gefleckten Pferd reitet und von zwei Hunden begleitet wird; ein buddhistisches Symbol – der endlose Knoten – ist in das Leder seines Sattels eingearbeitet. Dann kommt ein weiterer Junge, alles andere als hübsch, der an einen scheel blickenden, brutalen Krieger der Kriegshorden des Großen Khan erinnert. Die zwei reiten hinter uns her, als ich das Steuer übernehme, um zwei Jungfernkranichküken zu folgen, die wir vom Camp aus gesehen haben (Dawa hat seine Morgentoilette noch nicht komplettiert oder ist sonstwie verhindert). Eine Sumpfohreule flattert vor dem Wagen hoch, nur um geradewegs wieder ins Gras abzutauchen.

Die Piste zieht sich noch immer an Dschingis' Mauer entlang weiter nach Westen. Ein Mönchsgeier fliegt über den Himmel, ein Rotfußfalke schlägt auf seiner Morgenrunde keine 30 Meter vor unseren Vorderreifen eine Wühlmaus. Kurz darauf wendet sich der Fahrweg nach Norden, verläßt das Ulds-Tal und klettert zu einem Kamm mit dunklen Kiefern und fahlen Lärchen empor, ehe er wieder zum Onon hinabführt, der nach Norden fließt, wo er in Sibirien in einen Nebenfluß des Amur mündet. Bei der Kleinstadt Bayan Adraga (nach einem heiligen Berg benannt) macht der Weg wieder eine Kehre nach Westen und führt das Onon-Tal hinauf.

Am frühen Nachmittag halten wir an, um Fische für das Abendessen zu fangen. Chuka angelt einen kleinen Taimen, einen primitiven Salmoniden, der in größeren asiatischen Flüssen wie etwa der Lena ein Gewicht von rund 50 Kilo erreicht (und der Legende nach nur überwältigt werden kann, wenn der Nimrod einen Verbündeten bei der Hand hat, der das Monster mit einem großkalibrigen Schießeisen erledigt, wenn es die Wasseroberfläche durchbricht). Auf einer Sandbank angle ich zwei kleine Fische mit der Fliegen-Rute und verliere einen dicken Brocken, der in einer kräftigen Stromschnelle angebissen hat, als ein schwarzes Unwetter zwischen den Bergen hervorbricht und ringsum der Donner hallt. Wegen der Blitze will ich vom Fluß weg, stapfe durch zwei Nebenarme und bin gerade in der Mitte des zweiten, als der liebe Dorj mich abholen kommt. Wir rennen, um Schutz zu suchen, und erreichen die Autos, während eine Lawine aus Regen und Hagel die Ebene in einen gespenstischen Matsch verwandelt.

Diese Flußniederung könnte von einer Sturzflut erfaßt werden, und die Mongolen brechen das Lager ab, noch ehe der Sturm sich legt; wir erreichen rechtzeitig höheres Gelände, aber die eigentliche Piste nach Westen ist bereits überflutet. Mit Allrad fahren wir querfeldein, die Wagen erklimmen die Hügel oberhalb der Piste, queren eine immergrüne Kammlinie und fahren dann wieder hinunter auf eine Anhöhe über dem Zusammenfluß von Onon und Khurkh (den man rückwärts ausspricht: *Hkruhk!*).

Von unserem Lager auf der Kuppe hat man eine großartige Aussicht auf das Kentei-Gebirge. Dort oben, erzählt Bold und zeigt dabei nach Nordwesten, ist der heilige Berg namens Burkhan Kaldun, wo der junge Temujin Schutz vor seinen Feinden fand, ehe er als Dschingis Khan bekannt wurde. Trotz anderweitiger Behauptungen der »inneren« Mongolen liegt der Große Khan bei Burkhan Kaldun begraben. Japanische Archäologen seien derselben Überzeugung, sagt er, denn in diesem Sommer seien sie hergekommen und hätten nach dem Grab gesucht.

Bold macht alles bereit, um nachts angeln zu gehen. Er hofft, Taimene mit einem Fellfetzen von der Größe einer jungen Bisamratte zu überlisten; der Köder wird ruckelnd über die Wasseroberfläche gezogen, als würde ein Nager mit der Strömung kämpfen. Doch es regnet weiter, und die Nacht ist schwarz, an den Haken bekommen wir nichts als schwere Wasserpflanzen, die das Unwetter losgerissen hat. Wir lassen es erst einmal sein, bis ich dann um 3.15 Uhr morgens, von Bolds vertrautem, wüsten Geschrei geweckt, im Stockdunklen den Abhang hinunterrutsche und glitsche, nur um festzustellen, daß der Angelplatz, den ich mir ausgesucht hatte, unter dem steigenden Flußpegel verschwunden ist. Das schlammige Wasser ist aufgewühlt, und am Fuß des steilen Abhangs ist kein Platz mehr zum Fliegenfischen. Wunderbarerweise funktioniert jedoch meine Notausrüstung (ein schwerer Salzwasser-Blinker, der mit aller Kraft von der Rutenspitze hoch- und weggeschleudert wird und die auf meiner Stiefelspitze aufgerollte Fliegenleine über den Fluß hinwegzieht), und ein Taimen verfängt sich beim langsamen Einholen über Grund am Haken. Der große Fisch hat den Köder verpaßt, als er im schlammigen Wasser an ihm vorbeikam, aber dummerweise den Haken hinter die Kiemen bekommen, was es schwierig macht, ihn mit meiner leichten Fliegenrute herauszuholen. Auf das wilde Schwanzschlagen hin kommt Chuka stromauf angerannt, obwohl ich ihm zurufe, er solle wegbleiben. Schulter an Schulter stehen wir in der Untiefe, als es mir schließlich gelingt, den Fisch dicht heranzuholen, und Chuka bückt sich und hebt ihn mit beiden Händen hoch aufs Ufer, dann trägt er ihn den Abhang hinauf ins sichere Lager.

Der stumpfmetallische, grüngraue Fisch mit rotem Schwanz und roten Bauchflossen mißt einen Meter – ein ziemlich großes Exemplar für den Khurkh, wenn nicht für die Lena. Der Taimen bietet eine köstliche Abwechslung von Khureltogoos schwarzer, zähneblenkender Ziege, die nach mehreren Tagen ohne Kühlung ziemlich ranzig ist. Nur Bold schnitzt sich weiterhin kleine Bissen aus der rauchgeschwärzten Haut und ißt sie von der Spitze seines alten Klappmessers.

Unter grauem Himmel fahren wir durch gelegentliche Regenschauer weiter nach Westen und müssen uns fragen, wie weit wir kommen werden. Abgesehen davon, daß die Piste sich auflöst, gibt es in den kleinen Siedlungen, durch die wir kommen, keinerlei Treibstoff, noch nicht einmal für die Traktoren, die das kostbare Heu für den kommenden Winter einfahren müßten. Doch am selben Abend gelingt es uns nach zwei Stunden in Omondelger, dem Dorf, in dem Tseveens Bruder lebt, 30 Liter Diesel zu organisieren. Jedes unserer Autos braucht allerdings mindestens 40 Liter, um nach Ulaan Baatar zu kommen, das immer noch weit über 300 Kilometer entfernt ist.

Am nächsten Tag begegnet uns gegen Mittag bei einem gigantischen Steinstapel, der vom Helm eines Sowjetsoldaten gekrönt ist, eine Prozession von Kamelen mit Karren – jedes Zugtier ist an den Karren vor ihm angebunden –, die eine *arat*-Familie samt ihrem Hausstand zur Spätsommerweide bringt. Die Mädchen und Frauen und die Jungen kümmern sich um die Pferde, Schafe und Rinder, und der *arat* selbst – mit purpurfarbenem Hut – leiht Tseveen ein gesatteltes Pferd und begleitet ihn auf eine wilde Jagd nach zwei *vipio*-Küken, die wir am gegenüberliegenden Ende eines Riedgrassumpfes ausgemacht haben.

Von meinem erhöhten Standpunkt auf der Piste aus gebe ich mit der Hand Zeichen, um Reitern und Treibern die Richtung der schnellen, halbflüggen, aber oft verdeckten Küken anzugeben. (Leider bin ich mittlerweile als Beobachter besser denn als Treiber; das Ausmachen ist zwar wesentlich, aber nichts für einen Mann, der so gerne läuft.) Als die Jungvögel endlich ermüden, kann Tseveen eines mit dem Pferd überholen, und bald haben die Treiber das andere umringt. Jenseits des Knäuels von Menschen und Pferden um die beiden Küken herum tun die Elternvögel so, als würden sie fressen, recken aber alle paar Augenblicke die langen weißen Hälse, um sich über das Ried hinweg die qualvolle Szene anzuschauen, dann heben sie mit ein paar Flügelschlägen ab, gleiten, landen wieder und schauen aus einem anderen Blickwinkel zu. Vielleicht sind diese Weißnackenkraniche die letzten, die wir sehen werden, denn wir nähern uns dem westlichen Ende ihres Verbreitungsgebiets im Quellgebiet des Khurkh.

Ich klettere auf einen Felsvorsprung am Kamm, von wo aus ich das gesamte, mit Teichen durchsetzte Tal überblicken kann. Weiße *gers*, Viehherden, schwarzmähnige Pferde, die sich im stillen Wasser spiegeln, der *arat*-Kamelzug und der mit Gebetsfahnen geschmückte Steinstapel, Gras, Gras und nochmals Gras, das sich in Wellen bis zu den purpurnen Gipfeln der sturmgepeitschten Berge dahinzieht – inmitten dieser archaischen Landschaft Zentralasiens empfinde ich Demut. Unsere Expedition geht zu Ende, und schon jetzt vermisse ich die Dagurische Steppe. Ist es das Wissen, daß ich aller Wahrscheinlichkeit nach dieses Land niemals wiedersehen werde, oder ist es etwas anderes?

Gegen sechs Uhr nachmittags bekommen wir in einem breiten Tal mit flachen Teichen 26 *tsen toguru* auf einmal in den Blick, die größte auf der gesamten Fahrt beobachtete Gruppe. Wir können nicht länger daran zweifeln, daß der Westen der Dagurischen Steppe, das Gebiet um die Oberläufe des Ulds und des Khurkh, das Kernland des Dagurischen Kranichs ist und daß wahrscheinlich hier die großen Scharen herkommen, die den Winter am Pojang-See verbringen.

Vom Eifer gepackt geht Tseveen zum nächsten *ger*, und binnen Minuten galoppiert er mit einem jungen *arat* zwei, drei Kilometer weit über die Steppe dorthin, wo ein rehbrauner Jungvogel, schon zu groß zum Verstecken, mit wildem Flügelschlagen über den Sumpf läuft, durch einen Schilfgürtel und hinaus in die Ebene. Bockend und schleudernd, um mithalten zu können, schneiden die Wagen ihm den Fluchtweg ab, und wir springen heraus, um ihn einzukesseln.

Schließlich ist es Jim Harris, der ihn am Hals zu packen bekommt und zu kämpfen hat, um den Jungvogel zu überwältigen, ohne ihn zu verletzen. Dabei bekommt er die scharfen Krallen zu spüren. Bei dieser Größe und fast völlig flügge ist der Vogel ziemlich gefährlich, denn sein dolchgleicher Schnabel ist ausgehärtet. Als Go Fujita ihn markiert hat und wieder freiläßt, macht der junge Kranich keinen Versuch zu fliehen, sondern wendet sich um und geht zum Angriff über, schüttelt wütend seine frischen Kielfedern, breitet die Flügel aus und springt hoch, die langen Krallen zum Zuschlagen angewinkelt. Erst als Go sich hastig zurückzieht, dreht der Vogel ab und stolziert, mit dem hellgrünen Ring am Bein schlenkernd, ohne große Eile über die Ebene davon.

Die *arats* der Tragalant-Seen (»Glücklicher-Bursche-Seen«, versichert mir Chuka) servieren uns eine warme Hammelsuppe, ehe sie uns erlauben weiterzuziehen. Mit sehr wenig Treibstoff im Tank kampieren wir in dieser Nacht in einer weiten Ebene und brechen früh am nächsten Morgen zum Oberlauf des Kerulen auf. Die Murmeltiere, die selten geworden waren, tauchen wieder auf, und mit ihnen die kleinen goldenen Erdhörnchen der Ebenen. Gegen Mittag besuchen wir ein *ger*, das einer gebeugten Witwe mit einem goldenen Kopftuch gehört, deren Sohn im Bergwerk arbeitet; ihre Enkel sind den Sommer über gekommen, um ihr mit den Tieren zu helfen. Sie bietet uns gegorene Stutenmilch, Käse, gepreßten Sauermilchquark und frischen Joghurt an, und der Joghurt ist mit ein paar kleinen dunklen Wildbeeren gesprenkelt, den einzigen Früchten, die wir auf der Expedition zu probieren bekamen.

Der Oberlauf des Kerulen führt nach den Regenfällen Hochwasser, bildet zwischen den Hügeln einen reißenden Strom, und im Westen sind die alten Anhöhen von Bergbau zernarbt, von Kohlenqualm und den Industriehalden von Baga Nuur gezeichnet. Hier können wir endlich von einem durchfahrenden Lastwagen Diesel bekommen. Auf einem Hügel mit himmelblauen Skabiosen und nachtblauem Rittersporn bereiten wir uns aus dem restlichen Taiman und *chapatis* eine leichte Mahlzeit, dann fahren wir weiter nach Südwesten über die kontinentale Wasserscheide ins Tal des Tuul.

Einhundert Jungfernkraniche auf den Hügeln westlich des Kerulen sind die letzten, die wir dokumentieren. Ende August werden sie sich tanzend aus der Steppe erheben und hinauf in den blauen Himmel fliegen, sich mit der Thermik höher und höher schrauben, bis sie dann in Scharen von Tausenden ihre lange Reise Richtung Süden über Zentralasien und Tibet und den Himalaya antreten und schließlich die müden Flügel für den letzten, langen Gleitflug hinunter zum indischen Subkontinent anstellen. Viele werden dabei dem Silberband in der tiefsten Schlucht der Erde folgen, durch die sich der Kali Gandaki zwischen den schneebedeckten Gipfeln des Dhaulagiri und des Anapurna hindurchzwängt, bis er hinausströmt ins Sonnenlicht der Ganges-Ebene.

DREI

Gujarat und Rajasthan

Welche Farbe hat der Schnee? Die des weißen Kranichs.
Nirwana-Sutra

Wegen eines Fluglinienstreiks in Nordindien handelte es sich bei dem Flugzeug, das an einem heißen Januartag 1993 von Delhi nach Ahmadabad in Gujarat (»Land der Hirten«) flog, um eine TU-154, eine von sieben, die man aus Usbekistan geleast hatte – bald sollten es nur noch sechs sein, denn am nächsten Morgen verunglückte eine bei der Landung in Delhi. In Ahmadabad kam es zu gewalttätigen Auseinandersetzungen, weil Hindus Stunden zuvor die muslimische Moschee in Ayodhya zerstört hatten; an der Brücke über den Sabarmati zeigte eine aufgeregte Menge auf die hohe schwarze Rauchwolke über dem Unruheherd. An diesem Tag gab es nach offiziellen Angaben in Ahmadabad 17 Tote, anderen Berichten zufolge waren es viel mehr. Da die Altstadt durch Soldaten abgeriegelt war, fuhr der Bus auf gewundenen Umwegen aus der Stadt hinaus Richtung Westen.

Auf dem Sitz hinter mir sah mein alter Freund Victor Emanuel aus dem Fenster. Seit 1976 beobachte ich mit ihm Kraniche; damals schloß ich mich ihm als Naturführer in seiner neuen Safarigesellschaft mit Sitz in Austin, Texas, an. In jenem Jahr besuchten wir mit unseren allerersten Kunden an der texanischen Küste überwinternde Schreikraniche und Kanadische Kraniche auf den Prärien des Hinterlandes. Hier in Indien führten wir mit unserem Freund Raj Singh, einem ausgezeichneten Ornithologen aus Delhi, eine Gruppe unerschrockener Reisender: wir wollten im Nordwesten Indiens die Natur in Gujarat und Rajasthan erkunden und vier Kranicharten beobachten, zu denen auch der im Bestand gefährdete westsibirische Nonnenkranich zählte. Von Indien aus wollten wir nach Bhutan,

China und Japan weiterreisen, wo wir hoffen konnten, mit Glück, Beharrlichkeit und gutem Wetter alle acht Arten asiatischer Kraniche zu sehen.

Von Ahmadabad führt eine schmale Straße durch flaches Sumpfland Richtung Westen nach Zainabad, einem von elf Dörfern im früheren Fürstentum gleichen Namens. Das inoffizielle Oberhaupt von Zainabad ist ein muslimischer *nawab* (*raja*, »Fürst«, hieße er auf Hindi). »Hier ist es nicht wie in Bombay oder Ahmadabad, wo die Briten Hindus und Muslime getrennt haben, genau wie sie es in Pakistan taten«, sagt der Nawab, Dr. Shabeer Malek, und schüttelt den Kopf wegen der sinnlosen Aufstände, die in Bombay Hunderte das Leben kosteten. »Hier in den Dörfern brauchen wir einander, und so leben wir in Frieden zusammen.« Seine Frau und auch sein Schwiegersohn sind Hindus, und sie alle kommen bestens miteinander aus.

Dr. Maleks großes Haus in einem ummauerten Hain aus Feigen- und Mahagonibäumen bietet einen Blick auf das staubige Dorf und den trüb-braunen Tümpel, dessen Wasser sich Tiere und Menschen teilen. Frauen in bunten Saris schlagen ihre Wäsche auf die Steine, während Wasserbüffel und Ochsen, Schafe und Kühe im Uferschlamm wühlen. In einem Akazienhain am Westufer des Teichs betreibt der Nawab ein Camp mit Zelten und strohgedeckten Rundhütten. Das Camp ist durch eine Dornenhecke vor umherziehendem Vieh geschützt, eine Oase der Ruhe inmitten des quirligen Dorflebens – fast zu friedlich: Man fühlt sich unbehaglich, wenn man an das menschliche Elend denkt, das wir in den Städten hinter uns gelassen haben. In der Dämmerung jenes ersten Abends in Zainabad hören wir Schakale heulen und das tiefe Grunzen eines Uhus; gegen Morgen weichen die Geräusche der Nacht den Wasserpfeifenklängen von Heckenkuckucken.

Mit dem Sonnenaufgang kommt der rollende Schrei von Kranichen. Ich trete gerade noch rechtzeitig vor meine Rundhütte, um zwei riesige blaßgrau-silberne Vögel über das Akaziengestrüpp gleich hinter dem Camp fliegen zu sehen. Als sie sich nur wenige Meter entfernt niederlassen, leuchtet das frische Rot des nackten Gesichts und Nackens in der Morgensonne auf, die zugleich die weichen Perltöne der großen Vögel in ein blasses Blau verwandelt. Ein breiter weißer Kragen trennt die rote Haut des oberen Halses und des Kopfes vom unteren Hals und vom Körper, der bis auf die grauweißen Tertiärfedern gleichmäßig blaßgrau ist.

Das Männchen des indischen Saruskranichs (der Name rührt von seinem Ruf her) kann fast 1,80 Meter groß werden, deutlich größer als viele männliche *Homo sapiens*; *Grus antigone* ist der größte flugfähige Vogel auf Erden. Einst war er auf dem nördlichen Subkontinent von den Überschwemmungsebenen des Indus in Pakistan bis zu jenen des Brahmaputra in Bangladesch weit verbreitet – bis diese fruchtbaren Landstriche hier eine der dichtestgedrängten Menschenpopulationen der Welt entstehen ließen. Der Saruskranich gilt als ein heiliger Bote der Hindugottheit Vishnu. In Gujarat, sagt Dr. Malek, ist sein Name gleichbedeutend mit Anständigkeit, denn wie den meisten Kranichen sagt man auch dieser Spezies allgemein nach, daß sich die Paare ihr Leben lang die Treue halten und daß beim Tod des Partners der andere sich in Enthaltsamkeit übt; daher gelten sie als Symbol der Tugend und Treue. Ein beim Balztanz vom Pfeil eines Jägers getroffener Saruskranich – und die heldenhafte Treue des Weibchens, das ihm wieder aufzuhelfen versuchte, bis es selbst getötet wurde – soll das großartige indische Epos *Ramayana* angeregt haben, das in ganz Südasien beliebt ist. Wenn ein Kranich getötet wird, geht auch bald sein Partner vor Kummer ein, behaupten die Leute auf dem Land, möglicherweise bringt er sich auch um (wie er das macht, ist nicht überliefert); und wenn ein Mensch einen Kranich tötet, ist er dazu verdammt, kurz darauf seinen eigenen Partner zu verlieren. Daß die Kraniche seit den frühesten Anfängen des Hinduismus geschützt sind, könnte der Grund für die buddhistische Vorliebe für Kraniche sein, denn der Ruf der Kraniche als heilige Kreaturen scheint sich mit dem Buddhismus von Indien über andere Teile Asiens ausgebreitet zu haben.

Der Trompetenruf des Saruskranichs verkündet im Dorf den Tagesanbruch. Hier im ländlichen Indien braucht er kaum so etwas wie ein Brutterritorium. An kleine, mit den Jahreszeiten wechselnde Feuchtgebiete angepaßt, leben die Kraniche den größten Teil des Jahres in vereinzelten Paaren nahe der Bauerndörfer; oft nisten sie auf einem Acker, in einem Reisfeld oder im hohen Schilf des Dorfteichs und halten Nachlese auf den Getreidefeldern des Dorfs. In der Regel brüten sie während des Monsuns (August bis Oktober), manchmal versuchen sie aber im Februar oder März ein zweites Mal zu brüten, wenn Wasser, das aus Bewässerungskanälen sickert, rund ums Jahr für ein sumpfiges Habitat sorgt. Wie andere *Grus* auch legt das Sarusweibchen zwei Eier, aber im Gegensatz zu jenen Arten, die lange Zugrouten haben, werden oft beide Jungen großgezogen, weil die Vögel die ansonsten für die beschwerliche Reise benötigte Energie in die Aufzucht stecken können.

Mehr als andere Kraniche (vielleicht mit Ausnahme der Kanadischen Kraniche in Florida, die häufig Flugplätze aufsuchen oder von Golfbällen niedergestreckt werden) hat der beliebte Saruskranich seine Angst vor den Menschen verloren und stolziert nur wenige Meter von ihnen entfernt auf den Feldern herum. Dennoch wurde er durch die wachsende menschliche Bevölkerungsdichte, die mechanisierte Landwirtschaft, durch Entwässerung und Nutzbarmachung von Sümpfen, durch Kunstdünger und Pestizide immer weiter ins Hinterland abgedrängt, und seine Zahlen gehen unvermeidlich immer mehr zurück. Gerade seine Anpassungsfähigkeit arbeitet gegen ihn, da die Paare so weit verstreut leben, daß ein Schutz in Reservaten wenig Zweck hätte.

Nicht weit – nur einen einstündigen Fußmarsch über flache Felder – vom muslimischen Zainabad entfernt liegt das alte, weißgekalkte Hindudorf Mulala, wo weiße Schafe mit schwarzen Gesichtern sich mit schwarzen Ziegen mit weißen Gesichtern zusammenrotten und wilde Pfauen – ebenfalls heilige Vögel – von ihren Verehrern auf eigens für diesen Zweck errichteten Plattformen gefüttert werden. Die Pfauen thronen dreist auf den Strohdächern des Dorfes und stolzieren wie prachtvolle grüne Truthähne durch die unbefestigten Straßen. Auch die Rinder sind heilig, nicht aber die Wasserbüffel, die von einem gnadenlosen Karma dazu verdammt sind, auf immer und ewig massige hölzerne Karren zu ziehen. Auch die Kamele sind nur Zugtiere, von Flöhen zerbissene, hochnäsige Haufen voll kalter Arroganz und mit verächtlichen, lockeren Lippen, die sie über ihre großen gelben Zähne zurückziehen, um den besonnenen Reisenden zu warnen, gehörig Abstand zu halten.

Auf den Feldern von Mulala wachsen Weizen und Hirse und daneben eine archaische Baumwollart mit kleinen, festen Samenkapseln. Aus einem Morast zwischen den Feldern steigen trompetend zwei Saruskraniche empor und segeln über gelbblühende Kassien und Akazien davon. Mulala ist zwar hinduistisch, aber eine junge Frau, die aus einem anderen Dorf hierhergeheiratet hat, verschleiert auf der Straße ihr Gesicht mit ihrem Sari – daran, sagt Raj Singh, sei der starke muslimische Einfluß in dieser abgelegenen Gegend zu erkennen. Überall in der Landschaft erinnern steinerne Monumente an Krieger des fernen 12. Jahrhunderts, jener Zeit, als die Muslime mit einer Reihe von Invasionen dieses ganze Land im Westen unter ihre Kontrolle zu bringen versuchten.

Ein paar Kilometer westlich von Zainabad liegt eine breite, flache Senke, in der sich die letzten Reste der Monsunregen gesammelt haben. Hunderte von Graukranichen kreisen hier und rufen, ehe sie am gegenüberliegenden Ende der Mulde niedergehen, während ein Paar Saruskraniche geradewegs im Tiefflug hereingeflogen kommt und sich seelenruhig, nur einen Steinwurf von vorübergehenden Bauern entfernt, am Ufer niederläßt und sich dann am Feldrand Futter sucht. Anmutige Frauen in leuchtenden Saris folgen langsam den uralten Pfaden, kupferne Wassergefäße glänzen auf ihren Köpfen, und aus der Landschaft tauchen einsame Hirten auf, denen träge Viehherden und langsame Kamele folgen. Sie alle ziehen den flachen Horizont des Rann von Kutch entlang und bieten einen Anblick, der sich seit den Zeiten des *Ramayana* nicht geändert hat.

In den letzten Jahrzehnten ist diese westliche Rasse des Saruskranichs aus Pakistan und Bangladesch verschwunden, und man findet sie heute meist nur noch in Nordwestindien, in Gujarat, Rajasthan und Uttar Pradesh. Eine kleine Population lebt unmittelbar jenseits der Grenze in Nepal. Dort, in der Tarai-Region am oberen Ganges, ernähren sich die Kraniche zu bestimmten Zeiten im Jahr vom Getreide auf den Feldern, aber sie fressen auch schädliche Insekten und Nagetiere. Bei den hinduistischen Nepalesen gelten sie im allgemeinen als segensreich; man beschützt die Paare, weil man glaubt, daß der klagende Ruf eines einsamen Vogels, der seinen verlorenen Partner sucht, ein schlechtes Omen ist. Aber solche Überzeugungen bedeuten den hungrigen Bergbewohnern wenig, die sich seit den sechziger Jahren im Tarai niedergelassen haben (allein in der Dekade nach 1971 schätzungsweise 200 000), nachdem ein Programm zur Ausrottung der Malaria die Trockenlegung von Sümpfen, neue Dämme, Staubecken und Bewässerungsprojekte für die ständig wachsende menschliche Bevölkerung mit sich gebracht hatte. Die Lebensbedingungen für die Kraniche verschlechterten sich noch mehr, als es aufgrund der Überrodung der Himalaya-Ausläufer dort zu Erosion kam und infolgedessen die Feuchtgebiet-Ökosysteme mit Sedimenten überschwemmt wurden. Neue Straßen führten aus den Städten Jäger mit Schußwaffen heran, für die die Kraniche zahme und leicht zu treffende Ziele waren, und auf der Suche nach den wenigen Eiern, die Rinder und Büffel nicht zertrampelt hatten, plünderten Kinder und Schweine die Nester um die Wette.

Zwar wurden in Nepal neue Parks und Reservate wie der Chitwan-Nationalpark für die seltenen Panzernashörner und Tiger angelegt, aber der größte Teil der Feuchtgebiete blieb völlig ungeschützt. Das letzte bedeutende Sarushabitat (wo auch gefährdete Störche, Ibisse und Löffler leben) ist die Gegend von Lumbini, einem Dorf, das sich seit der Geburt von Schakjamuni, dem Buddha, in einem Garten von Lumbini vor über 2500 Jahren kaum verändert hat. Buddhisten haben hier seit den sechziger Jahren um eine schlichte, 236 v. Chr. vom Kaiser Asoka errichtete Säule herum ein internationales Heiligtum aufgebaut. Daher ist Lumbini von einem knapp acht Quadratkilometer großen Reservat umgeben, das einer Reihe von seltenen Spezies Zuflucht bietet – eine passende Hommage an Buddha, der seine Anhänger lehrte, alle Formen von Leben zu verehren. 1988 lebten einer Zählung zufolge etwa 100 Saruskraniche bei Lumbini, die dichteste Population in ganz Nepal.

Der sogenannte östliche Saruskranich, *Grus antigone sharpii*, in Südostasien[1] ist kleiner und dunkler als der riesige *G. a. antigone* des indischen Subkontinents, und ihm fehlen das breite weiße Halsband sowie die blaßgrauen Tertiärfedern des größeren Artgenossen. Seit uralten Zeiten gilt der östliche Saruskranich als ein Bote des Himmels, der ausgesandt wird, die Seelen Verstorbener abzuholen, die für die Unsterblichkeit bestimmt sind. In den buddhistischen Tempeln der Region symbolisiert ein Saruskranich auf dem breiten Rükken einer Schildkröte Tugend und Harmonie; in den gigantischen schwarzen Ruinen von Angkor Vat in Kambodscha gibt es Basreliefs von tanzenden Kranichen. Doch während sich der indische Saruskranich mehr als andere an das Leben mit dem *Homo sapiens*, seinem zerschundenen Land und seinem schmutzigen Wasser angepaßt hat, entwickelte der östliche Saruskranich, der sich kaum desselben religiösen Schutzes wie der indische Vogel erfreute, weniger Zutraulichkeit, und in jüngster Zeit ist er fast vollständig aus seinem Verbreitungsgebiet verschwunden, das sich einst von Birma (heute: Myanmar) und Südchina über Südostasien und die Philippinen bis nach Neuguinea erstreckte. Im von viel Gewalt heimgesuchten einstigen Indochina wurden die Vögel in der Regel während der Mauser mit Fallen gefangen oder mit Hunden gejagt, wobei viele lebend auf den internationalen Markt für Wildtiere gelangten.

Über 4200 Kilometer weit fließt der Mekong vom Hochland Tibets durch Kambodscha und Vietnam ins Südchinesische Meer; die ertragreichen Ackerböden in seinem riesigen Delta werden alljährlich durch fruchtbaren Schlamm erneuert, der, wenn sich das Hochwasser zurückzieht, drei Reisernten pro Jahr ermöglicht – genügend Reis für die Hälfte der vietnamesischen Bevölkerung und auch noch für den Export. Während der Kriege mit den Japanern und den Franzosen und dann während des »Amerikanischen Kriegs« (wie er in den kleinen Ländern genannt wurde, die er verheerte) war das Delta fest in der Hand des Vietcong. Die Franzosen und die Amerikaner gruben zwei riesige Kanäle, um die Tiefebene Dong Thap Muoi im Südwesten Vietnams an der Grenze zu Kambodscha trockenzulegen; dieses bei Ausländern auch als »Plain of Reeds« (»Schilf-Ebene«) bekannte natürliche Überschwemmungsgebiet des Mekong wurde später mit Napalm bombardiert, so daß die verbrannte Erde mit sauren Sulfaten vergiftet war. In den Hungerjahren nach dem Krieg wurden die letzten vereinzelten Kraniche gefangen oder mit vergifteten Ködern getötet und von hungrigen Dorfbewohnern gegessen, deren Höfe und Felder größtenteils zerstört waren, oder sie wurden von

Hubschrauberbesatzungen gejagt, die sie dann in Ho-Chi-Minh-Stadt (Saigon) verkauften.

Mittlerweile glaubte man, *sharpii* sei in Südostasien ausgerottet und im restlichen Verbreitungsgebiet gefährdet. In Thailand war seit 1968 kein wilder Saruskranich mehr gesichtet worden. In der chinesischen Südprovinz Yunnan beschränkten sich alle Anzeichen für das Vorkommen von Saruskranichen auf einen angeblichen Fußabdruck und ein paar Dorfgerüchte; aus dem benachbarten Birma, wo eine Militärdiktatur an die Macht gekommen war, lagen überhaupt keine Berichte vor. Auf den Philippinen, wo es *sharpii*-Kraniche auf der Hauptinsel Luzon gegeben hatte, hatten sie unter denselben Problemen wie in Südostasien gelitten – Kriegen und unkontrollierter Jagd aus Hunger –, und an ein geschütztes Kranichhabitat war nicht zu denken, weil die politische Lage so gefährlich war.

In Vietnam wurden Mitte der siebziger Jahre einige Feuchtgebiete reserviert. Man überredete dort die Einheimischen, mit dem Fallenstellen aufzuhören, und hoffte, daß die Kraniche vielleicht zurückkämen, wenn das Habitat sich erholte. Es ließ sich jedoch kein Sarus sehen. Anfang der achtziger Jahre wurden im Mekong-Becken die Deiche repariert, um den einstigen Wasserpegel wiederherzustellen, und im August 1984 tauchten wunderbarerweise gut 20 Kraniche im Überschwemmungsgebiet Dong Thap Muoi auf – die erste bestätigte Sichtung von *G. a. sharpii* in Südostasien seit dem Vietnamkrieg. Mit Unterstützung der ICF richteten Lokalbehörden in einem Teil von Dong Thap Muoi das Naturschutzgebiet Tram Chin (»Vogelsumpf«) mit einer Gesamtfläche von über 20 000 Hektar ein.

1988 zählte man über 1000 *sharpii* im Tram Chin, was wieder auf eine Zukunft für diese Rasse hoffen ließ, obwohl man noch immer nicht wußte, wo diese Vögel brüteten. Man nahm an, daß sie das irgendwo in Kambodscha taten, das noch immer weitgehend unerschlossen war und über riesige Gebiete mit offenem Wald und verstreuten Sümpfen verfügte. In diesem flachen Land liegt der Tonle Sap, der Große See, der mit 120 Kilometern Länge und über 30 Kilometern Breite das größte Süßwasserreservoir der Halbinsel darstellt; während des Monsuns im Sommer wächst seine Größe auf das Fünfzehnfache an, im Umkreis von Hunderten von Kilometern überflutet der See Wässer und Felder. Nachsehen konnte man dort jedoch nicht, da der See rund 15 Kilometer von Angkor Vat liegt und die Region Angkor – wo zwischen 1975 und 1979 Tod und Terror herrschten – noch immer das Rückzugsgebiet der Roten Khmer war.

(1994 entdeckte man schließlich die Brutterritorien des östlichen Saruskranichs, aber nicht am Tonle Sap, sondern in kleinen, vereinzelten Feuchtgebieten in den Grasländern im Nordosten Kambodschas, von wo die Vögel zu Anfang der Trockenzeit im Dezember ins Mekong-Delta fliegen. Zwar ist die Population auf den Philippinen vermutlich ausgestorben, aber *G. a. sharpii* hat die Verschnaufpause zwischen den andauernden Kriegen genutzt und sich in Südostasien zögerlich erholt.)

Nicht weit von Zainabad beginnt das Kleine Rann von Kutch, eine riesige, bleiche Salzsumpfwüste, die sich, wenn trocken, 130 Kilometer in Ost-West- und 15 bis 65 Kilometer in Nord-Süd-Richtung erstreckt. Mit *Rann* bezeichnet man einen »verwüsteten Ort« wie nach einem Krieg, klärt Raj Singh uns auf. Kutch oder »Sumpfland« ist der größte Bezirk im Staat Gujarat (und auch in ganz Indien) und umfaßt auch das Große Rann im Norden an den Grenzen von Rajasthan und Pakistan. Das Große Rann bekommt nur einmal im Jahr Wasser von einem Fluß, der zwischenzeitlich austrocknet, wohingegen das Kleine Rann während der starken Südwestwinde des Monsuns (und wenn Springfluten aus dem Golf von Kutch und dem Arabischen Meer ins flache Land vordringen) von vier Flüssen und einem Ozean zugleich überflutet werden kann. Zu bestimmten Jahreszeiten liegt ein Großteil des südlichen Gujarat 15 Zentimeter bis 1,8 Meter unter Wasser. (Zainabad liegt zwar 160 Kilometer landeinwärts, aber nur 90 Zentimeter über dem Meeresspiegel, und die meisten Straßen sind auf Dämmen gebaut, damit die Dörfer während des Monsuns nicht abgeschnitten sind.)

Die Tiefebenen des Kleinen Rann verbinden das Festland mit der breiten Halbinsel Saurashtra, die größtenteils ebenfalls sehr tief liegt und für die Landwirtschaft entwässert wird. Landeinwärts gibt es jedoch viel Dornengestrüpp und auch einen trockenen Laubwald: den Girforst, das letzte Rückzugsgebiet des Löwen, der einst in ganz

Nordindien verbreitet war. Von Oktober bis Februar lassen sich große Scharen von Grau- und Jungfernkranichen aus Innerasien und der Mongolei auf den Erdnuß- und Getreidefeldern von Saurashtra nieder, wo sie zusammen mit dem einheimischen Sarus eine der größten auf der Erde noch verbliebenen Kranichansammlungen darstellen.

Saruskraniche bilden in der Trockenzeit, wenn sie auf ihre Brutsaison während des Monsuns warten, gelegentlich größere Schwärme, und Graukraniche zerstreuen sich, hier und da herumpickend, in Familienverbänden, Jungfernkraniche aber ziehen in Heerscharen durch die Felder und richten schwere Schäden an, wenn sie niemand verscheucht. (Später im Jahr konkurrieren mit den Kranichen arme Nomaden, die nach der Ernte die Feldern nach nicht eingesammelten Erdnüssen absuchen.) Die Straßen und der Verkehr nehmen mit der Bevölkerung zu, und obwohl die Jagd auf Kraniche verboten ist, werden unvermeidlicherweise einige gegessen. Der Druck der Menschenmassen auf das Land und alles Leben hat zusammen mit der anhaltenden Dürre und Desertifikation diese Breiten in Asien wie in Afrika verheert, und aus Gujarat (wo das versprochene Wasser aus dem umstrittenen Narmada-Staudammprojekt nicht viel weiter als bis Ahmadabad gekommen ist) werden die Scharen ziehender Kraniche vielleicht nach und nach verschwinden.

Der freundliche Dr. Malek, ein ironischer kleiner Mann mit einem Seidenschal und einem breiten Australierhut, der ihm nicht so recht steht, eskortiert uns mit seinem Lastwagen hinaus ins Rann, wo wir nach dem seltenen Khur, dem Asiatischen Halbesel, suchen wollen; *Equus hemionus khur* (von Sanskrit *gaura khara*, »weißer Esel«) zählt zu den letzten drei Arten von Wildpferden auf der Erde. Vor einem halben Jahrhundert war der Halbesel aus dem Großen Rann und aus Pakistan völlig verschwunden; auch in seinem letzten Rückzugsgebiet, dem Kleinen Rann, war er am Aussterben, da griff die indische Naturschutzbehörde ein. Trotz unangebrachter Widerstandsparolen – »An Eseln herrscht in diesem Land kein Mangel!« – wurde schließlich ein Schutzgebiet ausgewiesen. 1976 umfaßte die Population geschätzte 720 Tiere, daneben gab es 96 große Nilgauantilopen, 191 Hirschziegenantilopen und vielleicht 62 Wölfe, die sich wahllos von ihren behuften Mitbewohnern ernährten. Zwei andere Rassen von *E. hemionus* kamen vereinzelt in den iranischen Einöden und in Zentralasien vor, doch im Iran überlebte keines dieser Tiere und nur zehn in Pakistan. Einige Experten glauben, daß *E. h. khur* neben dem wenig bekannten Kiang Westchinas und Tibets der einzige echte (wilde) Halbesel der Welt ist.

Unser Gastgeber sichtet bald eine kleine Herde von *E. hemionus*, die über die rissige, bleiche Salzkruste des trockenen Rann davonzieht. Vor Menschen nehmen sich die scharfsichtigen Tiere genauso in acht wie vor Wölfen, und sie fühlen sich auf der freien Ebene sicherer. Aus der Entfernung erscheinen die Halbesel weiß, da die Hinterkeulen und -beine weiß sind und man sie beim Beobachten meist weggehen sieht. Aus der Nähe erkennt man, daß Rumpf und Sattelmarken von einem blassen Rehbraun sind, und eine schwarze Rückenlinie verläuft von der kurzen, struppigen Mähne bis zur Schwanzwurzel.

In der Ferne über das dürre Land ziehend, flimmern die Halbesel wie eine Fata Morgana. Zehn Hengste folgen dem Rand flacher, mit Buschwerk bestandener Inseln, die *bets* genannt werden; sie halten inne, um über die Schulter vorsichtig nach uns Ausschau zu halten. Ein einzelner Hengst bewacht eine Herde Stuten; fünf von ihnen haben Fohlen. Der Hengst verläßt seinen Harem, um im Gebüsch einer einzelnen Stute mit einem Einjährigen und einem Fohlen nachzuschnuppern. Die Stute aber schenkt seinem Begehren keine Beachtung, und auch er scheint das Interesse zu verlieren, hält inne, als käme er wieder zur Besinnung, und kehrt dann mit hängendem Kopf um. Fünf Saruskraniche kommen vom Horizont heran und lassen sich in der Nähe der Wildpferde nieder – »sehr ungewöhnlich«, bemerkt Dr. Malek und berichtet, daß Saruskraniche in der Regel in dieser Gegend höchstens Gruppen aus zwei Erwachsenen und einem Jungen bilden. (In der Trockenzeit sammeln sich manchmal große Scharen an Wasserstellen, aber wenn der Monsun einsetzt, teilen sie sich wieder auf und kehren an ihre Brutplätze zurück.) Der unreife Vogel ist kleiner und hat einen glänzendweißen statt eines perlgrauen Nackens. In jedem Alter hat *Grus antigone* blaßrosa Beine, allerdings sind die Tibiae, die Unterschenkel, meist mit getrocknetem Schlamm bedeckt. Die fünf Saruskraniche verhalten sich ruhig und wenden die Köpfe, als würden sie etwas aus weiter Ferne hören.

Lange Ketten von Graukranichen tauchen am Horizont auf, bis mindestens 1000 graubraune Migranten aus Nordasien über der Salzwüste kreisen; mich freut die Vorstellung, daß ich ein paar von diesen Vögeln vielleicht vergangenen Sommer in der Mongolei gesehen habe. Der asiatische *grus* überwintert im Iran, in Indien, Birma und Südchina, einige wenige auch in Südostasien. Der europäische *grus* zieht zur Iberischen Halbinsel und nach Nordwestafrika, wo vielleicht 60 000 Exemplare überwintern; eine vergleichbar große Zahl aus Skandinavien versammelt sich im Herbst in Ungarn und fliegt über Süditalien nach Algerien; eine dritte Population zieht aus Rußland über die Türkei und Israel nach Nordostafrika und dann den Nil hinauf bis ins südwestliche Äthiopien und in den Sudan.

In diesem Teil des Rann hat das Grundwasser einen vielfach höheren Salzgehalt als Meerwasser, und 40 Prozent des indischen Salzes werden hier gewonnen. Schimmernde Salzhalden, weiß wie bleiche Knochen, sind über den braunen Horizont verstreut. Hier und da stehen einsame, strohgedeckte Hütten der Koli, die sich um die grobschlächtigen Bohrlöcher und die uralten Pumpen kümmern, mit denen die Salzlake in die Mitte der Pfanne gefördert wird, wo das Salz durch Verdunstung auskristallisiert und dann zum Abtransport mit Lastwagen aufgehäuft wird. (Die Salzarbeiter stehen knietief in der Sole, und ihre Schienbeine werden so mit Salz getränkt, behauptet Malek, daß sie bei der rituellen Einäscherung nicht verbrennen; diese unvergänglichen Tibiae müssen entgegen den hinduistischen Geboten begraben werden.) Eine Familie hält sich in einem kleinen umzäunten Hof Ziegen, die jeden Abend mit in die Hütte genommen werden, weil ein mutiger Wolf sich bis an die Tür traut.

Die Koli-Salzarbeiter sind zwar sehr arm, aber sie sind keine Dalits, keine »Unberührbaren« – oder »Kinder Gottes«, wie Mohandas Gandhi sie nannte. Gandhi, in Porbandar weiter im Süden an der Küste geboren, war selbst ein Gujarati. Neben anderen Formen des gewaltlosen Widerstands organisierte er 1930 den berühmten »Salzmarsch« von seinem Ashram in Ahmadabad nach Dandi im Süden, um gegen das britische Salzmonopol zu protestieren. Noch immer werden die Menschen hier ausgebeutet, sie bekommen weniger als einen Dollar pro Tag für die Plackerei in dieser heißen weißen Hölle.

Als die Sonne aufgeht und die Kühle der Nacht schwindet, machen sich überall am gnadenlosen Horizont, der sich noch gut 150 Kilometer Richtung Süden bis zum Meer hinzieht, seltsame fließende Luftspiegelungen bemerkbar. Ketten von *grus* aus dem Norden kreisen herab und lassen sich in der Nähe der Wildpferde nieder, genau wie die Saruskraniche gestern, als würden sich hier an diesem weißen Ort die Lebewesen instinktiv zusammenscharen. Eineinhalb Kilometer dahinter passiert ein einsames Kamel den Silberschimmer, dann folgt, weit zurückgefallen, die verschwimmende Silhouette einer menschlichen Gestalt; in diesem halluzinatorischen Licht wird das dunkle Gefäß auf ihrem Kopf zu einer exotischen Krone. Die beiden, in einer vagen Beziehung zueinander stehenden Kreaturen sind aus dem Nichts aufgetaucht, erheben sich minutenlang aus der Landschaft und schieben sich zentimeterweise vor dem weißen Spiegel der Sonne vorbei und weiter die Linie des Horizonts hinunter. In den Luftspiegelungen gehen sie wie auf Wasser, nur Licht ist unter ihren Füßen.

Von Gujarat führt unser Weg in nördlicher Richtung nach Rajasthan, dort nach Westen in die Thar, die große indische Wüste, und über die exotische Wüstenstadt Jaisalmer in den indischen Desert National Park an der Grenze zu Pakistan, wo wir nach einer seltenen Kranich-Verwandten, der Hindutrappe, suchen – und sie auch finden. Wir fahren zurück nach Osten und biegen dann auf eine etwas belebtere Straße ab, die von Jodhpur 160 Kilometer in nordnordwestlicher Richtung nach Phalodi führt, ins Land jener Vishnu verehrenden Hindus, die sich vor 250 Jahren dem Befehl des Maharadschas von Jodhpur widersetzten, ein Wäldchen mit »Lebensbäumen« abzuholzen – den berühmten *khejri*-Akazien, deren Pfahlwurzel auf der Suche nach Wasser 30 Meter in die Tiefe dringt und deren Bohnen und Blätter Menschen und Vieh als Grundnahrungsmittel dienen. Gut 60 Vishnu-Anhänger kamen bei dieser frühen Umweltaktion ums Leben, aber sie schützen noch immer alles Leben in der Natur und haben die im Schwinden begriffenen Hirschziegenantilopen zu heiligen Tieren erklärt, die in der gesamten Region nicht gejagt werden dürfen.

Von Phalodi führt eine bescheidene Piste schließlich zum Dorf Khichan, wo man die Zäune aus großen, blutroten Steinplatten errichtet, die wie schiefe Grabsteine aneinanderlehnen. Hier haben sich jainistische und hinduistische Händler zusammengetan, um für Hunderte überwinternder Jungfernkraniche zu sorgen. Vor über 150 Jahren, erzählt man sich, verbot ein König von Jodhpur die Jagd auf diese Vögel, und seit nicht weniger als 115 Jahren versammeln sie sich jeden Herbst und Winter in Khichan. Damals lebten viele Jaina in Khichan, und da die Lehre des Jainismus auf Gewaltlosigkeit und der Fürsorge für alle Lebewesen basiert, taten den Menschen die edlen Vögel leid, die Staub zu picken und Steinchen zu fressen schienen. Daraus entstand die Sitte, die Kraniche zu füttern, was Jahr für Jahr mehr Aufwand erforderte, da die Zahl der Kraniche stieg. Die ursprünglichen Gönner von *Anthropoides virgo* sind größtenteils fortgezogen und leben und arbeiten in Delhi, Madras oder Bombay, aber ihre Familien besitzen noch immer große, mit Rolläden verschlossene Häuser in ihrem dunkelroten Dorf.

Die ersten Jungfernkraniche tauchen mit dem Ende der Monsunregen im Dezember auf; sie bleiben bis Anfang März, dann machen sich die letzten Vögel an ihre Himalaya-Überquerung. Tag für Tag versammeln sich die Kraniche an zwei Teichen am Ortsrand, wo sich ein unfruchtbarer Streifen festgebackener gelber Erde nach Westen bis zu einigen krummen *khejri* in einiger Entfernung erstreckt. Vom Ufer und den Sanddünen ringsum tröten, schnattern und kreischen sie ihre Antworten auf die neugierigen Rufe der Legionen, die aus dem staubigen Himmel herabkreisen, bis die silbernen Scharen mehrere Morgen bedecken. Im Gegensatz zu den Sarus- sind die Jungfernkraniche argwöhnisch, aber an Khichan haben sie sich so sehr gewöhnt, daß Kamele und Ochsenkarren und Frauen in grellroten, orange- und safranfarbenen Saris, die die Tiere nur einen Steinwurf entfernt passieren, bloß zu leichten Verschiebungen in den Reihen führen.

Die Stimme des Jungfernkranichs ist höher und dünner als die der größeren Arten, aber dennoch aus großer Entfernung zu vernehmen. *Kurr-kurrj* scheint er zu sagen, und so heißt er hier *koonj*, *kuraj* oder *kurjan*. *Kurajo te mharo dekh chhillariyo tal* lautet ein Volkslied aus den Tagen, als viele Männer des Dorfes fortgingen, um andernorts für Großgrundbesitzer zu arbeiten: *Oh Kranich, richte es so ein, daß ich mich mit meinem Geliebten treffe.*

Als Körnerfresser mit einer Vorliebe für junge Schößlinge richtet der Jungfernkranich schwere Schäden an, und zwar nicht nur im landwirtschaftlich intensiv genutzten Saurashtra, sondern auch in trockenen Regionen wie Khichan, wo es entscheidend darauf ankommt, während des Monsuns genügend Nahrungsmittel zu ernten, damit die Menschen durch die chronischen Dürreperioden kommen. Doch die Leute von Khichan heißen *kurjan* willkommen und ignorieren die Ernteschäden durch diese kleinen Kraniche mit den glutroten Augen, die zweimal täglich gut gefüttert werden.

Das Füttern überwacht Herr Prakash Jain, ein Anhänger des umstrittenen Gurus Bhagwan Raj Neesh (der einst in Oregon lebte, wo seine riesige Rolls-Royce-Flotte der Landbevölkerung Ehrfurcht abverlangte); das strahlende Antlitz des Gurus bringt Glanz in die bescheidene Behausung von Herrn Prakash, der uns Tee serviert und dabei mindestens genauso wohltätig lächelt wie Raj Neesh. Vor acht Jahren entsagte unser freundlicher Gastgeber der Welt, um sich fortan dem Schutz der Kraniche zu widmen.

In den Anfangsjahren wurden die Vögel wie die Pfauen und heiligen Rinder unregelmäßig gefüttert, und ihre Menge überstieg kaum ein paar hundert. Erst als die Dorfbewohner eine Kooperative gründeten und zweimal täglich zu festgesetzten Stunden ein Getreideopfer darbrachten, kam *A. virgo* in immer größeren Zahlen, dicht gefolgt vom *H. sapiens*. (Die ersten paar Touristen schauten 1990 vorbei, zwei Jahre später die ersten Vogelbeobachter.)

Heute konsumieren die Schwärme von Khichan, die man auf 5500 Vögel schätzt, 70 Säcke Getreide à 220 britische Pfund oder rund 6800 Kilogramm täglich; mit Hilfe einheimischer Stiftungen wird dieses Opfer nun seit 20 Jahren dargebracht. Zweimal täglich fliegen die Kraniche über das Dorf und lassen sich auf den kahlen Dünen neben einem 60 mal 90 Meter großen Gehege nieder, das mit Stacheldraht eingezäunt ist, um Schweine, Hunde und Kinder fernzuhalten. Am frühen Nachmittag hören wir im Haus von Jain, wie die Schwärme von den Teichufern im Westen aufsteigen, und als die Kraniche geräuschvoll über das Dorf fliegen, als wollten sie es mit ihrem Lärm mitreißen, gehen wir durch die dunkelroten, leeren Straßen mit den verwaisten Familienwohnsitzen. Zu den Dünen neben dem Zaun des großen Geheges östlich des Dorfes – an der Seite, die am weitesten von den Häusern entfernt ist – gleiten die ersten Kraniche langsam mit langen, baumelnden Beinen herab, lange Zehen strecken sich dem feinen braunen Sand entgegen; keiner erdreistet sich, das Gehege zu betreten, ehe nicht Herrn Jains Assistenten die feine weiße Hirse aus großen Metallschüsseln ausgestreut haben. Selbst dann halten sich die höflichen Vögel noch ein bißchen zurück, sie drängeln und schieben nicht, denn Kraniche sind nicht wie Hühner, Möwen oder Enten, die sich aufs Fressen stürzen. Doch schließlich tänzeln die hungrigsten oder mutigsten hoch in die Luft und kreisen ein paarmal in 15 Metern Höhe über dem Gehege, ehe sie in der Ecke niedergehen, die am weitesten von den Zuschauern entfernt ist.

Die Vögel sind in ständiger Bewegung, erheben sich und lassen sich woanders nieder, bald laufen sie ein paar leichte Schritte, steigen im Wind empor und kreisen unaufgeregt über den flachen Gebäuden und den vereinzelten Kindern, die mit dem Fahrrad von der Schule nach Hause kommen. (Ein einfallsreicher kleiner Junge mit einem großen Schulranzen fährt mit einem Herrenrad, indem er sich mit einem dünnen Arm an der Stange festhält und mit der anderen den Lenker führt, während der Rest, weit unterhalb des Sattels, die Pedale bearbeitet. Mir ist danach, Beifall zu klatschen, als er zu Hause ankommt, behende absteigt und seinen Ranzen ins Haus trägt, wobei seine Lässigkeit eindeutig klarmacht, daß seine hart erarbeitete Meisterschaft nichts anderes als seine tägliche Praxis ist.)

Erst ein Kranich, dann zwei und drei, schließlich ganze Schwärme landen langsam Reihe um Reihe gegen den Wind, während weitere lange Vs von rufenden Vögeln von den Teichen her das Dorf überqueren. Auf schwarzfingerigen Flügeln schließen sie sich den Spiralen an, die langsam vom Himmel nach unten kreisen und zwischen den fressenden Vögeln verschwinden. Vielleicht 500 Tiere halten sich gleichzeitig im Gehege auf. Ich gebe es auf, nach jenen grünberingten Vögeln zu suchen, an deren Kennzeichnung ich im vorausgegangenen Sommer in der Mongolei beteiligt war, denn im Gehege herrscht solch ein Gedränge, daß ich keine Beine mehr erkennen kann.

Die ersten Kraniche kehren bereits in die Dünen zurück, um zu ruhen und sich zu putzen, ehe sie wieder über das Dorf zu den Teichufern fliegen. Als die Dämmerung naht und fast alle verschwunden sind, verlassen wir Khichan. Am Dorfrand steht eine einsame Nilgauantilope. Auch dieses Tier hat sich mit den Menschen angefreundet, denn es läuft nicht weg, sondern geht nur ein paar Schritte die Düne hinauf und wendet dann den Kopf, um uns nachzusehen, als wir zum Keoladeo-Ghana-Nationalpark in Bharatpur im östlichen Rajasthan aufbrechen. Wir hoffen, dort die letzten der wenigen Nonnenkraniche zu sehen, die im Winter noch aus Sibirien nach Indien kommen.

»Genau wie im mittelalterlichen Europa die Farbe Weiß große symbolische Bedeutung hatte, signalisiert heute das weiße Gefieder der Kraniche einen besonderen Status – große Seltenheit und eine unsichere Zukunft«, schrieb Ronald Sauey vom ICF in seiner Doktorarbeit über Nonnenkraniche. »Nur drei der 15 Kranichspezies sind überwiegend weiß, und diese drei sind die bei weitem gefährdetsten Mitglieder dieser kleinen, schwindenden Familie.«[2]

Grus leucogeranus ist etwas kleiner als die beiden anderen weißen Kranicharten und ähnelt dem Schreikranich Nordamerikas insofern, als das weiße Gefieder und die schwarzen Haupt- oder Schwungfedern erster Reihe bei ihnen fast identisch verteilt sind, aber mit seinem leuchtendroten Gesicht und dem langen, leicht geschwungenen Schnabel unterscheidet er sich deutlich von allen anderen *Grus*. Mich erinnert *leucogeranus* an einen sehr großen amerikanischen Schneesichler, sogar bis hin zu den tropisch anmutenden rosafarbenen Beinen. Deutsche Einwanderer, die Peter der Große nach Rußland geholt hatte, ließ er hingegen an die geliebten Weißstörche denken, die bei ihnen zu Hause auf Schornsteinen nisteten und die kleinen Kinder brachten; sie nannten ihn daher ebenfalls »Storch«

(woraus der russische Name *sterch* wurde) oder »Nonnenkranich« wegen der weißen Federhaube, die das rote Gesicht einrahmt.

Von anderen *Grus* unterscheiden sich die Nonnenkraniche dadurch, daß sie fast vollständig auf Feuchtgebiete angewiesen sind – nur wenn die Sümpfe und Marschen der Tundra bei ihrer Ankunft in den subarktischen Brutgebieten noch gefroren sind, durchkämmen diese aquatischsten aller Kraniche höher gelegene Landstriche nach Wühlmäusen, Lemmingen und alten Beeren. Da sie sich nie an die Landwirtschaft der Menschen angepaßt haben, leiden sie sowohl in ihren nördlichen Brutgebieten als auch in ihren Winterquartieren besonders unter der Zerstörung und Vergiftung der Feuchtgebiete durch die sich ständig ausweitenden menschlichen Aktivitäten. Die Schreikraniche haben sich langsam, aber stetig wieder vermehrt, und die ostasiatischen und japanischen Populationen von Mandschurenkranichen scheinen mehr oder weniger stabil zu sein. Diese Arten werden jedoch schon seit mehr als einem halben Jahrhundert konsequent geschützt, während der Nonnenkranich auf allen seinen drei beschwerlichen Zugrouten gejagt wird. Obwohl der Gesamtbestand größer ist, gilt der Nonnenkranich gegenwärtig als die gefährdetste dieser drei Arten.

»Kraniche sind Reliktvögel und widerstehen anthropogenem Druck nicht gut, sei er direkt (Jagd) oder indirekt (Zerstörung oder Veränderung von Habitaten)«, schrieb Dr. Sauey. Sie brüten erst in ihrem vierten oder fünften Lebensjahr, und die Sterblichkeit der Jungvögel ist hoch; selbst nachdem man sie vollständig geschützt hatte, brauchten die wildlebenden Schreikraniche 20 Jahre, um ihre Population von 31 auf 57 zu steigern, eine durchschnittliche Zunahme um kaum mehr als ein Exemplar pro Jahr. Die letzten westlichen Nonnenkraniche haben ein noch viel schlimmeres Los; sie stehen nicht unter Schutz und sind von der viel größeren östlichen Population durch eine fast 2000 Kilometer breite subarktische Sumpf- und Waldwildnis getrennt, die vom Ob-Busen bis jenseits der Lena reicht.

Als im ausgehenden Pleistozän in Asien die zurückweichenden Gletscher riesige Tiefebenen mit flachen Seen und Marschen zurückließen, war der große weiße Kranich in Nordsibirien vermutlich weit verbreitet, wenn auch nicht sehr zahlreich. Die früheste bekannte Abbildung des Vogels stammt von Ustad Mansur, einem Hofmaler des Mogulherrschers Jahangir (1569–1627); sie zeigt, daß das blanke Rot des Gesichts auch die Nasenlöcher und die Basis des langen, schweren Schnabels einschließt – ein Detail, das vielen modernen Vogelkünstlern (auch dem untadeligen Roger Tory Peterson) entging. Die erste wissenschaftliche Beschreibung stammt von dem ausgezeichneten deutschen Arzt und Naturforscher Peter Pallas, der von 1768 bis 1774 das russische Reich bereiste und neben anderen Trophäen auch die Felle und riesigen Knochen von Mammuts und Wollnashörnern sammelte; Pallas fertigte eine einfache, aber eindeutige Zeichnung eines Vogels an, dem er den Namen *Sarcogeranus leucogeranus* gab und der in »riesigen Sümpfen, durchsetzt mit großen Seen und breiten Wasserläufen in der Nähe der Flüsse Ischim, Irtysch und Ob und in den Gegenden weiter nördlich« nistete.

Im 19. Jahrhundert waren die Nonnenkraniche bereits ungleichmäßig in ihren nördlichen Brutgebieten verteilt, wie man aus den weit auseinanderliegenden Winterquartieren schließen kann. Als im Jahr 1890 im östlichen Mittelsibirien, in der subarktischen Tundra zu beiden Seiten des Lena-Deltas, Nester entdeckt wurden, nahm man an, daß diese »östliche Schar« in China überwintere; die Brutgebiete der »Zentralschar«, die in Indien und Pakistan überwinterte, und die der »westlichen Schar«, die nach Süden zu Seen und Marschen im Iran und in der Türkei flogen, blieben fast ein weiteres Jahrhundert lang unbekannt.

Allan Octavian Hume, der britische Altmeister der indischen Ornithologie, der 1854 seinen ersten *leucogeranus* in Ladakh bei Leh sah, war von dieser atemberaubenden Kreatur so beeindruckt, daß er sie als »Schneewehe« und »die Lilie unter den Vögeln« bezeichnete; er pries die »extreme Eleganz der Gestalt«, die sich ihm als »eine Reihe der anmutigsten und harmonischsten Kurven« darbot, und er hielt diesen Kranich für »den seltensten und vielleicht feinsten« von den vier Kranicharten, die man auf dem Subkontinent fand – offensichtlich aber nicht so selten, daß er nicht zögerte, einen zu schießen, den er als »zum Essen nicht geeignet« befand.

Ein Jahrzehnt später wurde der Nonnenkranich von dem großen

Biologen und Geographen T. C. Jerdon als ein »seltener Wintergast in verschiedenen Gegenden des nordwestlichen Indien« beschrieben; in Wirklichkeit hatte Jerdon nie einen gesehen, als er 1864 *The Birds of India* schrieb. Der schneeweiße Vogel mit den glänzendschwarzen Primär- oder Schwungfedern war bei Jägern und Sammlern sehr beliebt; in Indien schätzten ihn die einheimischen *mirshikars* oder Fallensteller wegen seiner guten Verkäuflichkeit.

Zur Jahrhundertwende kam *leucogeranus* noch immer an mehreren Stellen im Ganges-Becken vor, an den Myriaden kleiner Teiche und *jheels* oder Monsuntümpeln, die in der Trockenzeit zum größten Teil verschwanden. Mit der Zunahme der menschlichen Bevölkerung und der Ausbreitung der Landwirtschaft zogen sich die schwindenden Scharen in eines der letzten unerschlossenen Feuchtgebiete der Region zurück, in ein rund 30 Quadratkilometer großes Sumpfgebiet bei Bharatpur in Rajasthan, 160 Kilometer südlich von Delhi und 60 Kilometer flußauf vom Taj Mahal gelegen; ursprünglich diente dieses Marschland als Jagdrevier für den Maharadscha von Bharatpur und wurde von den Vizekönigen von Indien und anderen noblen Nimrods besucht. Hier wurden hinter dem Ajan-Damm von Juni bis Ende September die Monsunfluten des Gambhira gestaut, die dann durch Schleusen und Kanäle geleitet wurden und so ein künstliches Ökosystem flacher Feuchtgebiete bildeten, das aquatisches Leben in Hülle und Fülle hervorbrachte.

Die ersten Berichte über die Nonnenkraniche bei Bharatpur fertigten im Jahr 1937 Dr. Salim Ali und Richard Meinertzhagen an, die elf Exemplare antrafen (wie Hume fühlten sich auch diese ausgezeichneten Ornithologen verpflichtet, eines davon zu schießen und zu essen). Seither ist *leucogeranus* nur selten anderswo in Indien gesichtet worden. Als 1964 die ersten jährlichen Zählungen durchgeführt wurden, überwinterten 200 Nonnenkraniche bei Bharatpur; 1975 waren es noch 76, ein Rückgang um zwei Drittel in kaum mehr als einem Jahrzehnt. Da in den Winterquartieren nur wenige von ihnen starben, nahm man an, daß die fehlenden Vögel in den Brutrevieren oder beim Zug umgekommen waren; wahrscheinlich trifft beides zu. Unglücklicherweise gab es keine Möglichkeit, sie zu schützen, sobald sie zu Frühlingsbeginn Bharatpur verließen.

1973 beschränkten sich die gesamten südasiatischen Überwinterungsgebiete von *leucogeranus* auf den »unteren Jangtsekiang, Nordindien und den nordöstlichen und mittleren Iran«. Der »untere Jangtsekiang« war dabei eine Umschreibung für ein paar Feuchtgebiete nahe der Flußsiedlung Wu Cheng, die rund 100 Vögeln Schutz boten; der »nordöstliche und mittlere Iran« stand für ein paar Feuchtgebiete nahe der Südküste des Kaspischen Meers; »Nordindien« meinte de facto die Keoladeo-Sümpfe bei Bharatpur.

In Keoladeo gingen die Kranichzahlen weiter zurück: Im Winter 1979/80, einer extremen Dürreperiode, waren es nur noch 33. Die Nonnenkraniche fanden im verbackenen Matsch der ausgetrockneten *jheels* kaum etwas zu fressen, wurde berichtet, und einige Vögel hatten sich an andere Orte im Ganges-Becken verzogen. Wohin, blieb ein Rätsel, da im überbevölkerten Nordindien Keoladeo die einzige Wasseransammlung ist, die menschliche Eingriffe – Straßen, Krach, Pestizide, Kunstdünger, Reinigungsmittel, industrielle Schadstoffe, trampelnde Herden – unbeschadet überstanden hat. Irgendwo klammerten sich die weißen Vögel in diesem Dürrewinter an ihre fragile Existenz; 29 der 33 überlebten und kamen 1980/81 nach Bharatpur zurück. Im nächsten Jahr stieg ihre Zahl auf 38 – und damit wuchs die Hoffnung.

Noch vor dem drastischen Rückgang in Indien waren die Nonnenkraniche aus den weiter westlich gelegenen Winterquartieren wie etwa in Pakistan, der Türkei und den Feuchtgebieten südlich des Kaspischen Meers verschwunden (im Iran wurde der letzte Nonnenkranich 1925 gesichtet). 1977 entdeckten Dr. Ronald Sauey von der ICF und seine Mitarbeiter 56 *leucogeranus* am See Ab-e-estada in Afghanistan – fast mit Sicherheit dieselben, nur um einen weniger, die sie vier Tage zuvor in Bharatpur gesehen hatten. Vermutlich hatten die Vögel auf ihrem Weg nach Norden die große Wüste Thar überquert, dann das Punjab und schließlich Pakistan. Endlich war eine weitere Etappe ihrer Wanderroute identifiziert, wo aber die Brutreviere lagen, blieb ein Geheimnis.

Ende der sechziger Jahre hatte ein französischer Afghanistan-Besucher einen Nonnenkranich auf dem Markt von Kabul entdeckt, also nicht weit vom See Ab-e-estada entfernt, der im selben Tal liegt.

Für die größte Bedrohung dieser Spezies während ihrer Wanderung hielt man die unkontrollierte Jagd in diesem vom Krieg zerrissenen, hungrigen Land. In jüngerer Zeit sorgten die gutbewaffneten Milizen der Taliban, die zweifellos Kraniche genauso vernichten wie uralte steinerne Buddhas, dafür, daß sich die Dinge nicht zum Besseren wendeten.

Im Punjab ist die Jagd auf Kraniche, das Fallenstellen und der Handel mit ihnen mittlerweile verboten, aber in Pakistan verdienten sich Männer vom Stamm der Pathanen im Distrikt Zhob in Belutschistan und in der nordwestlichen Grenzprovinz zu Afghanistan ihren Lebensunterhalt mit der Kranichjagd; sie bedienten sich gefangener Vögel, die mit ihren Rufen vorüberziehende Kraniche anlockten, und wirbelten *soias* – lange Hanfseile mit Metallgewichten – in deren Scharen, um sie zu fangen. Kraniche ziehen normalerweise tagsüber, um die Thermik zu nutzen; daß diese Form der Jagd größtenteils nachts betrieben wurde, läßt darauf schließen, daß sich die Kraniche in Gegenden, wo sie stark bejagt wurden, angewöhnt hatten, nachts zu fliegen. Grau- und Jungfernkraniche sind mißtrauisch, schwer zu fangen und lassen sich – ausgenommen von lebenden Lockvögeln – so gut wie niemals täuschen; einmal in Gefangenschaft, lassen sich jedoch besonders die Jungfernkraniche leicht zähmen. Beide Arten dienen, in Käfigen oder geschlossenen Höfen gehalten, in der Regel als Wächter.

Es war nicht zu vermeiden, daß auch die seltenen Nonnenkraniche gefangen wurden. 1983 zählte man nur noch 36 dieser weißen Vögel bei ihrem Zug über Pakistan. Im Jahr darauf erließ die Regierung neue Gesetze und Strafen, um das Fangen einzudämmen, vor allem im Frühling, und schrieb für die Kranichhaltung Lizenzen vor, und die wenigen Vogelschützer des Landes appellierten eindringlich an die Öffentlichkeit, den Nonnenkranichen nicht nachzustellen, vor allem nicht im Tal des Kurram, wo für sie ein Schutzgebiet eingerichtet wurde.

Östlich des Ural, dem Grenzgebirge zwischen dem europäischen Rußland und Sibirien, erspähten Touristen, die einen Nebenfluß des Ob befuhren, im Sommer 1978 einen sehr großen, langbeinigen Vogel auf einer Düne. Sie verfolgten und fingen ihn. Das Jungtier, das noch nicht flügge war, wurde einem Dorfbewohner vor Ort übergeben, der den Vogel anscheinend unter seine Hütte verbannte, wo er sich mit den Schlittenhunden um die Fischreste balgen mußte. Im Spätherbst hörte der russische Kranichexperte Dr. Wladimir Flint in Moskau gerüchteweise, daß ein kranichartiger Vogel in der Gegend des Ob gefangen worden war. Sicherheitshalber schickte er einen jungen Biologen, Alexander Sorokin, nach Sibirien, um das Tier zu holen. Der Dorfbewohner kam mit seinem Motorrad zum Flugfeld, der große Vogel beulte seinen Mantel aus; als er seinen roten Kopf mit dem langen Schnabel herausstreckte, schrie »Sascha« Sorokin beinahe vor Freude. Endlich war die Heimat jener letzten *leucogeranus*, die Richtung Süden nach Indien fliegen, gefunden (man nennt sie auch die zentralsibirische Gruppe, im Gegensatz zu der westlichen, die zum Kaspischen Meer zieht).

1981 organisierte Sorokin »in den allernördlichsten Gefilden des Ob«, wo schon Peter Pallas gut zwei Jahrhunderte zuvor die Vögel geortet hatte, Erkundungsflüge rund 200 Kilometer südöstlich der sibirischen Stadt Salechard. In der Nähe des Flusses Kunewat, nicht weit vom Polarkreis entfernt, wurden in freien Sumpfstrichen der Übergangszone zwischen dem Flußauenwald und der offenen Tundra sieben Nester mit fünf Eiern ausfindig gemacht. Der Kunewat, ein rechter Nebenfluß des Ob, mündet ein Stück stromaufwärts vom fjordähnlichen Ob-Busen in den Hauptstrom; er kommt aus der Wildnis, die Heimat der in Zelten lebenden Chanten ist, welche sagen, ein Jäger, der einen Bären erschlagen hat, müsse ein Kranichkostüm anziehen und zur Feier einen Tanz aufführen, da es der Kranichgeist gewesen sei, der ihn beschützt habe.

Der längste Wanderweg aller Kraniche – und eine der längsten bekannten Zugrouten von Vögeln, die nicht über die Ozeane fliegen, überhaupt – konnte jetzt grob kartiert werden. Der Kunewat verläuft rund 4000 Kilometer nördlich von Bharatpur, aber die tatsächliche Reiseroute der zweimonatigen Wanderung ist erheblich länger; die nach Norden ziehenden Vögel fliegen einen großen Bogen von circa 5000 Kilometern; sie überqueren die Wüste Thar und das Indus-Tal in Pakistan, fliegen dann nach Nordwesten zum Ab-e-estada-See im

Tal von Kabul in Ostafghanistan, dann nach Norden über den Hindukusch, und schließlich überqueren sie Zentralasien in nordöstlicher Richtung, wobei sie auf dem ganzen Weg Nachstellungen durch den *Homo sapiens* riskieren. Auf diese Weise vermeiden sie die Hochlagen des Himalaya und des Karakorum, und in den Feuchtgebieten entlang der Route lassen sie sich Zeit, da die Steppen Innerasiens dann noch immer hartgefroren sind.

Im Herbst folgen sie demselben Weg Richtung Süden, schrauben sich mit der Thermik in die Höhe, gleiten und fliegen, während sich die Erde weiterdreht und sich der Kontinent unter ihnen entfaltet; hier und da landen sie, um zu ruhen und zu fressen und sich zu putzen, ehe sie weiterfliegen; an den sogenannten Sammelplätzen verweilen sie manchmal einen Monat oder noch länger, um für die letzte Etappe ihrer langen Passage Kraft zu sammeln.

Mitte der siebziger Jahre richtete der Iran im Rahmen eines Programms zur Erhaltung aller einheimischen Vogel- und Säugetierarten eine Reihe großer Schutzgebiete ein, und man begrüßte das Angebot der ICF, bei der Wiederansiedlung des verschwundenen *leucogeranus* zu helfen. Noch ehe die Pläne umgesetzt werden konnten, kehrte jedoch diese halsstarrige Spezies aus eigener Kraft zurück. Als sich das iranische Umweltministerium 1978 einen Überblick über die Wasservögel verschaffen wollte, fand ein Feldforscher namens Ali Astiani eine kleine Gruppe von neun Nonnenkranichen in überfluteten Reisfeldern einen knappen Kilometer südöstlich des Dorfes Fereydunkenar etwas südlich vom Kaspischen Meer – der erste stichhaltige Bericht von überwinternden Nonnenkranichen seit 1925. Dummerweise hatten sich die Vögel ein Feuchtgebiet inmitten eines Systems von runden Teichen und Kanälen im Herzen einer großen, seit dem 19. Jahrhundert betriebenen Anlage zum Entenfang ausgesucht; nach einer alten persischen Tradition bei der gewerblichen Jagd hingen von den Bäumen ringsum vertikale Netze, die unterschiedslos allen Arten zum Verhängnis wurden. George Archibald kam noch rechtzeitig, um die neun Vögel zu sehen, doch kurz danach »teilten sich die Wege des Iran und der Vereinigten Staaten«, wie er es ausdrückte, aufgrund der großen Geiselkrise. Die neuen Naturschutzgebiete interessierten die Regierung nicht mehr und drei Jahre lang kamen die Briefe der ICF an ihre Kontaktpersonen im dortigen Umweltschutz zurück. Nachdem die Geiseln freigelassen worden waren, wurde die Kommunikation jedoch rasch wieder aufgenommen, und das iranische Umweltministerium schickte eine Nachricht, daß jetzt 16 sibirische Nonnenkraniche im Iran überwinterten und daß sogar die Entenfallensteller sehr stolz auf die seltenen Besucher seien und ihnen kein Leid antun würden.

Ein paar Nonnenkraniche kehrten auch ins Astrachan-Naturreservat im Wolga-Delta an der Nordwestküste des Kaspischen Meeres zurück; es wurden zudem welche südlich von Baku bei Lenkoran gesichtet (wo die letzten Tiger der kaspischen Unterrasse 1964 gesichtet worden waren). Die Wissenschaftler schlossen daraus, daß diese westlichste Gruppe, aus einem unbekannten Gebiet im Norden nahe dem Ural kommend, in Astrachan zum Fressen und Ausruhen Zwischenhalt macht, bevor sie die Westküste des großen Binnenmeeres hinunter nach Fereydunkenar weiterzieht.

1981 wurde das Keoladeo-Ghana-Vogelschutzgebiet bei Bharatpur zum Nationalpark erklärt; größtenteils war dies dem entschlossenen Einsatz des großartigen indischen Ornithologen Dr. Salim Ali zu verdanken, der die Unterstützung von Premierministerin Indira Gandhi gewann; seit 1985 zählt der Park von Bharatpur, wie er gelegentlich auch genannt wird, zum UNESCO-Weltnaturerbe. Im wesentlichen besteht er aus einem 2900 Hektar großen Feuchtgebiet, von dem etwa ein Drittel während des Monsuns und im Winter überflutet ist; alles in allem gibt es dort die erstaunliche Anzahl von 364 Vogelarten, darunter viele seltene und gefährdete. Somit ist der Park das bedeutendste Vogelschutzgebiet des Subkontinents und vielleicht der Erde.

Unglücklicherweise liegt der neue Nationalpark in einer dichtbesiedelten Gegend, so daß Jagd und Wilderei, Feuerholzsammeln, Luft- und Wasserverschmutzung durch die einheimische Industrie und die andauernde Überweidung durch die 5600 Rinder und Wasserbüffel der Gegend seine Zukunft bedrohen. 1982 wurde das Weiden in den Sümpfen verboten, damit die bedrohten Vogelarten so wenig wie möglich gestört werden; besonders wichtig ist das für *leucogeranus*, der sich nicht unter Büffel mischt, vermutlich, weil diese das Wasser trüben. Als rings um den Park ein Erdwall aufgeschüttet wurde, kam es zu Aufständen, fünf Protestierer wurden von der Polizei am Haupteingang erschossen, und letzten Endes war die Einfriedung von zweifelhaftem Nutzen, weil eine Reihe von nicht beweideten Flächen von einem Sumpfgras erobert wurde, das schließlich auch viele freie Wasserflächen überwucherte, so daß sich normale Gräser und Büsche ansiedeln konnten.

Im Jahr 1986 stellten sich 38 Nonnenkraniche ein, aber drei Jahre später waren es nur noch 17, von denen neun bald verschwanden und nicht wiederkamen. Der indische Bestand war in höchster Not. Ermutigt durch fortgesetzte Experimente mit Kanadischen und Schreikranichen in Nordamerika, bei denen überzählige Schreikranicheier aus Brutgebieten im nördlichen Kanada in Nester des Kanadischen Kranichs in Idaho gelegt wurden, um dort eine neue Zugschar entstehen zu lassen, und durch die Tatsache, daß die Kanadischen Kraniche von Idaho erfolgreich Schreikranichküken aufzogen und sie auf den Zug nach Neumexiko mitnahmen, hofften russische und amerikanische Wissenschaftler, die Reproduktionsrate der sibirischen Nonnenkraniche zu verdoppeln (und ein neues Überwinterungsgebiet zu etablieren), indem sie die zweiten Eier in die Nester von Graukranichen legten, die in derselben Gegend brüteten.

Wie alle *Grus* legen auch Nonnenkraniche zwei Eier, doch sie schaffen es kaum, beide Küken großzuziehen; also konnte das überzählige Ei ohne Gefährdung der Art entfernt werden. Zudem sehen die grün-braun gefleckten Eier von *leucogeranus* denen von *grus* sehr ähnlich, und die beiden Arten sind auch in anderer Hinsicht kompatibel, wie man aus der Nähe ihrer Nester im hohen Norden schließen kann. Wie der Kanadische Kranich, sein ökologisches Gegenstück in Nordamerika, schmiert sich *grus* seine Rückenfedern mit Schlamm oder Lehm ein, vermutlich, um sich zu tarnen; in geringerem Maß macht das auch *leucogeranus*: Er streicht sich einen bescheidenen Kragen um die Basis seines schneeweißen Halses. Das Hauptproblem war, daß zwar beide Arten schon Nester bauen, wenn der Boden noch schneebedeckt ist, *leucogeranus* aber des öfteren erst Ende Mai oder Anfang Juni Eier legt, wenn die *grus*-Küken bereits das Nest verlassen haben.

Die Lösung sah man darin, nach einem komplizierten Zeitplan Eier wildlebender Nonnenkraniche Ende Juni nach Wisconsin zur ICF zu bringen, weil dann die Embryonen weit genug entwickelt wären, um den Streß auszuhalten, aber noch nicht so alt, daß sie sich dem Trauma des Ausschlüpfens unterziehen müßten, ehe sie Zeit gehabt hätten, sich von der Reise zu erholen. Sobald man aus den wilden Eiern eine kleine, in Gefangenschaft lebende Schar großgezogen hätte, sollte künstliche Beleuchtung, die das Frühlingslicht im fernen Norden simulierte, diese Gruppe dazu bringen, zwei Monate verfrüht, Ende März, mit dem Brüten zu beginnen. Daraufhin sollten ihre Eier nach Sibirien gebracht und dort wildlebenden *grus* zum Ausbrüten untergeschoben werden, in der Hoffnung, daß die Jungen, wenn sie flügge wären, ihren Ersatzeltern auf die Wanderung folgen würden.

George Archibald unterbreitete diesen Vorschlag Wladimir Flint, der viel Erfahrung mit *leucogeranus* hatte, und forderte überzählige Eier von Nonnenkranichen aus der zahlreicheren östlichen Population nahe der Lena an, um in Gefangenschaft eine Gruppe großzuziehen, deren Eier man verwenden könnte, um die Kunewat-Population nahe des Ob wieder zu steigern. 1978 (als die Gesamtzahl der Spezies im Osten und im Westen auf maximal 250 Tiere geschätzt wurde) reisten vier wilde Eier im Schoß von Archibalds Kollegen Dr. Sauey zur ICF. (Ein Junges schlüpfte unterwegs, verlor dadurch den Status als Ei, und Dr. Sauey wurde vorübergehend von den US-Zollbehörden festgenommen, weil er illegal einen lebenden Wildvogel importiert hatte.) Die Eier überlebten zwar die über 15 000 Kilometer lange Reise, aber zwei erwiesen sich als unbefruchtet. Im folgenden Jahr kamen fünf befruchtete Eier heil an und wurden in Brutkästen ausgebrütet. Mit Hilfe vier weiterer Nonnenkraniche, die von Zoos ausgeliehen worden waren, konnte die ICF eine Gruppe von in Gefangenschaft lebenden Nonnenkranichen etablieren, und mit einer zweiten Gruppe wurde im Oka-Naturreservat südöstlich von Moskau begonnen.

Diese Spezies planmäßig zu züchten war sehr schwierig. In Gefangenschaft aufgezogene Kraniche sind oft extrem aggressiv, auch gegenüber anderen Tieren ihrer eigenen Art. Die starke Paarbindung, die für die erfolgreiche Vermehrung nötig ist, braucht Zeit, um sich zu entwickeln, vor allem bei den streitlustigen Nonnenkranichen, die direkt nach den Mandschurenkranichen kommen, wenn es um Feindseligkeiten gegenüber ihren Pflegern und gegenüber möglichen Partnern geht, weshalb man sie oft in separaten Gehegen hält, damit sie nicht zu Tode kommen. (Ein Paar, das sieben Jahre lang bei der ICF in nebeneinandergelegenen Gehegen gehalten wurde, hob sich den Doppelruf, der eigentlich der Bindung aneinander dient, dafür auf, sich gegenseitig zu bedrohen und seine menschlichen Beobachter zu beschimpfen.) Unter solchen Umständen ist es verständlich, wenn die angegriffenen Weibchen zu mißtrauisch oder mutlos werden, um sich zu paaren und Eier zu legen.

Zur ersten Gruppe in Gefangenschaft gehörte Wolf, ein altes Männchen, das zwei Weltkriege in europäischen Zoos überlebt und noch mit über 70 Jahren Küken gezeugt hatte (als er schließlich starb, war der Vogel mindestens 80 Jahre alt). Seine Partnerin war Hirakawa, die so hieß, weil sie sich bei ihrer Herbstwanderung 1969 verirrt hatte und schließlich auf Okinawa gelandet war; halb verhungert fand man sie in einem Graben und brachte sie zur Erholung in den Hirakawa-Zoo. Bei der ICF baute diese energische Kreatur Nest um Nest und legte die erstaunliche Summe von insgesamt 38 Eiern, die allesamt unbefruchtet waren: trotz seiner chronischen Bereitschaft zur Paarung funktionierten Wolfs uralte Keimdrüsen nicht mehr gut genug. Schließlich legte Hirakawa 1980 mit Hilfe eines zweiten Männchens aus einer Zucht des Vogelparks Walsrode bei Hannover drei befruchtete Eier. Sie wurden von Weißnacken- und Kanadischen Kranichen ausgebrütet (Kraniche brüten Eier effizienter aus als Brutkästen), ein Junges schlüpfte, starb aber kurz darauf, ein zweites ging schon im Ei ein, und das dritte überlebte: der erste je in Gefangenschaft geborene Nonnenkranich.[3]

In der Zwischenzeit wurde viel Arbeit darauf verwendet, die Gruppe vom Ob mit Hilfe von »Pflegeeltern« der anderen Art zu stärken. *Grus*-Nester waren nicht einfach zu finden, denn Graukraniche sind unauffällig in der Färbung, zurückhaltend, scheu, intelligent und lassen sich nicht leicht täuschen, aber Anfang Juni 1982 gelang es

Dr. Sorokin, ein *leucogeranus*-Ei der ICF in das Nest wildlebender *grus* nahe des Kunewat einzuschmuggeln. Die Graukraniche brüteten es aus und zogen ein gesundes Junges groß, das zur großen Freude aller mit ihnen auf die Reise ging – und niemals wieder gesehen wurde.

Gleichzeitig ging die Suche nach den Brutgebieten der restlichen Nonnenkraniche vom Kaspischen Meer weiter. Man entdeckte sie schließlich 1986 dadurch, daß russische Forscher sie mittels Funktelemetrie von Fereydunkenar bis in eine abgelegene Gegend nicht weit östlich vom Ural und rund 1500 Kilometer südlich von der zentralen Gruppe am Kunewat verfolgten; im nächsten Jahr wurden zehn Nester ausgemacht. Das folgende Jahrzehnt über stagnierte diese zentrale Gruppe bei der gefährlich niedrigen Zahl von neun bis zwölf Exemplaren.

1990 unternahm Sascha Sorokin, jetzt die führende Autorität in der Brutbiologie von *leucogeranus*, einen verzweifelten Versuch, den fatalen Trend umzukehren. Sieben Eier von der ICF-Gruppe in Wisconsin wurden im Oka-Reservat ausgebrütet und die Brut von Menschen isoliert großgezogen. Als die Jungtiere flügge waren, brachte man sie zu den letzten Kranichen am Kunewat, und zur großen Begeisterung der Wissenschaftler flogen sie am Herbstanfang mit ihren wilden Verwandten nach Süden. Wie den von *grus*-Ersatzeltern 1982 am Kunewat aufgezogenen Vogel sah man sie niemals wieder. Vier andere wurden in der Folge im weiter südlich gelegenen Tjumen freigelassen, aber von Jägern getötet.

1992 tauchten nur noch sechs Vögel in Bharatpur auf. »Diese letzte kleine Schar verfügt über Wissen, das keine anderen Kraniche haben«, überlegte George Archibald. »Kraniche lernen von ihren Eltern, kein anderer Vogel kann ihnen ihre Zugroute beibringen. Wenn wir diese sechs verlieren, werden wir das Wissen von 15 Millionen Jahren verloren haben.«

Jetzt, im Winter 1993, ist dieselbe Gruppe, wie aus Pakistan berichtet wird, auf fünf geschrumpft; der letzte Kontakt von Raj Singh mit dem indischen Ornithologen Bhoulu Khan in Keoladeo hat ergeben, daß dort überhaupt noch keine Nonnenkraniche angekommen sind. Nonnenkraniche ziehen meist in kleinen Gruppen von drei bis zehn Exemplaren, und in der Regel tauchen sie zwischen Ende Oktober und dem Jahresende in Keoladeo auf. Die meisten kommen Ende November; nun ist es fast Mitte Januar. In dem guten halben Jahrhundert, seit sie 1937 erstmals in Bharatpur verzeichnet wurden, trafen die säumigsten Vögel am 14. Januar ein, dem Tag nach unserer geplanten Ankunft. Die Sümpfe werden bereits von den Deichen und Straßen aus überwacht, und man kann die großen weißen Vögel unmöglich übersehen. Wir hoffen noch immer, daß sie im Lauf der nächsten Tage auftauchen, während wir Jaipur und Ranthambore besichtigen, aber das ist höchst unwahrscheinlich.

Die Wüste von Rajasthan weicht einer Savanne mit *khejri* und Nimbäumen, und da in diesem Gebiet Vishnu-Anhänger leben, die alles Leben achten und schützen, sieht man jetzt kleine Herden von Nilgauantilopen, manchmal in Begleitung von Jungfernkranichen, ziemlich häufig. Obwohl diese großen Antilopen mit ihren Höckern und den kleinen Köpfen plump wirken, können sie schneller laufen als Tiger und Löwen, die es in dieser Gegend einst in Hülle und Fülle gab. Heute sind die Löwen aus Rajasthan völlig verschwunden, und Tiger finden sich nur noch in vereinzelten Enklaven wie etwa dem einstigen Jagdrevier des Maharadschas von Jaipur bei Ranthambore, das unser Ziel ist.

Auf unserem Weg sehen wir eine Gruppe von Jaina-Mönchen und -Nonnen in weißen Gewändern, einen Mann auf einem Elefanten, junge Mädchen mit goldenen Ringen im linken Nasenflügel und eine künftige Braut, die, von anderen eskortiert, zu Fuß unter einem Baldachin unterwegs ist, den man in allen Farben der Sonne gewebt hat; ihre Hochzeit wird sich sehr von der unterscheiden, die wir am selben Abend im Grandhotel in Jaipur miterleben – eine gigantische Zeremonie auf einer künstlichen Bühne in den herrschaftlichen Gärten unter den brennenden Augen eines winzigen, gefleckten Brahmakauzes, der aus dem Dunklen herangeflogen kommt, sich auf einen Laternenpfahl setzt und mit ruckendem Kopf und scheelem Seitenblick sich diese gigantische Störung der Nachtruhe betrachtet.

Unter den vielen herrlichen Kreaturen, die wir an den drei wunderbaren Tagen in Ranthambore sehen, ist kein einziger Tiger. Wir warten immer noch auf Nachricht wegen der Nonnenkraniche aus Sibirien und reisen nach Bharatpur weiter; wir nehmen den *Frontier Mail*, den langsamen alten Zug aus Kolonialzeiten, der noch immer in einem großen Bogen von Bombay nach Delhi und weiter ins Punjab an der Nordwestgrenze Indiens fährt – so gemächlich, daß ich durch die staubigen Fensterscheiben drei Saruskranichpaare auf drei verschiedenen Feldern eines Dorfes ausmachen kann.

Im Bahnhof von Bharatpur schiebt ein schrecklich verwachsener Junge seinen Körper den Bahnsteig entlang – wie ein Insekt, auf das man getreten ist. Mit Filzstücken schützt er seine Hände. Trotz der grauen Zähne und der leblos wirkenden Haut, die von Mangelernährung und schlechter Gesundheit zeugen, trägt er ein engelsgleiches Lächeln zur Schau, das die Reisenden völlig entwaffnet; er ist der Prinz unter den jungen Bettlern und schwingt sich bei Abfahrt des Zuges in den Übergang zwischen den Waggons, um in der nächsten Station die Ernte einiger neuer Gönner einfahren zu können. Er macht seine Sache ausgezeichnet, und er weiß es, denn wenn man nickend seine heroische Schwindelei und seinen eisernen Willen bewundert, verwandelt sich sein seraphisches Lächeln in ein freches, schadenfrohes, sogar etwas verächtliches Grinsen.

In Keoladeo hören wir erfreut von Bhoulu Khan, daß die fünf Nonnenkraniche, von denen früher in diesem Winter aus Pakistan berichtet wurde, gestern (12. Januar) eingetroffen sind. Der sechste war Bhoulu zufolge vielleicht der noch nicht geschlechtsreife Vogel, den ein Steinadler vergangenen Herbst in Afghanistan schlug.

Als wir ankommen, rückt die Abenddämmerung schon näher, so daß wir nicht mehr hinausgehen und nach den Kranichen suchen können, die sich seit ihrem Eintreffen im entferntesten Teil des Reservats ausruhen. Statt dessen gehen wir einen der breiten Deiche entlang, die sich durch diese alte, wildreiche Marsch ziehen. Zu den großen Sumpf- und Wasservögeln in Bharatpur zählen viele Ibis- und Reiherarten, 8000 Paare Buntstörche und 15 Entenarten. Anhand der Scharen, die wir bald erblicken, kann man sich leicht vorstellen, daß zur vorletzten Jahrhundertwende der Vizekönig von Indien, Lord Curzon, zusammen mit seinem Freund Lord Kitchener und anderen hier an einem einzigen Tag 540 Enten tötete. Am 11. November 1938 erlegte ein späterer Vizekönig, Lord Linlithgow, mit einer riesigen Jagdgesellschaft, die über 38 Gewehre verfügte, 4273 Enten, mehr als 100 Vögel pro Mann; allein der Vizekönig feuerte bei diesem großartigen Anlaß 1900 Patronen ab.

Bei Bhoulu, Raj und Victor, die alle in Keoladeo schon Nonnenkraniche gesehen haben, ist unsere Gruppe in guten Händen, also breche ich am nächsten Morgen allein auf, weil ich die fünf Nonnenkraniche aufspüren will, ehe sie es sich vielleicht in den Kopf setzen, weiterzuziehen wie die neun, die vor vier Jahren von hier verschwanden. Motorfahrzeuge sind auf den Deichen vernünftigerweise verboten, längere Strecken legt man in Fahrrad-Rikschas zurück. Mangal Singh, mein Führer, ist mit den meisten, eher exotischen Arten des Reservats gut vertraut, und während wir quietschend den Deichweg entlangrollen, machen seine scharfen Augen vier junge Brahmakauze aus, die sich so dicht wie Kiefernzapfen in eine Astgabel zwängen, und zwei Halsbandeulen in den Höhlen alter Kadamba-Bäume sowie ein paar weiße Löffler und Buntstörche und das bunte Purpurhuhn, die Nilgauantilope, den Sambahirsch und den Ichneumon. An einer Stelle führt mich Singh ins Gebüsch – in einen trockenen, von *Acacia arabica*, hier *babul* genannt, dominierten Laubwald –, um mir einen Hellen Tigerpython zu zeigen, den er kennt, ein großes, regloses, unten um einen kleinen Busch gewickeltes Tier. Ich bitte Mandal Singh inständig, mich direkt zu den Kranichen zu bringen, damit sie nicht auf Nimmerwiedersehen verschwinden, während wir auf dem Weg trödeln; er darf noch nicht einmal anhalten, um mir seine »besonderen Vögel« zu zeigen, die häufig die Tempel auf einem höher gelegenen Landstrich aufsuchen. Schicksalsergeben wendet er nach Osten und strampelt auf dem Deichweg in das Feuer des Sonnenaufgangs hinein.

Die kühle Morgenluft über den Sümpfen erwärmt sich rasch; Dornsträucher, Schlamm und Riedgräser beginnen zu duften, und man hört Abertausende von Graugänsen sowie eine kleine Schar der wunderschönen Streifengänse (*Anser indicus*) schnattern – letztere mit zwei auffälligen schwarzen Streifen auf dem ansonsten weißen Kopf –, die gemeinsam mit *Grus nigricollis*, dem Schwarzhalskranich, in Feuchtgebieten des tibetischen Hochlands nisten und über die Gipfel des Himalaya in Höhen von geschätzten 8800 Metern und mehr in die Ganges-Ebene fliegen.[4] Mit machtvollen Schlägen kann diese Gans mit den riesigen Flügeln ohne Rückenwind 80 Stundenkilometer erreichen; man nimmt an, daß sie den über 1500 Kilometer weiten Weg von Tibet bis auf den Subkontinent in einem einzigen Direktflug absolviert und Energie spart, indem sie auf kürzestem Weg über die Gipfel hinweg fliegt, statt in den tiefen Schluchten und Tälern zwischen ihnen zu navigieren.

Keine 75 Meter hinter der tibetischen Gans mit dem auffälligen Kopf stehen im offenen Sumpf zwei weiße Kraniche mit verblüffend roten Gesichtern und Schnäbeln wie frische Rosen im Licht der Morgensonne. Wie die meisten Kraniche bevorzugt auch *G. leucogeranus* freies Gelände mit ungehinderter Sicht, und da die Vögel sehr vorsichtig sind, habe ich Angst, die ersten »Schneewehen«, die ich zu Gesicht bekomme, aufzuscheuchen oder weiter vom Deich wegzutreiben. Ich knie mich hinter einen Busch und beobachte erleichtert, daß sie weiterfressen: Sie stochern mit naßglänzenden Schnäbeln in den bronzefarbenen Wasserlinsen herum oder tauchen ihre roten Gesichter bis zu den Augen ins Wasser, um Seggeknollen zu ertasten und aus dem Schlamm zu ziehen. Zwischendurch schauen sie sich mit lebhaften Augen um – die Iris ist von einem merkwürdig blassen Gelb –, aber meine Anwesenheit scheint sie nicht zu beunruhigen, im Gegenteil, sie wirken neugierig und zutraulich.

Wie die Schreikraniche verteidigen auch die Nonnenkraniche in den Winterquartieren ihre Futterreviere, aber im Gegensatz zu ersteren geben sie diese auf, wenn der Winter zu Ende geht und der Zug näherrückt und sie in Gruppen zu fressen beginnen. In Bharatpur sind sie den halben Tag damit beschäftigt, Wurzelknollen zu suchen und auszugraben und zu fressen, vor allem die von *Cyperus rotundus*. Obwohl *leucogeranus* mit Ausnahme des zeitigen Frühjahrs fast ausschließlich vegetarisch lebt, ist er wie alle Kraniche eigentlich ein Allesfresser und schnappt sich gelegentlich Wassertiere bis hin zu kleinen Entenküken.

Das zweite Paar frißt zwischen den Graugänsen in einem grasbewachsenen Tümpel im Halbschatten einer großen, wassertoleranten

Akazie (*Acacia nilotica*); es ist weit genug vom ersten Paar weg, um sich sein eigenes, nicht genau definiertes Territorium zu sichern, ohne den Zusammenhalt der Gruppe zu gefährden. (Der fünfte Nonnenkranich, momentan etwa 1,5 Kilometer von den anderen entfernt, hält sich den ganzen Tag abseits.) Diese Ansammlung von Sumpf- und Wasserbewohnern ergänzen nicht weit entfernt weitere weiße Vögel, die im allgemeinen als groß gelten – weiße Löffler, Silberklaffschnäbel und Buntstörche sowie drei Arten weißer Reiher unterschiedlicher Statur – aber neben *G. leucogeranus* wirken sie alle wie Fußvolk.

In Abständen rufen die Kraniche, sie machen den ganzen Tag lang Lärm: Diese Art verfügt über den längsten Doppelruf (er dauert bis zu drei Minuten) der gesamten Familie. »Plötzlich zieht das Männchen auf komische Weise den Kopf ein«, schrieb Ronald Sauey in seiner Doktorarbeit über diese Spezies, »wenn ein anderer Kranich tief über die Familie hinwegstreicht. Mit einer steifen, aber großartigen Verbeugung ruft das Männchen ein nasales ›Jaaah!‹ heraus. Sofort darauf entfaltet es seine großen weißen Flügel mit den schwarzen Spitzen und bildet mit ihnen einen riesigen Federfächer. ›Tuudel-luu, tuudel-luu, tuudel-luu‹ rufen Männchen und Weibchen im Duett. (Die höhere Stimme des Weibchens liefert den ›Tuudel‹-Teil des dreifachen ›Tuudel-luu‹.) Die Rufe beider sind so perfekt synchronisiert, daß sich das Ganze aus der Entfernung wie das Werk eines einzigen Vogels anhört.«

Das glockenklare, dreiteilige *Tuut-tuut-tuut*, das man zur Zeit der Wanderung hört, dient dazu, den Kontakt mit der Gruppe zu halten; vielleicht hat hier auch *karekhur* seinen Ursprung, der dreisilbige Hindi-Name für die Spezies, der zu Zeiten Humes gebräuchlich war. Hier in Bharatpur heißen die Nonnenkraniche *raj kunj* (vermutlich »königlicher Kranich«) oder *tunhi* (ein lokaler Ausdruck für »Flöte«, was sich auf den melodiösen, klaren Ruf bezieht).[5] Wie bei allen Kranichen hört man den Ruf über eine Entfernung von mehreren Kilometern über die Sümpfe hinweg, obwohl Nonnenkraniche im Gegensatz zu den meisten anderen Zugarten eine kurze, simple und nur leicht gekrümmte Trachea haben, ein Charakteristikum, das sie mit den ortsfesten Klunkerkranichen Afrikas gemeinsam haben.

Wenn sie Knollen heraufholen, spülen die Nonnenkraniche den Schlamm rasch mit einem seitlichen Schlenker des Schnabels ab, der wegen der Nahrungssuche im tieferen Wasser erheblich länger und schwerer ist als bei den meisten anderen Kranichen und auch leicht gekrümmt und an der Spitze gezähnt, damit das Tier besser zupakken kann. In bis zu 60 Zentimeter tiefem Wasser zu fressen kostet *leucogeranus* viel Kraft; wenn die Tiere an Seggeknollen ziehen, die bis zu 15 Zentimeter tief im Schlamm stecken können, zittern ihre Körper manchmal vor Anstrengung. »Primitive Spezies müssen unter ihren Handicaps leiden«, sagt George Archibald dazu.[6] (Neben der Nahrungssuche im tiefen Schlamm bezieht sich »primitiv« hier auf nichtadaptive Charakteristika wie die simple Trachea, die den Ruf des Nonnenkranichs sowohl in der Bandbreite als auch im Volumen begrenzt.)

Tagsüber streiten sich gelegentlich Nonnen- und Saruskraniche um einen Freßtümpel. In der Regel sucht ein Saruskranich den Konflikt, indem er mit seinem lauten, rollenden Ruf im flachen Wasser landet und den Tümpel zu usurpieren versucht. Obwohl normalerweise der größere Vogel der dominante ist, kommt es vor, daß der Nonnenkranich protestiert und den Sarus mit Flügelschlagen, Herumstolzieren und Wasserspritzen vertreibt, was oft von einem tiefen »Knurren« begleitet ist. In der Drohhaltung, notierte Dr. Sauey, hebt er die Flügel und stellt die aufgeplusterten Federn an den Oberschenkeln zur Schau, wobei er den Schnabel nach unten auf seine breite Brust drückt. Zusammen mit den langen, kunstvollen tertiären Schwungfedern, die er über den Rücken hebt, wirkt der Vogel auf diese Weise größer; er stolziert mit steifen, langsamen Schritten, wobei er die Beine immer höher hebt, er schüttelt die Flügel und verspritzt mit ihnen Wasser, wobei er zwischendurch an Gräsern zerrt, um seine Erregung abzubauen.

Erst fressen, dann putzen, das sind die Hauptaktivitäten von *tunhi*, ansonsten schläft oder faulenzt er und guckt sich um; nur selten tanzt er im Winterquartier. Im Gegensatz zu den Sarus- und Graukranichen im Keoladeo haben sich die Nonnenkraniche nicht an die großen einheimischen Tiere gewöhnt; Bauern und Touristen auf den Deichwegen scheinen sie genauso zu beunruhigen wie Wasserbüffel und Rinder und auch große wildlebende Säugetiere wie etwa die Nilgauantilope oder der Sambarhirsch.

Dank der Nonnenkraniche in Hochstimmung, verabschiede ich mich von Mangal Singh, denn ich will den Tag hier draußen in den Sümpfen verbringen; er wirkt erstaunt, als ich ihm sage, daß ich zurück laufen werde, und schaut sich um, als erwarte er streunende Tiger.

Ein Stück den Deichweg Richtung Osten hinunter stochert eine Sarus-Familie von zwei Erwachsenen und zwei flüggen Jungvögeln im matschigen Boden und flachen Wasser gut fünf Meter vom Ufer entfernt. Köpfe und Hälse der Jungvögel sind von einem satten Goldbraun. Im Gegensatz zu den »primitiven« Nonnenkranichen suchen sich Saruskraniche nur selten Futter in Wasser, das tiefer als 30 Zentimeter ist, und sie können sich auch in gewissem Umfang an die Verschlechterung ihres Habitats sowie an Nutzvieh und Menschen anpassen. Die großen, ruhigen Vögel lassen mich so nahe kommen, daß ich die schwarzen »Daunen« am bloßen Teil des Halses und die kleinen grauen Federbüschel, die die Ohren im ansonsten nackten, roten, runzligen Bereich hinter dem goldenen Auge studieren kann: Das kleine Federbüschel ist alles, was von dem vollbefiederten Kopf seiner Vorfahren bei diesem kahlköpfigen Vogel übriggeblieben ist (wie auch bei seinen nahen Verwandten, dem Weißnacken- und dem Brolgakranich).

Gemächlich zieht die Familie weiter und teilt sich dabei in zwei Paare auf, jedem Erwachsenen folgt ein Jungtier. Obwohl hier zwischen 1988 und 1990 18 Saruskraniche verlorengingen – sie starben wahrscheinlich am Pestizid Aldrin, das die Bauern auf den nahen Feldern einsetzten –, sind momentan wieder zehn Paare in Keoladeo.

Vier Jungen kommen mit Fahrrädern aus ihrer Dorfschule auf der anderen Seite des Schutzgebietes den Weg entlang. Aufgeregt führen sie mich auf einen Seitenweg, um mir drei große Pythons zu zeigen, die sich dort vor ihren Löchern sonnen. Die Pythons bilden einen schimmernden Stapel von bronzenen und goldenen Knäueln, doch als wir näher kommen, erwacht der Stapel zum Leben, die Knäuel entwirren sich und gleiten und zischen, anscheinend ohne Eile, aber immer schneller, so rasch in den Boden, daß es schwierig ist, in dem goldenen Durcheinander mitzubekommen, welche Windung zu welchem Tier gehört. Zwei der Schlangen messen 3,5 Meter oder mehr, und ihre Durchmesser und ihre Kraft sind wesentlich beeindruckender als die meines Bizeps.

Am anderen Ende des Hauptdeichs führt ein weiterer Weg in offenes Buschwerk, in dem ein Koromandel-Uhu zwei große Küken aufzieht, die ihn schier überfordern. In der Ferne stehen wie ihre riesigen Vorfahren damals im Eozän zwei Saruskraniche allein vor dem Sonnenuntergang. In der Nähe thront auf einem hohen Busch ein Kaiseradler, der größte Vertreter der Gattung *Aquila*, zu der auch der Steinadler Nordamerikas und Eurasiens zählt. Bald ertönt von Westen der laute, zweitönige Hornstoß eines fliegenden Saruskranichs, offensichtlich als Kontrapunkt zum entfernteren Rasseln von Graukranichen. Im schwindenden Licht taucht *G. grus* auf, in auseinandergerissenen Ketten, allein, zu zweit oder zu dritt queren die Tiere den Himmel. Kurz darauf fliegen zwei Riesenstörche über den Deich und die Sümpfe – eine der mehreren aussterbenden Arten von asiatischen Watvögeln, die hier noch vorkommen.

Als ich zum Deich zurückkehre, bemerke ich, daß der fünfte Nonnenkranich dichter an die anderen herangerückt ist, bis auf 200 Meter vielleicht. Bhoulu erzählt mir, daß kurz vor Dunkelheit die Futterreviere aufgehoben werden, weil die Tiere gemeinsam besser aufpassen und sich schützen können. Am nächsten Morgen halten die beiden Paare am selben Ort wieder unauffällig Abstand zueinander, der fünfte Vogel aber ist nirgendwo in dem weiten Sumpf auszumachen. Er kam zwar mit den anderen her, wird sich aber erst Ende März wieder mit ihnen zusammentun, wenn sich diese letzten fünf Indien-Migranten der Ob-Population – falls sie den Winter überleben – wieder sammeln und einander zurufen, während sie aus dem Sumpf aufsteigen und sich immer höher schrauben, bis sie sich mit dem Wind in nordwestliche Richtung über die Wüste Thar und das Indus-Becken bis zu dem gefährlichen See namens Ab-e-estada in Afghanistan treiben lassen und von dort durch das Tal von Kabul und weiter in großer Höhe über den Hindukusch zu den Flüssen Amudarja und Syrdarja. Wie vereinzelte Fetzen von Wüstenwolken werden die weißen Kraniche mal flügelschlagend an Höhe gewinnen, mal gleiten und an Samarkand vorbei und über Kasachstan hinweg bis zu den Flußtälern ziehen, die nach Norden in die Taigawälder und dann in die Tundraebenen längs des Ob-Busens an der Karasee führen.

VIER

Am Ende Tibets

... meine Hände ... greifen
lautlos,
wie die Bergesche einer Schar Kraniche nachklettert.
Wie die Kraniche zu fliegen und nicht zurückzuschauen!
Der Hochmut
wäre mein, und im Land des Todes ...
Marina Zwetajewa, *Trennung*, 1921

Von allen über die ganze Welt verstreuten Kranicharten ist *Grus nigricollis*, der Schwarzhalskranich, am wenigsten bekannt und am schwierigsten zu beobachten. Sie wurde auch als letzte Art im Jahr 1876 in der Gegend des Kuku-Nur (Qinghai Hu, »Blauer See«) entdeckt, und zwar von demselben General Nikolaj Prschewalskij, der auch den Dalainor- und den Chanka-See entdeckt und als erster das nach ihm benannte Steppen-Wildpferd beschrieben hat.

Der Schwarzhalskranich gilt im tibetischen Volksglauben als ein übernatürliches oder »Feen«-Wesen. Er kommt im Hochland Tibets in Höhen bis zu 2400 Metern vor – von den Indus-Quellen entlang dem oberen Brahmaputra und den nördlichen Himalaya-Ausläufern bis nach Südtibet. Der *yan-e*, »Schwarzkopf«, brütet in kleiner Zahl auch in den westchinesischen Provinzen Qinghai und Sichuan. Einige wenige Paare nisten im indischen Ladakh, wo ein mumifizierter Vogel, der um 1805 von einem Forscher gefangen wurde, bis auf den heutigen Tag vor einem religiösen Gemälde im Kloster Lhyang hängt. Indische Soldaten, die die heikle Grenze zwischen Ladakh und Tibet bewachten, erschossen das einzige Paar in der Nähe des Dorfes Hanle, wo der verehrte *trung trung* lebte, soweit die buddhistischen Bewohner zurückdenken konnten. Die Soldaten wurden vor ein Zivilgericht gestellt und zu Haftstrafen verurteilt. Seitdem indische Umweltschützer den Schwarzhalskranich in »Tibetischen Sarus« umbenannt hatten, ist er den hinduistischen Soldaten heilig, und es kam zu keinen weiteren Zwischenfällen mehr. Doch jenseits der Grenze, in Tibet, berichten die Ladakhi, werden Kraniche noch immer ab und zu von Soldaten und zugewanderten Chinesen getötet. (Es wird behauptet, die Spezies wäre heute ausgerottet, wenn Buddhisten und Hindus keine Gebote gegen das Töten hätten. Die Unterdrückung des Buddhismus in der Region wird *G. nigricollis* und andere Arten unvermeidlich gefährden.)

Die Wanderzüge von *G. nigricollis* spielen sich eher in der Vertikalen als über große geographische Entfernungen ab: Wenn die Flüsse und Sümpfe des tibetischen Hochlands zufrieren, sind die Vögel gezwungen, in die rund 1500 Meter tiefer gelegenen Bergtäler weiter im Süden zu ziehen, wo sie nach der Ernte auf nicht gefrorenen Feldern genug zu fressen finden. In China wurde 1979 ein wichtiges Winterquartier für rund 400 *nigricollis* in 2400 Meter Höhe auf dem Plateau von Guiyang in der Provinz Guizhou entdeckt, wo zwischen Berggipfeln ein uraltes Sumpfgebiet namens Cao Hai (»Grasmeer«) liegt. Ein paar Exemplare wurden in entlegenen Winkeln im nordostindischen Bundesstaat Arunachal Pradesh gesichtet, ehe die Spezies Mitte der siebziger Jahre dort verschwand: Das letzte bekannte Paar landete nahe dem Dorf Hang im Api-Tani-Tal und wurde nur Stunden nach seiner Ankunft für den Kochtopf geschossen. (Ehe es in ihrem Tal Feuerwaffen gab, berichteten die Dorfbewohner, waren die Vögel, die sie *kengda* nennen, hier häufig und ziemlich zahm.) Eine Anzahl Kraniche flog über den Himalaya ins abgelegene Königreich Bhutan, wo 1978 indische Ornithologen 15 bis 17 Tiere fanden. Leiter dieser Gruppe war Dr. Salim Ali von der Bombay Natural History Society, der auch wesentlich für die Einrichtung des Keoladeo-Vogelreservats in Rajasthan verantwortlich war.

Die eigentliche Heimat von *nigricollis* waren aber die Brutgebiete in Tibet, einem buddhistischen Land, in dem wilde Tiere im allgemeinen geschont wurden. Eine ernste Gefahr für die Art war die Besetzung Tibets durch China in den fünfziger Jahren und die darauf einsetzende Woge menschlicher Aktivitäten samt der unvermeidlichen Umweltzerstörungen, da Wasser in vielen Gegenden des Landes eine knappe und kostbare Ressource ist. Verschärft wurde diese

Gefahr dadurch, daß der Einfluß des Buddhismus im tibetischen Hochland schwand und sich die erschreckende chinesische Gleichgültigkeit gegenüber der Natur breitmachte.

Nach dem massenhaften Abschlachten wilder Tiere im Rahmen der sogenannten Kulturrevolution änderte China in den achtziger Jahren seine Politik und versuchte, das bißchen Wildnis, das noch übrig war, einschließlich der letzten Kraniche, Tiger und Großen Pandas zu erhalten. Überall im Land wurden Naturreservate eingerichtet, auch in der »autonomen Region« Tibet, und zu den ersten Nutznießern zählten Kraniche: Allein für *nigricollis* wurden acht Schutzgebiete sowohl in den Winter- als auch in den Brutquartieren in Tibet und China ausgewiesen.

Das Hochland von Tibet zählte schon immer zu den am schwersten zugänglichen Regionen der Welt, und da der größte Teil bis vor wenigen Jahren von Ausländern nicht bereist werden durfte, wußte man über die Naturgeschichte und die Brutreviere von *nigricollis* nur wenig; in den Zoos von Beijing und Shanghai lebten zwei beziehungsweise drei Vögel in Gefangenschaft. 1982 schätzte ein indischer Experte, daß es auf der Erde vielleicht noch 100 Schwarzhalskraniche gab; ohne sofortige Intervention, prophezeite er, würde *nigricollis* in freier Natur noch im selben Jahr aussterben. Auch 1987 ging man noch immer davon aus, daß die Art rasch im Schwinden begriffen war, und als im folgenden Jahr der erste *nigricollis* im Zoo von Xining in Qinghai in Gefangenschaft schlüpfte, sprachen die Nachrichten von der »am zweitstärksten gefährdeten und am wenigsten bekannten aller Kranicharten«.

Im Winter 1991/92 deuteten neue, von der Ornithologin Mary Anne Bishop, einem ICF-Mitglied, angestellte Untersuchungen darauf hin, daß die früheren Einschätzungen zu fragmentarisch und zu pessimistisch gewesen waren. Dank ihrer Zusammenarbeit mit tibetischen und chinesischen Wissenschaftlern erhöhte sich die Spezies wieder auf erstaunliche 3910 Exemplare in Tibet. Heute (im Jahr 2000) schätzt man die Population des wie eh und je unnahbaren *nigricollis* auf 5500 Vögel.

Die königliche Regierung von Bhutan schützt jetzt die Spezies in den drei bekannten Gebieten, wo überwinternde *nigricollis* gesichtet wurden, wozu auch die Umgebung des Klosters Gantey aus dem 15. Jahrhundert in den Schwarzen Bergen zählt. Die dortige Gruppe wollten Victor Emanuel und ich Ende Januar 1993 unseren Klienten zeigen.

Bhutan ist noch immer ein abgelegenes Reiseziel, die hohen Himalayaketten von Assam, Sikkim und Tibet schneiden es von der Welt ab. Bei einer Fläche, die kaum größer ist als die der Schweiz oder Dänemarks, verteilt sich die Bevölkerung von etwas mehr als 1,5 Millionen Menschen spärlich auf die wenigen kleinen Städte und die isolierten Bergdörfer. Erst 1962 wurde eine Straße von der Hauptstadt (oder Kleinstadt, je nach Blickwinkel) Thimphu nach Phuntsholing an der Grenze zu Assam gebaut – die einzige Straße, die das Bergkönigreich mit der Außenwelt verbindet. Für Ausländer blieb das Land weitere zwölf Jahre lang verschlossen. Selbst 1993 noch waren Touristenvisa auf 3000 pro Jahr beschränkt, und Journalisten aus dem Ausland und anderen Störenfrieden legte man erhebliche Restriktionen auf.

Auf dem Flug von Delhi ziehen an einem klaren Wintertag dichtgestaffelt die weißen Gipfel des östlichen Himalaya vom Dhaulagiri und dem Amphitheater des Annapurna bis zum großen Chomolungma (Mount Everest) und zum Chomo Lhari vorbei, einem konischen, 8000 Meter hohen Gipfel, der Bhutan vom Chumbi-Tal im südöstlichen Tibet trennt. Die schneebedeckten Gipfel schotten das Land nach Nordnordwest ab, kleinere Berge im Südwesten und Osten trennen es von den indischen Bundesstaaten Sikkim und Arunachal Pradesh. Nur die Südgrenze zu Assam und Bengalen liegt relativ niedrig. Wie der Tarai in Nepal weist dieser nur zehn bis 15 Kilometer breite Streifen Land die einzigen Zugänge (*duars* oder »Tore«) zu den steilen Bergen auf, die Bhutan einkreisen und es in Nord-Süd-Richtung mit Höhen von 4000 bis 5000 Metern durchziehen. Dazwischen liegen schwindelerregende Schluchten und enge Täler, und jedes Tal ist vom nächsten durch einen hohen Paß getrennt. Alle Bäche und Flüsse münden schließlich in den großen Brahmaputra, der sich vom tibetischen Hochland zum Golf von Bengalen hinunterwälzt.

Dank der geringen Bevölkerung und der reichlichen Regenfälle ist Bhutan größtenteils noch immer bewaldet, und das Land ist um eine nachhaltige Wiederaufforstung bemüht, was eine kluge Gegenmaßnahme gegen Bodenerosion und verschlammte Flüsse ist, die andere Himalayaländer wie Pakistan und Nepal nicht ergriffen haben. In einer Welt, die aus dem ökologischen Gleichgewicht gerät, ist dieses Land für Umweltschützer wie Victor und mich eine Oase, denn wir sind auf dem Weg von Indien nach China, den beiden am dichtesten besiedelten und geschundensten Landschaften der Welt.

Das Tal von Paro, rund 60 Kilometer südwestlich von Thimphu, bietet als einzige Stelle im westlichen Bhutan genügend Platz für eine Landebahn. Doch auch die wirkt noch zu schmal und zu kurz, und oft wird der Flugplatz geschlossen, weil dicke Wolken von den Bergpässen hinab in das schmale Tal drängen. Selbst bei schönem Wetter vergißt der Besucher den Flug mit Druk (»Drachen«) Airways von Bangkok oder Delhi nach Paro nicht so schnell, weil das zur Landung ansetzende Flugzeug dicht um eine steile Bergflanke herumkurven muß.

Paro liegt im Vorderhimalaya in gut 2000 Metern Höhe. Dieses Bergland, in dem der größte Teil der Bevölkerung lebt, ist dank der Nähe zum Golf von Bengalen und des Monsunklimas sehr wasserreich. In Paro gibt es Obstgärten mit Äpfeln, Pflaumen und Pfirsichen und auch Felder mit Spargel und Reis, der hier bis in Höhen von 2500 Metern wächst. Weil in Bhutan mehr Schnee fällt als in den meisten anderen Ländern des Himalaya, findet man hier statt der Flachdächer, die anderswo zur Lagerung der Wintervorräte an Brennholz, Viehfutter und Trockennahrung dienen, spitze, steile Dächer mit offenen Giebeln, die mit Schiefer, Schindeln oder rostigen Blechen gedeckt, mit mächtigen Steinen beschwert und von keinerlei Fernsehantennen verunstaltet sind (erst sechs Jahre später, 1999, gelangte das Fernsehen auch nach Bhutan). Die Häuser sind relativ groß und stehen einzeln, nicht wie andernorts zu Verteidigungszwecken eng zusammengerückt, und ihre Lehmwände weisen buntbemalte Holzfenster auf. Eine Herberge in der Hauptstraße offeriert auf ihrem Schild »Essen und Unterkunft«, und in dem kleinen Park findet ein Wettbewerb im Bogenschießen statt.

Die entlang dieser einen Straße gruppierte Stadt mit den Weidenbäumen blickt auf das graue Wasser des Flusses Pachu, auf dem Victors scharfe Augen den seltenen und schönen Schnepfenvogel ausmachen, der als Ibisschnabel bekannt ist. Er ist perlgrau und hat ein schwarzweißes Brustband sowie einen roten, gekrümmten Schnabel. Der tapfere Vogel kämpft gegen die schnellen Wellen des Gletscherwassers in einem schmalen Arm zwischen Fels- und Kiesbänken an.

Bhutan – oder Bhot Ant – wird meist mit »östliches Bhot« oder »Ende von Bhot« übersetzt, was »Ende Tibets« bedeutet, und von der Geschichte und der Religion her sind beide Länder eng verwandt. Der westliche Landesteil heißt auch Ngalong, »das als erstes Erwachte« – die erste Region Bhutans, die den tibetischen Buddhismus übernahm. Das Kloster Kyichu Lakhang aus dem 7. oder 8. Jahrhundert ist das älteste des Landes, und das Nationalmuseum im runden Wachturm der Festung von Paro besitzt herrliche Buddhafiguren und *thankas*, religiöse Seidengemälde. Seit 1988 haben Ausländer jedoch zu den meisten heiligen Stätten Bhutans keinen Zutritt, da man die uralten Schätze vor Diebesfingern und vor einem Raubbau schützen will, der die Integrität der heiligen Zeremonien zerstören könnte – kluge Vorsichtsmaßnahmen angesichts der geplünderten religiösen Stätten, die man überall im buddhistischen Himalaya findet.

Der Weg bergauf führt durch Bergeichen, Rhododendron und Andromeda (Gränke). Ihn begleiten das Rauschen der Wasserfälle und das Glöckchenläuten von den Gebetsmühlen am steilen Bach, das Kreischen der Tannenhäher und der Gesang der Häherlinge (der gar nicht nach Gelächter klingt, wie ihr englischer Name *laughing thrushes*, »Lachdrosseln«, nahelegt). An geschützten, sonnigen Stellen stehen Schlüsselblumen, weiter oben leuchten die roten Beeren der Zwergmispel, und überall ist der Geruch von Rauch, Kuhdung und Fichten. Als ich schließlich auf einen mit Gebetsfähnchen übersäten Felsvorsprung hinaustrete, werde ich von drei schwarzen Mastiffs gestellt, die sich abwenden, als ich mich bücke und Steine aufhebe. Doch bald lassen sie mich meine Wurfgeschosse wieder hinlegen und wir schließen Freundschaft.

Das Teehaus bietet einen großartigen Ausblick auf das weiße Kloster namens Taktsang – »Tigernest« –, das auf einem Vorsprung weit oben in der nackten Felswand jenseits des Tales thront. Dieses sagenumwobene *gompa* erinnert an den Ort, an dem sich im 8. Jahrhundert (747 n. Chr.) der große Padma Sambhava, auch als Guru Rinpoche bekannt, aus Tibet kommend, in einen Tiger verwandelte, um besser die alte B'on-Religion zu vertreiben und den buddhistischen Glauben festigen zu können. Die Druk-pa oder »Donnerdrachen«-Sekte (den Donner hielt man für das Gebrüll des Drachen) aus der Kagyu-Schule des tibetischen Buddhismus wurde im 13. Jahrhundert als offizielle Religion von Bhutan gegründet, das seine Menschen als Druk Yul, »Land des Donnerdrachen«, kennen. Unterhalb von Taktsang kreist eine Schar Schneetauben vor der schwarzen Felswand und läßt sich dann auf einem abgestorbenen Baum in einer Reihe nieder, als würden ihm plötzlich merkwürdige weiße Blüten sprießen.

Herr Ugyen Dorjee wird uns durch das Land des Donnerdrachen führen. Sein Name hat (wie die meisten Namen der Bhutija) spirituelle Bedeutung: »Ugyen« ist ein Diminutiv für Guru Rinpoche und »Dorjee« oder »Dorje« bezeichnet den heiligen Donnerkeil oder Diamanten (*vajra*), der die Erleuchtung symbolisiert. Ugyens Assistent heißt bezeichnenderweise Karma. Wie alle Männer in Bhutan tragen sie das traditionelle zentralasiatische, *kho* genannte Gewand, das man mit einem Gürtel hochraffen kann, wenn man reitet oder in der Stadt umherläuft, wo die gerafften *khos* an Kilts erinnern, die mit auf Hochglanz geputzten westlichen Straßenschuhen und Kniestrümpfen getragen werden.

Unser Bus fährt nach Südosten zum Fluß Wang-Chu, trifft dort auf die wichtigste Ost-West-Verbindung durch das Land und wendet sich an einer Brücke nach Norden. Dort stehen drei große Stupas (oder Tschorten, wie sie in Tibet und Bhutan heißen) nebeneinander an einer Flußmündung. Simtokha Dzong am Eingang des Tals von Thimphu ist die älteste Festung des Landes; sie dient heute als buddhistische Schule. Diese riesigen *dzongs*, Klosterburgen, an strategisch wichtigen Stellen entlang den Gebirgsflüssen sind ein Grund, warum Bhutan trotz kleinerer Kriege mit Tibet, Indien und sogar Großbritannien jahrhundertelang seine Unabhängigkeit wahren konnte.

Als sich die Briten 1907 im tibetischen Himalaya einmischten, ersetzten sie Bhutans traditionelle Führung durch ein Königshaus ihrer eigenen Wahl. Seither fungiert ein erblicher Monarch der Wangchuk-Dynastie (momentan hat Jigme Singye Wangchuk das Amt inne) als Druk Gyalpo der Nation, als »Edler Herrscher des Drachenvolkes«. Bis 1958 war die Leibeigenschaft noch legal, doch mittlerweile hat das Königreich einige westliche Errungenschaften übernommen. So genießen Frauen volle Gleichberechtigung, und es gibt kein Kastensystem wie in Tibet und Indien. Andererseits herrscht die Regierung mit harter Hand und hält den Fortschritt im Zaum, um ihr Volk zu »schützen«.

Von Simtokha Dzong windet sich die Straße ein hübsches Tal mit braunen Winterreisfeldern und blaßgrünem Winterweizen hinauf, bis wir schließlich die farbenfrohe Hauptstraße der Landeshauptstadt Thimphu erreichen, an der auch die Regierungsgebäude und die Residenz des Druk Gyalpo liegen. Auf unsere Neugier reagieren die Menschen freundlich, bleiben aber etwas zurückhaltend, wie man es oft bei Bergbewohnern findet. In dieser Nacht schneit es. Es schneit noch immer, als wir früh am nächsten Morgen aufbrechen und ein Dorf mit Flüchtlingen aus Tibet passieren und sich die Straße langsam durch einen immergrünen Wald mit Tannen, Fichten und Hemlocktannen zum über 3000 Meter hohen Dochu-Paß hinaufschraubt. An diesem kalten, trüben Wintertag bleibt uns der von Ugyen Dorjee versprochene Blick auf die Gipfel im Norden durch dicke Wolken verwehrt.

Nach Überquerung des Dochu La führt die Straße aus dem dunklen Nadelwald hinab in einen Wald aus Eichen und Rhododendron mit zahlreichen Vögeln – Rotschwänzen, Finken, mehreren Häherlingsarten, der großen Purpurpfeifdrossel (von elegantem Dunkelblau) und der wunderschönen Gelbschnabelelster. Am Straßenrand stehen primitive Hütten, in denen die Arbeiter aus Bangladesch untergebracht sind, die man angeheuert hat, um diese schmalen, kurvenreichen Bergstraßen instand zu halten, die die Tendenz haben, in die Schluchten abzurutschen. Noch weiter unten, im gemäßigten

Klima auf 1500 Metern Höhe, geht der Wald allmählich in eine lokker angepflanzte Walnußplantage über.

Über vier Fünftel der Bevölkerung Bhutans betreibt Landwirtschaft zum Selbsterhalt und lebt in kleinen, mittelalterlichen Dörfern, die, weit von der nächsten Straße entfernt, oben in den Bergen liegen. Im Dorf Mesina im Punakha-Tal werden in Gemeinschaftsarbeit Häuser hochgezogen, der Weizen gedroschen und die Gärten gepflegt. Beim Hausbau werden keine Nägel verwendet (deswegen sind die Dachschindeln mit großen Steinen beschwert). Die Wände werden errichtet, indem man eine Holzschalung baut, in die von oben Lehm eingefüllt wird, der von fröhlichen Gruppen singender, stampfender Mädchen mit großen Stößeln verdichtet wird.

Karma zufolge singen die Mädchen das Lied »Der Flug der Kraniche«, komponiert vom fünften Dalai Lama, der sich angeblich gelegentlich als Dichter betätigte: Ein zum Tode verurteilter Gefangener wird in eine Kiste gesperrt und in den Fluß geworfen. Durch die Ritzen erspäht er zwei fliegende Kraniche und bittet sie inständig, ihm die Kraft ihrer Flügel zu leihen. Auf die Frage, ob sie dies taten, schüttelt Karma den Kopf. »Der Gefangene war vermutlich von der romantischen Art«, sagt er.

Die Straße führt über die vorgelagerte Hügelkette zum glitzernden, grünblauen Fluß Mochu-Tangchu, dem sie bis zum Wangdi Phodrang folgt, einem riesigen *dzong*, das über den Sandbänken an der Mündung thront. Wie bei anderen *dzongs* sind die Mauern zur breiten Basis der Festung hin nach außen geböscht. Ein breites rotes Band entlang den weißen Wänden zeigt an, daß dieses Kloster zur Kagyu-Sekte gehört. Vom Wangdi Phodrang zieht sich die Hauptstraße weiter ins südlich gelegene Assam, unser Weg aber führt uns nach Nordosten und windet sich langsam an hohen Felswänden über Nebenflüssen des Mochu-Tangchu entlang in die Schwarzen Berge hinauf.

Nachdem wir ein steiles Flußbett in einer engen Schlucht durchquert haben, hält der Bus am nächsten Hang auf knapp 2000 Metern Höhe wegen des großartig gezeichneten Fleckenscherenschwanzes, der ein Bächlein durchstöbert, das zwischen Farnen und Moos den steilen Berg herunterkommt. Dichter Wald zieht sich steil bis zur

Baumgrenze hinauf, und genauso steil fällt er auf der anderen Straßenseite zum Tal hin ab, so daß wir die roten Früchte in der Krone eines hohen Baumes auf Augenhöhe bewundern können. Dieser und kleinere Bäume sowie Waldreben und andere Ranken überall um uns herum haben eine Schar bunter Vögel angelockt – Bartvögel, Bülbüls, Gelbnackenspechte und Häherlinge, Timalien, Yuhinas, Nektarvögel, Fächerschwänze und einen scheuen, versteckt lebenden Waldvogel, der auf den Namen Bindenschwanztaube hört. Ich vernehme gerade noch rechtzeitig genug ein heftiges Rauschen in der Luft, um aufzuschauen und dicht über mir Schnabel, Flügel und Fänge eines Habichts hinweggleiten zu sehen, der Kurs auf einen leuchtendgrünen Heulbartvogel im Baumwipfel hält. In letzter Sekunde zögert der Greifvogel, vermutlich, weil ihn die Brille eines dieser merkwürdigen großen Säugetiere da auf der Straße irritiert hat, und setzt seinen Gleitflug den Hang hinunter fort; weiter oben in der Schlucht sorgt ein zweiter Habicht, möglicherweise der Partner, für ein rotes Federgestöber, als ein aufgeschreckter roter Satyr-Tragopan mit lautem Krachen im Gestrüpp verschwindet.

In der Sonne ist es warm – aber leider nicht warm genug, um so fabelhafte Schmetterlinge anzulocken wie den Goldenen Vogelfalter, das Krishna-Pfauenauge, den Bunten Jezebel und »Bhutans Ruhm«. Ein Stück weiter unten kreuzt die Straße einen Bach. Von dort kommt der erschreckte Schrei einer Vogelliebhaberin, die sich hinter einen Busch zurückgezogen hat. Begleitet von irrem Gekreische, ist in einem Baum über ihr ein schrecklicher Tumult ausgebrochen: Ein Tier von der Größe eines Otters ist von zwei fauchenden und geifernden Artgenossen bis an die äußerste Spitze eines schwankenden Asts gejagt worden. Das hellbraune Tier hat ein weißes Kinn, einen gelblichen Hals und strahlende Knopfaugen in einer glänzenden schwarzen Gesichtsmaske, so dreieckig und wild wie der Kopf einer Otter; es ist ein Buntmarder, ein sehr großer und nicht allzu seltener Baumbewohner, dessen Kreischen ich häufig in den Bergwäldern Nepals und erst vor zwei Tagen wieder auf dem Weg zum Taktsang vernommen habe. Da ich den Urheber des Gekreisches nie zuvor zu Gesicht bekommen hatte, stimme ich mit meinen eigenen überraschten Schreien ins allgemeine Getöse ein.

Die angreifenden Marder jagen, durch die Eindringlinge unten auf der Straße abgelenkt und irritiert, den Baum hinauf und hinunter und zwischen den Felsen am Hang hin und her, als suchten sie nach Verstärkung, nur um geschwind wieder aufzutauchen und zu einer neuen Attacke anzusetzen, damit der in die Enge getriebene Artgenosse nicht entkommen kann. So sehr sind sie mit ihrem wilden Treiben beschäftigt, daß wir ihre aggressive Akrobatik minutenlang aus der Nähe verfolgen können und derart in Bann geschlagen sind, daß wir kaum die Ankunft eines großen Lastwagens bemerken. Der Fahrer steckt den Kopf zum Fenster heraus und bietet an, die blöden Viecher für uns abzuknallen. »Gibt 'ne gute Mütze«, sagt er. Sein nett gemeinter Vorschlag wird, nachdem er übersetzt ist, von den Tierfreunden schreiend zurückgewiesen – zu viel der Ablenkung, denn in diesem Moment schießt der belagerte Marder an den anderen vorbei, springt mit einem Riesensatz vom Baum an den Berg und jagt den Hang hinauf, verfolgt von seinen Gegnern mit scharfen, scheußlichen Schreien, für die die streitlustigen Wiesel bestens bekannt sind. Der Lastwagen fährt weiter und läßt Miasmen schwarzen Qualms in der Schlucht zurück.

Ein Stück weiter oben am Hang lugt ein Rhesusäffchen durch das Laub, später ein kleiner Muntjak. Dieses Gebiet, sagt Ugyen, ist das königliche Jagdrevier; hier gibt es Tiger und Leoparden und auch jene melanistische Leopardenvariante, die man den Schwarzen Panther nennt. Auf dem Pele-Paß in 3300 Metern Höhe schneit es bereits, und die Wolken zaubern wunderschönen Rauhreif auf die *Usnea*-Flechten in den Bäumen. Von irgendwo aus dem Schnee erklingt das *Tschirr* eines Tannenhähers, dann das Klappern fallender Steine, das zweifellos von einem der scheuen Yak-Rind-Kreuzungen ausgelöst wurde, die hier *dzos* heißen und überall durch die steilen Wälder ziehen.

An der Straßengabelung in dem einsamen Weiler Dungdung Nesa führt die Hauptstraße weiter nach Osten über die Schwarzen Berge, die die Wasserscheide zwischen West- und Zentralbhutan bilden. Unser Weg aber – bei diesem nassen Wetter kaum mehr als eine Schlammspur – führt uns erst zum Lawala-Paß hinauf, ehe er sich dann ins Phobjika-Tal hinabwindet. Da der Bus im Schnee nicht weiterkommt, hat der umsichtige Ugyen einen Allrad-Lastwagen organisiert, der uns hinaufbringt. Von der Paßhöhe steigen wir zu Fuß ins Tal hinab, während der Laster zurückfährt und unsere Ausrüstung und die Schlafsäcke aus dem liegengebliebenen Bus holt.

Vom Lawala La aus wirkt das Kranichtal verlassen und totenstill; seine Bergweiden und immergrünen Wälder sind unter Schnee begraben. Das Phobjika-Tal zählt zu den wenigen Glazialtälern Bhutans, es ist zu hoch und zu feucht, um in ihm neben Kartoffeln, Gerste und ein wenig Winterweizen noch viel anderes anbauen zu können. In dieser Höhe trifft man im Winter hauptsächlich die halbnomadischen Yak-Hirten an, deren Zelte aus Yak-Haar wie schwarze Gletscherfindlinge über die Hänge verstreut sind. Erst nach und nach, als der Weg immer weiter hinabführt, tauchen aus dem Nebel unten kleine Bauernhäuser auf.

Im Winter suchen die Schwarzhalskraniche Täler auf, die weit genug sind, um abgeerntete, noch ungepflügte Felder mit heruntergefallener Gerste zu bieten, und deren Wasserlauf breit genug ist, um sichere Schlafplätze zu ermöglichen. Da es in den meisten Hochtälern hier nicht genügend Feuchtgebiete gibt, um die Kraniche im Winter satt zu bekommen, ernähren sie sich schon seit Jahrhunderten fast ausschließlich von der Nachlese auf den Feldern. (Man fragt sich, wovon sie vor dem Auftauchen der Menschen gelebt haben.) Eine solche Abhängigkeit ist gefährlich, denn die landwirtschaftlichen Praktiken können sich ändern; in ihren Winterquartieren im südöstlichen Tibet ist man dazu übergegangen, statt des traditionellen Sommerweizens und der üblichen Gerste Winterweizen anzupflanzen, was bedeutet, daß sich die neuen Schößlinge erst Ende Februar zeigen, wenn sich die Kraniche bereits auf ihren Flug nach Norden vorbereiten.

Am späten Nachmittag nehmen in leichtem Schneetreiben drei blasse Umrisse in einer Ecke eines dunklen, gepflügten Feldes unten im Tal Gestalt an. Als Victor kommt, stehen wir still auf der Bergstraße und beobachten gemeinsam zufrieden und glücklich unsere ersten *Grus nigricollis*. Nachdem auch unsere Klienten uns eingeholt und alle die Kraniche gesehen haben, gehen wir weiter bergab und sichten auf unserem Weg in größerer Entfernung ein paar weitere Exemplare.

Auf der so gut wie verlassenen Straße des Dorfes Gantey (*gang* bedeutet »Berg«, *tey* »Gipfel«) aus dem 15. Jahrhundert ist es fast dunkel; der alte, von einem Dach gekrönte Tschorten auf dem Dorfplatz scheint voller Geheimnisse zu stecken. Gantey Gompa, gegründet im Jahr 1613, ist das einzige Kloster der Nyingma-pa (der »Alten Sekte«, die auf Padmasambhava zurückgeht) östlich der Schwarzen Berge: Es beherbergt zehn Mönche und 140 *gomchens* oder Laienschüler des hohen Lamas, Gantey Tulku Rinpoche, der sich Ugyen zufolge geistig für drei Jahre, drei Monate und drei Tage aus dieser Welt zurückgezogen hat.

Gantey liegt auf einem Bergkamm, der wie ein schmaler Sporn in das Tal hineinragt. Mit Taschenlampen folgen wir einem schmalen, holprigen Pfad durch den Wald hinab, bis wir bei einer über den kleinen Fluß Phobjika führenden Brücke wieder auf die Straße treffen. Jenseits der Brücke steht auf einer kleinen Anhöhe das Gästehaus, in dem wir die Nacht verbringen. An den bunten Wänden des Hauptraums hängen alte Waffen aus den Schlachten gegen Tibet im 17. Jahrhundert.

Die Bewohner des Drachenreichs nennen den Kranich *cha thung thung* (die Ladakhi *cho trung trung*), »Vogel mit langen Beinen«. Einheimische erzählen, die Vögel seien vor zehn Jahren, als erstmals von vielleicht 20 *cha thung thung* in diesem Tal berichtet wurde, noch immer gejagt worden, meistens von Jungen, die sich im Bogenschießen übten, dem Nationalsport Bhutans. Die Kraniche wurden nicht, wie in vielen anderen Ländern, verehrt, sondern als »das Ding mit einem Vogelkopf und einem Schafskörper« verachtet. Erst als sich schließlich die Königliche Gesellschaft für Naturschutz ihrer annahm, hörte die Jagd auf – zweifellos, weil als Strafe für das Töten schon eines einzigen Vogels lebenslange Haft vorgesehen war. (Heutzutage ist der *cha thung thung* weniger von Pfeilen als vielmehr vom Stacheldraht bedroht, der die alten Holzzäune ersetzt hat und für fliegende Vögel viel schwerer zu erkennen ist.) In den letzten Jahren ist die Winterpopulation im Phobjika-Tal auf rund 200 Kraniche angewachsen – die aktuelle Zählung in diesem Jahr ergab 210 –, weitere rund 100 Vögel sind es im Laool-Tal jenseits des Hauptkamms im Osten und weitere 100 in Bongdeling in Ostbhutan. Zusätzlich gibt es – oder gab es – vier Vögel, die nahe Bumthang überwinterten. Hier in diesem Tal findet sich also mehr als die Hälfte der *nigricollis*-Population Bhutans.

Zum Schlafen versammeln sich die Kraniche jede Nacht an einer Stelle in Sichtweite des Bauernhauses. Da ich die Gruppe unbedingt sehen will, ehe sie sich den Tag über zerstreut, stehe ich um sechs Uhr morgens auf und gehe auf die Straße hinaus, wo sich mir bald Victor anschließt. Die eisige Morgendämmerung ist klar und windstill. Die Vogelschar ruht am Nordrand der Feuchtwiesen des Chu Nap (»Wasser Schwarz«), eines Baches, der sich durch den Zwergbambus-Sumpf in der Mitte des Tales hinabwindet. Wie viele Kraniche der nördlichen Breiten sucht *nigricollis* zum Schlafen Kiesbänke und flache Seitenarme von Flüssen auf, da es so etwas aber im Phobjika-Tal nicht gibt, behelfen sie sich mit dem Bachufer und dem Bambus-Sumpf.

Mit den Köpfen unter den Flügeln stehen die Vögel, gegen die Kälte zusammengekauert, am Fuß schneebepuderter Weidehügel, die sich bis zu einem Blaukiefernwald hinaufziehen. Reglos wie Findlinge sind die bleichen Gestalten. Wir versuchen näher heranzukommen, aber der Sumpf ist nicht hart gefroren. Wir brechen durch das Eis ein und durchnässen unsere Stiefel, ehe wir uns mühsam aus dem schwarzen Schlamm befreien und auf die Straße zurückziehen können; Schlamm, Schuhbänder und Hosenbeine sind zu festen Fußfesseln gefroren.

Kaltes Morgenlicht breitet sich hinter der feingezackten schwarzen Linie der Nadelhölzer auf dem Kamm im Osten aus. Noch während wir uns die kalten Füße warm treten und weiter zuschauen, tauchen die schwarzen Köpfe der Vögel einer nach dem anderen auf, und ein Kranich trompetet so laut, als wolle er die wenigen ungeselligen Artgenossen, die sich hier und da entlang dem Fluß weiter unten im Tal verstreut haben, aufwecken. In der Stille der Berge hört man ab und zu in der Ferne einen Hund oder einen Hahn, doch aus den vereinzelten Häusern steigt kein Qualm auf, da die meisten Bewohner im Winter weggehen, um sich in einem tiefergelegenen Tal um die Reisernte zu kümmern.

Bald beginnen die Kraniche zu rufen, aber nicht sehr leidenschaftlich; wir sind zu weit entfernt, um sie gut hören zu können. Nach dem Frühstück überschreiten wir die kleine Brücke über den »Wasser Schwarz« und gehen entlang einem Kiefernwald bis zu einer Stelle, wo man mit ein paar wohlüberlegten Sätzen trockenen Fußes den Sumpf durchqueren kann. Das jenseitige Ufer steigt zu einem kleinen, grasbewachsenen Plateau an, an dessen Ende sich zwei Kraniche mit erhobenen Köpfen Rücken an Rücken vor dem Nebel abheben und ihr Gefieder das frühe Morgenlicht reflektiert. Drei andere kommen herangeflogen und gleiten über eine Wiese hinweg, um sich bei einem Kiefernhain niederzulassen, aber die übrigen bleiben auf der flachen Weide am Sumpfufer stehen, keine 200 Meter von der Stelle entfernt, an der wir kauern. Über das glitzernde Sumpfland jagt der silberne Greifvogel hinweg, den man als Steppenweihe kennt.

Die Kraniche sind unruhig. Zwar achten wir Säugetiere darauf, uns nur langsam zu bewegen und stillzusitzen, aber Ugyen warnt uns, daß die Vögel von unseren modernen Farben aufgescheucht und in die Flucht getrieben werden könnten; die wenigen, die bereits in der Luft sind, praktizieren den »Gefahrenflug« der Kraniche, bei dem die steifen Flügelspitzen mit jedem Schlag nach oben geklappt werden. Wie *A. virgo* und *G. vipio* in der Mongolei sucht *G. nigricollis* ohne Scheu sein Fressen zwischen den Herden der Menschen, und die Vögel hier wirken nicht beunruhigt, als zwei Einheimische, viel kleiner als die meisten Menschen aus dem Westen, keine 50 Meter entfernt an ihnen vorübergehen. Die abgetragenen, erdfarbenen *khos* der Bergbauern und ihre gemessenen, ruhigen Bewegungen stellen keine Bedrohung dar – im Gegensatz zum Gebaren der Fremden, deren Bewegungen aufdringlich und sprunghaft wirken.

G. nigricollis ist mit Ausnahme des schwarzen Kopfes und Halses rauchweiß (die dunkleren Jungvögel sind am Rücken gesprenkelt und haben eine braune Turnüre), und George Archibald spekuliert, daß diese im offenen Hochgebirge beheimatete grauweiße Art sich allmählich zu einem weißen Vogel weiterentwickelt. Die *cha thung thung* sind so nah, daß wir mit dem Fernglas das goldene Auge mit dem weißen Fleck dahinter, der dieser Spezies zu einem merkwürdigen doppeläugigen Aussehen verhilft, studieren können. Der rote Stirnfleck – ein Streifen nackter Haut von der Basis des Schnabels über den Kopf bis hinter die Augen – ist kleiner als bei den meisten anderen *Grus*, was vielleicht genauso eine Anpassung an das kalte Klima ist wie die Beine und der Hals, die deutlich kürzer sind als bei den anderen Spezies. (Wie bei vielen anderen Geschöpfen der nördlichen Breiten reduziert die im Verhältnis zu den kurzen Extremitäten größere Körpermasse den Wärmeverlust und verleiht diesem mittelgroßen Kranich ein stämmiges, ja sogar schwerfälliges Aussehen.) Der Rumpf weist eine große Turnüre auf, was bei diesen Minustemperaturen vielleicht dem kleinen Hinterteil zugute kommt.

Nigricollis, glaubt man, ist eine ans Hochgebirge angepaßte Unterart von *monachus*, dem Mönchskranich, genau wie dieser ursprünglich vielleicht eine Unterpopulation von *G. grus* war, die sich an Lärchen- und Sumpfwälder angepaßt hat. Ein weiterer *Grus*-Seitenzweig, und wahrscheinlich der jüngste, ist der Schreikranich, *Grus americana*, der sich am weitesten vom *Grus*-Ursprungsgebiet entfernt, in Nordamerika, entwickelt hat.

Schließlich verlieren die Kraniche das Interesse an den merkwürdigen Eindringlingen und fahren fort, sich zu putzen und zu rufen; zwischendurch flackern immer wieder kurz die Februartänze auf – aufgeplusterte Turnüren, Sprünge in die Höhe, Posieren mit den Flügeln oder steife Schritte in der Drohhaltung, die sich oft in die Tänze mischt. Die Rufe und die Zweitonsignale werden intensiver, als eine Familiengruppe nach der anderen ein bißchen der Sonne entgegenläuft, tänzelnd in die Höhe springt und über die Winteräcker zieht, um zu stöbern und zu fressen. Einige verteidigen ein abgeerntetes Feld als winterliches Futterrevier, aber die Einheimischen berichten, daß die Kraniche auch die Wurzeln und Knollen des Zwergbambus fressen. (In Ladakh ernähren sie sich größtenteils von den Knollen eines Riedgrases, das so ähnlich wie »Schorsch« heißt, und laben sich, wenn möglich, an Eidechsen, Fischen, Wasserinsekten und Süßwassergarnelen.)

Der letzte *cha thung thung*, den ich beobachtete, kreiste weit oben in mindestens 3600 Metern Höhe über dem Bergkamm und rief und rief, wie er es wieder im späten Februar tun wird, wenn sich die

Scharen in der erwärmten Thermik sammeln, die sie in den Himmel hinaufträgt zu ihrem zwei- bis dreistündigen Flug nach Norden über die Berge in die Täler bei Shigatse in Südtibet. Dort verbringen die Kraniche den größten Teil des März und April, dann fliegen sie weiter in ihre Brutgebiete im Hochland. Je nachdem, wie sich der Frühling entwickelt, legen sie erst im späten Mai oder Anfang Juni Eier.

Gewöhnlich werden die Vögel Ende Dezember ins Phobjika-Tal zurückkehren; sie kommen immer mittags an, wenn die Sonne am höchsten steht. Ausnahmslos, so berichten die Dorfbewohner, kreisen sie dreimal über Gantey Gompa und rufen nach dem Lama, daß er sie segne, ehe sie langsam in das Tal mit den dunklen Wänden hinabgleiten. Pro Tag stellen sich nur einige wenige Vögel ein, so daß sich ihre Ankunft über Wochen hinzieht.

Ihr Aufbruch nach Norden, der jetzt in wenigen Wochen ansteht, vollzieht sich ganz anders. In Gruppen von jeweils 40 bis 50 Vögeln ziehen sie los, so daß sie alle binnen weniger Tage verschwunden sind. Und obwohl der Frühling sie zur Eile treibt, versäumt kein einziger *cha thung thung* die Zeremonie, dreimal über dem Kloster zu kreisen, ehe er sich nach Norden wendet.

Die Koniferen haben ihren weißen Schneeüberzug bereits verloren, und an diesem schönen Tag wird die klare Bergluft rasch wärmer. Am Pele La glitzert von den Ästen geblasener Schnee wie Diamantenstaub in den Sonnenstrahlen, die durch die Blaukiefern dringen. Auf der Straße im Dong-Chu-Tal wird von zwei Männern der Leichnam einer alten Frau, winzig auf seiner Bahre, den Berg hinuntergetragen, weitere Begleiter folgen. Normalerweise hätte man die Verstorbene auf den Berg hinaufgebracht zur Beisetzung unter freiem Himmel – in Stücke gehackt auf einer Klippe ausgebreitet, um von wilden Tieren gefressen und in alle Winde verstreut zu werden. Gelegentlich aber, berichtet Ugyen, wird ein Leichnam wie dieser ins Tal transportiert und, in kleine Stückchen geschnitten, an die Fische im Fluß verfüttert. Mit solchen Riten wird das Unsterbliche in die Berge und die Flüsse, in die Luft, in den Boden und in das Wasser der Erde und damit in den unendlichen Kreislauf des Lebens zurückgebracht, aus dem es stammt.

Schließlich kommt die lange, von Schnee gekrönte Grenze zu Tibet in Sicht, vom Jejekangphu Kang im Nordwesten bis weit nach Osten zum Gangkar Punsum, dem »Weißen Gletscher der Drei Brüder im Geiste«. Mit 7435 Metern ist er der höchste Berg Bhutans. Und da er eine heilige Stätte ist, ist der Aufstieg auf den glitzernden Gipfel verboten.

FÜNF

Die Neun Flüsse

Der Kranich ruft in den Neun Sümpfen,
seine Stimme dringt zum Himmel.
Beim Inselchen stehen die Fische
oder tauchen ab in die Tiefe.
Das Buch der Oden, gesammelt von Konfuzius,
6. Jahrhundert v. Chr.

Bei den Poyang Hu, den Poyang-Seen, einem riesigen Labyrinth von Gewässern und Sümpfen in der Provinz Jiangxi am Unterlauf des Jangtsekiang in Südostchina versammeln sich jeden Winter große Scharen von ziehenden Kranichen vier verschiedener Spezies. *Jiang* bedeutet »Fluß« und *Jiangxi* »Westfluß«, eine Kurzfassung eines älteren Namens, der »Westlicher Teil der Südprovinz des (Jangtse)-Flusses« besagte. Mindestens acht Provinzen grenzen an das Südufer des Jangtsekiang, was »Langer Fluß« bedeutet, der nach dem Amazonas und dem Nil der drittlängste Fluß der Erde ist; fast 6500 Kilometer fließt er von seinen Ursprüngen in den Berggletschern Qinghais und Tibets zum Ostchinesischen Meer hinab – so lang und so breit, erzählt man sich, daß die mongolischen Legionen, die in den Tagen von Dschingis Khan Südchina überfallen wollten, 14 Jahre brauchten, um sich einen Weg durch das Gebiet der Quellflüsse und des Oberlaufs zu erkämpfen. Wo das flache Wasser des Poyang-Sees sich nach Norden in den mächtigen Jangtsekiang ergießt, liegt die Stadt Jiujiang, »Neun Flüsse«, und ich stelle mir gerne vor, daß in diesem Namen die Neun Sümpfe aus dem oben zitierten *Buch der Oden* widerhallen.

In den letzten Jahren hat man herausgefunden, daß die Poyang-Seen – nicht der Hauptsee, in dem während der sommerlichen Überflutung die anderen aufgehen und zusammen zum größten See Chinas werden, sondern eine Gruppe kleinerer Seen zwischen den Flußdeltas am nordwestlichen Ufer – das lange gesuchte Ziel der letzten bedeutenden Winterschar des Nonnenkranichs sind: faktisch von 99 Prozent aller noch auf der Erde lebenden Exemplare von G. *leucogeranus*. Jahrhundertelang war diese östliche Population kaum bekannt, obwohl vereinzelt weiße Kraniche gesichtet wurden; doch die spärlichen und ungenauen Berichte von Reisenden und Forschern im Ostasien des 19. Jahrhunderts über weiße Kraniche mit rosafarbenen Beinen und roten Gesichtern in Heilong Jiang und in den Sümpfen an der chinesischen Küste verwirrten die Ornithologen nur, wenn sie versuchten, das Verbreitungsgebiet zu bestimmen. 1877 wurde diese Spezies als »sehr selten« in China erwähnt, ein Bericht von 1891 hingegen bezeichnete sie als am Jangtsekiang im Winter »allgemein verbreitet«. Dann schien die Art verschwunden. Erst 1961 wurde das erste Nest von *leucogeranus* – »zwei olivgrüne Eier von Gänseeier-Größe« – von russischen Ornithologen östlich der Lena nahe des Polarkreises entdeckt, in einer der entlegensten Gegenden des Planeten. In der Folge fand man weitere Nester auf festen Erhebungen im Sumpfland und auf grasigen Hügeln in der von Moosen und Flechten bewachsenen Tundra in der Nähe des Dorfes Tschokurdach.

In früheren Zeiten reichten die Brutgebiete dieser Spezies in westlicher Richtung mindestens bis zum Ob und zum Ural. Dort stehen die restlichen Scharen, die in Nordindien und an der Südküste des Kaspischen Meeres überwintern, kurz vor dem Aussterben. Als man 1981 die ersten Nester dieser westlichen *leucogeranus*-Gruppe nahe des Ob entdeckte, ging man noch immer davon aus, daß die zwei Jahrzehnte zuvor lokalisierte östliche Population genauso gefährdet sei, weil man in den riesigen Weiten Jakutiens zwischen den Flüssen Jana und Kolyma nur wenige Nester gefunden hatte. Ausgehend von den Entfernungen zwischen den bekannten Nestern, schätzten die russischen Ornithologen Wladimir Flint und Alexander Sorokin, daß die östliche *leucogeranus*-Gruppe, die sich über ein Brutgebiet von rund 130 000 Quadratkilometern erstreckt, bei Revieren von im Durchschnitt 600 Quadratkilometern möglicherweise nicht mehr als 300 Vögel zählt.

In der Folgezeit sichtete man ziehende Nonnenkraniche in den Bergtälern zwischen den Flüssen Argun und Onon, nicht weit von dem mongolischen Grenzland, wo Jim Harris und ich nach dem Weißnackenkranich gesucht hatten, und die Zahlen der Population Jakutiens wurden nach oben korrigiert. Doch das Rätsel, wohin diese Vögel hauptsächlich ziehen, wenn sie im Herbst die Tundra verlassen, wurde dadurch noch größer. Es war jetzt klar, daß die wenigen Vögel, die man am unteren Jangtsekiang zu sehen bekam, nicht annähernd der Brutpopulation im oder nahe dem Lena-Delta entsprechen konnten und daß die Hauptwinterquartiere der östlichen *leucogeranus*-Gruppe, die man irgendwo in Südchina vermutete, noch nicht entdeckt waren. Da Dr. Flint den Zugvögeln nicht nach China folgen konnte und frustriert darüber war, daß man keinerlei Informationen aus diesem Land erhielt, begann er zu glauben, daß diese östlichen Kraniche möglicherweise China auf ihrem Weg in unbekannte Sümpfe in Südostasien nur passierten. Weil aber zumindest einige Nonnenkraniche entlang dem Gelben Meer zu Winterquartieren in den Sümpfen am unteren Jangtsekiang flogen, gingen die meisten Experten noch immer davon aus, daß die Hauptwinterquartiere irgendwo im Jangtsekiang-Becken liegen mußten. George Archibald sprach schon besorgt (und weitsichtig) über die chinesischen Pläne, an den Drei Schluchten des mittleren Jangtsekiang einen kolossalen Staudamm zu bauen, den unteren Flußlauf auszubaggern und zu kanalisieren, um Transportwesen, Landwirtschaft und Industrie voranzubringen; unvermeidlich würde dies den jahreszeitlichen Wechsel von Hoch- und Niedrigwasser in den Ebenen unterbinden, und die letzten Rückzugsgebiete von *leucogeranus* würden möglicherweise zerstört, ehe jemand sie zu Gesicht bekommen hätte. Und in der Tat wird vielleicht durch den Bau eines gigantischen Wasserkraftdamms 2500 Kilometer weiter oben am Jangtsekiang das kostbare Poyang-Ökosystem zerstört, wo zur Monsunzeit die hochwasserführenden Nebenflüsse und der Rückstau des Stroms die immensen Feuchtgebiete wieder auffüllen. Chinas größtes Bauprojekt seit der Großen Mauer (eine frühere große, mit enormen Kosten verbundenen Narretei, die die Mongolenhorden nicht aus dem Reich des Himmels heraushalten konnte), der Drei-Schluchten-Damm, soll 60 Stockwerke hoch und 2,3 Kilometer breit werden – das größte Wasserkraftwerk der Erde und das größte Arbeitsbeschaffungsprogramm des Jahrtausends, wie die chinesische Regierung sich rühmt. Der 1992 beschlossene Damm wird den Wasserspiegel des Flusses um 170 Meter anheben und einen fast 600 Kilometer langen Stausee schaffen, der über 100 Städte und zahllose Dörfer verschlingen wird.[1] Seine Befürworter behaupten, damit ließen sich die Fluten des Jangtsekiang steuern, die das fruchtbare Land am Flußunterlauf fortschwemmen und allein in diesem Jahrhundert eine geschätzte halbe Million Menschen das Leben kosteten. Da der Damm auch Kohlekraftwerke ersetzt, wird er die Luftverschmutzung vermindern und darüber hinaus die Wirtschaft ankurbeln.

20 Milliarden Dollar soll das Bauwerk kosten und 2009 fertiggestellt werden. Finanziert wird es mit Krediten der staudammverliebten Bürokraten der Weltbank, deren gutgemeinte Politik und Praxis der Ökologie der Erde langfristig schon schwer geschadet haben, ganz zu schweigen von den Hoffnungen Millionen hilfloser Menschen auf ein besseres Leben. Für ihre grandiosen, aber unüberlegten »Big Dam«-Projekte am Amazonas, in Afrika, Indien und andernorts ist der Sardar-Sarovar-Staudamm am indischen Narmada typisch, durch den Hunderttausende von Menschen vertrieben, unersetzliche Wälder ertränkt und Land und Leben zugunsten der sehr problematischen Energie- und Bewässerungspläne in Gujarat ruiniert werden.[2] 1991 kam ein interner Bericht der Weltbank zu dem Schluß: »Unfreiwillige Umsiedlungen, die aus dem Sardar-Sarovar-Projekt resultieren, verstoßen gegen anerkannte Menschenrechtsnormen.« Fast ausnahmslos wurden bei den »Big Dam«-Projekten die sich daraus ergebenden sozialen Folgen und Umweltzerstörungen ignoriert.

Die Opposition internationaler Umweltschutzgruppen hatte in China eine neue Welle der Besorgnis wegen seiner geschundenen Natur ausgelöst, und so kam eine systematische Suche nach *leucogeranus* in Gang. 1981 wurden geschätzte 100 »große weiße Kraniche« – als »sibirische« Kraniche, wie sie in vielen Teilen der Welt heißen, würden die Chinesen ihre Vögel nie bezeichnen – von den Doktoren

Zhou Fu-chang und Ding Wen-ning vom Beijinger Institut für Zoologie an den nordwestlichen Poyang-Seen entdeckt. Bei Beobachtungen aus der Luft im Winter des folgenden Jahres wurde der Bericht bestätigt, man zählte 230 *leucogeranus* mit 19 Jungtieren. 1985 lokalisierte ein von der ICF organisiertes Beobachterteam 1350 Nonnenkraniche im Gebiet von Poyang, und im darauffolgenden Jahr verdoppelte sich diese Zahl fast.

Man geht heute davon aus, daß im zeitigen Frühjahr kleine Gruppen der letzten großen *leucogeranus*-Schar die mächtige Silberscheibe des Poyang-Sees meiden und über den Jangtsekiang und weiter über das Land nach Nordosten bis zu den Feuchtgebieten an der Küste bei Pei-tai-ho am Golf von Chihli fliegen; von dort aus ziehen sie weiter nach Norden über die Provinz Heilong Jiang hinweg bis zu ihrem Sammelgebiet im riesigen Zhalong-Naturreservat bei Qiqihar westlich von Harbin. Dort trödeln sie ein paar Wochen herum, bis sich der Winter aus ihren Brutrevieren in der Subarktis zurückzieht. Obwohl noch nicht klar ist, welcher Route sie von Zhalong aus folgen, geht man im allgemeinen davon aus, daß sie weiter Richtung Nordwesten über den Amur und den Oberlauf des Aldan zur Lena fliegen, der sie flußabwärts bis in die Tundra folgen. Wo der weiße Horizont des Nordpolarmeers in den Blick kommt, wenden sich die Kraniche nach Nordosten ihren Brutrevieren zu, die dann noch unter dem Schnee gefroren sein können.

Unsere Reise von Bhutan nach Japan unterbrechen wir in Hongkong. Victor Emanuel und ich fliegen am nächsten Tag voller Erwartung nach Norden. Jim Harris hat uns in einem Brief daran erinnert, daß gute Sichtverhältnisse von dem jahreszeitlichen Wasserstand in den Seen und auch von den Unwägbarkeiten des wechselhaften Winterklimas, das für viel Nebel und Regen berüchtigt ist, abhängen. In diesem trockenen Jahr, meinte Jim, sollten wir mindestens drei Tage Zeit einplanen, um die vier Kranicharten an den Poyang-Seen zu finden.

Po scheint ein alter Ortsname zu sein, wohingegen *yang*, »Süden« oder in diesem Fall »sonnig«, das Gegenteil von *yin* (»Norden« oder »dunkel«) ist; Poyang bedeutet also »Südseite des Berges«. Meiner

Karte zufolge zählen zu den Bergen, die die Wasserscheide zum Poyang-See bilden, der Steinkelch-Berg, die Unsterblichen Wasserspitzen und der Drachen-und-Tiger-Berg, die für einen alten Zen-Schüler alle überaus vielversprechend klingen. Eine weitere Stätte heißt »Palast des Taoismus-Gründers«, worunter ich den unsterblichen Laotse verstehe. Lu Shan oder »Hütten-Berg«, so stelle ich mir vor, erinnert an die schlichte Einsiedelei irgendeines uralten Weisen. Es gefällt mir, daß diese Provinz die Heimat von Lin Chin war (Rinzai in Japan), dem großen Zen-Patriarchen der Tang-Dynastie, dessen Name noch heute in Japan und Amerika verehrt wird.

In Nanchang, der alten Hauptstadt der Provinz Jiangxi, ist Frau Sheng Xao Lan – die allerdings lieber Pauline genannt wird – unsere Kontaktperson. Pauline meint, es sei so gut wie unmöglich, in Poyang keine himmlische Zeit zu verbringen, vor allem nicht bei der Bootsfahrt zum Dorf am See, die unsere entzückende dreistündige Fahrt durch die chinesische Provinz abrunden würde. Damit wir auf jeden Fall bei Einbruch der Dunkelheit im Reservat sind, verzichten wir auf eine Besichtigung des Pavillons von Prinz Teng. Immer wieder taucht die Pagode aus dem Rauch, den Schwaden und dem winterlichen Bodennebel in der Stadt auf und verschwindet wieder. (Später werde ich diesen Entschluß bedauern, weil ich herausfinde, daß das riesige Bauwerk angeblich an der Stelle des Klosters von Ma Tsu steht – in Japan heißt er Basho –, einem der größten Zen-Meister des Goldenen Zeitalters, der für »den Tritt eines Ochsens und das Röhren eines Tigers« berühmt war.) Also brechen wir sofort auf, begleitet von Song Xiang Jin, dem Public-Relations-Beauftragten des Poyang-See-Zugvögel-Naturreservats, einem jungen Mann mit Brille, Lederjackett und einem traurigen Gesicht, der sich bei Paulines verzückten Beschreibungen von Poyang irgendwie unwohl gefühlt hat. Aber offensichtlich haben Herrn Songs Englischkenntnisse nicht ausgereicht, um zu widersprechen, und schon gar nicht, um zu erklären, was uns erwartet. Er behauptet, ihm würde im Auto leicht übel, und setzt sich vorn neben unseren kettenrauchenden Fahrer, der beim Losfahren die Hand fest auf die Hupe drückt und sie dort läßt, während wir tutend durch die schlaglochübersäten Straßen und die Menschenschwärme Nanchangs fahren.

Was wir durch die Scheiben des Wagens erblicken, beschwört keineswegs Bilder aus dem Goldenen Zeitalters des Zen herauf, von den Unsterblichen Wasserspitzen und dem Drachen-und-Tiger-Berg ganz zu schweigen. Im düsteren Winterdunst ziehen sich die schmuddeligen, deprimierenden Straßenränder und die tiefen Schlaglöcher der Vororte von Nanchang anscheinend unendlich in das geschundene Umland hinaus. Zweckbauten aus Ziegeln sind die Regel, als würde seit vielen Jahrtausenden die gesamte Landschaft mit ihren angeschnittenen Hängen, ihren Schrunden und Halden aus grober roter Erde einer ausufernden Ziegelfabrikation dienen. Sogar das Unkraut, das in den meisten erodierten Landschaften solche Wunden flickt, fehlt in dieser Einöde, in der sich die letzten Bäume wie Überlebende eines Kataklysmus ducken, und durch die kalten Schwaden des Winternebels kann man geisterhaft dem Untergang geweihte Anpflanzungen von dürren Koniferen ausmachen, die all das nur noch desolater erscheinen lassen.

Im Vergleich zu diesem Provinzort wirken Städte wie Harbin oder Beijing sauber und voller Leben. Man würde gern annehmen, daß Nanchang und sein Umland eine Ausnahme sind, aber soweit sich aus spärlichen Berichten über die Umweltzerstörung im Becken des Gelben Flusses und andernorts schließen läßt, ist Nanchang wohl eher typisch für das moderne China, das laut Hochrechnungen in den nächsten zwei Jahrzehnten zum weltweit größten Luftverschmutzer und Produzenten von Treibhausgasen werden wird. (Selbst im entlegenen Bergland im Süden von Jiangxi verstopfen für ein so armes Land viel zu viele Siedlungen die Täler zwischen den verstümmelten Bergen.)

Natürlich ist jetzt Winter, und alles ist kahl. Aber im letzten Sommer, im grünen Monat Juli, war ich bei schönem Wetter über Teile von fünf Provinzen hinweggeflogen, von Harbin nach Beijing und weiter von Beijing nach Nordwesten in die Innere Mongolei. Die durch menschliche Aktivitäten geschlagenen, aus der Luft sichtbaren Wunden überzogen alle Gegenden südlich der Wüste Gobi.

Man sollte meinen, solch eine gequälte Landschaft würde den Menschen das Herz herausreißen, die da so eifrig ihren dreckigen Städten in alle Richtungen entfliehen – eine weitere Konsequenz des

Sozialismus mit seiner unvermeidlichen Abstumpfung des menschlichen Geistes, wie wir im Westen vielleicht denken und dabei die Tatsache vergessen, daß der ungezügelte Kapitalismus für seine eigenen wehrlosen Armen dieselben Auswirkungen hatte. Rücksichtsloser »Fortschritt«, von globalen Märkten bis zum Fieberwahn gesteigert, kann für das chinesische Volk zu einer großen Tragödie werden, da er das ökologische Wohlergehen des Landes unmittelbar bedroht. Von den Borealwäldern am Amur bis zu den Bambushainen des Großen Pandas in den Bergen Sichuans und den tropischen Regenwäldern des südlichen Yunnan, von den Grassteppen und Gletschern des westlichen Qinghai (wo angeblich Nuklearanlagen und Giftmüllhalden konzentriert sind) bis zur fruchtbaren Tiefebene des Jangtsekiang-Beckens einschließlich der Poyang-Seen – diesem Land kam einst kein anderes an Biodiversität gleich: 1186 Vogelarten (mehr als in ganz Nordamerika), so schöne große Säugetiere wie Tiger, Schwarzbär, Schneeleopard, Wolf und Großer Panda, herrliche Huftiere vieler Familien und schließlich der legendäre Schlammteufel, ein hundertpfündiger Riesensalamander, der in den Gebirgsflüssen lebte.

Heute garantieren rücksichtsloses Abholzen und Erosion, Pestizide und industrielle Umweltverschmutzung dafür, daß es mit der Auslöschung wilder Tiere immer weitergehen wird. Das Land leidet unter einem gefährlichen Verlust von Ackerboden durch große Staudämme, Bewässerungssysteme und schlecht konzipierte Entwicklungsprogramme und auch unter der Vergiftung von geschätzten 80 Prozent seiner Wasservorräte (darunter der größte Teil des öffentlichen Trinkwassers) durch Chemikalien und Abfälle. (Chinas degeneriertes Wasser gilt schon dann als »sauber«, wenn man es nach dem Abkochen trinken kann, eine Situation, wie man sie vermutlich in vielen übervölkerten menschlichen Habitaten vorfindet, weil überall auf der Welt die Regierungen vor der drohenden Trinkwasserkrise die Augen verschließen.)

Von den späten siebziger Jahren an hat die chinesische Regierung binnen einem Jahrzehnt die Zahl der Naturschutzgebiete von weniger als 100 auf 333 gesteigert. Eine Reihe von Feuchtreservaten – darunter Poyang – wurden hauptsächlich für Kraniche eingerichtet, aber sehr oft lagen diese in dichtbevölkerten oder industrialisierten Regionen, so daß man, weil es an öffentlichen Mitteln für den Naturschutz fehlte, menschliche Aktivitäten in den Reservaten tolerierte, und zwar nicht nur Jagen und Fischen, sondern auch das Schlagen von Schilfrohr zum Heizen, zum Dachdecken, zum Hausbau und zum Verkauf an Papierfabriken.

Im Zhalong-Naturreservat von Heilong Jiang – dem Hauptsammelgebiet der Nonnenkraniche im Frühling und im Herbst – sind die Mandschurenkraniche zum Nisten und Schlafen auf einen Flickenteppich von Schilfinseln und freiem Wasser angewiesen. Die Hälfte des Röhrichts abzuernten könnte daher den Kranichen sogar helfen, da aber die Schilfernte 70 bis 80 Prozent des lokalen Einkommens ausmacht und weil Armut sowie die Angst vor Hunger weit verbreitet sind, glauben die Dorfbewohner, keine andere Wahl zu haben, als mehr zu schlagen.

»Kraniche haben für die Chinesen große symbolische und kulturelle Bedeutung, weitaus mehr als irgendein Vogel für Nordamerikaner«, sagt Harris, dessen Frau Su Liying, eine chinesische Biologin, früher als Kranichforscherin in Zhalong gearbeitet hat.[3] Die Landbevölkerung bei Zhalong hat ihre traditionelle Ehrfurcht vor den Kranichen nicht eingebüßt, sagt sie, aber der Kampf ums eigene Überleben geht vor.

1978 reagierte China endlich auf wiederholte Hungersnöte in Folge zu vieler »großer Sprünge vorwärts«, drosselte das Tempo und verabschiedete neue Gesetze, um das Bevölkerungswachstum zu begrenzen, was dringend nötig war, vor allem, da Indiens Versuche, den Menschenmassen Einhalt zu gebieten, weiterhin fehlschlugen. Unglücklicherweise wurde der Übergang zur kapitalistischen freien Marktwirtschaft ab dem Jahr 1989 hier wie anderswo von einer ungezügelten industriellen Entwicklung und einer ungeheuerlichen Schadstoffproduktion begleitet, was einen neuerlichen Schlag gegen die natürliche Umwelt darstellte.

1995 verbrauchte China, zu diesem Zeitpunkt die zweitgrößte Volkswirtschaft der Welt, doppelt soviel Getreide und rotes Fleisch, 40 Prozent mehr Kunstdünger und ein wenig mehr Stahl als die verschwenderischen Vereinigten Staaten, und dabei befeuerte es sein metastasierendes Wirtschaftswachstum mit minderwertiger, schwefelhaltiger Kohle. Abgesehen von der globalen Erwärmung, führt die daraus resultierende Luftverschmutzung zu geringeren Ernteerträgen und beeinträchtigt die menschliche Gesundheit. Neun der zehn am stärksten umweltverschmutzten Städte der Welt liegen in China, wo ein Drittel aller Todesfälle mit schlechter Luft und schlechtem Wasser in Zusammenhang gebracht werden. (Es überrascht nicht, daß die Umwelt im aufsässigen Tibet am rücksichtslosesten geschädigt wurde, wo sich China angeblich vor allem seiner chemischen und nuklearen Abfälle entledigt.) Die Verseuchung von Boden, Luft und Wasser wurde bei dem Wettrennen um materiellen Konsum, dem sich dieses Land in übereilter Nachahmung unseres schalen und problematischen westlichen »Fortschritts« verschrieben hat, größtenteils ignoriert.[4]

Auf einer großen Brücke am Stadtrand von Nanchang überquert die Straße nach Jiujiang den breiten Gan Jiang, den größten der fünf Flüsse, die von Süden in das Poyang-Becken fließen. Weiter nördlich folgt eine befestigte Mautstraße (die freundlichen und effizienten, fröhlich lachenden Wachen im Mauthäuschen können nicht viel älter als zwölf Jahre sein). Nach rund sieben Kilometern verkommt die moderne Autostraße zu einer Staubpiste, die uns heftig durchrüttelt. Den ganzen Weg von Nanchang bis an unser Ziel dringt aus dem Radio ein endloser, von einer schrillen weiblichen Stimme vorgetragener Sermon. Song und der Fahrer ignorieren ihn und versuchen ihn mit ihrem eigenen Geschrei zu übertönen. Mit diesem Getöse konkurriert das manische Hupen des Fahrers, wenn sein hartgefederter Allradler sich schwerfällig und mit heulendem Motor durch die Massen von Karren und wankenden Fahrrädern und die Ströme von Schweinen, Gänsen und Enten zwängt. (Selbst Lastwagen und Busse weichen den Enten aus, die immer wieder von verrückten Entenhirten zwischen die Autos gescheucht werden.) Rumpelnd und schlingernd fahren wir durch den späten Winternachmittag nach Nordosten, entfernen uns immer weiter von der Eisenbahnlinie, die von Nanchang nach Jiujiang und zum Jangtsekiang führt, und dringen immer tiefer in das bemitleidenswerte Land vor.

Die Poyang-Seen liegen zwischen Ober- und Unterlauf eines Flusses, der so breit und ungebändigt ist, daß ihn auf den letzten 1600 Kilometern nur zwei Brücken überspannen. Wenn in den Sommermonaten Juli und August die Zeit des Monsuns und der Flut kommt, steigt der Wasserspiegel der Seen um sechs Meter oder mehr, und sie überschwemmen ein Gebiet von 170 Kilometern Länge in Nord-Süd- und 70 Kilometern Breite in West-Ost-Richtung. Dieses Binnenmeer von 3000 Quadratkilometern Gesamtfläche schrumpft in der Trockenzeit drastisch auf 500 Quadratkilometer, wenn all das Wasser in den Jangtsekiang abgeflossen ist. (»Im Sommer und im Herbst reicht das Wasser zum Himmel, im Winter und im Frühling Schlamm ohne Ende«, sagt man in der Gegend – oder auch: »Ein See, wenn das Wasser hoch ist, ein Fluß, wenn es niedrig ist.«) Zu- und Abfluß variieren je nach den Umständen, doch bis zum Oktober haben sich die geschrumpften Seen in Sümpfe und Feuchtwiesen aufgeteilt, dann liegen breite, nicht fest umrissene Schlammzonen frei, die sich schnell begrünen. Bis zum November, wenn die Kraniche ankommen, stehen in den Untiefen und im wäßrigen Schlamm genügend Seggeknollen zur Verfügung, und ziehende Wasser- und Ufervögel laben sich am Überangebot von Fischen, Krebsen, Muscheln und Schnecken.

In Poyang ist die gewerbliche Jagd seit langem gang und gäbe, es werden sogar selbstgebastelte Kanonen eingesetzt, die ganze Schrapnell-Schauer abfeuern – Metallabfälle, alte Nägel und Schrauben, Glassplitter und alle möglichen Steine. Auch der damit verbundene Krach hat den Vögeln geschadet und sie so scheu gemacht, daß sie einen Großteil der besten Habitate mieden. Erst nach der Entdeckung des »großen weißen Kranichs« im Jahr 1981 hat man die kommerzielle Jagd eingedämmt, und da gingen die Leute, die ihre Feuerwaffen abgeben mußten, zu Schlingen und Netzen und sogar Gift über, das die Vögel betäubte, so daß sie auf dem Markt lebend verkauft werden konnten. Im Winter 1983/84 töteten Einheimische über 600 Nonnenkraniche, seltene Weißstörche und Zwergschwäne zur Herstellung von weißen Federfächern und dazu geschätzte 200 000 weitere Wasservögel.[5] Dieses Abschlachten brachte im Jahr 1984 die Forstverwaltung von Jiangxi dazu, 22 000 Hektar Land als Poyang-

Zugvögel-Naturreservat an der Nordwestecke des Sees auszuweisen. Dort liegen neun flache Seen, die im Sommermonsun mit dem Hauptsee verschmelzen, im Winter aber ein überlebenswichtiges Habitat für die vier Kranicharten darstellen.[6]

Wie im Fall von Zhalong in Heilong Jiang ist es in ganz China unvorstellbar, ein Naturreservat ohne menschliche Aktivität zu unterhalten; zu weit verbreitet ist die Armut, und zu knapp sind die öffentlichen Mittel. Obwohl das Poyang-Reservat im Winter mehr Kraniche beherbergt als alle anderen chinesischen Naturschutzgebiete zusammen, leben von ihm mehr Menschen als Kraniche. 1981 wohnten vielleicht 17000 Bauern innerhalb dieses Gebiets, dann wurden sie offiziell daraus vertrieben.

Zwei der für überwinternde Kraniche wichtigsten Seen sind der Dachu Hu (»Großes geteiltes Wasser«) und der Dahu Chi (»Großer See See«). Doch seit 1975 hat ein lokales Fischerdorf mit vielleicht 100 Einwohnern den größten Teil des flachen Dahu Chi regelmäßig durch ein Schleusentor in den Fluß Xiu abgelassen, um mit Netzen die passierenden Fische herauszuholen – 300 Tonnen pro Jahr. Wenn sie auf das Ablassen des Sees verzichten oder es verlangsamen sollen, sagen die Dorfbewohner, bräuchten sie Entschädigung für die entgangenen Fische, aber das Reservat, das kaum über Geld verfügt, kann diese nicht leisten. Vor zwei Jahren hat das aufsässige Dorf den Dahu Chi abgelassen, bevor die Kraniche eintrafen, so daß die Vögel gezwungen waren, auf das beste Habitat von all diesen Seen zu verzichten und sich anderswo Nahrung zu suchen.

Im vergangenen Dezember bekam das Reservat schließlich die Verfügungsgewalt über die lokalen Wasserstände und entschädigte die Dorfbewohner mit Arbeitsplätzen in einer kleinen Fabrik vor Ort. Die Behörden aber verzögerten die Übertragung der Verfügungsgewalt, bis die Fischer den See ein allerletztes Mal abgelassen hatten. Inzwischen sind nicht nur die Dorfbevölkerungen, sondern auch immer neue Zuwanderer in dem Gebiet zu einer Bedrohung des Reservats geworden. Der Lärm und die Aktivitäten, die die scheuen Kraniche ängstigen, sind weit schwieriger unter Kontrolle zu bringen als das Jagen und Fischen.

Je mehr wir uns dem Rand der Seenplatte nähern, desto flacher wird das Land. Die Staubpiste verengt sich auf Fahrspuren auf langen Deichen, die noch immer gebaut werden, indem mittels Körben per Hand ausgehobene Erde aus den Drainagekanälen zwischen den Feldern aufgeschüttet wird. Wasserbüffel gehen im Joch vor grobschlächtigen Karren mit Holzrädern, und Menschen tragen hölzerne Querbalken auf den Schultern, an denen zwei Körbe voll Erde oder schwere hölzerne Wassereimer hängen. Mit kleinen Trippelschritten eilen sie unter ihrer Last dahin. Die Hungersnöte in Chinas Moderne haben dazu geführt, daß viele Seen für die Landwirtschaft trokkengelegt wurden. Ein großer Teil der Überschwemmungsebene von Poyang wurde Kilometer für Kilometer eingedeicht und in Reisparzellen umgewandelt, während entlang den aufgeschütteten Dämmen Dörfer thronen. Kleine Pappeln, die man zur Stabilisierung der Deiche anpflanzte, sind die einzigen Bäume in dieser nassen, versunkenen Landschaft – abgesehen von einigen alten, knorrigen Laubbäumen in den aus Ziegeln gebauten Weilern, die sich auf jedem Flecken höher gelegenen Grundes drängen.

Das letzte Stück verläuft die Fahrspur auf einem hohen, roten Deich, sie ist voller Furchen, Schlaglöcher und Auswaschungen. Bei starkem Regen ist dieser Weg nicht befahrbar, da sogar ein allradgetriebenes Fahrzeug im Schrittempo abrutschen würde. Über mehrere Kilometer durchzieht der Deich den trockengelegten Grund eines großen Sees, bis er eine Halbinsel erreicht, die während des Monsuns, wie Herr Song sagt, zu einer Insel wird. Vermutlich war es diese letzte Etappe unserer Fahrt, von der die begeisterte Pauline angenommen hatte, wir würden sie per Boot zurücklegen, aber leider führen die Seen kaum Wasser, nur eine dünne Schicht von braunen, vertrockneten, einjährigen Gräsern bedeckt sie.

Auf einer Halbinsel im See stehen einige grobgezimmerte Bauernhöfe mit großen Heumieten in kleinen Wiesen, bis auf eine kleine Koniferen-Schonung gibt es keine Bäume. (Ich bin irgendwie erleichtert, einen Jagdfasan zu entdecken – den häufigsten der 25 asiatischen Fasane –, der vor seiner Henne einen etwas verfrühten Balztanz aufführt.) Unweigerlich steht am Ende der Halbinsel ein Dorf, Zuflucht von 3000 Seelen – Wu Cheng, Wu-Stadt, nach einer alten

Familie Wu benannt, sagt Herr Song. Bevor die Eisenbahnverbindung Nanchang–Jiujiang fertiggestellt war, hatte diese Siedlung am Zusammenfluß von Gan und Xiu, die sich ein kleines Stück stromab in den Hauptsee ergießen, Bedeutung als Umschlagplatz am langen Wasserweg zwischen diesen Städten. Diese Zeiten sind zwar vorbei, aber Wu Cheng pflegt noch immer seine schöne, vierstöckige Pagode an der Stelle, wo die Flüsse aufeinandertreffen (sie wurde von den Japanern zerstört, aber vor vier Jahren restauriert), und am Flußufer liegen uralte Boote.

Nahe der alten Pagode befindet sich der von einer Mauer umgebene Gebäudekomplex des Poyang-Zugvögel-Naturreservats, wo wir im Gästehaus willkommen geheißen werden. Inzwischen ist die Dunkelheit hereingebrochen. Die Luft ist feucht und kalt, doch auf den Bettdecken in unserem eiskalten Betonraum tanzen Mandschurenkraniche, verheißungsvolle Glückssymbole im gesamten Orient. Wir müssen zwar in unserer wärmsten Kleidung zum Essen gehen, sind aber bestens aufgelegt, froh, daß die Rüttelei der Fahrt vorüber ist, und angenehm überrascht über die Schüsseln mit bester Hausmannskost, die uns aufgetischt werden: Suppe von weißen Rüben, scharfgewürztes Büffelfleisch, köstlicher Klebreis, »falsche Gans« (Sojaquark), Bambusschößlinge und Bittermelonen.

Ich sitze zwischen Victor und Song Xiang Jin und will von Herrn Song wissen, ob der Umstand, daß die Seen jetzt, in der Trockenzeit, kein Wasser haben, irgendwie unsere morgige Bootsfahrt zur Beobachtung der Kraniche beeinträchtigen könnte. Herr Song hält lange inne, ehe er seinen Blick von den in der Schwebe gehaltenen Eßstäbchen hebt. »Nein«, sagt er schließlich und fühlt sich sichtlich genauso unbehaglich wie in dem Moment, als Pauline uns erzählte, den letzten Teil unserer zauberhaften Fahrt ins Poyang-Reservat würden wir auf dem Wasser zurücklegen.

»Nein«, wiederhole ich und lächle zustimmend.

»Kein Boot«, sagt er, gar nicht zustimmend, ohne jedes Lächeln. Er wendet sich wieder seiner falschen Gans zu.

»Kein Boot«, sage ich und nicke ihm zu, um ihm etwas zu entlocken. Als er diesmal seinen Blick nach eingehender Überprüfung seiner Eßschale aus nächster Nähe hebt, zeigt er einen verstörten, verzweifelten Gesichtsausdruck. »Kein Boot. Kein Wasser hier. Vier Monate. Kein Regen.«

»Vier Monate!« entgegne ich, nicht allzu beunruhigt, denn Herbst und Winter sind hier die trockenen Jahreszeiten. »Ich nehme an, das fehlende Wasser macht es schwierig, zu den Kranichen zu kommen?«

»Kein *he*«, sagt Herr Song todunglücklich. »Kein Kranich.« Er beugt sich abermals über seine falsche Gans, und seine Eßstäbchen wirbeln heftig, als er sein Abendessen attackiert.

In China heißt der Kranich *he* (guttural ausgesprochen). In uralter Zeit inspirierte sein Trompetenruf zu Musik für die chinesische Laute, die, wie die Teeschale in Japan, ab und an mit einem eigenen Namen geehrt wird, beispielsweise »Kranich ruft in der Höhe« (*Ling xiao he li*) oder »Freund des Kranichs« (*He yu*).[7] Im 8. Jahrhundert soll Prinz Yi von Wie die Kraniche als verehrte Gäste willkommen geheißen und ihnen eigene Kutschen, Haute Cuisine und sogar ein auskömmliches Gehalt zur Verfügung gestellt haben. Alle hatten Beamtenränge, einige wurden zu Generälen befördert – jedenfalls so lange, bis der Prinz seinen verärgerten Soldaten befahl, in die Schlacht gegen Prinz Di zu ziehen, woraufhin die ihm empfahlen, statt ihrer seine verdammten Generäle zu schicken.

Victor hat mitbekommen, daß etwas nicht stimmt, denn sein Kopf mit den runden Augen rückt wie eine Eule auf meine linke Schulter.

»Kein *he*«, sage ich. »Kein Kranich.«

»Kein Kranich.« Unfähig, diese Neuigkeit zu verdauen, legt mein Freund seine Eßstäbchen hin.

Um möglichen Schwierigkeiten bei der Übersetzung zu begegnen, hat sich Victor mit einer gelben Karteikarte bewaffnet, die ein chinesischer Freund in Texas, dem Winterquartier des Schreikranichs und des Kanadischen Kranichs, vorbereitet hat. Auf der Karte prangen chinesische Schriftzeichen und auch eine Umschrift, NA ER YU HE – wörtlich: »Wo haben Kranich?« oder umgangssprachlich: »Wo sind verdammt noch mal eure Kraniche?« Ich denke, er holt in dieser Notsituation vielleicht die Karte heraus, da Herrn Songs Englisch etwas unklar ist, vor allem wenn er den Mund mit falscher Gans und Rübensuppe voll hat. Aber Victor klammert sich einfach an die Hoffnung, daß ich das Opfer eines lächerlichen Mißverständnisses bin – anderenfalls müßte es zu einem ernsthaften internationalen Zwischenfall kommen, denn wenn man uns gesagt hätte, daß es an den Poyang-Seen keine Kraniche gibt, wären wir niemals bis Wu Cheng, Nanchang, Jiangxi oder überhaupt nach China gekommen, sondern direkt nach Japan weitergeflogen, wo uns der wunderschöne *Grus japonensis* im Schnee von Hokkaido erwartet.

Victors ehrliche Ungläubigkeit überzeugt mich, daß mir irgendein subtiler Punkt in Herrn Songs Diskurs entgangen sein könnte. Einmal mehr wende ich mich ihm zu.

»Kein *he*«, sage ich in ruhigem, neutralem Ton, der zu Offenheit und Vertrauen einladen soll.

»Kein Kranich«, bestätigt er und sagt des weiteren, daß dies die schlimmste Dürreperiode an den Poyang-Seen seit 100 Jahren sei.

»*Keine* Kraniche.« Wir nicken beide eine Weile. »Kein einziger.«

Oh, einige wenige Kraniche, vermutet Herr Song, könnte man vielleicht weit drüben in den östlichen Bereichen finden, wo es noch ein bißchen Wasser gibt. Doch selbst der Hauptsee hat jetzt zu wenig Wasser, als daß man per Boot die normalerweise fünf bis sechs Stunden dauernde Fahrt machen könnte, und selbst wenn man sich irgendwie dorthin begeben könnte, wäre eine zwei- oder dreistündige Wanderung durch tiefen, weichen Schlamm – er deutet auf seine Taille – erforderlich, ehe man hoffen könnte, die Kraniche auch nur aus der Ferne zu sichten. »Nein«, sagt er bestimmt und steht auf. Statt dessen ist eine vierzehnminütige Filmvorführung mit Aufnahmen der seltenen Spezies, die zu sehen wir von so weit hergekommen sind, für uns vorbereitet worden.

Das beste Mahl, das wir je in China serviert bekamen, bleibt nahezu unberührt zurück, als wir ins Freie wanken. Es ist der 2. Februar, das Ende des chinesischen Neujahrsfestes – die letzte Nacht des Jahres des Affen –, und in diesem Land, das Feuerwerk über alles liebt, spielt sich auf den Straßen von Wu Cheng ein Stakkatoempfang für das heraufziehende Jahr des Hahns ab. In eisigem Schweigen werden wir an kleinen, spärlich erleuchteten Geschäften vorbeigeführt, als uns ein riesiger Wasserdrache überholt, bei dem jedes einzelne Gazesegment, im Innern von zwei Kerzen erhellt und mit Hilfe einer Stange von einem brüllenden Feiernden emporgehalten, mit allen Segmenten davor und dahinter durch den langen Drachenkörper verbunden ist. Der grimmige, feurige Kopf und der gehörnte Schwanz haben ihre eigenen Träger. Mit einem Höllenlärm, der mich in meiner Niedergeschlagenheit an das Getöse einer öffentlichen Hinrichtung erinnert, windet sich der Drache durch die alten Straßen davon.

Im Kino von Wu Cheng läuft gerade ein alter Kung-Fu-Film. Song versichert uns, daß das Kranichmaterial projiziert werde, sobald die Kung-Fu-Abenteuer vorbei sind. Unglücklicherweise ist das Kino unbeheizt, und der Film hat gerade erst begonnen, und obwohl auf der Leinwand ständig gebrüllt und gekämpft wird, sind wir nicht in der Stimmung, der Handlung von dem einen zum nächsten Gewaltausbruch zu folgen. Frierend und deprimiert, kauern wir im eiskalten Kino und lassen den ruinierten Abend über uns ergehen. Endlich triumphiert Kung Fu, quietschend läuft die Filmrolle aus, und das restliche Publikum wird prompt hinausgeworfen, es hat kein Recht, die nächste Attraktion zu sehen. Wie Herr Song versprochen hat, und ohne jegliche Kosten für uns, wenn man einmal von den irrsinnigen Ausgaben für den ganzen Zwischenstop in Hongkong und China absieht, zeigt man uns außerordentliche Aufnahmen der Kraniche mit ein paar alten Schwan- und Pelikan-Szenen dazwischen.

Draußen auf der Straße zieht wieder der Drache an uns vorbei und vertreibt noch immer die Dämonen aus Wu Cheng. Obwohl wir nach besten Kräften versuchen, uns an dem Drachen zu erfreuen, sind wir noch immer verblüfft, wie passend die letzte Szene des Hauptfilms war, in der der Kung-Fu-Kämpfer den bösen Machenschaften seines Alter ego dadurch ein Ende bereitet, daß er dem Verlierer zwischen die Beine greift und seine Hoden zerquetscht. Begriffsstutzigen Zuschauern wird dieses dramatische Ende dadurch klargemacht, daß auf der Leinwand eine bloße Hand ein rohes Ei zerbricht, und dieses Bild löst einen Aufschrei des Mitgefühls, vielleicht aber auch der wilden Begeisterung aus. Für Ohren, die mit den Modulationen des ländlichen Chinesisch nicht vertraut sind, ist das schwierig auszumachen.

Dungverschmierte Steinbrocken stoßen wie prähistorische Knochen durch den Matsch. Stolpernd und rutschend suchen wir den Weg zurück in unsere kalte Betonzelle und krabbeln voll angekleidet auf unsere Schlaflager und unter die mit tanzenden Kranichen verzierten Decken.

In eisiger Dunkelheit, es ist zu kalt zum Schlafen, stehe ich auf, verlasse den Gebäudekomplex und gehe hinunter zur alten Pagode am Zusammenfluß von Gan Jiang und Xiu He. Der dichte Nebel über dem Wasser verhüllt die Basis der Pagode. Nur die beiden oberen Stufen schweben geheimnisvoll in einem gedämpften, dunstigen Glühen, das von dem schwachen roten Leuchten des verhangenen Sonnenaufgangs herrührt. Sehr schön und ätherisch sieht das aus, es erbaut den Geist – ein günstiges Vorzeichen. Kurz darauf taucht der Gan Jiang aus dem Nebel auf, dann geisterhafte Möwen, schließlich die dunklen Umrisse der archaischen Boote, die der niedrige Wasserstand hat stranden lassen.

Victor ist nicht in der rechten Stimmung für günstige Vorzeichen. Beim Frühstück teilt er Herrn Song mit, daß wir nicht, wie geplant, drei Tage lang bleiben, sondern noch heute nachmittag nach Nanchang wollen, weil wir hoffen, vielleicht morgen früh einen Flug nach Hongkong zu bekommen. Bis dahin machen wir uns mit dem alten Boot des Reservats zum Meixi Hu auf (»Pflaumen-Westsee«), der nur ein kleines Stück stromab liegt und noch ein wenig Wasser enthalten soll.

Wie die meisten Flußboote ist auch dieses aus langen Stämmen gebaut, die an den Seiten des Rumpfs übereinanderliegen und vorn und hinten so gebogen sind, daß sie so etwas wie Bug und Heck ergeben. Die Fugen dazwischen sind abgedichtet, darüber ist das Deck, und auf dem Ganzen thront ein bootslanger Aufbau aus lackiertem Holz.

Im grauen Morgenlicht und bei kaltem Ostwind tuckert das schwere Boot mit seinem Einzylindermotor den olivgrünen Xiu hinter dem Zusammenfluß mit dem Gan hinab. Wir passieren große, apathische Gänsescharen auf den Schlammbänken, dann biegen wir Richtung Osten in einen Nebenfluß ab, der aus dem Dachu Hu kommt und jetzt fast trocken ist. Kurz darauf setzt der Bootsführer den alten Kahn unter einem Steilufer hart auf Grund, und wir klettern zum Rand einer flachen Savanne mit einer dünnen Decke aus trockenem braunem Gras hinauf. Dort wartet ein Einheimischer auf uns. Er verzichtet auf eine Begrüßung, dreht sich um und marschiert nach Süden los, wir folgen ihm drei oder mehr Kilometer lang in Richtung auf einige weiße Dünen. Hier schaufelt ein Trupp Arbeiter Sand in Weidenkörbe und trägt sie an dünnen Schulterbalken zu einem schräg gestellten, türgroßen Sieb, das von einem Mann gerüttelt wird, der davor auf dem Boden sitzt. Der gröbere Sand, der nicht durch das Sieb fällt, ergießt sich in einen Korb zwischen seinen Beinen, diesen entleeren andere in Säcke, die mit Karren zurück zum Fluß und dann weiter nach Wu Cheng gebracht werden. Nach noch viel mehr arbeitsintensiver Weiterverarbeitung wird der Sand (wie wir später erfahren) für irgendwelche Bauzwecke in Japan verwendet – sicherlich mit solch unendlichem Profit, daß man sich nicht vorstellen kann, was diese Männer am Anfang der Wertschöpfungskette bezahlt bekommen. Die Sandarbeiter wohnen in einem bescheidenen Zeltlager, wo angebrannter Reis in einem schwarzen Topf über einem verloschenen Feuer kalt geworden ist.

Jenseits der Dünenkette liegt der Pflaumen-Westsee, dessen flaches Wasser an der breitesten Stelle kaum einen dreiviertel Kilometer mißt. Am diesseitigen Ufer schneiden Bauern das braune Gras mit Sicheln und stapeln das Heu auf Karren mit Holzrädern, die von Büffeln gezogen werden. Jenseits des schwindenden, mit Reiherfedern besprenkelten Sees steigt das Ufer zu einem kleinen Bauerndorf mit Terrassengärten an, die sich bis zu den untersten Bäumen eines niedrigen Rückens emporziehen, der zu anderen Zeiten Teil des Beckenrands des großen Poyang-Sees gewesen sein muß. Über zerklüfteten Dünen erhebt sich ein Stück weiter östlich ein weiterer Weiler. Überall entlang den Seen des Reservats unterhalten Bauern auf höher gelegenem Land Terrassengärten mit Reis, Schalotten, Kohl, Möhren, schwarzem Senf. »Zu viele Menschen«, sage ich leise zu Victor, als wir die Landschaft mit Ferngläsern absuchen; zu viele Münder muß dieses magere Land stopfen, das für Kraniche zu dicht besiedelt ist.

Doch am Westrand des Sees, anderthalb Kilometer entfernt, suchen drei weiße Gestalten, die zu groß für Silberreiher sind, mit gemächlichen Schritten nach Futter. Von der Körperhaltung her scheiden alle Wasservögel aus – bis auf Kraniche.

Fast schwindelig vor Erleichterung und Freude, bitte ich Victor, die weißen Flecke mit seinem Teleskop zu überprüfen. Nach 40 Jahren intensiven Vogelstudiums überall auf der Welt hat Victor ein schnelles, scharfes Auge und ein umfangreiches Hintergrundwissen, das meinem weit überlegen ist. Ungeduldig und schlechtgelaunt wie selten, versichert er nach einem raschen Schwenk mit dem Fernglas, daß sein glückloser Partner keine Kraniche, sondern vornübergebeugte Reisbauern in weißen Hemden bei der Nachlese entdeckt hat.

Eingedenk der Schlappe mit *Grus equus* im windzerzausten Schilf an der russisch-mongolischen Grenze betrachte ich meine Vögel noch einmal sorgfältig, ehe ich nicht ohne Schadenfreude vorschlage, daß er einen zweiten Blick darauf werfen solle. »Nonnenkraniche«, murmelt Victor seltsam gedämpft, als wären diese verwunschenen *Grus leucogeranus* – zwei Erwachsene mit einem braungefleckten Jungvogel – der letzte Strohhalm bei diesem ganzen elenden Debakel. Doch als er sich schließlich vom Teleskop aufrichtet, grinst er breit. Diese einsame Nonnenkranichfamilie in der Ferne – die ersten »ostsibirischen«, die wir beide je gesehen haben – hat wenig mit der Gala dichtgedrängter Rotgesichter zu tun, die man uns am Abend zuvor im Kino von Wu Cheng gezeigt hat, sind aber mit Sicherheit eine Steigerung gegenüber »kein Kranich«.

Mittlerweile ist es deutlich wärmer geworden, durch sonnige Nebelschwaden sieht man blaßblauen Himmel. Gutgelaunt kehren wir über die trockene Landzunge zurück und fahren bald darauf stromab zum Hauptfluß. An der Mündung biegt das Boot flußauf in den Xiu He ein, der aus den Bergen herabkommt, die die Grenze zwischen den Provinzen Jiangxi und Hunan bilden. Oberhalb von Wu Cheng leben an beiden Ufern Fischer in schäbigen Hütten auf ihren Holzbooten, oft mit Familie und Hund und ein paar Gänsen und immer mit 15 bis 20 Kormoranen[8], die sie zum Fischen einsetzen. Draußen auf dem Fluß werden die halbzahmen Vögel mit langen Stöcken von ihren Sitzstangen entlang der Bordwand zu Wasser gelassen und später damit, während sie klammern und mit den Flügeln schlagen, wieder herausgeholt. Der Hals der Vögel ist mit einem Stück Holz oder Draht durchbohrt, damit sie ihren Fang nicht herunterschlingen können, und einige der Vögel sind völlig weiß, zweifellos aufgrund des Stresses, ständig in der Nähe von Menschen sein zu müssen.

Am Nordufer des Xiu He, südlich des Bang Hu (»Muschel-See«), nimmt unser Boot den jungen Forschungsbeauftragten des Reservats, Zhao Jin Sheng, an Bord, der an diesem Vormittag den Bang Hu abgesucht hat, ohne einen einzigen Kranich zu sichten. Ein paar Kilometer flußauf gehen wir zu Fuß nach Osten zum Sha Hu (»Sand-See«), der sich als genauso trocken erweist wie alle anderen. Unsere letzte Hoffnung ist, uns vom Weiler Sha Hu aus einen Überblick zu verschaffen, wo wir auf das Dach des dreistöckigen Gemeindehauses steigen, von dem man einen freien Blick auf den Dahu Chi jenseits des Flusses hat.

Noch ehe wir die Stufen hinaufgehen, entdecken wir zwei Graukraniche, die am Rand des braunen Seegrunds dösen. Dahinter sehen wir auf einem niedrigen Deich im dunstigen Sonnenlicht weitere Kraniche, von denen eine Gruppe kleiner und dunkler wirkt als die anderen. Ich bin mir sicher, daß es sich um Mönchskraniche handelt. Eilends klettern wir über eine Bambusleiter an einem wilden Ping-Pong-Spiel im zweiten Stock vorbei auf das Dach, wo Herr Zhao durch das Teleskop blickt und bestätigt, daß es sich bei der dunkleren Art um *Grus monachus* handelt. »Noch ein Lebenstraum«, flüstert Victor verblüfft.

Hier am Poyang kann man die vier Kranicharten dicht beieinander auf Futtersuche gehen sehen, aber es sind keine Konkurrenten. Nonnenkraniche suchen sich ihre Nahrung selten außerhalb des Wassers, Weißnackenkraniche bevorzugen den Wassersaum und Schlammzonen, und Mönchskraniche gehen gern noch weiter hinauf ans Land, wo die Vegetation zu sprießen beginnt. Graukraniche kann man in allen diesen Zonen auf Futtersuche sehen, am häufigsten aber suchen sie landwirtschaftlich genutzte Flächen auf, die durchaus ein Stück vom Wasser entfernt liegen dürfen.

Im vergangenen Sommer sahen wir in der Mongolei Mönchskraniche zusammen mit Weißnackenkranichen fressen, und diese beiden Arten tun sich auch in den japanischen Winterquartieren freundschaftlich zusammen. Als wir eilig treppab laufen, um den Fluß zu überqueren und zu den Kranichen zu gelangen, riskiere ich

Mandschurenkraniche *(Grus japonensis)* –
Foto: © Steve Kaufman/CORBIS

Links: Jungfernkranich *(Anthropoides virgo)*
Foto: © Terry Whittaker; Frank Lane Picture Agency/CORBIS

Rechts: Weißnackenkranich mit einem Jungen *(Grus vipio)*
Foto: © Herbert Kehrer/zefa/CORBIS

Links: Graukranich *(Grus grus)*
Foto: © Winfried Wisniewski/zefa/CORBIS

Rechts: Mönchskraniche *(Grus monachus)*
Foto: © Buddy Mays/CORBIS

Brolgakranich *(Grus rubicundus)*
Foto: © Tom Brakefield/CORBIS

Schwarzhalskranich *(Grus nigricollis)*
Foto: © Galen Rowell/CORBIS

Saruskraniche *(Grus antigone)*
Foto: © Galen Rowell/CORBIS

Nonnen- oder Schneekraniche *(Grus leucogeranus)*
Foto: © Roger Tidman/ CORBIS

Klunkerkraniche *(Grus carunculatus)*
Foto: © Theo Allofs/CORBIS

Paradieskranich *(Anthropoides paradisea)*
Foto: © Peter Johnson/CORBIS

Links: Nördliche Kronenkraniche *(Balearica pavonina)*
Foto: © Louise Gubb/CORBIS SABA

Rechts: Südlicher Kronenkranich *(Balearica regulorum)*
Foto: © Frank Krahmer/zefa/CORBIS

Kanadischer Kranich *(Grus canadensis)*
Foto: © Arthur Morris/CORBIS

Schreikranich *(Grus americana)*
Foto: © Tom Bean/CORBIS

die wütende Zurückweisung der Kranichgötter, indem ich Victor versichere, daß wir irgendwo dort in der Schar von Mönchs- und Graukranichen auch seinen »Lebenstraum« finden werden, den Weißnackenkranich.

Schräg zur Strömung setzen wir über und gehen einen knappen Kilometer flußaufwärts an Land, um sicherzustellen, daß die Sonne in einem für das Beobachten günstigeren Winkel steht. Als wir das Ufer hinaufsteigen, scheuchen wir ein rötlich-gelbbraunes Tier auf, nicht viel kleiner als ein Wolf. Es verhält sich eher wie ein wildes Tier, nicht wie ein streunender Hund, es gibt keinen Laut, ergreift einfach die Flucht und schaut, noch immer im vollen Lauf, über die Schulter zurück. Es rennt nicht auf das einsame Bauernhaus ein Stück flußabwärts zu, sondern geradewegs über den ausgetrockneten Seegrund, an dessen anderem Ende es verschwindet. Das Tier kommt so dicht an den Kranichen vorbei, daß es sie eigentlich aufscheuchen müßte, aber die Schar schenkt ihm keine Beachtung, was darauf hindeutet, daß es sich bei diesem Tier um ein bekanntes Element ihrer Wildnis handelt.

In der Reihe von neun Mönchs- und 34 Graukranichen, die sich nebeneinander Knollen des wilden Selleries unter dem trockenen Gras zum Fressen suchen, findet sich auch Victors erster *Grus vipio* – noch dazu ein Prachtexemplar, das hoch aufgerichtet zwischen den anderen Kranichen herumstolziert, mit einem schneeweißen Nacken, der sich den ganzen Hals bis zu den silbergrauen Flügeln hinunterzieht, und einer Gesichtsmaske aus karmesinroter Haut, die das gebieterische goldene Auge vollständig umschließt.

Mein alter Freund und ich reichen uns die Hand, dann setzen wir uns in das von der Sonne warme Gras. Ohne ein Wort zu wechseln, ruhen wir uns eine Weile aus und sehen den Kranichen zu. »In all den Jahren, in denen ich Vögel beobachtet habe«, murmelt Victor schließlich glücklich, »habe ich noch nie erlebt, daß sich eine Pechsträhne in solch ein Glück verwandelt hat.« Trotz der »schlimmsten Trockenheit seit 100 Jahren« haben wir alle vier der an den Poyang-Seen überwinternden Kranicharten an einem einzigen Tag gesehen. Trotz unserer Zufriedenheit regt sich untergründig das unvermeidliche Gefühl von Trauer angesichts der Aussicht, daß das Schicksal dieser wunderschönen, seltenen Kreaturen besiegelt ist, weil ihre letzten Habitate und Populationen verschwinden, um Platz für immer mehr Mitglieder unserer eigenen Spezies zu machen.

Bald darauf erheben sich die Kraniche in kleinen Gruppen und fliegen weiter zum östlichen Teil des Sees, wo es noch Wasser gibt. Der silberne Dunst, der über Land und Fluß schwebte, hat sich höher in den Himmel verlagert, wo die Kraniche, in ein weiches, warmes Blau gehüllt, davonfliegen. Morgen, am 4. Februar, ist der erste Tag des chinesischen Frühlings.

Nachdem wir eine unendlich lange Rüttelfahrt durch die winterliche Dunkelheit überstanden haben, werden wir mit einem guten Abendessen im »Sonnenschein-Restaurant« in Nanchang belohnt (im Angebot befindet sich unter anderem »Karpfen mit lebendem Kopf«, was verlockender klingt als »Gänsenetz und Fischmagen«, die teuerste Vorspeise in einem Restaurant bei unserem Hotel in Hongkong). Im »Sonnenschein« werden wir von einer Gruppe fröhlicher junger Menschen bewirtet, die eifrig ihr heikles Englisch ausprobieren. Wie Fräulein Chen Shih, die mir im letzten Sommer in Harbin zu Hilfe kam, sind sie ausgelassen, selbstbewußt und ganz natürlich. Die Lebhaftigkeit, Großzügigkeit und der unschuldige gute Wille so vieler Menschen, die uns in diesem Land begegnet sind, vor allem junger Menschen, sind Gegengift wider die Narretei unserer Vorurteile.

Am nächsten Morgen werden wir am Flughafen von Nanchang von ein paar leutseligen Reisenden bestürmt, ein paar chinesische Worte zu sprechen, und einige Geschäftsleute an der Kaffeebar korrigieren uns energisch, als wir das gutturale *he* für »Kranich« mit dem weicheren *he* für »Fluß« verwechseln. Noch komplizierter wird die Sache dadurch, daß Lokalpatrioten aus Taiwan, Hongkong und aus dem Kernland darunter sind, die alle ihre regionalen Varianten verteidigen. Zeitweilig hallt der ganze Wartesaal von stürmisch vorgetragenen *He!* (weich) und *He!* (guttural) wider, und in die Rufe und das Gelächter mischt sich das Kichern unserer hübschen Kaffeebardamen, das so erfrischend klingt wie die kühlen Frühlingsfluten, die, wie ich inständig hoffe, noch immer von den Unsterblichen Wasserklippen in den Neun Flüssen herabfallen.

SECHS

Hokkaido

Kühler Strand mit Kranichen,
Die langbeinig durch die Tidepfützen
in Shiogoshis Dünen waten.
Matsuo Basho, 17. Jahrhundert

An einem kalten Wintermorgen bei Nordwestwind strahlt der Schneekegel des Fuji in den Himmel: diese Ansicht aus der Luft hat der göttliche Hokusai, der den »Unsterblichen« – den Ewigen Berg – immer wieder malte, nie erblicken können. Bei früheren Reisen nach Japan im Frühling und Sommer hatte ich in einem Zen-Kloster am Fuße des Fuji übernachtet und war bis zur Baumgrenze hinaufgestiegen, doch nie zuvor hatte ich ihn so klar gesehen. Der alte, den südlichen Horizont beherrschende Vulkan schien ein höchst günstiges Omen für unseren Ausflug zur Nordinsel Hokkaido, der letzten Etappe einer langen Reise zu den Winterquartieren der Kraniche in Asien, in deren Verlauf Victor Emanuel und ich bereits sieben Arten gesichtet hatten. Die achte Spezies war der Mandschurenkranich, *Grus japonensis*, der bis zu 1,5 Meter hoch aufragt (nur der Sarus- und der Klunkerkranich werden noch größer) und bis zu 33 Pfund wiegen kann. *Japonensis*, hierzulande *tsuri* oder *tancho* genannt, ist der größte und schwerste unter den Kranichen und sogar unter allen flugfähigen Vögeln der Erde. Ihn im Schnee von Hokkaido tanzen zu sehen ist das höchste Ziel aller Ornithologen.

Tan ist ein chinesischer Ausdruck für rot, und *cho* bedeutet »Spitze«. Er ist also der »Rotgekrönte«, wie er auch auf englisch heißt, was passender ist als das lateinische *japonensis*, denn wie der deutsche Name »Mandschurenkranich« besagt, ist er auch auf dem asiatischen Festland zu Hause. Jahrhundertelang wurde dieser beliebteste der asiatischen Vögel auf Roben und Hochzeitskimonos gestickt, gemalt, als Holzschnitt wiedergegeben, auf Wandschirme und Schriftrollen gezeichnet, auf Türen und Wänden, Geschirr und allen möglichen dekorativen Dingen dargestellt. Die Stadt Maizuru, »Tanzender Kranich«, wurde nach einem feudalen Schloß mit strahlendweißen Wänden und wie Flügel nach oben geschwungenen dunklen Dächern benannt. Hokusai wie Hiroshige zählen zu den berühmten Künstlern, die sich immer wieder des *tancho* annahmen: Sotatsus berühmte Rolle von 1611, auf deren fast 15 Metern Länge 1000 Kraniche porträtiert sind, wird noch immer in Form eines Origami verehrt, bei dem all diese Kraniche aus einem einzigen Blatt Papier ausgeschnitten und gefaltet werden. »Falte 1000 Papierkraniche, und die Götter werden deinen Herzenswunsch erfüllen.« Nach dem Zweiten Weltkrieg faltete ein junges Mädchen namens Sadako Sasaki 645 Exemplare (einige behaupten sogar, über 1000), ehe sie an Krebs starb, den die Strahlung der ersten Atombombe verursacht hatte: Ihre Statue, die sie mit ihren Origami-Kranichen zeigt, steht im Friedenspark von Hiroshima.

Der Schnee fällt auf das ferne Feld, wo Reisende die Nacht verbringen.
Ich bitte dich, Kranich, wärme unter deinen Flügeln mein Kind.
Japanisch, anonym

In den Legenden der Ainu, der Urbevölkerung Japans, ist der Mandschurenkranich ein Todesbote und zugleich ein Symbol des ewigen Lebens. Eine traditionelle Ballade mit dem Titel »Der Kranich und die Schildkröte« feiert die Langlebigkeit dieser verehrten Kreaturen. Eines der ältesten *tancho*-Gedichte von Yamabe no Akahito, einem Höfling des Kaisers Shomu im 18. Jahrhundert, ist in seiner unausgesprochenen Sehnsucht herzergreifend:

Wenn die Flut ankommt,
An Wakanouras Strand die
Sandbänke umspült,
Fliegen sie zu Schilfsümpfen –
Kraniche mit lautem Schrei.

»Der Tsuri oder Kranig ist der vornehmste, und ein kaiserlich privilegirter Vogel«, schrieb ein Besucher Ende des 17. Jahrhunderts.[1] Traditionell waren Kraniche dem Hochadel vorbehalten, der sie mit Falken jagte (genau wie in Indien mit abgerichteten Wanderfalken Jungfern- und Graukraniche gejagt wurden). Erst nach der Meijireform von 1867 durften auch Bauern Kraniche, die ihre Felder plünderten, jagen und verspeisen – oder einsalzen und verkaufen. Die kaiserliche Sitte, am Neujahrstag als Delikatesse *tancho* zu genießen, verbreitete sich in der ganzen Bevölkerung, und binnen kurzem waren alle Vertreter der Spezies auf der Hauptinsel zur Strecke gebracht. Noch 1875 wurden auf Honshu 18 weiße Kraniche getötet, obwohl nur noch wenige so weit südlich wie Tokio überwinterten.[2] 1889 wurde die Kranichjagd auf Honshu verboten, doch kurz darauf kamen Naturforscher zu dem Schluß, daß *G. japonensis* auf der Inselgruppe ausgerottet war.

Heute erahnt man nur noch das Echo der Kranichstimmen an Orten wie Kamakura, wo im 11. Jahrhundert am Hachiman-Shinto-Schrein »der Shogun Yoshiye am Meerestor ... eine Vielzahl von Kranichen mit silbernen und goldenen Gebetsstreifen an den Beinen frei[ließ] ... und ein ehrfürchtiger Wind [sich] erhob angesichts des Schauspiels der großen weißen Vögel, die den Wolkenstreifen am Pazifikhimmel folgten«.[3]

Tancho schmückt das Leitwerk des silbernen Flugzeugs, das sich in die Kurve legt, Richtung Nordosten schwenkt und in die Wolken eintaucht. Als die Wolken sich wieder teilen, befindet sich das Flugzeug über dem verschneiten Land des nördlichen Honshu, der Hauptinsel Japans. Selbst dort, wo Honshu noch bewaldet ist, ist nicht mehr viel davon übrig, was einst zu den herrlichsten und artenreichsten Buchenwäldern der Erde zählte. Die meisten von ihnen sind seit dem Zweiten Weltkrieg zerstört worden, als man zum Wiederaufbau der zerbombten und niedergebrannten japanischen Städte Bau- und Furnierholz brauchte, was zu rücksichtslosen Rodungen bis hinauf in die Berge führte. Es folgten Erosion und die Verschlammung der Flüsse – daher rührt Japans unerbittliche Vorratshaltung an Harthölzern aus Südostasien, dem Fernen Osten Rußlands und anderen Regionen, die Devisen brauchen. Mittlerweile ist die Bevölkerung des Landes weiter gewachsen, die letzten Feuchtgebiete Honshus wurden trockengelegt und für Landwirtschaft und Industrie erschlossen, so daß für Kraniche kein Habitat mehr übrig ist.

Die Wolken ballen sich wieder zusammen, im Norden ist das Wetter ungemütlich, und in den letzten Tagen hat es schwere Erdbeben gegeben. Die jadegrüne unruhige See der Tsugarustraße ist durch die wirbelnden Schwaden zu sehen, und schließlich kommen die Vulkane und schneebedeckten Berge Hokkaidos in Sicht, der nördlichsten der größeren Inseln des Archipels, der sich in einem weiten, fast 3000 Kilometer langen Bogen vor der Pazifikküste Asiens erstreckt. Als die Inseln noch mit dem Festland verbunden waren, lebten hier die Träger der sogenannten Jomon-Kultur, die aus Nordostasien eingewandert waren und möglicherweise vom Festland abgeschnitten wurden, als gegen Ende der Eiszeit – vielleicht vor 12 000 Jahren – der Meeresspiegel anstieg. Die Jomon-Leute waren Jäger, die vielleicht den kleinen Japanischen Tiger ausgerottet haben, und sie waren auch die ersten bekannten Töpfer der Menschheit (*jomon* bedeutet »Schnurmuster«, nach den seltsamen Abdrücken von Schnüren auf ihrer Keramik). Als nächste kamen die hellhäutigen, stark behaarten Ainu. Ungefähr 250 v. Chr. kamen die Yayoi von der koreanischen Halbinsel, offenbar über das Meer, nach Zentraljapan. Sie brachten die Webkunst, die Metallverarbeitung und den Reisanbau mit. Obwohl die Yayoi-Kultur bald die Jomon-Ainu-Kultur ersetzte, überlebten einige Ainu auf Hokkaido, und beide Völker haben ihre Spuren im Genpool der modernen Japaner hinterlassen.

Die Kurilen und Hokkaido waren die ursprüngliche Heimat der Ainu, die erzählen, die Götter hätten Erdklumpen ins Wasser geworfen und so diese kalten Inseln mit ihren schwelenden Vulkanen geschaffen und die frühesten Ainu in der Gegend der Hafenstadt Kushiro an der Südküste hätten zahme weiße Kraniche mitgebracht, die in das weite Sumpfland am Fuß der Akan-Berge entkamen. Von den Kurilen eingewanderte Ainu jagten Kraniche mit Pfeil und Bogen, und im 18. Jahrhundert wurden viele getötet, gepökelt und auf die Märkte von Honshu exportiert. In der Folge schrumpfte ihre Zahl sogar auf Hokkaido, von wo sie zu Beginn des 20. Jahrhunderts verschwanden.

Wie durch ein Wunder kehrte der *tancho* gegen Ende des Jahres 1910 zurück. Ein Entenjäger war durch das plötzliche Auftauchen eines riesigen weißen Vogels so verblüfft, daß sein Schuß fehlging. 1924 sichtete ein Mann namens Haruji Saito eine kleine Schar Kraniche in der Kushiro-Marsch, einem großen Sumpf nördlich von Kushiro, wo sie im langen, kalten Winter von Hokkaido zum Überleben auf die letzten offenen Streifen in den eiskalten Flüssen angewiesen waren. Die Kranichjagd wurde verboten, und die Vögel wurden vom Kulturministerium zum Nationaldenkmal erklärt, um sie vor der Ausrottung zu schützen. In den dreißiger Jahren wurden 2700 Hektar in der Mitte des Sumpfes als besonderes Rückzugsgebiet ausgewiesen. Irgendwie überlebten die Vögel die Kriegsjahre, aber während einer schweren Frostperiode im Jahr 1952 konnte die verbliebene Schar von 30 *tancho*, die sich, halb am Verhungern, um eine heiße Quelle kauerte, nur dadurch gerettet werden, daß örtliche Bauern Getreide auslegten. Diese Aufgabe übernahmen bald die Gemeinde und ihre Schulkinder, die im Nordwesten des Sumpfes, wo sich die meisten Kraniche den Winter über sammelten, eine Reihe von Futterstationen errichteten.

In den folgenden Jahrzehnten nahm die Zahl der Vögel zu, aber auch die menschliche Bevölkerung wuchs, und damit mehrten sich auch Straßen, Häuser und Überlandleitungen. Stromleitungen fordern überall, wo sie stehen, einen schweren Blutzoll unter den Kranichen; im Winter mit seinen dichtgedrängten Kranichscharen ist die Sterblichkeit besonders hoch. 1971 kamen 20 von 23 getöteten Kranichen auf diese Weise um. Rund um die Dörfer Akan und Tsurui sind die Leitungen mit Wimpeln gekennzeichnet, damit die Vögel sie besser sehen können, und der Bewegungsspielraum von Fotografen wie wohlmeinenden Vogelfreunden ist eingeschränkt, damit sie die Kraniche nicht zu einer übereilten Flucht veranlassen, auf die die meisten dieser Unfälle zurückgehen. Aber das wachsende Netz von Überlandleitungen ist noch immer der Hauptverursacher der *tancho*-Sterblichkeit und verantwortlich für 70 Prozent der Todesfälle unter den braunhalsigen Jungvögeln.

Weil die Kraniche von April bis September verschwanden, nahm man an, daß die Vögel auf Hokkaido Wintermigranten vom asiatischen Festland seien – daher auch ihr Name »Mandschurenkranich« – und daß die meisten zum Brüten dorthin zurückkehrten, da vor Ort nur wenige Nester gesichtet wurden und die nächsten Brutreviere am Ussuri nur ein paar hundert Kilometer entfernt sind. Doch von 1972 an, als ein junger amerikanischer Kranichbiologe namens George Archibald nach Hokkaido kam, um *G. japonensis* zu studieren, wurde die Geschichte der Spezies entscheidend umgeschrieben.

Dr. Archibalds Leidenschaft für die Kraniche nahm im Jahr 1967 ihren Anfang, als er sein Medizinstudium zugunsten der Ornithologie aufgab. 1966 und 1967 hatte er den Sommer über auf der Alberta Game Farm bei Edmonton gearbeitet, wo man Methoden entwickelte, Kanadische Kranichküken in Gefangenschaft großzuziehen. Später im Jahr 1967 besuchte er die berühmte Ornithologie-Abteilung der Cornell University, wo Dr. William Dilger ihm vorschlug, seine Doktorarbeit über die Kranich-Phylogenese (die Evolutionsgeschichte der Kranich-Familien- und -arten) zu schreiben. Von 1968 bis 1971 betrieb er vergleichende Verhaltensforschung der Kraniche am Cornell Laboratory of Ornithology und richtete auf einer ehemaligen Nerzfarm eine Kranichzucht ein, für die er 17 in Gefangenschaft lebende Vögel von William Conway, dem Kurator des New York Zoological Park, erhielt. Conway riet ihm auch, sich lieber aktiv um den Artenschutz zu kümmern, als eine akademische Laufbahn einzuschlagen.

Als Archibald 1971 seine Doktorarbeit abschloß, lag sein Büro am Cornell Laboratory of Ornithology neben dem eines anderen jungen graduierten Studenten namens Ronald Sauey. Mit ihm diskutierte er Möglichkeiten, auf Dauer ein internationales Zentrum einzurichten, das sich dem Studium und der Erhaltung der Kraniche dieser Welt mittels Forschung, Umweltschutz und der Nachzucht gefährdeter Arten widmen könnte. Es ging darum, so etwas wie eine »Speziesbank« zu schaffen, mit der eine in freier Wildbahn bedrohte Population wiederhergestellt oder zumindest vor dem Aussterben bewahrt werden könnte, indem man sie mit in Gefangenschaft aufgezogenen Vögeln ergänzt. Darüber hinaus sollte die »internationale Kranichstiftung« Programme entwickeln, mit denen engagierten Menschen vermittelt werden sollte, was getan werden mußte, damit die Kraniche in ihrer Heimat überleben konnten. Haupthindernisse waren der politische Streit und die zeitweiligen militärischen Auseinandersetzungen in der chinesisch-sowjetischen Grenzregion und andernorts in Ostasien, wo die Hälfte aller Kranicharten lebt. Archibald sagte zu Sauey: »Wir müssen eine ganz neue Abteilung der Vereinten Nationen aufbauen.« Im Winter 1971/72 zwang der Grenzkrieg zwischen Indien und Pakistan Archibald, einen ersten Besuch bei den Nonnenkranichen von Keoladeo in Rajasthan zu verschieben und statt dessen nach Japan zu gehen und *japonensis* zu erforschen.

Auf Hokkaido stellte Archibald fest, daß viel mehr Jungvögel die Futterstationen in den Winterrevieren aufsuchten, als mit der Zahl der wenigen gesichteten Nester zu erklären war. Bis dahin hatte er die Annahme der Japaner, daß diese Kraniche wie die Mönchs- und Weißnackenkraniche auf der Insel Kyushu im Süden Migranten vom Festland seien, nicht in Frage gestellt. Als aber in jenem Frühjahr die Jungvögel zusammen mit den Erwachsenen fortflogen, dann aber nach ein bis zwei Tagen zurückkehrten, kam ihm der Verdacht, daß die Altvögel irgendwo in der Region nisteten und die Jungen aus ihren Territorien vertrieben hatten. Daß Kraniche sich im Sommer, wenn ihre Nester im Labyrinth der Sümpfe in hohem Schilf- und Riedgras versteckt sind, still verhalten und wenig herumfliegen, würde erklären, warum die meisten von ihnen in der größtenteils unwegsamen und kaum frequentierten Kushiro-Marsch unentdeckt geblieben waren.

Noch im selben Frühjahr brachte Archibald mit Hilfe des Kranichexperten Dr. Hiroyuki Masatomi aus Hokkaido und mit Unterstützung der New York Zoological Society sowie einer lokalen Fluggesellschaft 200 000 Dollar für eine Lufterkundung der Sümpfe von Hokkaido auf. Die vereinzelten, von großen weißen Vögeln bewachten Nester waren leicht zu lokalisieren – 53 in bloß drei Stunden –, was seine Vermutung bestätigte, daß die japanische Population von *japonensis* nicht zieht. Wie jüngere Untersuchungen der unterschiedlichen Doppelrufe gezeigt haben, haben sich die Hokkaido-Kraniche schon vor Jahrtausenden von der Festlandspopulation abgesondert.

Die Industrialisierung Japans nach dem Zweiten Weltkrieg brachte es mit sich, daß ausgedehnte Feuchtgebiete trockengelegt wurden, um mehr Raum für Menschen zu schaffen. Da das Klima von Kushiro aber für Reisfelder zu kühl ist, blieben seine Sümpfe größtenteils unangetastet, bis die Kushiro-Marsch schließlich das größte der relativ intakt gebliebenen Feuchtgebiete aller vier Hauptinseln Japans war. Binnen kurzem geriet auch sie ins Fadenkreuz der Entwicklungsplaner (die ihre Tätigkeit gern als »Urbarmachung« umschreiben), und erst 1987 konnte ein Teil davon als Nationalpark gesichert werden.

Momentan erfreut sich *tancho* einer mehr oder weniger stabilen Population von rund 600 Vögeln – etwa die Hälfte der Festlandspopulation –, die allesamt im südöstlichen Hokkaido leben, wobei fast ein Drittel in der Kushiro-Marsch brütet. Der große Sumpf ernährt bereits so viele Kraniche, wie sie dem begrenzten Habitat gerade noch zuträglich sind – und wahrscheinlich schon mehr, wie man aus der Tatsache schließen kann, daß die Größe des normalerweise von einem Kranichpaar beanspruchten Territoriums stetig geschrumpft ist, während ihre Zahl seit den fünfziger Jahren anstieg, bis sie sich schließlich an kleine Moraste und Weideflächen anpaßten. 1988 lagen die am engsten benachbarten Nester nur rund 650 Meter auseinander; bis 1991 schrumpfte dieser Abstand auf unter 300 Meter, und heute sind einige Territorien sogar noch kleiner. (Im Vergleich dazu haben die *japonensis* des Festlands einen »unendlichen Bedarf an Habitatfläche, was zu ihrem Niedergang in einem großen Teil ihres früheren Verbreitungsgebiets geführt hat ... Ein Paar ... braucht Hunderte, wenn nicht Tausende Hektar seichter Feuchtgebiete, um erfolgreich brüten zu können.«) Daher überrascht es nicht, daß in den kleinsten Territorien der Kushiro-Marsch keine Küken schlüpfen.

Inzwischen ist rund die Hälfte des 28 700 Hektar großen Schutzgebiets trockengelegt und wird industriell oder landwirtschaftlich genutzt oder besiedelt, wobei überall im Umkreis weiter abgeholzt und entwässert wird. Das entwertet nicht nur die angrenzenden Feuchtgebiete, sondern verknappt auch das Nahrungsangebot, während die brütenden Paare gleichzeitig gezwungen sind, immer dichter zusammenzurücken. Sofern nicht neue Schutzgebiete weiter westlich auf Hokkaido oder vielleicht auch auf Honshu ausgewiesen werden, ist die Zukunft von *japonensis* als überlebensfähige Population in Japan selbst mit menschlicher Unterstützung nicht mehr gesichert.

Die Weißnacken- und Mönchskraniche, die auf der großen Insel Kyushu im Süden überwintern, kommen von der koreanischen Halbinsel über die Koreastraße herüber. Man glaubt, daß überall auf den japanischen Inseln vom Norden bis zum Süden und auch im Südteil Koreas sowie im südöstlichen China einst Zehntausende von *Grus monachus* (hier als »schwarzer Kranich« bekannt) überwinterten; doch wie der *tancho* wurden auch die schwarzen Kraniche in den Jahrzehnten nach der Meijireform und noch einmal während des Zweiten Weltkriegs durch die Jagd stark dezimiert. In jüngerer Zeit hat ihnen die Erschließung brachliegender Getreide- und Reisfelder geschadet, von denen sie sich ernährten, bis sich ihrer schließlich, wie auf Hokkaido, Einheimische annahmen und sie mit Futter versorgten.

Im Winter 1974 sichtete Archibald in der Araseki-Ebene bei Izumi auf Kyushu geschätzte 2200 *monachus* und eine vergleichbare Anzahl von *G. vipio*.[4] Bis Anfang der achtziger Jahre hatten sich die Araseki-Populationen beider Spezies mehr als verdoppelt, auf jeweils rund 5000, und machten somit den größten Teil der Mönchskraniche Asiens und fast die Hälfte seiner Weißnackenkraniche aus.

So große Ansammlungen überwinternder Vögel wie bei Araseki und andernorts beweisen nicht, daß es den Kranichen gutgeht, sondern, im Gegenteil, daß ihre Habitate schwinden und sie sich auf immer engerem Raum zusammendrängen müssen. In der Brutsaison zwingt der Verlust von Habitaten Kraniche dazu, wie auf Hokkaido in größerer Dichte auf Territorien minderer Qualität zu nisten, während in Winterquartieren wie auf Kyushu die Zusammenballung das Risiko tödlicher Epidemien, beispielsweise durch Herpes-Viren, oder von Vergiftungen durch quecksilberhaltige Pestizide erhöht. Ironischerweise könnte das Füttern durch Menschen zur größten Gefahr für beide Gruppen werden. Wenn man die Winterfütterungen jedoch abbräche, könnten die Tausende von Kranichen, die dann gezwungen wären, auf bestellte Felder auszuweichen, nicht hinnehmbare Ernteschäden verursachen und den Unmut der Einheimischen auf sich ziehen.

In den letzten Jahren haben Bauern auf Kyushu mit vorgefertigten Gewächshäusern zur Aufzucht von Gemüse im Winter experimentiert. Gleichzeitig gaben sie Reisfelder auf, die von Unkraut und Unterholz erobert wurden, was für die Kraniche die Zahl ihrer Schlafplätze im Wasser reduzierte, die genauso entscheidend sein können wie winterliche Futterquellen. (Man hofft, daß ein paar entscheidende Felder beibehalten und für die bedrängten Kraniche reserviert werden können.)

Durch zunehmenden Bergbau, Rodungen und militärische Aktivitäten in den sibirischen Brutgebieten und durch die industrielle Entwicklung in Südkorea in die Enge getrieben, ist *G. monachus* auch in Japan gefährdet.

Kushiro ist eine Hafenstadt an der Pazifikküste Hokkaidos mit Kohlebergbau, Papierindustrie und Fischkonservenfabriken. Die Papierherstellung hat die einheimischen Wälder erschöpft, jetzt werden unbearbeitete Stämme aus dem nordwestlichen Pazifik, aus den USA und Kanada, importiert. »Zeitungspapier und Kartonagen«, sagt Yulia Momose, die uns am kleinen Flughafen abholt. »Die Kartonagenfabrik ist es, die so stinkt.«

Als George Archibald das erstemal nach Kushiro kam, um die Mandschurenkraniche zu erforschen, nahm ihn die Familie von Dr. Shoichiro Satsuki auf, und obwohl Dr. Satsuki 1986 verstarb, kümmert sich seine Familie noch immer um George und seine vielen Freunde. Die beiden hübschen Satsuki-Töchter haben in den Vereinigten Staaten studiert und sprechen gut Englisch. Yulia und ihr Ehemann, der Ornithologe Dr. Kunikazu Momose, haben sich freundlicherweise angeboten, uns als Führer zu dienen.

Yulia bringt uns geradewegs zu *tanchos* Lieblingsplätzen, die sich im Winter größtenteils auf die Kushiro-Marsch konzentrieren. Das Sumpfland bekommt sein Wasser von mehreren kleinen Zuflüssen aus den Akan-Bergen, die in einem schneebedeckten Vulkan namens

Akan-Fuji gipfeln. Die 260 Quadratkilometer Sumpfland sind das Herz des Kushiro-Kranichschutzgebiets. Hier leben rund 53 der geschätzten 160 Brutpaare, die gegenwärtig auf Hokkaido nisten. Die andere große Gruppe brütet im Küstengebiet von Nemuro, das weiter östlich von Kushiro auf der anderen Seite von Kap Shiretoko liegt. Die meisten der Vögel von Nemuro sammeln sich im Winter in der Nordwestecke der Kushiro-Marsch.

Yulias erstes Ziel ist Tsurumidai (»Kranich-Ausguck«), eine Futterstation auf dem Watanabe-Bauernhof, wo Beobachter gerade die jährliche Kranichzählung durchführen. Unter der schweren Schneedecke, die von November bis April liegenbleibt – auf Hokkaido schneit es mehr als an jedem anderen Ort sonstwo auf diesem Breitengrad –, ist der Boden tief gefroren. Aber es ist ein schöner Tag mit wenig Wind, und der Aufenthalt im Freien ist angenehm, wenn man mit den Füßen fest genug aufstampft. Auch Archibalds alter Kollege Dr. Hiroyuki Masatomi versucht, sich so am Kranich-Ausguck die Füße zu wärmen; er ist ein älterer Ornithologe mit einem dünnen Bart und dem sanften Wesen eines der Weisen aus grauer Vorzeit, die auf dem Rücken zuvorkommender Kraniche in den Himmel emporgetragen wurden.[5]

Singschwäne mit tiefschwarzen Beinen und goldenen Schnäbeln wärmen sich, fett vom Mais, in der Sonne. Allerlei Meisen und Spechte belagern ein Futterhäuschen, und eine große Erddrossel (*Zoothera dauma*) hüpft in der Nähe herum. Bald landet der erste nervöse *tancho* und stakst durch den Schnee heran, doch er scheut und fliegt davon, ehe er den Mais erreicht hat. An der nächsten Futterstation sind keine Kraniche zu sehen, aber von einer kleinen Brükke aus erblicken wir ein halbes Dutzend im schwarzen Winterwasser des Hororo, eines rasch fließenden, schmalen Gewässers, das aus den Bergen in die Kushiro-Marsch abfließt.

Nahe dem Fluß Akan liegt der Hauptfutterplatz, Akan-cho Tancho, über den der frühere Eigentümer, Herr Yamazaki, die Aufsicht führt. Hier treffen wir Yulias Ehemann Kunikazu vom Yamashina-Institut für Ornithologie, der die Kranichzählungen an dieser Station leitet. Während unseres Aufenthalts landen 23 Kraniche, um sich ihre tägliche Portion *ugui* abzuholen – ein häufiger Fisch der Karpfenfamilie, der mit Netzen in den Bergseen gefangen und lebend jede Woche in der Kranichstation angeliefert wird. Wachsam stolzieren die *tancho* umher, putzen sich und tanzen sogar ein bißchen, wenn auch ohne große Leidenschaft – es ist kalt, und sie sind zum Fressen hier. Als Herr Yamazaki die mit den Schwänzen schlagenden Fische auf den Schnee wirft, kommen die Kraniche näher, und noch mehr kommen vom Fluß Akan herangeflogen. Die eleganten großen Kreaturen lassen sich Zeit, machen keine Anstalten, mit den Krähen, Schwarzmilanen und Seeadlern zu konkurrieren, die in der Luft kreisen, in anmutigen Bögen herabstoßen und sich die zappelnden rotflossigen *ugui* vom Schnee schnappen, ohne zu landen. Die Vögel sind nur einen guten *ugui*-Wurf von der Holzwand eines kleinen Besuchergebäudes entfernt, wo es heißen Tee, etwas zu essen sowie einen Souvenirladen und einen Beobachtungsposten im ersten Stock gibt.

Jenseits des Feldes, wo die Kraniche tanzen und fressen, zieht sich am Akan eine Reihe Fichten hin, und auf der anderen Seite des Flusses erheben sich flache, bewaldete Hügel. Zu zweit oder in Familien von drei oder (selten) vier Mitgliedern schweben die großen weißen Vögel durch die Koniferen heran. Sie landen so sanft auf ihren langen schwarzen Beinen, daß sich erst die Krallen nach der Berührung des Schnees zu strecken und dann in letzter Sekunde wieder ein bißchen zu heben scheinen, als würden sie vor dem Kontakt mit der eisigen Oberfläche zurückschrecken. Sieht man sie vor so einem kristallklaren, strahlenden Hintergrund, erklären das makellose Weiß, die blutrote Krone und die samtschwarzen Schwingen, warum Menschen, die Kranicharten auseinanderhalten können, meist *japonensis* für die beeindruckendste von allen halten.

Als George Archibald im Winter 1972 zum erstenmal Japan besuchte, war er mit acht Kranicharten vertraut, hatte aber noch nie einen freilebenden *japonensis* mit eigenen Augen gesehen. Für ihn war *japonensis* der außergewöhnlichste aller Kraniche, nicht nur weil sein Gefieder so elegant, sondern auch sein Tanz komplex ist, der wie bei den meisten Kranicharten die Paarbindung verstärkt und hilft, aggressive Spannungen beim einzelnen Vogel wie in der Schar abzubauen. Wie die meisten *Grus*-Spezies erhebt sich *japonensis* dabei auf die

Zehen, spreizt die Deckfedern auf dem Rücken und breitet die Flügel zur »Schmetterlingspose« aus, um sein Erscheinungsbild dem Partner wie den Rivalen gegenüber größer und imposanter zu machen, doch im Gegensatz zu den anderen setzt sich diese Präsentation damit fort, daß die ausgebreiteten Schwingen hoch über den Rücken gehoben werden und der Hals so gekrümmt wird, daß die rote Krone vor den seidenschwarzen tertiären Schwungfedern zu liegen kommt. Dann streckt er seinen langen scharfen Schnabel zum Himmel empor, wippt mit dem kurzen Schwanz und legt den Hals über die Deckfedern zurück und bildet so den berühmten »Bogen«.

»Als ich *japonensis* beim Tanzen die Flügel heben und den Bogen bilden sah, ging mir auf, daß diese Spezies, was die Drohgebärden und das Paarbindungsverhalten angeht, die anderen weit hinter sich gelassen hat«, hatte George mir in Sibirien erzählt. »Später fand ich heraus, daß Nonnenkraniche sich ganz ähnlich verhalten, und in dieser Hinsicht unterscheiden sich die beiden Arten von den anderen. Ich zögere, das Wort ›überlegen‹ zu gebrauchen, denn man könnte argumentieren, daß diese beiden, was ihre Anpassungsfähigkeit angeht, den anderen unterlegen sind, weil sie so sehr auf ihr Feuchtland-Habitat spezialisiert sind. Trotzdem, von allen Kranicharten finde ich diese beiden am aufregendsten.« (George hat mit vielen Kranichen in Gefangenschaft gearbeitet und schreibt *japonensis* eine ungewöhnliche Intelligenz zu, vor allem Neugier und Einfallsreichtum sowie die ausgeprägte Fähigkeit, Dinge auseinanderzunehmen.)

G. japonensis hat den elaboriertesten Balztanz aller Kraniche ausgebildet, aber auch – da dieser große Vogel anderen seiner Art gefährlich werden kann – die komplexesten Drohgebärden und -gesten, um sich abzureagieren und die Gefahr eines Angriffs oder Kampfes in den Winterquartieren, wo die Vögel eng zusammenrükken müssen, zu vermindern. Vor Jahren, zu Anfang seiner Forschungen, beobachtete Archibald eine schlafende Schar in der Nähe der Fütterungsstationen und hörte ein merkwürdiges *Wuuusch*, mit dem ein geisterhafter Lichtschein in der Dunkelheit einherging. Wie sich herausstellte, rührten das Geräusch und das Flackern von einem raschen Flügelschlag her, bei dem die weißen Primärfedern das schwache Umgebungslicht reflektierten. Archibald vermutet, daß dieser

»Drohschlag« mit den Flügeln (analog zu dem Flügelschlagen des Weißnackenkranichs bei Tag, wenn seine dunklen Primärfedern gut sichtbar sind) ein Warnsignal darstellt – eine Adaption wehrhafter Vögel, die sogar im Winter wütend ihr Territorium verteidigen und dennoch nachts gemeinsam schlafen müssen.

Am meisten interessierten George jedoch die Doppelrufe der Kraniche, über die er an der Cornell University seine Doktorarbeit schrieb.[6] Diese Rufe haben einen evolutionsgeschichtlichen Hintergrund, der sich teils auch in der Kranichanatomie spiegelt. In seiner Dissertation (die auf seinen Untersuchungen von acht Kranicharten in freier Wildbahn und in Gefangenschaft basiert) kommt George zu dem Schluß, daß die *Balearica* »primitiver« sind als andere Kraniche – also näher am Vorfahren aller Kraniche –, was nicht nur die relative Schlichtheit ihrer Rufe beweist, sondern auch die nicht spezialisierte Trachea, die Luftröhre, die sich auf kürzestem Weg vom Schlund zu den Lungen erstreckt.[7]

Der Doppelruf des Nonnenkranichs – ursprünglich auf der Basis morphologischer Ähnlichkeiten mit *G. americana* der Gattung *Grus* zugeordnet – unterscheidet sich so sehr von den Rufen anderer *Grus*, daß man seinen taxonomischen Status in Frage stellte. Aus diesem und vielen anderen Gründen – zwischen beiden Arten gibt es zahlreiche Gemeinsamkeiten – schlug Dr. Archibald vor, man solle den Nonnenkranich der Gattung *Bugeranus* zurechnen, zu der der Klunkerkranich zählt. Bei den Kronenkranichen stützten die unterschiedlichen Rufe der geographischen Hauptrassen frühere Argumente dafür, *Balearica* in zwei Spezies zu unterteilen, und unterschiedliche Rufe sprachen auch dafür, die Festlands- und die japanischen Populationen von *G. japonensis* als unterschiedliche Rassen oder Subspezies anzusehen. Ein paar Jahre nach Veröffentlichung seiner Dissertation wurden Archibalds aufregende Befunde durch Untersuchungen der Skelette und der äußeren Anatomie sowie durch Vergleiche von Kranich-DNS substantiell bestätigt.[8]

Ein Rotfuchs tritt zwischen den Fichten hervor (sein Fell ist von einem wärmeren Rot als bei seinen Verwandten in der Neuen Welt, und es fehlen ihm auch die schwarzen Spitzen an Ohren, Pfoten und

Schwanz) und duckt sich dicht auf den Schnee, als er zwischen den Kranichen hindurchschlüpft. Er schnappt nach den zappelnden Fischen und schafft es, mit zweien zugleich davonzukommen, läßt sie in einiger Entfernung von den Vögeln in eine Schneekuhle fallen und trottet dann sicherheitshalber zurück. Zweifellos wird der mutige Fuchs von den schwarzen Knopfaugen der Füchsin und ihrer Jungen hinten im Nadelgehölz aufmerksam beobachtet. Im Frühling plündert der Fuchs die Kranichnester und holt sich Eier wie auch Küken, aber seine Beute ist magerer als die herumstreunender Krähen. Herr Watanabe hat am Kranich-Ausguck einmal beobachtet, wie ein Fuchs einen unvorsichtigen erwachsenen Kranich riß, der in einer Senke nach Nahrung suchte, so daß der Fuchs ihm von der höher gelegenen Böschung aus in den Nacken springen konnte.

Wie Herr und Frau Watanabe, ein älteres Rentnerpaar, begann auch Herrn Yamazakis Vater damals im Frostjahr 1950 mit dem Kranichfüttern, als klar wurde, daß die schwindende Kranichpopulation auf Hokkaido ohne menschliche Hilfe vielleicht nicht überleben würde. Zwei Jahre später überredete Frau Watanabe die Kinder aus der Schule, die sie hinter ihrem Bauernhof betrieb, die Kraniche zu füttern. Ein 1957 an der Oberschule von Akan gegründeter Kranich-Club war bis vor wenigen Jahren aktiv, aber erst 1965 begannen Akan und das Nachbardorf Tsurui (»Kranich«) damit, die Bauern bei der Beschaffung des nötigen Getreides finanziell zu unterstützen und Yamazaki und einen gewissen Herrn Ito als Wächter und Wärter einzustellen.

Am Abend laden uns Yulias Schwester Rori, eine Musikerin, und ihre lebhafte Mutter, Frau Yoshie Satsuki, zu einem herrlichen Meeresfrüchte-Essen in Kushiros ältestes Restaurant, das Yatsunami, ein. Yatsunami bedeutet »acht Wellen« – was acht Generationen meint, die Acht ist hier eine Glückszahl, wie uns Rori erzählt. Der Name Kushiro leitet sich von einem Ainu-Begriff ab, der unterschiedlich, als »Ort, wo sich Menschen versammeln« und als »Schlund« (im Sinn einer Engstelle im Fluß), übersetzt wird. Siedlungen der Ainu standen bestimmt auch im Jahr 794 n. Chr. an dieser Küste, als Japans erster Shogun, der »Großmarschall zur Unterwerfung der Barbaren«, ausgesandt wurde, um die Invasionen »eines wilden, blauäugigen Volkes namens Emishi von der Nordinsel Hokkaido zu unterbinden, die sich wie Ameisen zusammenrotteten, aber wie Vögel zerstreuten«.[9] Für die Ainu waren die weißen Kraniche die »Götter der Marschen«. Wie die sibirischen Tschuktschen, die australischen Aborigines und die nordamerikanischen Indianer – kurz: die meisten Urbevölkerungen in Ländern mit wilden Kranichen – entwickelten die Ainu einen Kranichtanz, aber in der Ainu-Kultur tanzten nur Frauen die gemessenen zeremoniellen Schritte, dazu sang ein Chor ihrer Schwestern, imitierte die Rufe der Marschgötter und klatschte in die Hände. In Roris Kindheit mag es noch ein paar alte Ainu in der Gegend gegeben haben, aber deren Nachkommen sind fast völlig assimiliert. Erst in jüngster Zeit gibt es unter denjenigen, die behaupten, von Ainu abzustammen, eine Bewegung, die ein Stück weit die traditionelle Kultur erhalten will, wie es auch in Nordamerika und Australien geschehen ist.

Rori zufolge ärgern sich viele hiesige Bauern über die Kraniche, die den Mais fressen, den sie für ihr Vieh brauchen, und im Frühjahr das junge, sprießende Getreide ausgraben. Dennoch wird kein *tancho* mehr getötet. Trotz seiner langen Geschichte in der japanischen Kultur ist der Mandschurenkranich erst seit den fünfziger Jahren der »Nationalvogel«. Damals übernahm man diesen besonderen Ehrentitel von den Amerikanern. (Bei einer Unterhaltung über den verstorbenen Filmregisseur Akiro Kurosawa, der in seiner Heimat lange Zeit unterschätzt wurde, sagt Rori bissig: »Wir Japaner neigen dazu, gewisse Vorzüge unseres Landes erst dann anzuerkennen, wenn andere Länder sie schon längst bewundern.«)

An jenem ersten Nachmittag in Akan-cho Tancho gesellte sich zu den kreisenden Seeadlern für kurze Zeit ein Riesenseeadler, der zu träge war, um herunterzustoßen und sich einen Fisch zu holen, und bald wieder wegflog. Ein Riesenseeadler sieht ungefähr aus wie ein großer nordamerikanischer Weißkopf-Seeadler, nur daß sein weißer Kopf und gelber Schnabel viel massiver sind und er auf den schwarzen Schwingen deutliche weiße Flecken hat. Eine ganze Anzahl dieser seltenen Vögel sammelt sich im Winter an der Nordküste von Hokkaido, in der Nähe der Stadt Rausa am Ochotskischen Meer, wo die Fischschwärme sich durch die Straße von Nemuro zwischen Hokkaido und Kunaschir zwängen, der südlichsten Insel der Kurilen, die sich in einem Bogen bis nach Kamtschatka hinaufziehen. Bei Rausa kann man oft Adler beider Spezies mit gefangenen Fischen auf dem Packeis beobachten. Die Schlafplätze der gewaltigen Greifvögel in den Schluchten, die sich zur Küste hinunterziehen, gehen in die Hunderte.

In zwei Tagen werden wir die Momoses in die Täler oberhalb von Kushiro begleiten, wo wir die wilderen Kraniche, die weniger an die Fütterungsstationen gewöhnt sind, suchen und zählen wollen. Zwischendurch aber wollen wir einen Ausflug über die Insel machen, um die Adler von Rausa zu sehen. Früh am nächsten Morgen fahren wir mit dem Bus von Kushiro nach Nordosten an die Küste des Ochotskischen Meeres. Der zugefrorene Hafen bleibt hinter uns, als wir die schmale Straße in die bewaldeten Hügel hinauffahren. Wir queren schwarze Gewässer und sonnenbeschienene Schneefelder und kommen an auf Milchwirtschaft spezialisierten Bauernhöfen mit schwarzweißen Holsteinrindern vorbei. Im Norden und Westen tauchen weiße Vulkangipfel auf, Bambus und Birken weichen Nadelhölzern, bis die gesamte schneebedeckte Bergkette in den Blick kommt. Die höchsten Gipfel sind der untätige Akan-Fuji mit über 1500 Metern und seine Gefährtin, die rauchende Me-Akan.

Die Bergstraße windet sich wieder zur Straße von Nemuro hinunter, passiert Kap Shiretoko und trifft bei Shibetsu auf die Küste, wo sie Richtung Nordosten am Ochotskischen Meer entlangführt. Die hübsche schwarze Felsenküste liegt zu Füßen steiler Berge, die von engen Schluchten und schwarzen Bächen unterbrochen sind, Flußwasseramseln wippen hier und da auf den eisüberglänzten Steinen.

Ein paar Kilometer weiter nördlich vor der Küste erheben sich die bleichen Klippen der Kurilen. Neben der Küstenstraße steht ein großes Schild, das finster dreinblickende Japaner zeigt, die mit erhobenen Fäusten aufs Meer hinaus blicken und so symbolisch gegen den Verlust der südlichen Kurilen an die Sowjetunion gegen Ende des Zweiten Weltkriegs protestieren. Seltsamerweise steht hier, in dieser abgelegenen Ecke des Landes, neben den japanischen Schriftzeichen eine englische Übersetzung: »Gebt uns die Besetzten Inseln zurück!« Die größte und südlichste der Kurilen ist Kunaschir, deren herrliche Schneegipfel und hohen Klippen nur knapp 25 Kilometer jenseits der Meerenge emporragen.

Statt des vorhergesagten Packeises finden wir die Meerenge an diesem schönen 9. Februar offen. Das kalte, klare Blau wird hier und da von dem weißen Rumpf eines Fischerboots unterbrochen. Entlang der Küstenstraße hocken Scharen von Seeadlern auf Fichten und Birken, und auf dem glatten Meeresspiegel schwimmen Schellenten, Mittel- und Gänsesäger, Meerscharben und ein paar kleine Alken, die zu weit draußen sind, um sie identifizieren zu können.

Ab und zu fällt Schnee, gelegentlich dicht. Für Augenblicke zieht sich die See zu und wird grau, wenn Schneegestöber von Nordwest herantreiben. Kunaschir verblaßt zu einem Schatten und verschwindet dann. Bald erreicht der Bus Rausa, einen geschäftigen Fischereihafen mit einer großen Mole um das innere Hafenbecken. Die zurückgekehrte Sonne läßt den dicken, safranfarbenen Schnabel und die großen weißen Flügelflecken eines Riesenseeadlers aufblitzen, der auf der Hafenmauer sitzt und von Krähen und einer Schar Möwen umschwärmt wird – größtenteils ostpazifische Silbermöwen. Aber es finden sich auch weiße Eismöwen, ein paar Beringmöwen, eine vereinzelte Sturmmöwe und zwei, wie es scheint, noch nicht geschlechtsreife Exemplare der wunderschönen Japanmöwe ein, die ich zum erstenmal im Sommer zuvor jenseits der Meerenge an der sibirischen Küste gesehen habe.

In Rausa, dessen Straßen von großen Schneehaufen gesäumt sind, werden wir von Yulia Momoses Freund Michihiro Tazawa abgeholt, einem großen, jungen Wächter des Shiretoko-Nationalparks. Nach einem warmen Imbiß – *ramen* (ausgezogenen Nudeln) – in einem Dorfladen bringt uns Tazawa in einem Wagen des Parks weiter die Küste hinauf, um Adler zu suchen. Dieses Jahr sind die Alaska-Pollack-Schwärme klein ausgefallen, und das Packeis hat sich verspätet (ein weiteres Anzeichen für die globale Erwärmung für fast alle Erdenbewohner, außer für jene, die von der Öl- und Autoindustrie profitieren). Daher sieht man die Seeadler nur vereinzelt und ziemlich selten. Die meisten von ihnen, die von See kommen, versammeln sich auf den Wellenbrechern und den äußeren Hafenmauern und auch in großen Bäumen an den steilen Hängen, von denen aus man den Hafen und die Fischfangflotte überblickt. Hier gibt es Gruppen von einem Dutzend bis zu 20 Vögeln – nicht die versprochenen Hunderte, aber doch eine imponierende Ansammlung mächtiger Greifvögel.

Es gibt auch eine erstaunliche Anzahl der hübschen Kragenenten, die im Winter sehr selten an beiden Küsten Nordamerikas paarweise oder in kleinen, verstreuten Scharen auftauchen. Dicht bei den Felsen schwimmen neun Kragenenten zusammen, sechs von ihnen Erpel im neuen Federkleid des Frühlings, und weiter nördlich längs des Ufers paddeln und tauchen Paar um Paar, Schar um Schar durch die glitzernde Oberfläche des silbrigen Wassers. Grinsend und achselzuckend stellen wir unsere närrische Zählerei ein, wir haben auf nur einem guten Kilometer Küste schon mehr Kragenenten gesehen als in Jahrzehnten leidenschaftlicher Vogelbeobachtung zuvor.

Um sechs Uhr brechen wir am nächsten Morgen mit den Momoses von Kushiro auf und folgen einer Straße entlang dem Fluß Shitakara stromauf zum Fuß der Akan-Berge. Kahle Laubbäume ziehen sich bis zu den Fichtenregionen hinauf, und über der Kammlinie erhebt sich der weiße Kegel des Akan-Fuji. Unsere Stiefel knirschen auf der schneebedeckten Straße entlang den reifbedeckten Bäumen neben dem schmalen Shitakara (in der Sprache der Ainu »Ort der Ulmen«, aber die Ulmen wurden hier schon vor langer Zeit vernichtet, genau wie die Ainu). Es ist ein klarer, sehr kalter Tag – minus 20 Grad Celsius, sagt Herr Yamazaki, der Bruder des Aufsehers von Akan-cho Tancho, den wir auf dem Beobachtungsposten am Akan getroffen haben. Hocherfreut lächelnd, zeigt er uns 18 oder 20 *tancho*, die ein kleines Stück stromauf noch auf ihren Schlafplätzen hocken, und wir ducken uns hinter die vereisten Äste, um sie zu betrachten.

Hinter einer Biegung kauern die weißen Gestalten im eisigen Nebel. An einer Stelle, wo der weiche, hohe, trockene Schnee sich bis unmittelbar ans Eis hinunterzieht, bilden die reglosen Figuren eine schwarzweiße Barriere über dem Gewässer.

Die Kraniche erwachen. Einer putzt sich ein bißchen, aber die übrigen scheinen auf die ersten kalten Sonnenstrahlen zu warten, ehe sie anfangen, sich im schwarzen, noch nicht zugefrorenen Wasser zu drehen und zu wenden. Obwohl den Kranichen von Kushiro von Raubsäugern keine Gefahr mehr droht (Wölfe und Tiger sind ausgerottet, und Bären halten Winterschlaf), suchen sie zum Schlafen noch immer Gewässer auf. Nur wenige bleiben, wenn überhaupt, im Eis hängen, auch wenn sie gelegentlich beim Auffliegen Eisringe an den Füßen tragen.

Die meisten putzen sich, bewegen sich ein wenig, geheimnisvoll verschieben sich die schwarzweißen Muster im frostigen Dunst. Zwei strecken die Hälse, heben ihre Schnäbel zum Himmel und lassen gemeinsam den lauten, wilden Ruf erschallen, den ich erstmals in den Brutrevieren Sibiriens vernommen habe. Der Doppelruf durchdringt die knisternde Kälte im dämmerigen Tal, als solle er Eis brechen.

Obwohl wir gut versteckt fast 200 Meter entfernt hinter Büschen kauern, haben die wachsamen und scharfsichtigen Vögel ohne Zweifel unsere Anwesenheit bemerkt, aber sie fliegen nicht auf und wirken auch nicht beunruhigt, als wir uns schließlich aufrichten und uns entfernen. Der vorsichtige *tancho* scheint zu wissen, daß dieses zweibeinige Wesen nicht länger ein Feind ist. Vielleicht wird er eines Tages das Zutrauen wiedererlangen, das einen bei wilden Tieren so bewegt, die an entlegenen Orten wie den Galapagos-Inseln leben, die der Mensch erst spät erreichte oder wo die Menschen seit Jahrhunderten auf die Jagd verzichtet haben, wie es in bestimmten buddhistischen Regionen des Himalaya der Fall ist.

Im Zusammenhang mit der Zählung für die Tancho-Schutzgesellschaft, einer Privatstiftung zur Erforschung der Kraniche unter der Leitung von Dr. Momose und Dr. Masatomi, nehmen uns unsere Freunde auf eine Erkundungstour in das Einzugsgebiet des Flusses Onbetsu im Westen mit. Dort haben sie vergangenes Jahr die weniger gewitzten Kraniche lokalisiert, die sich kaum an den Stationen von Kushiro zeigen. Die Spuren des Erdbebens vom letzten Monat – Bergrutsche und große Spalten in der Straße – sind in den Hügeln westlich von Kushiro nicht zu übersehen. Stellenweise ist die Straße am Onbetsu ins Tal abgerutscht, und eine Herde Sikahirsche im grauen Winterfell beäugt abwartend mit großen Augen am Waldrand die zerrissene Trasse, als wolle sie sichergehen, daß sie noch unbeschadet überquert werden kann.

Vom Ort Onbetsu führt eine Straße in die Berge, und hier treffen wir auf Gruppen von Arbeitern, denn der untere Onbetsu wurde durch Bergrutsche blockiert und umgeleitet. Der Oberlauf des Flusses ist noch klar, aber wir sehen keine Kraniche, nur einen Seeadler, der mit breitem Rücken in einem Baum hockt, und einen einsamen Hund in der Flußaue, der über den glänzenden Schnee seinen eigenen Zielen zustrebt. Eine Seitenstraße führt schließlich an einem Nebenflüßchen bergan, der Muri heißt (ein Ainu-Ortsname, »Nebliges Dorf«, seit langem untergegangen), wo sich entlang dem Tal ein paar alte Gehöfte erstrecken. An einer Biegung des Gebirgsbachs taucht ein Kranichpaar auf, etwas weiter oben sind es drei Vögel, dann noch einmal zwei, die sich den ersten beiden anschließen. Sie fressen kleine Insekten und Larven von im Flußbett umgekippten Steinen und ziehen währenddessen gemächlich weiter. An einer Biegung tänzeln diese vier leichtfüßig auf eine sonnenbeschienene Schneebank hinauf, wo sie eine strahlende Schwarzweißkomposition bilden, die vom Weiß des Schnees und dem Schwarz des Winterwassers kontrapunktiert wird.

Ich frage mich, warum bei *G. japonensis*, der hier im Schnee des hohen Nordens tiefere Temperaturen aushält als alle anderen Kraniche, Schnabel, Hals und Beine länger sind als beim Schwarzhalskranich in den Bergen Bhutans, dessen kürzerer Hals und kürzere Beine sowie kompakterer und damit vom Wärmehaushalt her effizienterer Körper evolutionäre Anpassungen an kaltes Klima sind. Ist *japonensis* von sich aus die kälteresistenteste aller Kranicharten, oder hat sich diese Robustheit erst aufgrund veränderter Umstände und Bedingungen ausgebildet, beispielsweise der Notwendigkeit, die frostigen Winter in einer Gegend zu überstehen, die einst nur das Bruthabitat im Frühling und Sommer war?

Sein – im Vergleich mit anderen Kranichen – stattliches Gewicht und seine eher bescheidenen Flugfähigkeiten und auch seine ausgeprägte Turnüre sowie die weißen Primärfedern bringen Dr. Archibald zu dem Schluß, daß *japonensis* ursprünglich eine standortfeste Variante war, die aus südlicheren Gefilden vertrieben wurde. Die Festlandspopulationen von *japonensis* ziehen nach Süden auf die koreanische Halbinsel und an die chinesische Küste: Ich frage mich, ob die Vögel von Hokkaido, zu denen sich die von Kunaschir gesellen, vielleicht einst auf der Hauptinsel Honshu überwinterten oder ob *japonensis* eine einst auf dem ganzen Archipel verbreitete standortfeste Rasse war, wobei Hokkaido die Nordgrenze ihres Verbreitungsgebiets darstellte.

Kunikazu Momose ist höflich genug, diese Frage hochinteressant zu finden, aber mangels handfester Beweise dafür nimmt er an, daß auch in alter Zeit einige dieser *tancho* fortzogen, andere nicht. Die standortfesten sind die, die überlebt haben.

Wie andere *Grus* der nördlichen Breiten hat *japonensis* vereinzelte schwarze Haarfedern auf der nackten schwarzen Haut seiner »Stirn« und auch auf dem rauhen, warzigen Kamm seiner karmesinroten Krone. Bei Kälte oder beim Wanderflug kann die Krone dunkler werden, weil sie weniger durchblutet wird, bis sie schließlich unter den Haarfedern nur noch undeutlich zu erkennen ist; sie kann sogar fast ganz unter den weißen Nackenfedern verschwinden, die wie eine Haube nach vorn gezogen werden können. Heute leuchtet trotz der großen Kälte die zinnoberfarbene Krone wie ein frischer Blutfleck auf weißem Schnee.

Tanchos beeindruckende Erscheinung wird durch die schwarzen Sekundär- und die weißen Primärfedern noch unterstrichen – die umgekehrte Anordnung dessen, was man nicht nur bei *leucogeranus* und *americana* findet, sondern auch bei großen, weißen Langstreckenfliegern vieler Familien – Gänse, Tölpel, Pelikane, Albatrosse, bestimmte Störche und Möwen –, alle mit schwarzen Primärfedern oder zumindest schwarzen Flügelspitzen: Das Melanin in den schwarzen Federn, glaubt man, macht sie stabiler und reduziert die Abnutzung auf den langen, beschwerlichen Zugflügen. Weiße Primärfedern sind bei großen Vögel selten, Ausnahmen bilden nur rein weiße Vögel wie beispielsweise Silberreiher, und die kontrastierenden schwarzen Sekundärfedern des Mandschurenkranichs sind vielleicht etwas Einzigartiges. Bei den langsam fliegenden *japonensis* ist die Zugroute weder lang noch beschwerlich; die Vögel vom Amur fliegen nicht weiter als bis zur koreanischen Halbinsel und zur chinesischen Küste, und die Population von Hokkaido ist im wesentlichen standortfest. Auf die Effizienz der Schwingen kommt es daher weniger an, was der Spezies den Freiraum gab, kompliziertere epigame Zeichnungsmuster für die Partnerwerbung und zur Abschreckung auszubilden. Im Gegensatz zu weniger eleganten Tieren gehen Kraniche nach der Paarung nicht abrupt auseinander, sondern bleiben Seite an Seite beisammen, die karmesinroten Kronen sind kräftig durchblutet, die langen Schnäbel zum Himmel gerichtet, bis sie dann, im Gleichklang bis zum Schluß, die Paarungszeremonie mit viel Federplustern und Verbeugen beenden.

In der asiatischen Symbolik spielen Mandschurenkraniche eine herausragende Rolle. Die verblüffenden Schwarzweißmuster, die sich zeigen, wenn der Vogel die Schwingen spreizt und seinen schwarzen Hals zum Bogen krümmt, bewunderten vor allem die chinesischen Philosophen, die darin eine Manifestation des Yin-Yang-Prinzips von Böse und Gut, Dunkel und Hell sahen. Das solitäre, strahlende Karmesinrot versöhnt die Dualität von Dunkel und Hell, die letzten Endes wieder zu dem einen wird, dem Universellen, der letztendlichen Quelle allen Seins. In diesem strahlenden Winterlicht, vor den schwarzen Bäumen und dem weißen Schnee, dreht und wendet sich das rote Juwel wie das schlagende Herz des Lebens selbst, während der dunkle Nadelwald in seiner undurchdringlichen Stille die Präsenz des großen Mysteriums hinter allem verströmt.

Die Berghänge hier, vor Jahren abgeholzt, haben sich zur Selbstheilung eine Zweitwuchs-Hülle aus Eichen und Birken, durchsetzt mit ein paar Lärchen und Fichten, zugelegt. An anderen Stellen wurden Kahlschläge mit öden Reihen von Koniferen wieder bepflanzt, die Wildpflanzen und -tieren nicht viel zu bieten haben. Die Wiederaufforstung, berichtet Yulia, ist im holzversessenen Japan zu einer Passion geworden. Die verstreuten Gehöfte wirken gut in Schuß, wenn nicht sogar wohlhabend, und man sieht hier am Muri viel mehr kleine Vögel als im Tal von Kushiro oder auch in den bewaldeten Bergen, auf hochgelegenen Weiden und in den Büschen am Küstenweg nach Rausa, wo der einzige den ganzen Tag über gesichtete Sperlingsvogel ein einsamer Feldsperling auf einer vereisten Straße war. Der rehbraun und blau gemusterte Eichelhäher kommt hier häufig vor – gleich sechs picken in der Sonne Körner aus dem Misthaufen in einem Viehgehege –, und wir sehen auch vier Rostflügeldrosseln, die Kohlmeise und die Sumpfmeise, einen Buntspecht und einen Braunohrbülbül in kräftigen Farben, die völlig anders wirken als die der verdreckten Exemplare in den Straßen von Tokio.

Weiter stromauf tauchen in einer Kurve über einer Schneewehe drei rot-schwarz-weiße Köpfe auf. Sie drehen und wenden sich im hellen Licht vor dem dunklen Hintergrund des steilen, bewaldeten Berghangs, von dem bereits die Nachmittagsschatten Besitz ergriffen haben. Wir können näher herangehen, aber nicht zu nah. Sonnig-silbrige Kreaturen, die sich anmutig und ohne Eile, aber doch geschwind im schwarzen, diamantenen Schimmern des Muri bewegen – eine Vision, eine Offenbarung, obwohl ich nicht weiß, was mir über diesen versilberten Moment meines Lebens hinaus damit offenbart werden könnte.

Vor ein paar Jahren hat die hiesige Schule unten an der Einmündung in den Onbetsu ein Fütterungsprogramm für Kraniche aufgelegt, das ein älterer Herr, Ichiro Sato, ausführt, der die Kraniche auf einer Weide bei seinem kleinen Bauernhaus neben der Schule mit Fressen versorgt. Die Kraniche, versichert uns Herr Sato, werden gegen halb vier Uhr nachmittags kommen – für diese Jahreszeit am späten Nachmittag, kurz bevor sie sich zur Ruhe begeben –, und jeder wird 50 Maiskörner picken, ehe er sich dann eine Weile ausruht und vielleicht auch ein bißchen Schnee frißt, um sie hinunterzuspülen.

Ob sie sich nun an die 50-Körner-Regel halten oder nicht, Herrn Satos Kraniche sind gewiß nicht gierig. (Die scheinbare Zurückhaltung, die sich alle Kranicharten angesichts von Futter auferlegen, zählt zu ihren vielen attraktiven Merkmalen; sie sind zwar Allesfresser, würden aber nie auf dem Feld verrottetes Gemüse hinunterschlingen, wie Enten und Gänse es tun.) Die weißen Kraniche kommen zur festgesetzten Zeit das Tal herab gesegelt, bäumen sich gegen den eiskalten Wind auf, bis er ihre breiten, hohl gewölbten Schwingen aufplustert, und setzen mit einem leichtfüßigen Schritt aus der Luft auf dem Boden auf. Auch dann blicken sie sich erst um, ehe sie fressen. Sie putzen sich vielleicht ein bißchen, tanzen ein wenig oder stehen auf einem Bein, heben den anderen Fuß zum Wärmen ins Brustgefieder, nachdem sie sorgfältig alles Eis und allen Schnee abgeschüttelt haben. Diese Kraniche sind zwar von Menschen abhängig, aber dennoch wachsam. Hier, auf einem Bauernhof, der keine Besucher kennt, wirken sie irgendwie weniger angepaßt, weniger unterwürfig als die mit *ugui* für die Touristen angelockten Artgenossen von Akan-cho Tancho.

Noch ganz in Winterstimmung, bleiben die *tancho* nach dem tiefen, rollenden Grußruf beim Anflug still, nur manchmal werden Neuankömmlinge mit dem lauten Doppelruf eines bereits anwesenden Paares herausgefordert. Schließlich sind über 20 gekommen, darunter fünf braunköpfige Jungvögel aus Gelegen des letzten Frühjahrs; auch ihre Turnüren sind noch braun durchsetzt, und ihr weißer Mantel hat blaßbraune Flecken. Im kommenden Frühjahr werden sie zwar noch nicht geschlechtsreif sein, aber das voll ausgebildete Federkleid des erwachsenen Tieres bekommen, und das wird der Zeitpunkt sein, an dem ihre brütenden Eltern sie vertreiben.

Nachdem die Kraniche gefressen haben (ich habe vergessen, die Körner zu zählen), ziehen sie ein bißchen weiter und beginnen, gemeinsam mit den Jungvögeln, sich zu verbeugen und zu hüpfen, wobei sie sich vom kalten Wind der Dämmerung mit baumelnden Beinen einen oder anderthalb Meter in die Luft tragen lassen. Als die Sonne hinter dem bewaldeten Berggrat untergeht und im schwindenden Blau über uns erste Sterne auftauchen, tänzeln die weißen Vögel vorwärts und erheben sich vom Schnee in den Nordwind. Sie fliegen eine Kehre zum Muri, dem sie an der Nordseite des Tals bis zu einer eisfreien Stelle des Onbetsu folgen werden. Dort werden sie sich in einer Linie im schwarzen Wasser aufstellen und die Federn plustern, sich putzen, zusammenkauern, die Köpfe unter die Flügel stecken und sich zum Schlafen bereit machen.

Bald wird von ihnen im schwindenden Dämmerlicht nicht mehr auszumachen sein als das letzte nach oben schwingende weiße Flügelpaar, dessen schwarze Federschleppen an uralte asiatische Symbole erinnern, und die scharfe schwarze Klinge in der Mitte der Schwingen, die geradeaus zeigt wie eine Kompaßnadel. Auf den ersten Blick scheint diese merkwürdige Markierung die Schwarzweißsymmetrie der großen Flügel zu stören, in Wirklichkeit aber intensiviert sie ihre Schönheit wie die Silhouette eines verkrüppelten Nadelbaums oben auf dem Grat über dem Tal des Muri, die die langweilige Perfektion des Mondes wettmacht.

SIEBEN

Das unverhoffte Paradies

Daß so der Kranich mit der Wolke teile
Den schönen Himmel, den sie kurz befliegen
Daß also keines länger hier verweile
Und keines andres sehe als das Wiegen
Des andern in dem Wind, den beide spüren
Die jetzt im Fluge beieinander liegen
So mag der Wind sie in das Nichts entführen
Wenn sie nur nicht vergehen und sich bleiben
Solange kann sie beide nichts berühren
Solange kann man sie von jedem Ort vertreiben
Wo Regen drohen oder Schüsse schallen.
So unter Sonn und Monds wenig verschiedenen Scheiben
Fliegen sie hin, einander ganz verfallen.
Wohin ihr?
Nirgendhin.
Vor wem davon?
Von allen.

Aus der Oper *Aufstieg und Fall der Stadt Mahagonny*
von Kurt Weill und Bertolt Brecht, 1928/29

Die Mandschuren- und Weißnackenkraniche, die im Spätherbst des Jahres 1950 von der Wasserscheide des großen Amur die koreanische Halbinsel hinunterzogen und in den Feuchtgebieten des Bekkens von Chorwon und entlang den Mündungen der Flüsse Imjin und Han ins Gelbe Meer landeten, wurden von einem gewaltigen, furchterregenden Tumult aus Licht und Lärm von Bomben und Artillerie empfangen. Ein paar Monate zuvor, im Juni, waren die Nordkoreaner, die die von den Siegermächten des Zweiten Weltkriegs durchgesetzte Grenzziehung nicht anerkannten, durch das Tal von Panmunjom in den Süden einmarschiert, und damit hatte der Koreakrieg begonnen. *Grus japonensis* und *Grus vipio* überwinterten zwar in diesen Sümpfen, lange bevor es dort eine Grenze gab – und lange bevor *Homo sapiens* zum erstenmal auf der Halbinsel auftauchte –, aber diese Störung war zuviel für die wilden Kraniche, die weite, ruhige, offene Landstriche und sauberes Wasser brauchen.

Man hat einmal behauptet, daß Vögel nicht die Intelligenz von Säugetieren entwickelt hätten, weil sie ihre Probleme meist dadurch lösen können, daß sie einfach davonfliegen. Wie dem auch sei, es ist denkbar, daß einige der Weißnackenkraniche aus der Region flohen und sich jenen anschlossen, die nicht in Korea überwinterten, sondern hier nur zum Fressen und Ausruhen einen Zwischenstopp einlegten und dann ihre längere Reise über die Koreastraße zur japanischen Insel Kyushu fortsetzten. (Vor dem Zweiten Weltkrieg war das von Japan unterworfene Korea größtenteils unterentwickelt, und die Geschichte seiner Flora und Fauna, ohnehin kaum bekannt, war praktisch ungeschrieben geblieben, aber der koreanische Ornithologe P. O. Won fand schließlich heraus, daß schon im Jahr 1871 in den Winterreisfeldern von Izumi auf Kyushu 287 Weißnackenkraniche gezählt worden waren.)

Nichts ist hingegen darüber bekannt, daß Mandschurenkraniche vom Festland auf den japanischen Archipel gezogen wären. Die *japonensis* vom Amur und aus dem Zhalong-Reservat ziehen zu Küstenregionen Chinas nördlich von Shanghai (Provinz Jiangsu), während die Population vom Ussuri und vom Chanka-See in Korea überwintert. Aber genauso wie einige *vipio* ihren Südost-Kurs über der Halbinsel beibehielten und vielleicht anderen übers Salzwasser nach Kyushu folgten, können ein paar Mandschurenkraniche nach Süden und Westen bis China weitergezogen sein, wo sie sich möglicherweise anderen Individuen ihrer Spezies am Delta des Liao nördlich der Stelle, wo die Chinesische Mauer sich zum Golf von Chihli hinunterzieht, angeschlossen haben. Oder sie folgten vielleicht jenen *japonensis*, die weiter die Küste entlang nach Süden bis nach Yancheng am Rand des Jangtse-Deltas fliegen, wo sich im Winter die größte bekannte Gruppe von *japonensis*, manchmal über 500 Vögel, versammelt.

Einige Vertreter beider Spezies kämpften zweifellos in dem, was von ihren Winterhabitaten auf der Halbinsel übrig war, ums Überleben; Korea litt in jenen Jahren unter entsetzlicher Armut und Hungersnöten. Da Kraniche groß, auffällig und gut genießbar sind, ist es sehr wahrscheinlich, daß die vereinzelten Vögel geschossen, vergiftet, mit Fallen gefangen oder auf andere Weise getötet wurden, wo immer man sie fand.

Der 1953 in Panmunjom unterzeichnete Waffenstillstand teilte die Halbinsel an ihrer schmalen Taille erneut: in die Demokratische Volksrepublik Korea im Norden und die Republik Korea im Süden. Diesmal wurde die Grenze mit Minen und Panzersperren, mit befestigten Stellungen und mit hohen Stahlzäunen samt Stacheldraht gesichert. Auf beiden Seiten mit linientreuen Soldaten bemannt, verhinderten die Barrieren jeglichen Zugang zu der sogenannten entmilitarisierten Zone, die sich ungefähr entlang dem 38. Breitengrad vom Gelben Meer nach Osten zum blauen Japanischen oder Ostmeer erstreckt. Auf südkoreanischer Seite wurde der entmilitarisierten Zone eine »zivile Kontrollzone« vergleichbarer Breite vorgelagert, in der kontrollierte Landwirtschaft – aber keine Wohnbebauung – erlaubt war. Da ein Gebiet, aus dem *Homo sapiens* ausgeschlossen ist, unweigerlich für andere Spezies sehr attraktiv ist, hatte man de facto ein mehrere Kilometer breites und 240 Kilometer langes Niemandsland geschaffen (von alles in allem fast 1000 Quadratkilometern), dessen Gewässer und Quellen den ganzen Winter über eisfrei bleiben – das am unerbittlichsten verteidigte Naturreservat der Welt und ein unverhofftes Paradies für die großen Kraniche.

Weil den Truppen beider Seiten ein zufällig entstandenes Reservat gleichgültig gewesen wäre, wenn ihnen dessen Existenz überhaupt aufgefallen war, blieb die Rückkehr von *vipio* und *japonensis*, nachdem *sapiens* mit der Jagd aufgehört hatte, ebenso unbemerkt wie ihr Verschwinden in den Kriegsjahren. Erst im November 1961 berichtete der in Südkorea stationierte amerikanische Leutnant Ben King dem amerikanischen Kranichexperten Dr. Lawrence Walkinshaw, daß eine Gruppe von rund 2300 Weißnackenkranichen, offensichtlich auf dem Weg nach Japan, sich ein paar Tage in den Schlammzonen von Han und Imjin am Gelben Meer ausgeruht hätte.[1] In den folgenden Jahren wurden sowohl *vipio* als auch *japonensis* in den Wintermonaten entlang dem Imjin und auch im nicht weit davon entfernten Tal von Panmunjom gesichtet, aber erst Anfang der siebziger Jahre fand man heraus, daß beide Arten auch in das gut bewässerte Becken von Chorwon am Rand des zentralen Gebirgsrückens zurückgekehrt waren, das nach dem Ende der Kämpfe größtenteils verlassen wurde und jetzt Grasland war. Das Mündungsgebiet von Han und Imjin und das Becken von Chorwon – die beiden während des Kriegs am heftigsten umkämpften Regionen – hatten sich zu den besten Kranichhabitaten in ganz Korea gewandelt.

Im Januar 1996 steckte Südkorea mitten in einer hektischen Wirtschaftsentwicklung; es war eine der stärksten Volkswirtschaften unter jenen tigerlosen Randstaaten des pazifischen Asiens, die man angesichts ihrer Ungezähmtheit in Finanzdingen »Tigerstaaten« nennt. Wegen der Militärverwaltung, der unsicheren Lage und der ungewissen Zukunft war die Grenzregion wirtschaftlich weit hinter den Rest des Landes zurückgefallen, aber in jüngster Zeit hatte der Wirtschaftsboom die Aufmerksamkeit wieder auf das frühere Kriegsgebiet gelenkt, war es doch der letzte große wirtschaftlich nicht genutzte Landstrich auf der Halbinsel. Koreanern auf beiden Seiten war klar, daß hier unter ökonomischen Gesichtspunkten (so gut wie die einzigen Gesichtspunkte im gesamten neuen Asien) eine wertvolle Ressource »verschwendet« wurde. Und so sprach man über industrielle und städtische Entwicklung der Pufferzone im großen Stil, auch wenn zwischen dem Norden und dem Süden offiziell noch immer Kriegszustand herrscht.

Im Namen des Profits waren zwei der seltensten und schönsten Kreaturen der Erde real und unmittelbar bedroht. Das Sammelgebiet der Weißnackenkraniche an der Han-Mündung – die größte Konzentration dieser Spezies in Korea – war schon durch den erhöhten Salzgehalt in Mitleidenschaft gezogen, der von Dämmen und Uferbefestigung weiter stromauf verursacht worden war. Und zunehmend ersetzte Schilf die Seggen, von deren Knollen die Kraniche lebten. Mit der Ausschaltung eines wichtigen Winterhabitats wäre die bereits dezimierte Art noch stärker bedroht gewesen. Diese Aussichten alarmierten Umweltschützer und vor allem Dr. George Archibald. Er lud mich ein, ihn auf einer Reise zur Demarkationslinie zu begleiten, wo er mit besorgten koreanischen Freunden nach Möglichkeiten fahnden wollte, das drohende Unheil abzuwenden.

Als kleine Provinzstadt während des Krieges nahezu völlig zerstört, bietet das moderne Seoul nachts aus der Luft ein riesiges, strahlendes Schauspiel von bunten Lichtern an den tintenschwarzen Wassern des großen Han-Flusses. George Archibald holt mich am 27. Januar 1996 am Flughafen von Seoul ab. Ihn begleiten Dr. Kim Sooil, Assistenzprofessor für Umweltbiologie an der koreanischen Nationaluniversität und Berater des Umweltministeriums, sowie Herr Chung Kwang-Joon, ein Geschäftsmann aus Seoul. Wie Dr. Kim ist Herr Chung Gründungsmitglied des koreanischen Vogelschutzbundes (Korean Association for Bird Protection, KABP), der im Jahr 1980 mit der tatkräftigen Unterstützung von George Archibald, dem Wanderbotschafter der Kraniche dieser Welt, ins Leben gerufen wurde.

Korea bezeichnet sich selbst manchmal als »Land der Morgenstille«, nachts aber dauert wegen der Verkehrsstaus aufgrund der allgegenwärtigen Bautätigkeiten die Fahrt in die Stadt lange. Als Willkommensgruß simuliert die Türglocke meines Hotelzimmers in Seoul Vogelgesang, aber eine nostalgische Sehnsucht nach dem verlorenen Einklang mit der Natur kann im neuen Korea nur ein Klagelied sein.

Früh am nächsten Morgen brechen wir mit einer gutgelaunten Gruppe von zehn oder zwölf KABP-Mitgliedern zur entmilitarisierten Zone auf, ausschließlich Männer in ihrer Winterkleidung: schwarzweiß karierten Mützen mit schwarzen Ohrenklappen, als passendes Emblem prangen Mandschurenkraniche darauf. Sie schwingen eine weiße Fahne zu Ehren der ICF und begrüßen Dr. Archibald ausgelassen als »Archie« (während sie sich selbst untereinander förmlich als »Herr Soundso« anreden). »Wir sind noch keine wissenschaftliche Gesellschaft«, bekennt Dr. Kim, ein kundiger und entschiedener Umweltschützer und der einzige professionelle Naturwissenschaftler der Gruppe. »Wir arbeiten noch immer mehr mit dem Herzen als mit dem Hirn.« Seiner Meinung nach jedoch, der sich auch George Archibald anschließt, ist die KABP, die kürzlich ein Winterfütterungsprogramm für die Kraniche von Chorwon aufgelegt hat, möglicherweise der Beginn eines nationalen Bewußtseinswandels gegenüber der Natur.

Bevor wir losfahren, beugt sich Herr Chung vor und zwickt mich sorgfältig hier und dort in den Oberschenkel. Wie sich herausstellt, will er sich davon überzeugen, daß ich lange Unterhosen trage, denn das Becken von Chorwon, Schauplatz vieler erbitterter Winterschlachten, ist der nördlichste und kälteste Zipfel Südkoreas. »Das liebe ich an den Koreanern – sie sind so direkt«, kommentiert Dr. Archibald, der selbst nicht gerade zurückhaltend ist. »Zumindest wenn man einem schlechten Kerl begegnet, merkt man es auf der Stelle.«

Ich fahre in der angenehmen Gesellschaft von Kim Sooil nach Norden, der mir unterwegs viel von der Geschichte der Kraniche in seinem Land erzählt. In Korea wie in Japan ist, wenn jemand von »dem Kranich« spricht, der Mandschurenkranich gemeint, *turumi*. Der Weißnackenkranich heißt in beiden Ländern »der graue Kranich« – eine gänzlich unpassende Bezeichnung für eine prächtige schwarz-weiß-silbergraue Kreatur mit grimmig blickenden goldenen Augen und einem feuerroten Fleck an der Seite des Kopfes – und vielleicht *turumis* einziger Konkurrent, wenn es um den Titel des schönsten Kranichs der Welt geht.

Hier in Korea wie andernorts im Fernen Osten ist der Mandschurenkranich der hochgeschätzte Begleiter von Weisen, Gelehrten und Musikern, die oft mit einem Vogel ihrer eigenen Größe porträtiert werden, dem sie Aug' in Aug' in ehrfurchtsvoller Eintracht gegenüberstehen. Ein traditioneller koreanischer Tanz ahmt die gemessenen und eleganten Bewegungen von *turumi* nach, und in alter Zeit kleideten sich koreanische Adlige in das reinweiße Gewand des Kranichs mit einer schwarzen Kopfbedeckung aus Bambus und mit einem Pferdeschwanz; nur die Vornehmsten unter ihnen durften dazu eine rote Schärpe tragen. Trotzdem töteten während der schmachvollen Besetzung durch die Japaner von 1910 bis 1945 seine verzweifelten Landsleute Kraniche, so erinnert sich Dr. Kim, und aßen sie auf, verkauften sogar die Federn an ihre japanischen Unterdrücker.

»Auch in Korea ist der *turumi* dafür bekannt, daß er langes Leben und Glück bringt, und am Neujahrstag, wenn wir uns etwas wünschen, sieht man überall Bilder von Kranichen«, fährt Kim Sooil fort. »Und jetzt ist der Kranich unser Friedenssymbol – weil er dort am zahlreichsten vorkommt, wo so viele junge Männer starben. Und zwar, weil die Wiedervereinigung unser Traum ist.«

Kim Sooils im Norden geborenen Eltern brechen die »zwei Koreas« noch immer das Herz, und später bemerke ich, daß mein Unterhosenberater, Herr Chung, den Paektu in Nordkorea als »den höchsten Berg unseres Landes« bezeichnet. Wie die meisten älteren Koreaner – er ist 62 – hat er sich niemals mit der Teilung des Landes abgefunden, die die Erniedrigung durch die 35jährige Besetzung durch die Japaner nur noch vertiefte.

Kim Sooil wuchs unter der Diktatur des später ermordeten Präsidenten Park Chung Hee auf, der den ideologischen Gegensatz zwischen dem Kommunismus und dem Westen ausnutzte, um sein Volk in Angst und Schrecken zu halten, ganz ähnlich wie Nordkorea das noch heute tut. Die Paranoia auf beiden Seiten wird immer wieder durch terroristische Feindseligkeiten des Nordens angefacht, und trotz der Anstrengungen einer Wiedervereinigungskommission haben sich die meisten dieser Männer in das Schicksal gefügt, daß eine wirkliche Heilung der nationalen Wunden in weiter Ferne liegt.

Fran Kaliher, wissenschaftliches ICF-Mitglied, hat in den letzten sechs Wintern die Kraniche in Korea beobachtet. Mit ihren Forschungen versucht sie vorherzusehen, was eine politische Wiedervereinigung für das Kranichhabitat bedeuten könnte, und Pläne auszuarbeiten, um die entscheidendsten Gebiete zu schützen, vor allem die wichtigsten Winterquartiere bei Chorwon, die zugleich Sammelgebiete für Vögel sind, die nach Japan weiterfliegen oder von dort kommen. »In dieser Gegend scheint sich die für Korea typische hektische Wirtschaftsentwicklung auszubilden und, damit einhergehend, der Verlust von Biodiversität«, sagt Kaliher. Die ausgedehnten Reisfelder in der zivilen Kontrollzone, die in den siebziger Jahren wieder unter den Pflug genommen wurden, sind für die Kraniche besonders wichtig, da die nach der Ernte liegengebliebenen Körner ihre Hauptnahrungsquelle darstellen. Das noch nicht mit Plastik-Gewächshäusern zugestellte Tal besitzt breite Felder und Tümpel, Flüsse, Quellen und Staubecken zur Nahrungssuche und zum Schlafen, die den ganzen Winter über eisfrei bleiben.

1993 drohte Nordkorea mit der Kündigung des Atomwaffensperrvertrags und forderte das Volk auf, sich für eine Wiederaufnahme des Krieges bereit zu machen. Was der Süden am meisten fürchtet, ist ein letztes verzweifeltes militärisches Abenteuer, vielleicht ein Angriff mit Nuklear- oder chemischen Waffen, der die Volksfeinde zusammen mit dem Volk auslöschen soll. Das nervöse Südkorea verstärkt und verbessert seine Rüstung immer mehr, obwohl alle wissen, daß Nordkorea kurz vor der wirtschaftlichen Implosion und dem Zusammenbruch steht. (Der südkoreanische Präsident Kim Young Sam erklärte im selben Jahr: »Nordkorea ist wie ein Flugzeug in Not, das jederzeit abstürzen kann.«)

(Zwei Monate nach unserer Abreise verkündete der mit einem neuerlichen Krieg drohende Norden, er würde die Demarkationslinie nicht länger respektieren, weil Südkorea illegal Waffen in Stellung bringe. Im selben Winter, Anfang 1996, litten die Menschen im Norden schon unter einem entsetzlichen Mangel an Nahrungsmitteln und Treibstoff: Die Schulen wurden geschlossen, weil es weder Strom noch Heizung gab, Fahrräder und Ochsenkarren ersetzten Lastwagen und Autos. Die USA beließen ihre Streitkräfte an der Demarkationslinie, um gegebenenfalls die möglichen Folgen eines plötzlichen, katastrophalen Zusammenbruchs Nordkoreas wie massive Flüchtlingsprobleme und einen neuen Krieg abwenden zu können.)

Vor zehn Jahren wurde die Anwesenheit eines dritten seltenen Kranichs – des Mönchskranichs, *Grus monachus* – in den Feuchtgebieten an den Flüssen Naktong und Kumho im Süden bestätigt. Die Gruppe am Naktong war besonders wertvoll, weil die Winterquartiere bei Izumi und Araseki in Japan überfüllt waren, wo *monachus* gemeinsam mit *vipio* Nachlese auf den Reisfeldern hält. Als man *monachus* in Südkorea entdeckte, war die Art dort bereits im Schwinden begriffen: Der Wirtschaftsboom, der dieses Land zum Wunderkind des neuen Asiens machte, verwüstete ein vitales Winterhabitat dieser scheuen Waldlandspezies Sibiriens durch Urbarmachung der Sümpfe und Bautätigkeit. Noch ein paar Jahre zuvor schätzte man die Gruppe vom Naktong auf 250 Vögel. In diesem Jahr picken vielleicht noch 80 Exemplare trostlos zwischen den sich ausbreitenden Gewächshäusern aus weißem Vinyl. Zwei der sieben Autohersteller dieses kleinen Landes errichten auf dem letzten Brachland jenseits des Flusses neue Fabriken.

»*Grus monachus* hat verloren«, verkündet Sooil düster, während wir den Fluß entlang nach Norden fahren. »Es gibt keine Hoffnung mehr für unsere Mönchskraniche.« Seit seiner Kindheit begeistert er sich für die wilden Tiere, und er versucht nicht, seine Trauer über die Dezimierung der Vögel in diesem Land zu verbergen, auch der Schwimmvögel, die bis vor kurzem in stattlichen Zahlen am Han lebten, dessen letzte Feuchtgebiete und Sumpfränder für die Olympischen Sommerspiele von 1988 zubetoniert wurden.

Die koreanische Halbinsel tauchte vor rund vier Milliarden Jahren aus dem Meer auf. Wie fast überall am Pazifikrand gab es auch hier vulkanische Aktivitäten, und in den Bergen des Grenzgebiets tritt nacktes Eruptivgestein zutage. Der Westen der Halbinsel, wo auch Seoul liegt, senkt sich mit breiten Flußbecken und Küstenebenen allmählich zum Gelben Meer, ein Großteil des Landes ist jedoch hügelig oder gebirgig. Ein feuchtes Monsunklima begünstigt einen Mischwald gemäßigter Breiten, der jetzt größtenteils verschwunden ist, genau wie der Geist der Keum-Su-Kang-San – »der bestickten Flüsse und Berge« –, wie die wunderschönen Landschaften der Halbinsel einst beschrieben wurden.

Während der Fahrt nach Norden verändert sich die Landschaft, aber eigentlich ist auf dem ganzen Weg von den endlosen Außenbezirken Seouls bis zur zivilen Kontrollzone keine wirkliche Landschaft zu sehen, es gibt nur Ansammlungen von Plastik-Gewächshäusern, Reis-Stoppelfelder und kleine, dazwischengezwängte Höfe und Wohnhäuser. Wohin der enttäuschte Blick auch schweift, es wird gebaut. Die einzigen Wildtiere sind die gemeine Elster und der Feldsperling, und auch von diesen schlauen Müllsammlern sieht man nur wenige Exemplare.

Bis ins Becken von Chorwon sind es nur gut 110 Kilometer, aber der starke Verkehr, vereiste Straßen und Schneefall verlangsamen das Tempo, als die Straße in die Hügel hinaufführt. Die ständig zunehmenden Militärkontrollpunkte und Armeelastwagen belasten die Stimmung auf dem Weg nach Norden immer mehr.

Wegen der vorherrschenden Nordwestwinde aus Sibirien sind die Winter in Chorwon kalt und trocken. Das Becken ist Teil eines langen Flußtals etwa in der Mitte zwischen den beiden koreanischen

Hauptstädten Pjöngjang und Seoul. Die flache Ebene von Chorwon mit ihren fruchtbaren Böden vulkanischen Ursprungs erstreckt sich weit in beide Koreas hinein, weshalb diese Region im Krieg als »das eiserne Dreieck« bekannt und bis kurz vor den Waffenstillstandsverhandlungen von 1953 heftig umkämpft war. Das Becken selbst ist im Halbrund von Bergen umgeben und wird immer wieder von jähen, steilen Anhöhen unterbrochen – jenen merkwürdigen Felstürmen, die man, von Nebel umgeben, auf so vielen Darstellungen asiatischer Landschaften sieht. Sie waren wegen ihrer strategischen Bedeutung zum Schauplatz eines gigantischen und sinnlosen Abschlachtens geworden.

Als wir die zivile Kontrollzone erreichen, wo menschliche Ansiedlungen verboten sind, kommt kurzfristig die Illusion einer Agrarlandschaft auf, aber überall drängen sich Militärlager und Befestigungen ins Blickfeld, auf jeder Anhöhe stehen Wachtürme und Bunker. In der Nähe der ersten Panzersperren steht die Ruine des einstigen Hauptquartiers der nordkoreanischen Kommunisten. Die einzigen Gehölze – dünne Säume von schwachem Wuchs an Felskuppen und entlang den Straßen – sind von Stacheldraht umgeben, in dem umgekehrte rote Dreiecke hängen, auf denen »LANDMINEN« steht. Von diesen sind einige tatsächlich Überbleibsel des Koreakriegs, aber keineswegs alle. An einem Kontrollpunkt besagt ein ominöses Schild: »Gehorsam ist gleichbedeutend mit Leben«, was Dr. Kim, der drei Jahre in der südkoreanischen Armee gedient hat (die Nordkoreaner, sagt er, müssen zehn dienen), fröhlich mit »Gehorche, oder du wirst getötet« wiedergibt.

Der Schneefall nimmt ab, gedämpft dringt die Sonne durch den Winternebel über den Reisfeldern. Auf einem Hügel hinter einem leeren, vom Krieg geschwärzten Gebäude durchqueren zwei Weißnackenkraniche als schemenhafte Silhouetten den Wintermorgen. Ein Stück weiter teilt sich eine *turumi*-Familie, weißer als der frisch gefallene Schnee, ein Reisfeld mit Bläßgänsen, und eine weitere Weißnackenfamilie inspiziert ein kleines schneebedecktes Getreidefeld auf einem steinigen Hügelchen, ignoriert die altersschwache Vogelscheuche und pickt gemächlich zwischen den verstreuten Halmen herum. (Bei dieser Kälte hat *G. vipio* seine weißen Nackenfedern über die karmesinrote Haut bis zu den goldenen Augen nach vorn gezogen.) Bald tauchen zahlreiche Kraniche beider Arten auf, meist kleine Familiengruppen in den Feldern und entlang den Deichen, die sich kaum näher als 500 Meter an die Straßen heranwagen.

Vor dem Krieg überwinterten hier vermutlich nur wenige Kraniche, da die heruntergefallenen Körner in den von Hand abgeernteten Feldern von den Enten und Hühnern gefressen wurden, die die Bauern auf die Felder trieben. Heute sind die menschlichen Bewohner verschwunden, und die Felder werden im frühen Herbst mit Maschinen abgeerntet. Für die Kraniche, die Ende Oktober und November ankommen, bieten die Felder eine reichgedeckte Tafel mit Körnern, Schmerlen, Fröschen und Schnecken. (Die Wasserbewohner werden von *japonensis* mehr geschätzt als von *vipio*, der überall in seinem Verbreitungsgebiet eine Vorliebe für Wurzelknollen zeigt.) Neben den Nahrungsquellen bieten die baumlosen Felder den wachsamen Vögeln freie Sicht nach allen Seiten, was ihnen am liebsten ist. Werden sie von Adlern, Geiern, Soldaten, Bauern oder Beobachtern aufgescheucht, verlassen die Kraniche gern die zivile Kontrollzone und ziehen sich während der Tagesstunden in die entmilitarisierte Zone zurück. Mit der Abenddämmerung suchen sie wieder die Felder zum Fressen und Schlafen auf, was sie in der Regel im flachen Wasser tun, wo jeder sich annähernde Räuber leicht entdeckt werden kann.[2]

Was ihre Phylogenese oder Stammesgeschichte angeht, sind diese beiden zähen *Grus* der entmilitarisierten Zone – vielleicht die schönsten ihrer gesamten Familie – für zwei unterschiedliche Gruppen von Kranicharten repräsentativ, die sich vielleicht schon vor Millionen von Jahren getrennt haben. Vereinfacht gesagt, unterscheiden sich die beiden Gruppen am Boden durch die Plazierung und das Ausmaß des nackten roten Hautflecks auf dem Kopf und durch die Anordnung der sekundären oder tertiären Schwungfedern der zusammengefalteten Flügel auf der Turnüre oder dem Schwanz.

Alle elf Spezies der Gattung *Grus* (wenn wir einmal den umstrittenen Nonnen- und den Klunkerkranich mit dazunehmen) haben irgendwo am Kopf ein Stück nackter, rauher roter Haut (der vollbefiederte Kopf ist ein Grund, warum man die beiden Kronenkraniche *Balearica* und die Paradies- und Jungfernkraniche *Anthropoides* zuordnet). Was die Lokalisierung und Größe dieses »Kamms« angeht, sind keine zwei *Grus*-Spezies gleich. Für die Partnerwerbung oder um Aggressivität zu signalisieren kann der nackte rote Fleck anschwellen und durch Kontraktion der Muskeln im Genick, die die befiederte Haut zurückziehen, vergrößert werden. Bei allen *Grus* intensiviert sich die Rotfärbung während des Brütens. Umgekehrt kann, wie schon bemerkt, das Rot abgeschwächt und fast unsichtbar gemacht werden, wenn die Tiere Furcht und Unterwerfung anzeigen wollen oder sich in großer Höhe oder kaltem Wetter bewegen.

Der Mandschurenkranich, *Grus japonensis*, repräsentiert eine Gruppe von engverwandten Zugvögeln, die Dr. Archibald die »Fünfergruppe« nennt – Mandschuren-, Grau-, Mönchs-, Schwarzhals- und Schreikraniche. Bei all diesen Vögeln wird der karmesinrote, wie eine Krone wirkende Fleck durch das Schwarzweißmuster der Kopffedern eindringlich betont. Der Weißnackenkranich, *G. vipio* – der einzige seiner Gruppe, der zieht und nördlich der Subtropen zu finden ist –, gehört zur australasiatischen Gruppe, der sogenannten Dreiergruppe, für die der Sarus- und der Brolgakranich typisch sind, bei denen das nackte Rot im Gesicht plaziert ist, und im Fall dieser beiden erstreckt sich der rote Bereich bis zum Hals hinunter. Wie der Nonnen- und der Klunkerkranich, die das Rot ebenfalls im Gesicht haben, suchen diese drei tief im Schlamm nach Knollen. Alle »grabenden« Arten – deren Gesichter abgespült werden müssen – haben an der Vorderseite des Kopfes bis zum Schnabel hinunter nackte rote oder olivgrüne Haut (eine Adaption vielleicht analog zum nackten Kopf und Hals bestimmter Geier und Störche, die damit in Kadavern herumstochern können, ohne sich ihre Federn zu verschmutzen und zu verkleben).

Die auffälligen Federn, die die wenig entwickelten Schwänze verbergen, variieren ebenfalls je nach Gruppe. Eine hohe, aus stark modifizierten Tertiärfedern der inneren Schwinge zusammengesetzte Turnüre, die durch den Plustereffekt aufgespaltener Fahnen noch verstärkt wird, charakterisiert die Fünfergruppe (und den Kanadischen Kranich). Bei der Dreiergruppe (sowie dem Nonnen- und dem Klunkerkranich und den *Anthropoides*) werden die modifizierten Tertiärfedern in Schleppen unterschiedlicher Länge über den Schwanz drapiert. Da ein elaboriertes Gefieder auf langen Wanderzügen hinderlich sein kann, haben Weißnacken-, Nonnen- und Jungfernkraniche bescheidenere Schleppen als Sarus-, Paradies- und Klunkerkraniche, die zwar saisonal wandern, im Grunde aber keine Zugvögel sind. Bei den letztgenannten Arten kann der anmutige Bogen des langen, spitz zulaufenden »Schwanzes« den Boden berühren. (Bei den Kronenkranichen, die längere Schwänze haben, würden Turnüren oder Schleppen nur von ihren exquisiten goldenen Kronen ablenken.)

Hinsichtlich der Nahrungsgewohnheiten sind *japonensis* und *vipio* ebenfalls für ihre Gruppen typisch: *vipio* gräbt größtenteils nach Knollen, während *japonensis* meistens Grünzeug und Kleintiere bevorzugt. Der Fünfergruppe sind lange, im Brustbein kompliziert gekrümmte Tracheen gemeinsam, und dieses Merkmal entwickelte auch der Weißnackenkranich, als er zu ziehen begann. Die Ausnahme stellt wie üblich der Nonnenkranich dar, bei dem die Trachea nur ein bißchen aufgewickelt ist, obwohl er die weiteste Reise von allen Kranichen unternimmt, wenn man einmal von jenen Kleinen Kanadischen Kranichen absieht, die in der sibirischen Arktis nisten und nach Alaska zurückkehren, bevor sie dann weiter nach Süden bis nach Zentralmexiko ziehen.

Den Nordkoreanern zufolge überwintern gegenwärtig 40 bis 70 *turumi* an ihrer Ostküste und rund 50 an der Westküste. Keines dieser Quartiere liegt weit nördlich von der hiesigen Grenze, und Kim Sooil, der sich verbittert daran erinnert, daß nordkoreanische Soldaten 1977 vier *turumi* schossen, neigt zu der Ansicht, daß jene Vögel nur Streuner sind, die zu den Hauptgruppen in der entmilitarisierten Zone gehören.[3]

»Die Nordkoreaner behaupten, ihr Naturschutz sei besser als unserer, weil sie einen offiziellen Wächter haben, der Wilderei verhindert«, bemerkt Sooil sarkastisch und imitiert eine schrille mechanische Stimme, die er im Norden vernahm: *Wilderei unmöglich! Dies ist Volksrepublik! Wilderei unmöglich!* Als Sooil den Mann fragte, ob dies wirklich stimme, insistierte der Nordkoreaner: *Ja! Unser geliebter Führer sagt es!* (Fran Kaliher weist darauf hin, daß der vom Norden behauptete »bessere Umweltschutz« größtenteils auf die zerrüttete Staatswirtschaft zurückzuführen ist, die die Entwicklung lähmt. Diese Katastrophe für das nordkoreanische Volk könnte eines Tages ein Segen in Form einer gesünderen Umwelt für die Menschen wie die Natur sein, die beide schwer unter dem ungezügelten Kapitalismus leiden, der den Süden fest im Griff hat.)

Bei einer Kranichkonferenz im vergangenen Jahr in Hokkaido sprach Dr. Archibald mit nordkoreanischen Umweltschützern, die die Idee befürworteten, die entmilitarisierte Zone zu erhalten. Desgleichen ermutigten ihn japanische Ornithologen, die kürzlich aus Nordkorea zurückgekehrt waren und sagten, dieses relativ unentwickelte Land habe noch immer Sumpfwälder und große Feuchtgebiete, die ein gutes Habitat für ziehende Kraniche abgäben – eine wertvolle Ressource für den Ökotourismus, wenn eines Tages die Halbinsel wiedervereinigt sein wird.[4] Darüber hinaus ist eine Bewegung im Entstehen, die ein »Koreanisches Friedens-Bioreservat« einrichten will, das die entmilitarisierte Zone als Kerngebiet hat, sich aber mit Parks, Grüngürteln und Tierkorridoren, wie man sie für Tiger an der Grenze im Fernen Osten Rußlands eingerichtet hat, weiter nach Norden und Süden erstrecken soll. Man hofft, daß Nordkorea sich daran beteiligt.[5]

Auf einem kahlen Reisfeld liegt ein totes Wasserreh, eingekreist in einem wahren Hexensabbat von riesigen Mönchsgeiern, Aaskrähen und einem Seeadler. Als würde sie von diesem morbiden Schauspiel – wenn auch nicht vom grausigen Festmahl – angelockt, schweift eine Rohrweihe über die braunen Reisfelder, und ein Rauhfußbussard, der von fünf Elstern bedrängt wird, sitzt aufgeplustert auf einem abgestorbenen Baum. Sowohl der Seeadler als auch der Rauhfußbussard sind heute in diesem Land gefährdete Arten, und Greifvögel sind im allgemeinen in Südkorea selten.

Das Wasserreh, eine kleine, rotbraune, langhaarige Art, bei der der Bock statt eines Geweihs hauerartige Eckzähne trägt, kommt in der entmilitarisierten Zone überaus häufig vor, und in größerer Höhe kann man noch immer ein paar Rehe und wilde Ziegen – Gorale – finden. Die Zone beherbergt auch die letzten Füchse in diesem geschundenen Land. Gerüchte von Asiatischen Leoparden, die bis zu ihrer systematischen Ausrottung nach dem Krieg auf der Halbinsel nicht ungewöhnlich waren, müssen unbestätigt bleiben, da niemand

Lust hatte, bei der Suche nach Spuren in der entmilitarisierten Zone die Myriaden von Landminen und ihre sensiblen Auslöser auszuprobieren. Aber Grünfinken und ein Raubwürger, Schnee-, Wald- und Weidenammern, Turteltauben und ein einzelner Mäusebussard (*Buteo buteo*) – alles weitverbreitete, in Korea jetzt aber seltene Vögel – wagen sich aus der entmilitarisierten Zone heraus in die zivile Kontrollzone und schließen sich dort den Elstern und Krähen an, denen es im Kielwasser menschlicher Naturzerstörung immer gutgeht. (Unter dem Druck südkoreanischer Bauern ist die Grenze der zivilen Kontrollzone immer weiter nach Norden verschoben worden, was das Rückzugsgebiet der Kraniche eingeschränkt hat.)

In der Mitte des Tals blockiert ein hoher und stark befestigter Erdwall die Nord-Süd-Eisenbahnverbindung, die sich einst wie ein Rückgrat die Halbinsel hinunterzog. Der alte Bahnhof am Fuß des Walls ist noch intakt, aber der letzte, im Krieg zerstörte Zug ist ein rostendes Wrack. Auf dem Wall steht ein großer Turm, von dem man die entmilitarisierte Zone überblicken kann. Auf der obersten Ebene ist ein Aussichtspunkt mit Touristenteleskopen eingerichtet, und ein plastisches Schaubild zeigt, was im verbotenen Territorium des Nordens liegt. Unterhalb des Turms folgen zwei hohe Stahlzäune mit Stacheldrahtrollen an der Oberkante, dann ein freier, kahler und verminter Landstreifen und schließlich die Gehölze und das Gestrüpp der entmilitarisierten Zone selbst. Alles ist minderwüchsig (wenig interessant, wenn man nicht gerade ein halbes Jahrhundert natürlicher Pflanzenabfolgen studieren will), und obwohl mir George versichert, daß die Lage im Osten und Süden weniger desolat ist, ist dies der einzige ungenutzte Landstrich, den ich in Südkorea gesehen habe.

In der Snackbar des Aussichtspunkts, wo wir uns die durchfrorenen Glieder mit *kimchi* (Sauerkohl) und heißer Nudelsuppe wärmen, schließt sich uns Sunwoo Young Joon an, Direktor der Abteilung für Ökosystemerhaltung im Umweltministerium, dem Dr. Kim als Berater dient. Herr Sunwoo, ein großer, zugänglich wirkender junger Mann, nehme seine Aufgabe ernst und arbeite viel, versichert uns Kim Sooil, und in der Tat macht er sich sorgfältig Notizen, als Dr. Archibald erklärt, warum diese naturbelassene Zone für *turumi*,

Südkoreas »Friedensvogel«, so wichtig ist und warum sie für die Zukunft des Landes noch viel wichtiger ist als irgendeine der vorgeschlagenen Alternativen. Dazu zählt eine brandneue »Chorwon City«, die eine Art Nord-Süd-Universität, ein Atommüllager für die zehn bis zwölf Kernreaktoren des Landes und noch eine weitere Autofabrik umfassen soll, ohne die Südkorea besser dran wäre, wie man an seinen verstopften Straßen und seiner verpesteten Luft abschätzen kann. (Jüngst haben Regierungsvertreter für Chorwon einen Parkplatz vorgeschlagen, den eine Kranichstatue aus Beton zieren soll und unter dem eine Quelle verschwinden würde, die jetzt häufig von realen Kranichen besucht wird.) Die *turumi*, die hier überwintern, fährt George fort, stellen fast ein Viertel aller Mandschurenkraniche auf dem asiatischen Festland dar. Was die »grauen Kraniche« angehe, so brauchten auch die, die hier nicht überwintern, die entmilitarisierte Zone und die zivile Kontrollzone für vier bis sechs Wochen, ehe sie nach Japan weiterziehen. Kurz gesagt, keine andere Region in Korea, sei es im Norden oder im Süden, ist für die Erhaltung der Kraniche von so entscheidender Bedeutung. Die wilden Kreaturen wissen nichts von menschengemachten Narreteien wie der »zivilen Kontrollzone« und der »entmilitarisierten Zone«, aber sie erkennen ein Rückzugsgebiet, wenn sie eines sehen.

Ob die beiden Staaten wiedervereinigt werden oder nicht, Umweltschützer hoffen jedenfalls, diese Grenzregion für den Tourismus erschließen zu können, der eine dauerhaftere und konstruktivere Einnahmequelle darstellt als die stürmische Wirtschaftsentwicklung, die den Koreanern vorschwebt. ICF und KABP drängen auf ein echtes Kranichreservat mit einem Gebiet ohne Straßen, in dem auch die meisten Deichwege zwischen den Reisfeldern für Besucher zu Fuß gesperrt sein sollen, um die Störungen durch Menschen zu minimieren. Auch wäre es wundervoll, sagt George, wenn man die Strommasten abbauen und die Leitungen unter die Erde verlegen könnte, da sie im Winternebel kaum auszumachen sind und daher jedes Jahr unter den Kranichen viele Opfer fordern. Am wichtigsten aber wäre ein dauerhaftes Verbot von Vinyl-Gewächshäusern auf den ehemaligen Reisfeldern, die die Hauptnahrungsquelle der Vögel zunichte machten. (Gegen dieses Verbot laufen die Bauern bereits Sturm, die alle umweltschützerischen Restriktionen übelnehmen, die ihr Land entwerten könnten. Die »Trockenagrikultur« mit ihrer ganzjährigen Nutzbarkeit und ihren schnell umzuschlagenden Nutzpflanzen wie beispielsweise frischem grünem Gemüse im Winter und Schnittblumen – »Frachtflugzeuge voller Rosen für die Moskauer Mafia«, wie George es ausdrückt – ist viel profitabler als der bescheidene Reisanbau auf den herkömmlichen Feldern.)

Idealerweise sollte man den straßenlosen Bereich von einem Beobachtungs- und Touristenzentrum aus genießen können, das für die gedacht ist, die die entmilitarisierte Zone besichtigen wollen (einschließlich der beiden Tunnel nach Südkorea, bei deren Bau die Nordkoreaner in den letzten Jahren erwischt wurden). Von den Wachtürmen und Armeeunterständen aus könnte man, gut getarnt, die seltenen Kraniche beobachten, deren Zahl im Moment steigt: im Jahr 1993 überwinterten hier schätzungsweise 292 Mandschuren- und 346 Weißnackenkraniche, und im Frühling kamen rund 2000 weitere Vögel auf dem Weg von Kyushu hier durch.

Wie alle einsichtigen Umweltschützer weiß Dr. Archibald, daß Parks und Reservate am besten funktionieren, wenn lokale Vorstellungen und Interessen berücksichtigt werden. Er schlägt Herrn Sunwoo einen Ökotourismus vor, von dem die Einheimischen von Anfang an profitieren – kein strenges Reservat, sondern eine Art »Volkspark«, der die private Nutzung des besten Ackerlandes zuläßt. In einem Land mit wenig landwirtschaftlichen Nutzflächen ist der fruchtbare Boden der Gegend von Chorwon, auf dem angeblich der beste Reis Koreas wächst, Milliarden Dollar wert. Die Eigentümer vor Ort werden ihn niemals kampflos aufgeben, wobei es eventuell auch zu einem rachsüchtigen Abschlachten von Kranichen kommen könnte.

Im Jahr 1970 bekamen der Mandschuren-, der Weißnacken- und der Mönchskranich offiziell den Status als Naturdenkmale Nr. 202, 203 beziehungsweise 228. Das Becken von Chorwon wurde zum Naturdenkmal Nr. 245, das Mündungsgebiet des Han ist Nr. 250. Aber wie Herr Sunwoo zweifellos weiß, schützt dieser Denkmalsstatus weder die Vögel noch ihr Habitat. Herr Sunwoo versichert uns, daß das Umweltministerium Alternativen zur industriellen und städtebaulichen Entwicklung ernsthaft erwägt. Er scheint aufrichtig zu sein, vielleicht, weil wir ihm so furchtbar gern glauben würden.

Im Winterdunst über der Landschaft bricht ein maßloser Lautsprecherlärm los – Propaganda der jeweiligen Ideologie, die sie sich gegenseitig in die Ohren dröhnen; ein Gewirr hohler metallischer Stimmen verliert sich in einem blechernen Brei von Marschmusik. »Die revolutionäre Volksoper«, mutmaßt George. Auf südkoreanischer Seite hat eine leerstehende Kirche den einzigen Zweck, ein riesiges Kreuz zu tragen. Das Kreuz ist bis in weite Ferne zu sehen, als wolle man den gottlosen Kommunisten jenseits des Niemandslandes zeigen, daß der Gott, der das gottlose Abschlachten so vieler Tausender junger Männer an diesem Ort zuließ, weißer, schwarzer und asiatischer, vielleicht doch noch irgendeine Bedeutung hat.

Mit So Il Sung, einem ehemaligen Journalisten, der jetzt als freiberuflicher Fotograf arbeitet, fahre ich nach Seoul zurück. Wie die meisten, wenn nicht alle KABP-Mitglieder unserer Gruppe weiß er um die Bedeutung der entmilitarisierten Zone. Ohne daß ich nachgefragt hätte, erklärt er, in Südkorea sei keine vergleichbare »Wildnis« mehr übrig. Es ist jetzt Abend, schon lange dunkel, doch uns plagt den ganzen Weg nach Süden in die Stadt hinein der dichte Straßenverkehr mit seinen plärrenden Hupen und gleißenden Lichtern. Notgedrungen hat sich Herr So an die giftigen Abgase gewöhnt, aber er mag sie nicht. »Zu viele Menschen, zu viele Autos«, seufzt er. Seoul hat zehn Millionen Einwohner, täglich sind 450 neue Münder zu stopfen, während sich nur 110 für immer schließen. In der angrenzenden Hafenstadt Inchon leben weitere vier Millionen. Zwar empfiehlt die Regierung nur ein Kind pro Familie (und sieht Herrn So zufolge wirtschaftliche »Nachteile« für die vor, die sich mehr leisten), aber die Zahl neuer Menschen – und neuer Häuser, neuer Autos sowie neuer Straßen – wächst ständig. Am nördlichen Stadtrand von Seoul ragen Schuttberge Hunderte von Metern hoch in den Himmel. Ihre Kämme hat man zu glitzernden Plateaus planiert, um weiteren Platz für menschliche Behausungen zu schaffen. Diese künstlichen Anhöhen haben die echten Hügel ersetzt, die zu Beginn des Aufbruchs in die Moderne mit Bulldozern eingeebnet worden waren.

Die »Straße der Freiheit« entlang dem Han nach Norden ist der jüngste Ausdruck davon, wie sehr sich die Nation nach der Wiedervereinigung sehnt. 1992 für den Verkehr freigegeben, ist die neue Schnellstraße (und ein breiter Streifen zwischen ihr und dem Flußufer) fest eingezäunt, und südkoreanische Soldaten patrouillieren ständig an ihr, um eine Invasion oder Unterwanderung vom Fluß oder seiner Mündung her zu verhindern. Landeinwärts liegt die Ebene, auf der man die Stadt Ilsan errichtet hat, um mit Seouls Überbevölkerung fertig zu werden. Der Rest dieses Schwemmlands ist mit weißen Vinyl-Gewächshäusern wie mit blassen Pilzen übersät, mit Tausenden und Abertausenden, Kilometer um Kilometer, so dicht, daß kein Spatz dazwischenpaßt.

Dort, wo die Flüsse Imjin und Han sich vereinen, erheben sich die Berge Nordkoreas aus dem Morgendunst. Eine Schar von zwölf bis 15 *vipio* überquert die Flußauen des Imjin-Deltas unterhalb von Imjinjak, wo Flüchtlinge aus Nordkorea, die im Süden leben, hingehen, um zu beten und der verlorenen Heimat ihre Reverenz zu erweisen, und wo vor ein paar Monaten fünf nordkoreanische »Spione«, die über den Fluß kamen, erschossen wurden – von einem »Grünschnabel« der südkoreanischen Armee, grummelt Kim Sooil, der bestreitet, daß diese unglücklichen Nordkoreaner vielleicht eher Überläufer waren und keine Agenten.

In Imjinjak muß unsere Gruppe spezielle Pässe vorzeigen, ehe sie über den Imjin in die zivile Kontrollzone wechseln darf. Nach so vielen Kilometern Verkehr und Bautätigkeit ist diese Landschaft mit ihren Feldern und den armseligen Gehölzen dazwischen eine Erholung, auch wenn es sich bei den Gehölzen um mageres Gestrüpp voller Landminen handelt. Als wir an einer Stelle anhalten, schreien meine Freunde von der KABP erschrocken auf, als ich die geteerte Fahrbahn verlasse, um mir einen Vogel anzuschauen. Von ihrer Seite unseres Vans aus können sie nicht sehen, daß ich auf einem Feldweg gegangen bin.

Ein zum Teil mit US-Soldaten besetzter Kontrollpunkt der Vereinten Nationen ist die einzige Stelle, an der Außenstehende die entmilitarisierte Zone selbst betreten dürfen. Hier wird unsere Gruppe von einem südkoreanischen Militärpolizisten mit grobschlächtigem Gesicht, schweren Seitenwaffen und einer Handgranate übernommen. Mit dem offiziellen blauen Stander am Wagen fahren wir Richtung Norden nach Taesongdong, einem Vorzeigedorf nahe der Demarkationslinie, wo uns nach weiterem Papierkrieg gestattet wird, einen Wachturm der südkoreanischen Armee zu besteigen. Junge Soldaten in grünen Tarnanzügen decken automatisch ihre Klemmbretter ab, um deren supergeheime Inhalte vor unseren neugierigen Blicken zu verbergen. Wild gestikulierend verbieten sie uns das Fotografieren. Selbst unsere Blicke ins leere Tal werden mit jenem Stirnrunzeln begleitet, das von professionellem Mißtrauen herrührt, denn sie können nicht wissen – und würden es niemals verstehen –, daß diese ausländischen Teufel nicht gekommen sind, um Verteidigungsanlagen auszuspionieren, sondern nur nach Kranichen Ausschau halten wollen. Als wir ein paar Minuten später den Turm wieder verlassen, springen die Soldaten auf, schreien und salutieren planlos.

Taesongdong heißt auch »Freiheitsdorf«: Die blau und orange herausgeputzten nordkoreanischen Häuser direkt jenseits des Niemandslandes nennen sich »Friedensdorf«. Doch im Gegensatz zu Freiheitsdorf scheint Friedensdorf menschenleer zu sein, und die Berge dahinter sind kahl geschlagen, als hätte man noch den letzten Schatten oder Hinterhalt ausmerzen wollen, in dem sich irgendwo ein Konterrevolutionär oder kapitalistischer Schweinehund hätte verstecken können. Friedensdorf rühmt sich des höchsten Fahnenmasts der Welt – so hoch wie ein Funkturm, dem er auch ähnelt –, und daran flattert eine gigantische rot-weiß-blaue nordkoreanische Flagge. Hier in Freiheitsdorf ist der Mast kleiner, aber dafür ist die Fahne größer – »die größte in ganz Korea«, versichert uns Dr. Kim.

Unterhalb von Taesongdong steht eine Art Pagode in einem künstlich angelegten Kiefern- und Zedernhain. Sie markiert den Ort, an dem viele tausend Soldaten beider Seiten – zweifellos jenen Jungen ähnlich, die uns jetzt beobachten – kämpften und vor Angst und Schrecken schrien, ehe sie starben. Kann es in dieser Epoche des Völkermords, in der das Tier Mensch fast überall auf der Welt seinesgleichen umbringt, noch irgendeine Hoffnung für Kraniche und Tiger geben? Und trotzdem …

Hinter der Pagode erheben sich weitere Mauern und gesicherte

Stahlzäune. Wundersamerweise hastet ein Wasserreh über einen Wall und verschwindet im dürren Gestrüpp um einen Bunker. Die Befestigungen ziehen sich bis auf den Talboden hinunter, die einzige Stelle, an der – von Patrouillen bewacht – Landwirtschaft betrieben wird; der Ochsenkarren, der quietschend den Spießrutenlauf durch die Waffen hindurch bewältigt, wirkt wirklich einsam. Hier sind die brachliegenden Feuchtgebiete der entmilitarisierten Zone Entwässerungsgräben und bestelltem Land gewichen, und folglich gibt es keine Kraniche. George Archibald schüttelt den Kopf und will gehen. Es hat ihn entmutigt, daß sie nicht mehr dieses Tal bevölkern, wo er vor 20 Jahren zehn *japonensis*-Familien – alles in allem 42 Vögel – und mehrere hundert *vipio* verzeichnete.

Unsere Sondergenehmigung schließt einen Besuch Panmunjoms ein, wo die offizielle Grenze fein säuberlich jenen Holztisch in zwei Hälften teilt, an dem der Waffenstillstand unterzeichnet wurde. Hier kann man ein nordkoreanisches Museum besichtigen, in dem amerikanische Greueltaten enthüllt werden, aber wir verzichten auf diese Bildungsmaßnahme und gehen lieber Vögel beobachten. Mit zwei bewaffneten Südkoreanern im Rücken gehen wir die Südgrenze der entmilitarisierten Zone entlang. Die nicht geteerten Wege könnten an kleine Landsträßchen erinnern, wäre da nicht der Verstärkerlärm, der über die Landschaft hallt. Kurz darauf werden wir von einem patrouillierenden Einsatztrupp mit einem großen, angeleinten Hund gestoppt. Eine unserer Wachen ist zurückgeblieben, um einem Fahrzeug den Weg zu weisen, und hat damit gegen die Regel verstoßen, nach der unsere offizielle Eskorte aus zwei Mann zu bestehen habe. In dieser brenzligen, militärisch kritischen Situation bringen 20 Soldaten Schnellfeuergewehre in Anschlag und kauern kampfbereit am Straßenrand, bis unsere Wache aufschließt und wir weitergehen dürfen.

Von all diesem martialischen Unsinn nichts ahnend, eilt ein Wasserrehkitz über einen Grashügel, und Scharen hübscher Papageienschnäbel fressen fleißig im Riedgras. Wir entdecken einen Buntspecht und ein paar Greifvögel, Tauben und Fasane, dann einen Spiegelrotschwanz und eine Schar Naumann-Drosseln, die singend und zwitschernd durch die winterlichen Bäume ziehen.

Auf einem gefrorenen Teich knirscht das Eis gespenstisch, mit einem traurigen, tiefen Gurgeln, das von den Rändern widerhallt, als wäre ein Drache im Schlamm darunter aus seiner Kaltblüter-Winterstarre erwacht. Dr. Archibald beschreibt, wie er im Jahr 1974 an dieser Stelle eine kleine Schar weißer Vögel sah, die er nicht identifizieren konnte. Sie flogen über die kahlen Berghänge jenseits des Tals, wendeten dann und kamen quer über die entmilitarisierte Zone direkt auf ihn zu. Doch erst als sie genau vor ihm gelandet waren, merkte er, daß es sich um Nippon-Ibisse handelte, eine Spezies, die man in Korea seit Jahrzehnten für ausgerottet gehalten hatte.

Zwei Winter später versuchte er vergebens, einen einsamen Überlebenden einzufangen. Der Ibis verfing sich in Archibalds hauchzartem Netz, aber wegen des Frostes war dieses so brüchig, daß der Vogel entkommen konnte. Als im nächsten Winter keiner mehr auftauchte, schloß Archibald daraus, daß die Spezies vermutlich von der Halbinsel verschwunden war.

Es halten sich Gerüchte von einem vereinzelten Nippon-Ibis, der nahe einer alten Schamanenhütte am Imjin leben soll. Zwar glaubt niemand sonderlich an solche Geschichten, aber wir suchen den Ort auf, weil man von dort einen langen Streifen guten Kranichhabitats jenseits des Imjins überblicken kann. Zwischen den winterlichen Reisfeldern folgen wir einem Pfad auf einem Deich zum Fluß. In einer Ecke der schneebedeckten Felder entdecken die unentwegten Mitglieder der KABP mit ihren auffällig karierten Kappen dünne Netze, die Einheimische zum Fangen von Singvögeln aufgestellt haben. Ein Netz ist durch den Todeskampf zweier Ammern und eines Papageienschnabels zerknäuelt, die Fallensteller haben sich noch nicht einmal die Mühe gemacht, die Kadaver herauszuholen. Unsere Leute zerbrechen mit wüsten Beschimpfungen die Bambusstangen, mit denen die Netze aufgestellt wurden. Als nächstes finden sie eine vergiftete Gans, die es offensichtlich noch bis zum Graben schaffte, bevor sie starb, und Dr. Kim erinnert sich daran, daß in diesen Niederungen im vergangenen Jahr fünf vergiftete *vipio* gefunden wurden. Schießen ist in der zivilen Kontrollzone nicht erlaubt, aber der Mensch ist nie um Einfälle verlegen, wenn es um das Töten geht. »Was sind wir für eine Spezies!« ruft George Archibald nach diesem langen Vormittag aus, der ihn immer wieder über die destruktiven und mörderischen Neigungen der Menschen staunen ließ.

Jenseits des mit schmutzigen Eisbrocken bedeckten Imjin ist das Terrain kahl und aufgerissen, gebrandmarkt von den toten Chemiefarben der Erdbewegungsgeräte und der Plastikbahnen, die wie blaue Schwaden im Winterwind wehen. An diesem Ort, eineinhalb Kilometer stromauf von der »Freiheitsbrücke«, bauen die Südkoreaner einen neuen Abschnitt einer weiteren neuen Schnellstraße zur Grenze – in Erwartung des großen Tages der Wiedervereinigung mit dem Norden. Das Eis oberhalb der Brücke ist ein Rastplatz für Tausende von Bläß- und Saatgänsen, und an einer Flußbiegung dahinter, neben den Schutthalden des Brückenbaus, stolziert eine Schar von 26 Weißnackenkranichen über die Reisfelder, die in dieser Umgebung unnatürlich, irgendwie erniedrigt wirken.

Von den 2000 *vipio*, die durch die beiden Koreas nach Süden ziehen, nimmt ungefähr die Hälfte den Weg über Chorwon, und geschätzte 85 Prozent von allen fliegen nach Japan weiter. Ein paar schließen sich vielleicht den Mönchskranichen am Fluß Naktong an – im Gegensatz zu den *japonensis*, die sich kaum weiter südlich als bis in diese Grenzregion wagen. Die *vipio* und *monachus*, die in Japan überwintern, kehren über die beiden Koreas nach Norden in Brutgebiete in China und Rußland zurück; sie machen nicht nur an Han und Imjin und im Chorwon-Becken Rast, sondern auch in den Feuchtgebieten der Kumya-Mündung an der Ostküste Nordkoreas sowie im Delta des Tumen jenseits der chinesischen Grenze in der Provinz Jilin.

Von den in der Han-Imjin-Region überwinternden Kranichen glaubt man, daß sie aus Brutgebieten in der Ebene der Drei Flüsse im nordöstlichen Heilong Jiang herziehen, während die von Chorwon vielleicht auf einer östlicheren Route aus dem Einzugsgebiet des Amur und vom Chanka-See an der russisch-chinesischen Grenze kommen. Da Mandschurenkraniche in Korea südlich der zivilen Kontrollzone nicht mehr gesichtet werden und ihre Gesamtzahl in freier Wildbahn – einschließlich der nicht ziehenden Population von Hokkaido – weniger als halb so groß ist wie die der Weißnackenkraniche, würde der Verlust der koreanischen Winterquartiere für diese Spezies ernstere Folgen haben.

In China überwintern heute 600 bis 800 Mandschurenkraniche, in Japan rund 600. Beide Populationen könnten in den kommenden Jahren wegen Habitatverlusten schrumpfen. Wie George Archibald jedoch anmerkt, sind die winterlichen Rückzugsgebiete von *japonensis* entlang der chinesischen Küste offenbar stabiler als alle bedeutenden Winterquartiere des Weißnackenkranichs, der nicht nur von der geplanten wirtschaftlichen Erschließung der entmilitarisierten Zone und der zivilen Kontrollzone bedroht wird, sondern auch von der zunehmenden Entwicklung und Besiedlung in der Gegend von Izumi sowie vom Niedergang des Ökosystems der Poyang-Seen infolge der Fertigstellung des Drei-Schluchten-Staudamms. Der mögliche Verlust des Han-Mündungsgebiets könnte daher für diese noch zahlreichere Spezies am schädlichsten sein. Nach einer Wiedervereinigung könnte das Mündungsgebiet von Han und Imjin zu einem Industriehafen werden. Bereits jetzt hat der Schlamm, den der Fluß von Seoul stromabwärts mitnimmt, das Delta verdrecken lassen, und das macht es zunehmend unwahrscheinlich, daß die hier einst in großer Zahl vorkommenden Weißnackenkraniche zum Überwintern zurückkehren werden.

In der zivilen Kontrollzone frißt eine *japonensis*-Familie in der Nähe eines neuerbauten Bunkers, über dem wie sonderbare Metallpilze kleine Schornsteine aus der Erde ragen, die den darunter zusammengepferchten Menschen das Atmen ermöglichen. Bei Imjinjak rastet eine große Schar Wildenten auf trockenen Reisfeldern gleich unterhalb der Brücke, und weiter stromab in Richtung Mündung haben sich Tausende von Wasservögeln vielerlei Arten über das zinnfarbene Wasser verteilt. Da diese Feuchtgebiete jedoch hinter Zäunen liegen, sind die einzigen Menschen, die nahe genug herankommen, um sich der Vögel erfreuen zu können, die bewaffneten Patrouillen in grünen Tarnanzügen, die ihre Gesichter mit künstlichem Schlamm beschmiert, die modernen Helme unter schlichtem Stroh verborgen haben und ihre Republik vor Angriffen schützen sollen, die immer unwahrscheinlicher werden.

Das Wetter wechselt schnell in Korea, und plötzlich stürmt vom Gelben Meer her (das bei den Koreanern als »Westmeer« bekannt ist) ein Schneesturm über die weiten Wattflächen, die die Ebbe freigelegt hat. Der Tidenhub hier zählt zu den größten der Erde. Vor allem *japonensis* durchstöbert diesen salzigen Matsch gern nach Krebstieren, aber das dichte Schneetreiben macht jede Chance zunichte, die weißen Kraniche zu Gesicht zu bekommen. Wir haben ein paar Kraniche in der Gegend von Han und Imjin gesehen und hegen wenig Zweifel, daß ihre Zahlen zurückgehen.

Da das Naktong-Habitat des Mönchskranichs so gut wie zerstört und das von Han und Imjin so stark belastet ist, erweist sich das Chorwon-Becken als das letzte Refugium der seltenen Kraniche, in dem im Moment ihre Zahlen stabil zu bleiben scheinen. Einst, ehe frühe Ackerbauern hier siedelten, trug die reiche Erde von Chorwon einen prächtigen Wald, in dem Tiger, Leoparden und Schwarzbären ziemlich häufig waren. In späteren Jahrhunderten wurde der Wald gerodet, und die Wildtiere mußten sich an die Menschen anpassen, so gut sie konnten. Dann kam das Gedröhn des modernen Krieges und danach eine große Stille. Als die Natur sich erholte und das Land sich selbst reinigte, kehrten die Zugvögel zurück. Die Zahl der Kraniche wuchs, bis ihr rollender Ruf im ganzen Tal zu vernehmen war. Jetzt aber, da wieder ein Jahrhundert zu Ende geht, hat es den Anschein, daß die Kraniche vielleicht wieder verstummen.

Solche Kreaturen in diesem düsteren Grenzgebiet mit seinen Säumen von Stacheldrahtzäunen und Dämmen, mit Straßenbaustellen und Überlandleitungen, in einer von lautem, unnatürlichem Lärm zerrissenen Landschaft zu sehen stimmt zutiefst traurig. Über die Zähigkeit der wilden Tiere und ihren starken Überlebensinstinkt kann man nur staunen. Auf sie gründet sich die einzige Hoffnung, die wir haben, nämlich daß diese großartigen, zu unserem Land und unserem Leben gehörenden Kreaturen lange genug durchhalten können, bis die Menschheit zur Vernunft kommt und ihnen einen Platz frei läßt. Wenn wir nicht schnell handeln und die paar Rückzugsgebiete schützen, die den wilden Kranichen geblieben sind, werden sie scheitern müssen.

Wie immer unsere Spezies über ihr eigenes Schicksal entscheiden wird, die letzten großen Kraniche werden nach Norden und Süden ziehen, wie sie es unzählige Jahrtausende lang taten, und ihnen wird nicht bewußt sein, daß diese merkwürdige, aufrecht gehende Bestie, deren zerstörerische Aktivitäten die eigene Art dem Untergang weihen, zugleich die einzige ist, die sie zu retten vermag.

In der Abenddämmerung jenes ersten Tages bei Chorwon tauchen große Scharen von Kranichen nördlich des Hagel-ri oder Sapsulbong auf, eines kleinen, knapp 300 Meter hohen Berges, der sich unvermittelt in der Mitte des Beckens erhebt. Während des Koreakriegs bekam der Sapsulbong den Spitznamen »Eiskrem-Berg«, vielleicht weil er unter dem unentwegten Artilleriefeuer von beiden Seiten die Form einer Spitztüte bekommen hat. Diese belanglose kleine Anhöhe wechselte in den erbitterten Kämpfen der letzten Kriegswochen 14- oder 15mal den Besitzer, ehe in Panmunjon seine teuer erkaufte Zugehörigkeit zu Südkorea geklärt wurde. Nach dem Krieg beseitigten Bauern den Schutt am Fuß des Berges, um neue Reisfelder anzulegen, und gruben dabei ein mehrere Meter tiefes Massengrab mit menschlichen Schädeln und Knochen aus. Westlich davon, im Nebel des Halbrunds der Berge, erhebt sich der Schweinskotelett-Hügel, ein weiterer Schauplatz höllischen Gemetzels in jenem sinnlosen Krieg, der die Heimat der Koreaner in zwei Hälften geteilt hat und sie noch 50 Jahre später in einem erbitterten Patt verharren läßt.

Diese großen und uralten Vögel dort durch den naßkalten Dunst fliegen zu sehen, wo so viele junge Soldaten vor Angst und Elend zitterten, sie über die stillen Winterfelder stolzieren zu sehen, die mit soviel Menschenblut durchtränkt sind, läßt trübselige, verwirrte Gefühle aufkommen. »Ich empfinde es um so mehr als einen Segen, daß ich diese wunderschönen Kreaturen beobachten kann, da ich weiß, welche Schrecken andere Männer hier vor Jahren erdulden mußten«, sagt leise George Archibald, der meine Melancholie teilt. Im schwächer werdenden Tageslicht schauen wir zu, wie die Vögel über das stumme Land ziehen. Diese Kraniche als Boten des Friedens und der Morgenstille zu schützen – wieviel Respekt würde man, wie spät auch immer, damit den jungen Soldaten beider Seiten bezeugen, die so schrecklich und ohne jeden vernünftigen Grund ihr Leben verloren.

ACHT
Outback

Jetzt stehen sie dicht beisammen,
Andere fliegen
Und kommen rasch näher,
Weitere folgen von Karangarri.

Sie erinnern sich,
Jetzt erzählen sie,
Weitere fliegen von Karangarri heran ...
Traditionelles *Didgeridoo*-Lied der Aborigines

Bis vor wenigen Jahrzehnten war als einziger Vertreter der Kranichfamilie in Australien der Brolgakranich bekannt, ein schöner perlgrauer Vogel mit einer Flügelspannweite von fast 2,5 Metern, der im Norden und Osten des Kontinents noch weit verbreitet, andernorts aber stark dezimiert ist. Am zahlreichsten ist er noch an der Ostküste von Queensland in den großen Süßwassersümpfen, in deren *bulkuru*-Riedgräsern er den größten Teil des Jahres verbringt, sowie von Arnhemland Richtung Osten um den Carpentaria-Golf herum bis zur Halbinsel York – heißen, dampfigen und unwirtlichen Regionen mit weglosen Sümpfen und triefnassen Flachlandwäldern, Savannen und Flüssen voller Krokodile. In geringeren Stückzahlen findet man ihn auch im südlichen Neuguinea »von der Frederick-Hendrik-Insel [Insel Kolepom] bis zum Becken des Fly River«.[1]

Im März 1961 wurde die Vorherrschaft des Brolgakranichs durch aufregende Berichte aus Queensland in Frage gestellt, denen zufolge eine Schar von 60 bis 80 merkwürdig aussehender »Brolgas« auf den Feldern einer Farmgemeinde auf dem Atherton-Plateau aufgetaucht war, wo nie zuvor Kraniche gesichtet worden waren. Die Vögel flogen im November mit dem Einsetzen der Regenfälle davon, aber im März des darauffolgenden Jahres kehrten sie mit den Winden der

Trockenzeit zurück und brachten noch mehr mit. 1967 entdeckte man in einer Schar von 24 Erwachsenen drei Jungvögel, im nächsten Jahr drei weitere. Ihre Brutreviere kannte man zwar noch nicht, aber über ein paar dieser seltsamen Kraniche berichtete man auch von der Ostseite des großen Carpentaria-Golfs, wo sie in der Nähe der Outback-Siedlungen Normanton und Burketown und am Archer River gesehen worden waren.[2]

Daß die Atherton-Vögel nicht aufgefallen waren, lag unter anderem vielleicht daran, daß die fremden Exemplare wie Brolgakraniche ein einheitlich graues Gefieder und rote Flecken am oberen Nacken und am Kopf hatten. Aus welcher Entfernung man sie auch betrachtet, die beiden Spezies sehen sich ziemlich ähnlich. 1961 aber bemerkten Beobachter, daß diese Atherton-Kraniche etwas größer und dunkler wirkten als Brolgakraniche. Ihre Beine waren rosarot statt grauschwarz, und die nackte rote Haut am Kopf reichte gut sieben Zentimeter weiter den Nacken hinab – Unterschiede, die dem ungeübten Auge leicht entgehen können, wenn die beiden nicht nahe beisammenstehen. Zudem fehlte den Atherton-Vögeln der unauffällige schwarze Kehlsack, den der Brolgakranich unter dem Kinn trägt. Nachdem diese Merkmale bestätigt waren, wurden die Vögel als eine südostasiatische Rasse des Saruskranichs identifiziert, *Grus antigone sharpii.* Vermutlich waren sie aus Neuguinea über die 150 Kilometer breite Torres-Straße auf die Halbinsel York von Queensland gekommen. Diese Entdeckung erregte um so mehr Aufsehen, als die östliche Sarusrasse, die einst in saisonalen Feuchtgebieten, in Tiefebenen und Flußdeltas sehr häufig vorkam, in all den Jahren ständiger Kriege in Südostasien so gut wie verschwunden war und jetzt als gefährdet gilt. (Außer der einheimischen Trappe war der nächste bekannte Verwandte des Brolgakranichs in Australien vor dem Auftauchen des Saruskranichs der Steppenläufer, ein kleiner, Wachteln ähnelnder Vogel des trockenen Outbacks, der sich überall nur auf Zehenspitzen hinwagt, als sei er von der fürchterlichen Verantwortung als der alleinige Repräsentant seiner Familie enerviert; wie so viele seiner Verwandten ist er heute gefährdet.)

Zwar faszinierten George Archibald die Berichte über *G. a. sharpii* vom Atherton-Plateau, Hauptzweck seiner ersten Reise nach Australien im Jahr 1974 aber war das Studium des einheimischen Brolgakranichs, *G. rubicundus*, den man während der Trockenzeit auf dem Farmland im Outback Nordwestaustraliens leicht beobachten konnte, wo man die Hirse(Sorghum)- und Baumwollfelder aus Reservoiren bewässerte, die sich während der Monsunregen wieder füllten. Dort pickten die großen Vögel nicht nur an den jungen Hirsepflanzen, sondern stachen auch tief in den Boden und holten diese komplett mit den Wurzeln heraus. Die Farmer nahmen dennoch davon Abstand, »die Rotnackenkraniche« zu schießen oder zu vergiften, weil dies zunehmend auf Kritik stieß.

In seinen Forschungsaufzeichnungen beschrieb Dr. Archibald, wie die Brolgakraniche in der prallen Hitze des späten Vormittags abhoben: »Normalerweise schwingen sich ein paar wenige Kraniche in die Lüfte, in Abständen folgen weitere, und bald ist der ganze Himmel voller Brolgas ..., wahrhaftig ein Luftballett, bei dem die Vögel mit Hilfe der Thermik himmelwärts steigen und schließlich zu Säulen aus Brolgakranichen werden, die auf Schichten heißer Luft hinauf- und hinabtreiben. Immer leiser werden ihre Rufe, wenn sie an Höhe gewinnen und schließlich im Blau des Himmels verschwinden. Ich frage mich oft, was die Brolgakraniche da oben im Himmel eigentlich tun. Ich stelle mir vor, wie sie durch die kühle Luft gleiten und auf das endlose braune Land unter ihnen hinabblicken ... Während dieser Spanne des Tages verliert die Welt die Brolgas – nicht einmal ihre Rufe kann man noch hören.«[3] In jenem Jahr fing Archibald drei Paare der »Wüstenkraniche«, die nach Baraboo, Wisconsin, zur ICF gebracht wurden, wo sie pflichtschuldigst die ersten ihrer Spezies wurden, die sich je außerhalb Australiens vermehrten.

Weil die auf dem Atherton-Plateau gesichteten Östlichen Saruskraniche vor 1961 niemandem aufgefallen waren, nahm man weiterhin an, daß diese Vögel erst in jüngster Zeit auf den Kontinent gekommen seien; es schien auch, als würden sie sich rapide vermehren. 1984, als ihre Zahl auf rund 800 geschätzt wurde – das Zehnfache der ersten auf dem Atherton-Plateau beobachteten Schar –, fand man ihre Nester schließlich in einer abgelegenen, unbewohnten Tropenregion mit Savanne und Sumpfwäldern, rund 35 Kilometer landeinwärts vom Carpentaria-Golf im westlichen Queensland. Da diese Gegend auch als Brutrevier von *rubicundus* bekannt war, warf die potentielle Konkurrenz zwischen den verschwisterten Spezies im selben Habitat ein paar interessante Fragen auf.

Gemeinsam mit seinem australischen Kollegen Andrew Haffenden reiste Dr. Archibald in jenem Jahr zur Morr-Morr-Viehzuchtstation in der betreffenden Gegend. Die beiden bestätigten, daß die Saruskraniche dort nicht nur fest etabliert waren, sondern daß die Zahl ihrer Nester auch die der Brolgakraniche im Verhältnis von annähernd drei zu zwei überstieg, was nahelegte, daß die Saruskraniche angesichts der Konkurrenz um Nahrung und Brutplätze die Brolgakraniche vertreiben oder die einheimische Art durch Kreuzung auslöschen könnten.

Zu diesem Zeitpunkt ging man noch davon aus, daß die »neuen« Kraniche *G. a. sharpii*, Östliche Saruskraniche, waren. 1991 kam bei DNS-Untersuchungen heraus, daß die australische Population genetisch verschieden ist. Die Vögel wurden als eigene geographische Rasse oder Subspezies umklassifiziert und bekamen die dreigliedrige Benennung, *Grus antigone gilli*, womit jene Mrs. Gill geehrt wurde, die sie als erste auf dem Atherton-Plateau gemeldet hatte.

Genau wie der Östliche Saruskranich kleiner und dunkler als der Indische ist, ist *gilli* seinerseits kleiner und dunkler als *sharpii*, hat dunklere Ohrflecken und einen dichter befiederten Hals. Seine DNS (wie auch seine Ethologie und Morphologie) belegte, daß er sich zwar – in geologischen Zeitspannen gerechnet – erst kürzlich, von Indonesien kommend, auf dem kleinsten Kontinent ausgebreitet hatte, keinesfalls aber erst in den sechziger Jahren oder auch nur im 20. Jahrhundert, sondern schon vor mindestens 25 000 Jahren. (Die Vorfahren der Brolgakraniche waren schon viel, viel früher hier aufgetaucht, vielleicht während des Pleistozäns, als so viel Wasser in den eiszeitlichen Gletschern gebunden war, daß sich auf dem Sula-Schelf und im Carpentaria-Golf riesige Sümpfe breitmachten. Auch heute noch, da tiefe Wasserstraßen die hohen gebirgigen Inseln voneinander trennen, stellen sich hier Kranichen, die auswandern wollen, kaum Hindernisse in den Weg.)

Über ein Jahrzehnt sollte vergehen, ehe Dr. Archibald zur Morr-Morr-Station zurückkehrte, um zu überprüfen, welche Entwicklung die neuen Kraniche nahmen, und sich auf dem Weg dorthin auch noch mit den Kranichen in Korea zu beschäftigen. »Ich würde den Survey gern wiederholen, um herauszufinden, welche gewinnen«, schrieb er mir im November 1994. »Laß uns zusammen fahren. Es wäre eine tolle Gelegenheit für dich, die Aborigines kennenzulernen [die die Station besaßen und betrieben], und wir könnten neue Einblicke in die Interaktionen von *antigone* und *rubicundus* gewinnen.« Unsere Expedition sollte während der drei Monate der Regenzeit stattfinden – in *the Wet* –, wenn beide Spezies ihre Territorien abstecken und brüten. Auf dem Hinweg wollten wir außerdem Korea besuchen.

Anfang Februar 1996 flogen wir von Seoul gen Süden nach Cairns an der Nordostküste von Queensland, wo sich uns Andrew Haffenden und seine Frau Suzanne anschlossen. Am folgenden Morgen starteten wir mit einem gecharterten Flugzeug Richtung Westen und stiegen entlang den von Dschungel bewachsenen, steil zur Küste hin abfallenden Bergen empor. Das Leichtflugzeug scheuchte Scharen von großen Kakadus mit schwefelgelben Federbüschen aus dem Regenwald unter uns auf, aber an der Oberkante des Steilabbruchs verschwanden die weißen Kakadus, der Regenwald, die Stadt und das Meer abrupt hinter dem grünen Horizont. Die Maschine ging in den Horizontalflug über und überquerte den Fuß der Halbinsel York in Richtung Westen – eine abschreckende Landschaft mit trockenen Felsplateaus und von kleinen Flüssen tief eingegrabenen Schluchten. Die wenigen, kaum zu erkennenden Fußpfade zogen sich ohne das geringste Anzeichen für ein bestimmtes Ziel durch spärliches Buschwerk. Im Norden erhob sich eine steil abfallende Bergkette, die die Halbinsel längs teilt, wo man Höhlen mit Felsbildern der Aborigines gefunden hat, wie Andrew uns erzählte. Südlich von uns funkelten einsam in der Ferne die Landwirtschaftsgebäude des Atherton-Plateaus, wo die Saruskraniche erstmals gesichtet worden waren.

Auf den letzten 320 Kilometern des Flugs nach Morr Morr deutete nichts mehr auf Menschen hin, noch nicht einmal eine Rauchsäule in der Ferne. Kein einziger schmaler Pfad durchzog das Buschwerk und den rostroten Boden der trockenen Hochebenen, der zerrissenen, tiefen Schluchten. In dieser Leere wirkte das kleine Flugzeug deplaziert, wie eine vom Wind verwehte Feder. Zu guter Letzt wurde das Terrain wieder freundlicher und flachte zunehmend ab, während große Sümpfe auftauchten und kleine Bäche sich zu Flüssen sammelten, die nach Norden und Westen zum riesigen, leeren Golf strömten, aber das braune Land ergrünte in der erdrückenden Tropenhitze nur mäßig. Jenseits des Gilbert River konnte man Feldwege erkennen und vereinzeltes Vieh, dann das Glitzern von Blechdächern und die schnurgerade Schramme einer Startpiste. Merkwürdige Gebilde buckelten hastig Richtung Buschsaum, als das Flugzeug zur Landung ansetzte. Die Grassavanne zu beiden Seiten der Startbahn erwies sich als ausgezeichnetes Trampelterrain für *Wallabia agilis*, Sandwallabys, die zu Dutzenden wie riesige, dunkelbraune Kaninchen herumhüpften.

Die Morr Morr Pastoral Company liegt 75 Kilometer auf unbefestigter Straße von der nächsten Ortschaft, Normanton, entfernt. Sie hält auf einer Ranch, die 64 Kilometer von Norden nach Süden und 96 Kilometer von Westen nach Osten mißt, 27 000 Stück Rindvieh. In der Trockenzeit werden diese weitverstreuten Rinder von Cowboys zusammengetrieben, denen heutzutage ein Hubschrauber hilft, und bei diesen Cowboys handelt es sich größtenteils um Aborigines.

1984 interviewten Archibald und Haffenden einen alten Ureinwohner namens Finley Gilbert. Er erzählte, daß die ersten Weißen zu Beginn des Jahrhunderts von der Golfküste mit Pferdewagen in die Gegend am Gilbert River kamen. Sie errichteten erst ihre Gehöfte, dann ließen sie ihre Frauen und Kinder nachkommen. Dies sei zu Lebzeiten seiner Eltern geschehen, sagte Finley. Seine Leute hatten Angst, die weißen Männer würden sie »abknallen«, wie sie es mit so vielen anderen einheimischen Gruppen überall an der Küste getan hatten. Statt dessen gaben die Weißen ihnen Säcke mit Mehl, das mit Strychnin versetzt war, und viele starben. (Andrew zufolge ist die Geschichte von dem vergifteten Mehl unter den Aborigines weit verbreitet und fast so etwas wie ein Mythos. Mit Sicherheit wurde beim Völkermord an den Aborigines auch Strychnin eingesetzt, für diese Region konnte dies jedoch nie bewiesen werden.)

Finley Gilbert wuchs im Busch am Gilbert River auf, gut zwölf Kilometer von Morr Morr (früher Delta Downs, gegründet 1912), und wurde auf der Station nach seiner Heimat benannt. Seine Leute aßen lieber Fleisch als Pflanzen und jagten das ganze Jahr über Wallabys, Schildkröten, Warane und Süßwasser-Krokodile, dazu Emus, Kakadus und Laubenvögel, Schlangen und Fische, die mit Speeren oder mit einem aus Baummark gewonnenen, ins Wasser geworfenen Gift erlegt wurden, sowie die Eier von Enten, Gänsen und Kranichen. Während die Männer auf die Jagd gingen, sammelten die Frauen Honig, Feigen, Lilienknollen, Nüsse und Beeren und dazu wilde Yamswurzeln, Rüben und Bananen. Die Gruppe lebte innerhalb ihres Gebiets nomadisch, so daß die Bestände der wilden Nahrungslieferanten sich nach der jeweiligen Ernte rasch erholen konnten.

In der Regenzeit errichteten Finleys Leute einen kleinen Kreis von mit Palmblättern gedeckten Hütten und mit einem Feuer in der Mitte, jeder Mann baute seine eigene Hütte. War ein Mann ein guter Jäger, bekam er eine Frau. War er sehr gut, durfte er drei oder vier haben. Männer kämpften auf Leben und Tod um ihre Frauen, die dann als Gewinn dem Sieger gehörten. Frauen wurden im Fall von Untreue hingerichtet. Gab es Nahrung im Überfluß, feierte der Stamm ein Fest namens *cooroboree*. Ein Freudenfeuer wurde angezündet, es wurde gegessen, schließlich getanzt und gesungen; mit vielen der Lieder und Tänzen wurden Kraniche verehrt.

Bei Morr Morr, sagte Finley Gilbert, hatte es ein Dorf mit rund 100 Einwohnern gegeben. Als die Weißen kamen, wurden seine Leute auf die Viehstationen verteilt, wie wilde Tiere eingepfercht und zu Sklavenarbeit gezwungen. Wenn sie wegliefen, bezahlte man Fährtensucher, die sie aufspüren und zwecks Bestrafung zurückbringen mußten. Während all dessen wurden sie ständig durch die Krankheiten der Weißen dezimiert.

Die Arbeiter bekamen keinen Urlaub und keinen Lohn – und sie hatten keinen Begriff von Geld oder Bezahlung, sagt Andrew. Die meisten liefen auch nicht wirklich weg, sondern machten nur aus persönlichen oder spirituellen Gründen einen Ausflug. Sie konnten nicht begreifen, daß sie Tag für Tag nach einem festgelegten Stundenplan arbeiten sollten, und noch weniger hatten sie eine Vorstellung von einer Arbeitswoche. Bei ihnen tat ein Mann das, was nötig war, um seine momentanen Bedürfnisse zu befriedigen. Standen andere Dinge an, kümmerte er sich um diese. Fehlte ihm das, was gebraucht wurde, machte er sich wieder an die Arbeit. Das verstanden die Weißen nicht. Sie dachten, die »Abos« liefen weg und seien folglich faul, pflichtvergessen, unzuverlässig – genau dasselbe, was die Weißen grundsätzlich von den Waldbewohnern in Afrika, den Indianern Amerikas und den eingeborenen Völkern überall auf der Welt dachten, die noch nicht an Konzepte wie »Zeit ist Geld« gefesselt waren, die das abendländische Denken einschnüren. Dennoch bot die Station dem Stamm Unterkunft, Kleidung, medizinische Versorgung, Nahrung und Tabak und kümmerte sich auch anderweitig um das Überleben der Gruppe, obwohl manchmal vielleicht nur vier von 20 Menschen (allerdings einschließlich der Kinder) arbeiteten.

Ende der sechziger Jahre bekamen die Aborigines das Recht auf gleiche Bezahlung und das Wahlrecht, und sie wurden nicht mehr von den Stationen versorgt. Nicht an Bargeld oder die Idee des Sparens gewöhnt, gaben die Rancharbeiter ihren gesamten Lohn auf einmal aus, oft für Alkohol, und waren daher nicht in der Lage, andere mit zu versorgen. Dies führte, wie Andrew berichtet, zu einem »Zusammenbruch des traditionellen Umverteilungsmusters in der Gruppe, was wiederum den Verlust weiterer wichtiger Aspekte dieser Kultur nach sich zog«.

Vor einigen Jahren kaufte die Regierung die über eine halbe Million Hektar große Delta-Downs-Station für 2,5 Millionen Dollar, benannte sie in Morr Morr um und übergab sie den Ureinwohnern, die klugerweise einen weißen Manager einstellten. Finley starb 1990 im Alter von 87 Jahren. Die verbliebenen Angehörigen seiner Gruppe leben größtenteils in Normanton – in tiefer Armut und vom Alkohol zerstört, wie so viele entwurzelte Ureinwohner überall auf der Welt. Solche Tragödien sind vielleicht unvermeidlich – glaubt Andrew. Um diese Probleme zu überwinden, sollten seiner Meinung nach nur denen Angebote gemacht werden, die davon auch profitieren können. Das sei die einzig realistische Lösung und noch dazu eine, die in gewissen Regionen des Outback positive Ergebnisse gezeitigt habe, »allerdings auf Kosten der Mehrheit einer ganzen Generation und mit der unvermeidlichen Folge, daß ein Großteil des Wissens, dessen Träger die Ureinwohner waren, verlorengegangen ist«.

1984 beschäftigte die Station 19 Viehhirten oder *cowhands* und dazu Köche, Handlanger, Gemüsegärtner und Leute zum Instandhalten der Zäune. Zum Zeitpunkt unseres Besuchs Anfang 1996 hatte sich die Belegschaft anläßlich der Regenzeit nach Normanton verzogen. Ich wollte etwas über die traditionellen Kranichmythen, -lieder und -tänze in dieser Gegend herausfinden, aber der einzige Aborigine, der während unseres sechstägigen Aufenthalts die Station passierte, sprach kaum Englisch und schien mit seinem selbstauferlegten Schweigen ganz zufrieden.

Die von den Weißen erst 1961 entdeckten Australischen Saruskraniche kannten die Aborigines schon lange als den »Brolga, der seinen Kopf in Blut getunkt hat« oder den »rotbeinigen Brolga«; der echte Brolgakranich hat schwärzliche Beine. (George Archibalds Aborigines-Führer nannte ihn den »Großen Roten«.) Auf jeden Fall gaben die einheimischen Jäger dem rotbeinigen Vogel den Vorzug, weil er größer und fetter als der Brolgakranich war. Er war aber auch wachsamer und schwieriger zu erjagen. Der Saruskranich schwingt sich rasch in die Lüfte, wenn man ihn stört, während der Brolga in der Regel davonstakst, bevor er sich zum Abheben entschließt. Weiße Rancher nennen den Brolga manchmal »Kamerad der Ureinwohner«, weil von Aborigines in Gefangenschaft aufgezogene Küken ihre Besitzer zu Fuß auf Wanderungen und sogar bei der Arbeit auf Schaf- oder Rinderstationen begleiten.

Wohl wegen des begrenzten Verbreitungsgebiets und des vergleichbaren Aussehens ist der Saruskranich nie zu einem Totemtier wie der Brolga geworden, der den Mythen nach erstmals »vor langem, damals in der Traumzeit« in Erscheinung trat. Einer typischen Erzählung zufolge war die beste Tänzerin des Landes ein schönes junges Mädchen namens Brolga, das die Tänze der Vögel imitierte und wunderschöne neue erfand, so daß die Angehörigen anderer Stämme oft herbeikamen, um es zu sehen. Eines Tages ging Brolga allein zu einem großen Coolibah-Baum in der trockenen roten Ebene nahe ihres Lagers.

Brolga begann, in seinem Schutz zu tanzen. Sie bewegte sich mit den Schatten der Zweige des alten Baums. Als der Wind den Baum schüttelte, schüttelte sich Brolga und tanzte hinaus in die Sonne. Das frühe Morgenlicht fiel ihr auf das Gesicht, und mit ausgestreckten Armen wirbelte sie aus schierer Freude daran im Kreis herum. Als kleine Staubwolken von ihren Füßen aufstiegen, sah Waiwera, ein böser Geist, Brolga und fand, er müsse sie haben. Rasch drehte er sich zu einem Wirbelwind, einem *willy-willy*, flog hinunter in die Ebene und trug sie mit einem großen Windheulen davon. Als ihr Stamm kam, um sie bei dem alten Coolibah-Baum zu suchen, hatte der Wind ihre Spuren verwischt, aber sie folgten der Spur des *willy-willy* und holten Brolga schließlich ein; tapfer griffen sie Waiwera an, warfen Speere und Bumerangs. Waiwera wirbelte Brolga hoch und schraubte sie in den Himmel empor, und die arme Brolga verschwand für immer. Doch in diesem Augenblick rief ein Kind: »Schaut! Ein merkwürdiger Vogel, den wir nie zuvor gesehen haben!« Und hinter einem Coolibah trat ein wunderschöner großer, grauer Vogel hervor, der langsam seine Schwingen ausbreitete und tanzte, bevor er davonflog – und diesen Vogel nennen die Aborigines bis auf den heutigen Tag nach Brolga, denn Waiwera hatte es nicht geschafft, Brolgas Eleganz und Lust am Tanzen mitzunehmen.[4]

Als Totemtier, das man in Zeiten der Trauer und sogar bei der Beschneidung anrufen kann, ist der Brolgakranich Gegenstand zahlloser Geschichten, Tänze, Lieder und Zeremonien. Andrew zufolge fallen die Brolga-Geschichten in die Verantwortlichkeit derjenigen, die das Brolga-Totem besitzen, bei dem es sich oft um nichts weiter als einen kleinen Stock handelt, der in der Nähe des Zeremonialplatzes vergraben ist. Ehe er verrottet, gräbt ihn sein Hüter aus und wandert umher, bis er einen anderen Stock findet, der den Brolga-Geist enthält. In der Regel wird das Totem an den Sohn weitergegeben, und niemand führt einen Brolga-Tanz oder ein Brolga-Lied auf, ohne daß der Hüter zugestimmt hätte.

Die Lieder und Tänze bei den Korroboris im Herzen des Kranichgebiets in Nordaustralien werden nur von Männern aufgeführt – von einem allein, einem Paar oder von einer Gruppe von Tänzern in einem Kreis oder einer Reihe, »die mit wie Schwingen ausgestreckten Armen und mit an die Vögel erinnernden Hüpfern voranschreiten. Die Zirplaute der Tänzer vermischen sich ... mit den Vogelruf-Refrains der Sänger.«[5] Im allgemeinen begleiten sie die trockenen Rhythmen von Schlagstöcken und das lange, ausgehöhlte hölzerne Blasinstrument namens Didgeridoo.

Jetzt stehen sie dicht beisammen,
Andere fliegen von Mamururi heran;
Dort oben umkreisen sie Ngiwalkirri.
Kurruwurwur!

Kurruwurwur ist ein Name für den Brolgakranich; ein anderer lautet *wuraywuraywuray*. Im Gegensatz zu der Verballhornung der Weißen zu »curaduck«, geben die beiden Namen der Ureinwohner auf wunderbare Weise die tiefe, rollende, wehmütige Stimme des Kranichs wieder.

Jetzt stehen sie dicht beisammen,
Andere fliegen
Und kommen rasch näher,
Weitere folgend von Karangarri.

Sie erinnern sich,
Jetzt erzählen sie,
Weitere fliegen von Karangarri heran ...

Morr Morr ist zwar im Besitz der Stammesangehörigen, wird aber momentan von einem jungen Weißen verwaltet: Darren Gakowski lebt mit seiner Frau Christine und ihren kleinen Kindern in einem Häuschen, das zu einem Gebäudekomplex am Ende der Startbahn gehört. Sein Mechaniker und Handlanger auf der Station ist ein polnischer Einwanderer und lebenslanger Einzelgänger, den alle Wally rufen. Der kräftige und umgängliche Gakowski reitet gelegentlich Bullen und ungezähmte Pferde und will alles über die nordamerikanischen Rodeos wissen, vor allem über die Calgary-Stampede, und er freut sich zu hören, daß ich diese schon einmal besucht habe.

In der Nähe der Gebäude wird man von den lauten Tiraden des großen Haubenliests begrüßt, den sie hier *kookaburra* nennen und der überall, wo er vorkommt, sehr zahlreich in Erscheinung tritt. Er ruft uns nach, als wir an unserem ersten Nachmittag in der drückenden Hitze einem Weg in den Sumpfwald folgen, wo wir zum erstenmal nach Kranichen und Nestern suchen wollen. Der Wald hier besteht fast ausschließlich aus einem breiten Spektrum unterschiedlicher Eukalyptusbäume, unter anderem Geistgummibaum, Zitronenduft-Eukalyptus, *Eucalyptus corymbosa* und *Eucalyptus longifolia*. Dazwischen stehen Kasuarinen und Guttaperchabäume sowie vereinzelt Kohlpalmen, Schraubenbäume und *Melaleuca* und auch eine Akazienart, die als Lanzenholz bezeichnet wird.

Ein Stück weiter im lichten, nassen Wald fliegen kleine, geschwinde Scharen von hübschen rotgeflügelten Papageien über den Weg, der dem Viehtrieb dient. Wir freuen uns an vier Arten großer Kakadus, darunter auch dem seltenen Rabenkakadu und dem häufigen Rosakakadu. Ein riesiger Ziegenmelker, den man Eulenschwalm nennt, tarnt sich als großer grauer Astknorren an einem Baumstamm. In einem Sumpftümpel sehen wir primitive Spaltfußgänse, deren nur teilweise mit Schwimmhäuten versehene Füße ihnen erlauben, auf Bäumen zu schlafen. Ein Schwarzkehl-Würgatzel (der hier »Metzgervogel« heißt, weil er nach Würgerart Eidechsen und andere Beutetiere wie Fleischstücke auf Zweigen aufspießt) erfreut uns mit seinem kräftigen, honigsüßen Gesang. Ansonsten sehen oder hören wir nur wenige Sperlingsvögel, denn ein schwerer Sturm hat Anfang Januar ihr Habitat in den schwachwüchsigen Bäumen des Eukalyptuswaldes verwüstet. An Kranichen sehen wir an diesem Nachmittag nur eine kleine Sarusgruppe, die tief über den verkrüppelten und sturmzerfetzten Wald fliegt.

Über Morr Morr setzen üblicherweise am Spätnachmittag heftige Regenfälle ein, die sich mit Wolkenbrüchen die Nacht über fortsetzen und bis zur Morgendämmerung auf gut zehn Zentimeter summiert haben können; dann klart es auf, und die milden Morgen sind wunderschön. Darren Gakowski, der in Normanton Vorräte für die Station holen will, nimmt uns mit und setzt uns etwa acht Kilometer von der Station entfernt in der Baumsavanne ab, wo die Expedition von 1984 die am weitesten entfernten Nistplätze fand. Sofort entdecken wir Brolgakraniche, die ein Nest bauen, wie wir aus der Tatsache schließen können, daß das Paar nicht davonfliegt, sondern eilends durch das Gras davonstolziert, nur um zwischen den Bäumen in einem Bogen zurückzukommen. Und wenn sie sich in die Luft erheben, dann bloß, um vor uns hin und her zu fliegen und sich nicht weit entfernt wieder niederzulassen. Ihre nackte Gesichtshaut leuchtet in der Morgensonne. Fast das gesamte Gesicht besteht aus einem rauhen, roten Kamm mit vereinzelten schwarzen Stoppeln. Unter dem Kinn baumelt ein unauffälliger schwarzer Kehlsack, und wie der Sarus- und der Klunkerkranich trägt der Brolga eine nackte Krone olivgrün-grauer Haut. Ansonsten ist dieser 1,5 Meter große Vogel von einem eleganten Perlgrau, das an den Primär- und Sekundärfedern der Flügel eine Schattierung dunkler wird. (Beide Spezies – Sarus- wie Brolgakranich – können einen Anflug von Rotbraun haben, der auf Eisenoxide im Wasser zurückzuführen ist.[6])

In der Regel baut der Brolga seine Nester auf höherem Gelände als der Sarus, so daß diese vor möglichen Überflutungen sicher sind, und in dieser Adaption spiegelt sich vielleicht seine längere Erfahrung mit diesem Terrain wieder. Diese Brolgas scheinen spät zu nisten, vielleicht wegen des großen Sturms hier im Dezember. Wir wollen sie bei der Balz nicht stören und gehen rasch weiter durch den Wald Richtung Nordosten, wobei wir in etwa auf die Viehzuchtstation zuhalten.

Auf einer Bank aus Sumpfgras am Rand eines Tümpels mit klarem Wasser, um den herum *Eucalyptus papuana* wachsen und der von einem überhängenden Baum beschattet wird, findet sich ein Sarusnest mit zwei länglichen, elfenbeinfarbenen Eiern, die wie Schätze strahlen. Nester des Australischen Saruskranichs bleiben oft ohne Nachwuchs; andererseits haben die Tiere angesichts der langen Brutsaison genügend Zeit für einen zweiten Versuch. Während dieser Periode wechselt *G. a. gilli* alle seine Flugfedern, so daß er sechs Wochen lang flugunfähig ist. Im Gegensatz dazu mausert sich der Brolga niemals so vollständig, daß er nicht mehr fliegen kann, außerdem schläft er nachts nicht im Wasser, sondern hockt sich auf eine kleine Anhöhe, vielleicht aus Respekt vor seinem einzigen natürlichen Feind, dem Krokodil.

Am späteren Vormittag schrauben sich die Brolgakraniche unter Ausnutzung der Thermik in die Höhe und entfliehen der schwülen Hitze. Wir würden am liebsten einfach mit ihnen aufsteigen, um der stehenden, wassergesättigten Luft, dem feuchtheißen Atem in unseren Lungen und den bösartigen Blutegeln und Mücken zu entkommen. Hier und da bietet spärlicher Schatten Schutz vor der Tropensonne, die heiß brennt, obwohl sie größtenteils hinter den dicken grauen Schwaden verborgen ist, die sich für die nachmittäglichen Regenfälle sammeln.

Auch wenn ich unter der feuchten Gluthitze leide, liebe ich diese abweisende Landschaft wegen ihre Leere und Stille, die von keinerlei menschengemachtem Laut unterbrochen wird, und auch wegen des paradiesischen Zustands ohne Luft- und Wasserverschmutzung – ein Segen, der fast überall auf der Erde verlorengegangen ist. An diesem außergewöhnlichen Ort kann man, ohne Schaden zu nehmen, aus den Regenpfützen auf dem Weg und sogar aus den Tümpeln im Wald trinken, in denen sich das Vieh abkühlt. Der schwache Beigeschmack von Jauche ist erträglich, finde ich, wenn einem in einem grünen Backofen mit fast 40 Grad Celsius und 100 Prozent Luftfeuchtigkeit der Schweiß nur so herunterläuft und man sonst dehydrieren würde. Gegen Mittag keuchen und schnaufen wir den langen Weg nach Morr Morr zurück – einer unserer »Todesmärsche«, wie wir sie nennen. Doch selbst unter diesen extremen Umständen können wir, vorwärts stolpernd, nicht davon ablassen, über Kraniche zu diskutieren.

Seit seiner Studienzeit ist George Archibald von der Stammesgeschichte der Kraniche fasziniert, und da auch mich die Evolutionsgeschichte der Lebewesen und die über riesige Zeitspannen erfolgten Anpassungen umtreiben, setze ich ihm in diesen Tagen erdrückender Schwüle arg zu. Wie alle großen Lehrer teilt George generös sein

Wissen und ist neugierig auf Ideen und Spekulationen, selbst wenn sie von unqualifizierten Außenstehenden wie mir kommen.

Seit Ende des 19. Jahrhunderts galten die sehr ähnlichen *antigone* und *rubicundus* als verschwisterte Spezies. Neuere Untersuchungen deuten jedoch darauf hin, daß trotz äußerlicher Unähnlichkeit Brolga- und Weißnackenkranich die eigentlichen Geschwister sind und daß *antigone* sich schon vor rund 230 000 Jahren von einem gemeinsamen Vorfahren mit *rubicundus/vipio* abspaltete – was erstaunlich ist, denn in allen Aspekten der Morphologie und des Verhaltens scheinen Sarus- und Brolgakranich einander viel näher zu sein als dem Weißnackenkranich. Als weitere Überraschung haben die Untersuchungen klargestellt, daß der Östliche Sarus dem Indischen Sarus nähersteht als dem Australischen, und dieser Befund verwirft jeden Gedanken daran, daß *G. a. gilli* erst in jüngerer Zeit von Südostasien eingewandert ist: Vielmehr deutet die Beweislage auf eine uralte Migration vor annähernd einer Million Jahren hin.

Kleine genetische Unterschiede zwischen engen Verwandten können von einer raschen Ausdifferenzierung in neue Spezies verursacht werden: In geologischen Zeiträumen gerechnet, haben sich Sarus- und Brolgakranich erst vor so kurzem getrennt, daß sie sich noch immer kreuzen können. Dennoch haben neue Erkenntnisse über die Mitochondrien-DNS Archibald zu Spekulationen darüber veranlaßt, daß sich gemeinsame eiszeitliche Vorfahren möglicherweise in eine westliche und östliche Population auseinanderentwickelten, aus denen einerseits *antigone*, andererseits *vipio* und *rubicundus* hervorgingen. Dieser Vorfahr, der auf den kleinen Kontinent im Süden auswanderte und sich an australische Habitate und Klimata anpaßte, entwickelte sich theoretisch zum Ur-Brolga. Eine nachfolgende Welle Östlicher Saruskraniche, fährt Archibald fort, kreuzte sich erfolgreich mit jenem frühen Brolga und brachte den »Australischen Sarus« hervor, der kleiner und im Gesicht weniger rot ist als der Östliche Sarus, gleichzeitig aber etwas größer und dunkler als der Brolga.

Letzten Endes konnte jedoch keine der Untersuchungen – sei es auf anatomischer, molekularer oder Verhaltensebene – die Beziehungen zwischen den fünf Artengruppen klären, auf die mehrere Forschungsarbeiten hindeuten, weil sich vermutlich die Verbreitung der Kraniche und die Diversifikation dieser Gruppen zu schnell vollzogen hat, um handfeste Beweise für den gemeinsamen Vorfahren und daraus ableitbare Charakteristika zur Definition von Abstammungslinien zu hinterlassen.

Gegenwärtig interessiert sich George weniger für Kranich-DNS als für die Ethologie der einzelnen Arten, denn er glaubt, daß Verhaltensweisen als Indikatoren für die Evolutionsgeschichte genauso Hand und Fuß haben können wie DNS-Erkenntnisse. (Bei in Gefangenschaft auf engem Raum gehaltenen gemischten Gruppen gesellt sich beispielsweise ein *antigone* eher zu *rubicundus* und *vipio* als zu den nördlichen Kranichen.) Bei seinen Versuchen, die Sympatrie der beiden Kranicharten von Morr Morr zu verstehen, interessieren ihn am meisten ihre Vokalisierungen (der Doppelruf und 14 weitere) sowie ihre Tänze, Drohgebärden und Freßgewohnheiten.[7] Beispielsweise fragt er sich, warum die Saruskraniche (*G. antigone*) aller Rassen den lautesten Ruf sämtlicher Kraniche haben, obwohl sie im Vergleich mit den nördlichen Angehörigen derselben Gattung (die einander während des Zugs über große Entfernungen hören müssen) nur mäßig gewundene Tracheen haben; der Brolgakranich (*G. rubicundus*) hat eine ähnliche Luftröhre, aber eine tiefere Stimme, weil sein Kehlsack, der dem Sarus fehlt, als Resonanzkörper fungiert.

Bei all unseren Wanderungen im Verlauf dieser Tage finden wir keinen besseren Ort zur Kranichbeobachtung als den flußnahen Sumpf beim hinteren Ende der Startbahn, wo Paare beider Arten gegen potentielle Eindringlinge in ihre Territorien den Doppelruf erschallen lassen. Neben den vielen Paaren fliegen kleine Scharen partnerloser Jungtiere über uns hinweg, manchmal acht bis zehn Vögel gleichzeitig. George staunt über die schiere Anzahl von Kranichen und sagt, dies sei die größte Dichte brütender Kraniche, die ihm überhaupt jemals untergekommen sei.

Von allen Kranichen der Erde sind die Brolga- und Saruskraniche am Carpentaria-Golf vielleicht am wenigsten von den unseligen Folgen der menschlichen Zivilisation betroffen. In einem Maß wie sonst nur noch in der Antarktis sind die Ökosysteme ursprünglich und nicht kontaminiert, auch wenn die moderne Welt näher rückt. Weil der Himmel so klar ist, füllen des Nachts die Sterne das gesamte Firmament, sie strahlen hell bis hinunter zum Horizont. Zum Glück für die Kraniche ist diese tropische Feuchtsavanne eine nasse, grüne Hölle, die nur wenige als ein für Menschen geeignetes Habitat betrachten würden. Zudem eignet sie sich nur marginal als Weideland für Nutzvieh (auch wenn – wegen ihrer Fragilität – Vieh sie zerstören kann).

Von den beiden Arten bilden die Brolgakraniche die größeren Scharen, und in der Trockenzeit, *the Dry*, die ungefähr neun Monate dauert, sammeln sich Hunderte bei den Landwirtschaftsbetrieben in Nordaustralien, während andere nach Osten in die Küstenregionen von Queensland ziehen. Die meisten aber fliegen nach Norden zum Golf, nur gut 30 Kilometer von Morr Morr entfernt, wo sie in den Salzmarschen *Eleocharis*-Knollen fressen. Der Brolga, der Salzsümpfe und andere salzige Feuchtgebiete extensiver nutzt als die anderen Arten, hat in der Nähe der Augen spezielle Salzdrüsen entwickelt, durch die er konzentrierte Salzlösung absondern kann – was zeigt, wie schnell es sogar bei Spezies wie *rubicundus*, die sich (in biologischen Maßstäben gemessen) erst vor kurzem von ihren Vorfahren abgespalten haben, zu Anpassungen kommen kann.

Der Östliche Sarus, *G. a. sharpii*, der im Mekong-Delta überwintert, ernährt sich ebenfalls von *Eleocharis*-Knollen, aber hier in Queensland zieht sich der Australische Sarus, *G. a. gilli*, in trockenes Grasland und Savannengebiete zurück, zerstreut sich zu Paaren und kleinen Scharen, um nach Samen, Insekten und kleinen Wirbeltieren zu suchen. George führt dafür zwei einander widersprechende Theorien an. Die ersten Saruskraniche, die aus Indonesien kamen, trafen in den Küstensümpfen auf Tausende von Brolgas. Gut möglich, daß diese Konkurrenz um Knollen mit einer engverwandten Spezies sie dazu trieb, sich an die Grasland-Nischen der Halbinsel York anzupassen und später an die Getreideäcker der Menschen wie beispielsweise die Maisfelder des Atherton-Plateaus. Umgekehrt spekuliert er, daß der Schlamm im Mekong-Delta, an den die Vorfahren gewöhnt waren, weicher war als die harten Salzpfannen dieser flachen Küste und daß sich die Saruskraniche in Ermangelung eines kräftigen, zum

Graben geeigneten Brolga-Schnabels hier während der Trockenzeit an das Samenpicken und die Kleintierjagd anpaßten. Daher fliegen die meisten, wenn nicht gar alle Saruskraniche von Morr Morr zum Atherton-Plateau im Süden, wo gelegentlich 700 bis 800 von ihnen ein Feuchtgebiet namens Bromfields Sumpf mit Beschlag belegen.

Tag für Tag beobachten wir Hunderte von Kranichen und zahllose andere Sumpf- und Wasservögel – Halsband-Zwerggänse, Kräuselscharben, Schlangenhalsvögel, Pfeifgänse, Reiher – und dazu den Brahminenweih, einen wunderschönen Greifvogel, den ich von einer Expedition nach Neuguinea vor vielen Jahren kenne. Eines Morgens bewundern wir das Werk des Graulaubenvogels, jenes einfallsreichen Verwandten von Krähen und Paradiesvögeln, der für die Balz eine kunstvolle Laube für die umworbene Braut baut – in diesem Fall besteht sie aus Reihen senkrecht aufgestellter Stöckchen, ungefähr 45 Zentimeter hoch und 60 Zentimeter lang, die eine hübsche Allee umrahmen, welche minutiös mit weißen Knochenstückchen und gesammelten Glasscherben gepflastert ist, wobei letztere sorgfältig nach Farben (Blau, Grün und Weiß) sortiert wurden; das Ganze krönt ein Plastikfetzen, so unnatürlich rot wie eine Maraschino-Kirsche.

An einem anderen Tag finden wir am Ufer eines kleinen Wasserlaufs, wo wir eine Pause machen, die frischen Klauenabdrücke und die Schwanzschleifspur eines ziemlich großen Krokodils. Leistenkrokodile, die hier *salties* heißen, sollen bis zu sechs Meter lang werden können und gelten allgemein als die aggressivsten aller Krokodile; in der Regenzeit schwimmen sie weit diese Flüsse hinauf. Vor nicht allzu langer Zeit, erzählt uns Darren Gakowski, kreuzte ein *saltie* unter der Wasseroberfläche am Ufer des Gilbert River viele Kilometer landeinwärts vom Golf, pirschte sich an eine Frau heran, packte und tötete sie.

Neben großen Krokodilen sind die einzigen gefährlichen Tiere hier Schlangen. Australien rühmt sich der elf giftigsten Arten der Erde, darunter auch der Taipan, den man bei Morr Morr findet. Als wir eines Nachmittags Richtung Startbahn gehen, stößt Andrew direkt außerhalb des Gebäudekomplexes auf einen Taipan. Als alter Schlangenfreund rufe ich ihm zu, er solle ihn nicht entwischen lassen, bevor ich ihn mir angesehen habe. Mit einer Astgabel hält er ihn im Genick fest, nimmt ihn hoch und gibt ihn mir zur weiteren Untersuchung. Da wir seit unserer Kindheit mit Giftschlangen umgegangen sind, hat keiner von uns beiden das Gefühl, wir seien leichtsinnig, aber seine arme Suzanne ist verständlicherweise zutiefst erschrocken, aufgeregt, dann sehr wütend auf uns. Wie Schuljungen beschimpft, lassen wir die anmutige Kreatur frei und sehen zu, wie sie raschelnd im Gras verschwindet.

Die Zahl der Brolgakraniche geht noch immer in die Zehntausende, ihr letztes großes Rückzugsgebiet ist aber diese weglose Wildnis aus Sümpfen und Feuchtwäldern am Bogen des Golfs und nördlich davon an beiden Küsten der Halbinsel York. Doch ein Großteil dieser menschenleeren Region dient bereits der Viehzucht und wird regelmäßig geflämmt, um Weideland zu schaffen. In Südostaustralien wurde die Brolgapopulation stark durch die landwirtschaftliche Trockenlegung der von den Vögeln bevorzugten Feuchtgebiete mit *bulkuru*-Segge (*Eleocharis dulcis*) dezimiert. Diese in die Natur eingreifende Urbarmachung, die die Hydrologie von Feuchtgebieten und die Abfolge von Pflanzenspezies ändert, wird in der globalisierten Wirtschaft nur noch zunehmen, was unvorhersehbare Folgen für die Kraniche haben wird.

»Das ephemere Wesen der entscheidenden Kranichbrutgebiete hat, zusammen mit der Langlebigkeit der Vögel, zu einem falschen, nur auf Zahlen basierenden Sicherheitsgefühl hinsichtlich der Gesundheit von Kranichpopulationen geführt«, hat Andrew Haffenden geschrieben. »Politisch untersteht ein Großteil der geeigneten Habitate der Kontrolle der Aborigines, und das politische Wollen richtet sich auf die wirtschaftliche Verbesserung dieser Gebiete. Während einige Umweltschützer vom besonders sorgfältigen Umgang der Ureinwohner mit ihrer Umwelt schwadronieren, zeigt die Erfahrung, daß im Lauf der Zeit westliche Waren mehr in den Bann schlagen als traditionelle Werte. Und was uns angeht, so ist die Ansicht wohl kaum moralisch, daß die eine Gruppe der Nation mit weniger auskommen soll als die anderen, damit das Land als Ganzes sich dem Umweltschutz verpflichten kann ... Das bedeutet vielleicht, daß die allernächste Zukunft eine der letzten Gelegenheiten darstellt, die gegenwärtigen Kranichpopulationen in Australien zu sichern.«[8]

Die Saruskraniche scheinen sich seit den ersten Berichten im Jahr 1961 vermehrt zu haben; bei Morr Morr gibt es doppelt soviel Sarus- wie Brolgakraniche. In den zwölf Jahren, seit meine Freunde sie zählen, ist das Verhältnis von Sarus- zu Brolganestern mit drei zu zwei stabil geblieben, somit behauptet sich der Brolga auch in dieser Region. Die vorhergesagte Dominanz des Sarus hat sich nicht eingestellt, vermutlich weil der Brolga effizienter nistet und mehr seiner Jungvögel überleben. Indem er beispielsweise sein Nest in einiger Entfernung vom Wasser auf trockenem Grund baut, stellt der Brolga sicher, daß beim Einsetzen der Regenfälle das steigende Wasser die Nester nicht überflutet; er achtet aber zugleich darauf, daß sich in der Nähe seichte, von Leben wimmelnde Pfützen befinden, in denen die Küken die Nahrungssuche lernen.

Die beiden Kranicharten teilen sich bei Morr Morr zwar im großen und ganzen dasselbe Habitat, aber es gibt dabei einen deutlichen ökologischen Unterschied. Der Sarus bevorzugt kleine Marschen mit Sumpfwälder, während der Brolga ausgedehntere, langlebigere Marschen favorisiert, wo er im tiefen, nassen Schlamm leichter graben kann. Wenn die Sümpfe entwässert werden und Vieh Einzug hält, das den Schlamm aufwühlt und ihn dabei der Luft aussetzt, trocknen die Marschen jedes Jahr früher aus, und harte Erde versiegelt die Knollen. Das Vieh vernichtet auch viele Jungpflanzen in den Feuchtsavannen, die so in ein Grasland-Habitat umgewandelt werden, das besser den Nahrungsgewohnheiten des Saruskranichs entspricht. In den seltenen Fällen, in denen die beiden Spezies am selben Ort nächtigen oder fressen, bilden sie dennoch getrennte Scharen.

Da sie sich genetisch so ähnlich sind und um Brutgebiete konkurrieren, könnten die Brolga- und die Saruskraniche hier bei Morr Morr auf die Rufe der jeweils anderen Spezies reagieren, aber der Sarus hat bereits einige ungewöhnliche Vokalisierungen ausgebildet, die möglicherweise das Kreuzen mit dem Brolga unterbinden. Die Doppelrufe können eine adaptive Barriere gegen die Durchmischung der Arten darstellen, aber diese ist nicht absolut verläßlich: George entdeckte mehrfach Hybriden bei den Paaren und Scharen, die tief über unseren Köpfen kreisen. Da diese beiden Kranicharten gemeinsame Nachkommen bekommen können, ist es vorstellbar, daß sich ein »Hybridschwarm« ausbildet, der die biologischen Barrieren zwischen ihnen überwindet, so daß die Hybriden letzten Endes beide Elternformen auslöschen und zu der alleinigen Spezies auf dem Kontinent werden. Wenn andererseits die Hybriden eine geringere Fruchtbarkeit haben oder schlechter angepaßt sind oder wegen ihres merkwürdigen Erscheinungsbildes weniger oft als potentielle Partner gewählt werden, kann sich eine reproduktive Barriere ausbilden, so daß – auch wenn es vereinzelt zu Hybriden kommt – die beiden Kranicharten größtenteils getrennt bleiben werden.

Soweit man dies anhand dieser zweiten Reise nach Morr Morr im Jahr 1996 beurteilen kann, ist die Saruspopulation im nördlichen Australien seit über einem Jahrzehnt stabil geblieben; mehr als 1000 Vögel scheint sie nicht zu umfassen. Es besteht auch bislang keine Gefahr, daß Kreuzungen die Brolgakraniche zugunsten von Hybriden eliminieren, wie man befürchtet hatte. Es gibt nur wenige Hybriden und bislang keine Anzeichen, daß sie fruchtbar sind. Auf die Frage, ob den Hybriden vielleicht entscheidende adaptive Merkmale fehlen, nickt George. »Attraktivität für die Spezies der Eltern«, lacht er. »Die Hybriden haben vielleicht alle notwendigen Merkmale – mit Ausnahme der Fähigkeit, irgend jemanden anzumachen.«

Eines Tages, nachdem wir uns nach einem »Todesmarsch« in den Schatten der als Kantine dienenden Hütte geschleppt haben, zieht sich Dr. Archibald bis auf die Shorts aus und wirft sich der Länge nach bäuchlings auf den kühlen Betonboden, so sehr bedarf sein gerösteter Körper der »Thermoregulation«. Als Darren Gakowski ein Telex bringt, hebt George den Kopf nur weit genug, um einen schiefen Blick darauf werfen zu können – dann stößt er einen schrillen Schrei aus, springt auf die Füße und tanzt einen Kranichtanz, die rotgeränderten Augen sind in inbrünstiger Dankbarkeit geschlossen, und das Gesicht ist in ein verzücktes Lächeln getaucht. Die »Sibirier«, flüstert er: Die Nonnenkraniche sind nach Bharatpur in Indien zurückgekehrt, zum erstenmal seit 1993.

Von Australien würde sich der Kranich-Freak auf direktem Weg nach Bharatpur begeben. Ich reiste zunächst für Tiger-Forschungen nach Bali und Zentralindien, dann erst nach Norden bis Delhi und traf dort auf einen strahlenden Dr. Archibald und seine russischen Kollegen Sascha Sorokin und Juri Markow. Sie kamen gerade aus Bharatpur, wo sie jene letzten drei Nonnenkraniche angetroffen hatten. Eine Stunde später wollten sie nach Lumbini aufbrechen, Buddhas Geburtsort im südlichen Nepal, um sich die dichteste Brutpopulation von Saruskranichen auf dem gesamten indischen Subkontinent anzusehen. Ich selbst war auf dem Weg nach Südafrika, um *Anthropoides paradisea* zu suchen, den Paradieskranich.

NEUN

Äquatorialafrika, Ngorongoro, Okawango und Transvaal

Während der Nachtstunden hörten wir weit entfernt das Gebrüll der Flußpferde vom Nil herüber, die ersten Geräusche mitten aus dem Herzen Afrikas. Das frühe Morgenlicht zeigte uns eine neue Landschaft mit hohem Gras und kleinen Akazienbäumen, und immer wieder vereinzelt ein Affenbrotbaum ... Die Savanne war belebt mit Antilopen und Vögeln – tropische Greife, Tauben, Perlhühner, Frankoline, Bienenfresser, Racken, Nashornvögel und Myriaden von Webervögeln ... Am Rande eines Wasserlochs standen zweihundert Kronenkraniche.

Peter Matthiessen, *Der Baum der Schöpfung*, 1972 (dt. 1973)

An einem wolkenlosen Tag des Jahres 1961 fuhr ich oben auf der Ladung eines Lastwagens von Khartum Richtung Süden durch die Dörfer am Blauen Nil und dann in den Sudd, ein großes Überschwemmungsgebiet. Als der LKW auf der grasbewachsenen Nord-Süd-Piste an einem austrocknenden Sumpf vorbei in die weite Dornbuschsavanne hinausfuhr, übertönte ein wilder, zweitöniger Schrei den Lärm des Motors. Am Straßenrand stand eine Legion mächtiger Vögel – mindestens 200 – in sonnenbeschienenen Reihen. Ihre Flügel in kräftigem Weiß, Gold und Kastanienbraun hoben sich von den dunklen, schiefergrauen Körpern und langen Hälsen ab, auf denen rot-schwarz-weiße Köpfe saßen, gekrönt von einem Büschel verlängerter Nackenfedern, die unter der gleißenden Tropensonne wie gesponnenes Gold glitzerten. So intensiv waren die Farben, so erstaunlich, daß sich selbst heute noch das Bild jener Vögel in meiner Erinnerung wie eine strahlende Blüte öffnet. (Es ist wunderbar, daß sich selbst die kräftigsten Farben der Natur niemals beißen oder zu protzig wirken, wie das so oft bei Menschenwerk der Fall ist.)

Damals – im Winter 1961 – war der Nördliche Kronenkranich,

Balearica pavonina, überall in einem Gebiet anzutreffen, das vom Senegal und von Mauretanien im Westen bis nach Äthiopien und in den Sudan im Osten reichte. Sein Habitat war der ausreichend mit Wasser versorgte Sahel, jener lange Savannenstreifen, der die Sahara von den Wäldern Äquatorialafrikas trennt. Seither hat sich die Wüste nach Süden vorgeschoben, und Menschen sind unter dem Bevölkerungsdruck nach Norden ausgewichen, so daß viel von diesem Habitat verschwunden ist und zerstört wurde. Darüber hinaus wurden die dezimierten Vögel als Fleischlieferanten gejagt oder lebend gefangen, um sie als Wach- oder Haustiere zu verkaufen, die die Höfe frei von Insekten, Spinnen und kleinen Reptilien halten. In Nigeria ist der Handel mit lebenden Kranichen die Hauptursache dafür, daß sein Nationalvogel, der im Sahel einst weit verbreitet war, im eigenen Land beinahe ausgerottet ist – von allen Kranichpopulationen ist diese eine der wenigen, bei denen nicht die Degeneration des Habitats der wesentliche Grund für den Niedergang ist. (»Ständig wird man von den Nigerianern daran erinnert, daß ihr Land das am dichtesten bevölkerte in Afrika ist«, schrieb ein Besucher schon 1962, »und daß das Land deshalb wohl keinen Platz für wilde Tiere hat.«) Im größten Teil Westafrikas, wo der *Homo sapiens* kaum noch aus der Landschaft wegzudenken ist, herrscht Resignation angesichts des Verschwindens wilder Tiere, die für die Stammesmythen und -kulturen von entscheidender Bedeutung waren. Vögel und Säugetiere, vor allem die Primaten und die Waldducker – und sogar Totemtiere wie beispielsweise der Hornrabe –, wurden zu »Buschfleisch« degradiert, das man sich auf der Stelle schnappt oder schießt, bevor andere es finden. Durch die schwere, seit 1973 anhaltende Dürreperiode wurde *B. pavonina* auf vielleicht noch 13 000 Vögel in ganz Westafrika reduziert. Außer in Nigeria ist die Art noch in mehreren anderen Ländern der Ausrottung nahe, und die Zahlen gehen weiter zurück. Auf einer Reise durch den Senegal, durch Gambia und den Sahel der nördlichen Elfenbeinküste begegnete ich 1978 nur einem einsamen Paar, das wachsam und vorsichtig am entfernten Ende einer austrocknenden Schlammpfanne im senegalesischen Niokolo-Koba-Nationalpark stand. Wie viele westafrikanische Staaten erschließt auch der Senegal seine letzten Feuchtgebiete für die

Landwirtschaft, um Hungersnöte von seiner ständig wachsenden Bevölkerung abzuwenden, und im Tschad wie in Kamerun ist die Lage nicht besser. Im Sudan haben die ständigen Bürgerkriege zwischen Muslimen im Norden und Christen im Süden und die damit einhergehenden Hungersnöte und Zerstörungen (die es auch schon vor 40 Jahren gab, als ich durchreiste) dazu geführt, daß Kronenkraniche wegen ihres Fleisches gejagt werden, zugleich aber auch die Trockenlegung des Sudd verhindert, der jetzt ein großartiges Rückzugsgebiet für die Spezies ist.

»Es war einmal«, erzählt George Archibald, »ein afrikanischer König, der sich verirrte und in der Wüste am Verdursten war. Eine Herde Antilopen kam vorbei, aber sie weigerten sich, den König zum Wasser zu führen. Später tauchten einige Elefanten auf, aber auch sie weigerten sich, dem König zu helfen. Dann erblickte eine Schar Kraniche den König. Sie brachten ihm ein wenig Wasser, dann trugen sie ihn zu einer Oase. Um ihnen zu danken, gab der König jedem eine goldene Krone, aber die anderen Tiere waren so neidisch, daß sie die Kronen stahlen. Als sich die Kraniche beklagten, gab der König ihnen statt dessen goldene Federn – wahre Kronen, die nicht gestohlen werden konnten. Das waren die ersten Kronenkraniche.«[1]

Im 8. Jahrhundert v. Chr. beschrieb der Dichter Homer Kraniche, die vor dem Ausbruch des Winters fliehen. Aristoteles beobachtete, daß diese Vögel »von den Steppen Skythiens« zu den Sümpfen südlich von Ägypten ziehen, »wo der Nil seinen Ursprung hat«. Bei Aristoteles' Vögeln handelte es sich um Grau- oder Jungfernkraniche, die beide bis in den südlichen Sudan ziehen. Graukraniche überwintern in kleinen Zahlen auch in Nordafrika von Marokko und Algerien bis nach Ägypten, und viele folgen dem landwirtschaftlich genutzten Niltal nach Süden. Jungfernkraniche brüteten früher in den Bergen und Tälern Nordwestafrikas, aber die meisten der hier gesichteten Exemplare kamen als Zugvögel aus dem Kaukasusgebiet zwischen dem Schwarzen und Kaspischen Meer über das Rote Meer zum Überwintern bis hinunter zum Zusammenfluß von Weißem und Blauem Nil.

In Uganda begegnete mir zum erstenmal die Schwesterspezies von *Balearica pavonina*, der Südliche Kronenkranich (*B. regulorum*) –

ein auffälliger und in gut bewässerten Landstrichen weitverbreiteter Vogel, der von Uganda und Kenia nach Süden bis zum Kap der Guten Hoffnung (mit Ausnahme des breiten Gürtels von trockenen Mopane-Wäldern, der Tansania vom südlichen Afrika trennt) an die Stelle von *pavonina* tritt.[2] Das dunkle Schiefergrau von *pavonina* ist bei *regulorum* durch taubengraues Gefieder ersetzt. Der Südliche Kronenkranich ist auch deutlich größer und hat unter dem Kinn auffällige rote Kehllappen. Beiden Arten gemeinsam sind die elfenbeinfarbenen und kastanienbraunen Flügel mit den abgesetzten schwarzen Primär- oder Flugfedern sowie das goldgekrönte Clownsgesicht mit der nackten rosa Haut und der kräftigen Schwarzweißzeichnung, auch wenn das Rosa und das Weiß anders verteilt sind.

Vor 40 Jahren traf man den Südlichen Kronenkranich fast überall an, wenn man sich außerhalb des Waldes bewegte. »Unterhalb des Lagers brechen die von balzenden Kammbläßhühnern aufgepeitschten Wellen die glatte Seeoberfläche, hinter den [Momela-]Seen, im Reich der Schatten, bilden die unteren Hänge des Kilimandscharo ein Podest für die hohen Kumuluswolken. Vögel fliegen aus dieser dunklen Welt ins Sonnenlicht von Momela – ein Quartett Kronenkraniche, deren wildes Hornsignal über das Wasser schallt, und Enten flitzen aus den Wolken herab …« Diese Erinnerung stammt (wie die Zeilen zu Beginn des Kapitels) aus meinen ersten Afrika-Reisetagebüchern[3], und *B. regulorum* hat mir in den seither vergangenen vier Jahrzehnten noch viele Male Freude bereitet, erst jüngst wieder, als ich Leiter einer Vogelsafari in der kühlen Bergluft des Ngorongoro-Kraters in Tansania war. Ich vernahm den uralten, zweitönigen Ruf, der so ganz anders ist als das hölzerne Rollen und das Trompeten der *Grus*-Arten und dennoch unverwechselbar der eines Kranichs, wandte mich um und erblickte eine Familie von vier Vögeln, die vom hohen Westrand aus über die schwarzen Blöcke der weidenden Nashörner, Büffel, Elefanten und über das Blätterdach großer Gelbborken-Akazien in den offenen Sumpfwäldern auf den Kratergrund flog, während die Morgensonne die lebhaft gemusterten, breiten schwarzweißen Flügel vor den dunkel bewaldeten Kraterbergen aufblitzen ließ und auf den flammenden Nacken und den in den Wind gestreckten Rücken dahinter spielte. Und in diesem riesigen

Krater aus der Frühzeit der Erde, in dem die Zeit stillzustehen scheint, konnte ich ein Echo der uralten Balearicinae aus dem Eozän vernehmen.

Die kurzen, an Gänse erinnernden Vokalisierungen, die *Balearica* mit seiner geraden Trachea hervorbringt, ähneln nicht dem Doppelruf, der für die *Grus*-Kraniche typisch ist, außerdem schlagen diese Vögel dabei nicht mit den Flügeln. Im Gegensatz zu den Gruinae bilden brütende Kronenkraniche manchmal so etwas wie Kolonien, und sie schlafen auch in Bäumen. Diese Angewohnheit erklärt vielleicht den längeren Schwanz von *Balearica*, der bremsen hilft, wenn der Vogel auf einem Ast landet, und auch den langen, zum Greifen geeigneten Hallux – die Hinterzehe –, der für das Sitzen auf Bäumen wichtig ist. Der kurze Schnabel – kürzer als der Kopf – ist stämmig und stumpf statt speerförmig und weist eiförmige Nasenlöcher auf. Ein Polster weicher, schwarzer Federn zieht sich vom Schnabel über den Kopf bis zur Krone, jenem strohgoldenen Federbüschel im Genick, das nur dieser Gattung eigen ist und sie zu den exotischsten unter den Kranichen macht.

Kronenkraniche sind eng mit den Trompetervögeln verwandt, einer Gruiformes-Familie, die es nur in Südamerika gibt, was Dr. Archibald vermuten läßt, daß die Trompetervögel von frühen Balearicinae-Vorfahren abstammen, die sich auf dem südlichen Kontinent ausbreiteten. Man könnte sogar argumentieren, daß wegen ihrer unterschiedlichen Anpassungen und Verhaltensweisen, wegen des kräftig gemusterten, bizarren Gefieders und wegen des kompakteren Körpers sowie des allgemeinen Erscheinungsbilds die Kronenkraniche enger mit den Trompetervögeln verwandt sind als mit den anderen Gruidae und daher wahrscheinlich keine Vorfahren von *Grus* sind. Es könnte sein, daß sich die modernen *Grus* völlig unabhängig von ihnen aus einem gemeinsamen Vorfahren von *Grus* und *Balearica* entwickelten, der seit langem von der Erde verschwunden ist.

Die ersten kranichartigen Vögel tauchten im Zeitalter der Dinosaurier auf und waren in ihren Körperabmessungen ungefähr einem modernen Kronenkranich vergleichbar oder dessen kleinerem, mehr im Wasser lebenden Verwandten, dem Rallenkranich. Die frühen Kraniche und Rallenkraniche scheinen sich im späten Paläozän oder im frühen Eozän von einem gemeinsamen Vorfahren abgespalten und je eigene Wege eingeschlagen zu haben; das war vor rund 54 Millionen Jahren, als sich die Kontinente zum größten Teil eines feucht-tropischen Klimas erfreuten. Die *Balearica* oder »Schopfkraniche«, wie sie in frühen Texten heißen, sind die letzten Überlebenden jener Gattungen aus dem frühen Eozän.

Die zeitlich wie räumlich weite Verbreitung von *Balearica*-Fossilien läßt den Schluß zu, daß diese kräftigen Kraniche möglicherweise die Landbrücken zwischen Nordamerika und Europa – über den Atlantik oder die Beringstraße – erkundeten, die während des frühen Tertiärs mehrere Male freilagen. Die letzten fossilen Balearicinae wurden in Schichten aus dem frühen Pliozän (vor fünf Millionen Jahren) in Europa gefunden. Die moderne Gattung *Balearica* kommt bereits in Schichten des späten Miozäns in Wyoming (vor zehn Millionen Jahren) vor. Man geht davon aus, daß es *Balearica* bereits in derselben Epoche in Afrika gab.

Hinsichtlich des Skelettbaus ähnelt *Balearica* sehr den vielen Fossilien in Nordamerika und Zentralasien aus der Zeit vor dem Pliozän. Anatomisch und von den Verhaltensweisen her ist diese Gattung »primitiv« – das heißt, ihr fehlen bestimmte spezielle Merkmale, die sich bei den modernen oder »typischen« Kranichen finden. Nichtsdestotrotz gilt *Balearica* als ein Urahn der sehr unterschiedlichen Kraniche, deren Vorfahren sich im frühen Miozän vor rund 22 Millionen Jahren entwickelten.

In dieser Epoche, als das Klima weltweit kühler und trockener wurde, entstanden riesige Grasflächen mit stehenden Gewässern – ein Ökosystem, das für Kraniche bestens geeignet ist. Dieser Klimawechsel ist wahrscheinlich der Grund für die rasche Auffächerung der Gruidae in verschiedene Arten vor rund fünf Millionen Jahren und dann noch einmal drei Millionen Jahre später.[4] Wegen seiner großen Zahl an einheimischen Spezies gilt üblicherweise Eurasien als der Ursprungsort der Kranicharten-Auffächerung, aber es lassen sich auch Argumente für die beiden anderen Kontinentalmassen anführen, und faktisch ist der ursprüngliche Ausgangspunkt noch nicht bekannt.[5]

Die »neuen« Kraniche tauchen erstmals in den Fossilien des späten Miozäns in Europa und kurz danach im westlichen Nordamerika auf. In Wyoming fand man einen Beinknochen (Tibia) des heutigen Kanadischen Kranichs (*Grus canadensis*) aus dem Pliozän (vor neun Millionen Jahren), und im mittleren bis späten Pleistozän (vor zwei Millionen bis vor 10 000 Jahren) waren viele, wenn nicht die meisten der modernen Kranicharten schon in ihren heutigen Verbreitungsgebieten zu Hause und hatten die Diversifikation der Gruinae in die fünf Abstammungslinien, wie wir sie heute kennen, bereits abgeschlossen.

Die »neuen« Kraniche waren besser an die Kälte angepaßt, weil sie nicht nur dichteres und kompakteres Gefieder hatten, sondern weil sie auch im Frühjahr und im Herbst zogen. Dies ermöglichte es ihnen, im Sommer die Nahrungsressourcen des Nordens zu nutzen, sich zugleich aber die harten Winter jener Breiten zu ersparen. Die Evolution kälteresistenter Kraniche wurde von dem Anschwellen und Abschmelzen der Gletscher beschleunigt, die eine Population von der anderen abschnitten, was zur Folge hatte, daß die Gruinae-Ahnen sich geographisch in Rassen auffächerten, die sich bei andauernder Isolation zu Gruppen eng miteinander verwandter Spezies weiterentwickelten. Eine divergierende Evolution kann sich sehr rasch vollziehen und zu bemerkenswerten Unterschieden in Größe und Erscheinungsbild führen. Im Lauf der Zeit paßte sich eine engverwandte Gruppe von fünf nördlichen *Grus* an asiatische Feuchtgebiete (*G. japonensis*), an Lärchensümpfe (*G. monachus*) und Hochgebirgsmatten (*G. nigricollis*) an. Als letzte der fünf Arten kam vielleicht der Schreikranich Nordamerikas (*G. americana*) hinzu, der sich am weitesten vom Ursprungsort entfernt entwickelte. (Eine zweite Gruppe von drei »südlichen« Kranichen – Sarus-, Brolga- und Weißnackenkranich – wird im Kapitel 7 behandelt.)

Die meisten dieser *Grus-Arten* weisen beeindruckende Ähnlichkeiten untereinander auf, die so weit gehen, daß sie sich gelegentlich kreuzen. Ob nun Ostasien der Ausgangspunkt der *Grus*-Gattung war oder nicht, mit Sicherheit war es das Kernland der *Grus*-Ausbreitung. (Allein China kann sich rühmen, acht Kranicharten zu besitzen, die Neue Welt hat dagegen nur deren zwei.) Nicht eine der einheimischen *Grus*-Spezies Ostasiens – Sarus-, Mandschuren-, Nonnen-, Weißnacken-, Mönchs- und Schwarzhalskranich – ist je auf einem anderen Kontinent gesichtet worden.

Wie die meisten Gruidae bauen die beiden Kronenkranicharten ihr Nest in der Nähe von Wasser, und wie alle anderen, glaubt man zu wissen, nisten sie jedes Jahr und bleiben als Paare ein Leben lang zusammen, wenn sich Nachwuchs einstellt. Die *Balearica* haben von allen Kranichen das größte Gelege, es kann aus bis zu vier Eiern bestehen, doch nur selten überleben mehr als zwei Küken. Während des gemeinsamen vierwöchigen Brütens setzt sich der Partner, der gerade Pause hat, in der Nähe auf einen Ast. Noch vor Ende der Brutzeit verändert sich die ursprünglich blaßblaue Farbe der Eier zu einem schmutzigen Weiß, das zur Tarnung mit grünen und braunen Flecken gesprenkelt ist. Wie bei den meisten Kranicharten tragen die Küken ein warmes, braunes Flaumgefieder mit dunkelbraunen und weißen Streifen (die manchmal auch ins Goldene oder Graue spielen). Nach dem Schlüpfen wird das Nest in der Regel bald aufgegeben, auch im kalten Bergland des westlichen Kenia, und die robusten Küken werden von den Eltern nicht mehr warm gehalten. Nachdem sie sie im Ried versteckt haben (wie sie das machen, weiß man nicht; vielleicht verbergen sie sie unter Sumpfpflanzen), fliegen die Elterntiere auf einen Baum in der Nähe und kehren am nächsten Morgen zurück, um sie aus dem Versteck zu locken. Mit drei Monaten sind die Küken flügge, und ein Jahr später bildet sich ihr endgültiges Gefieder aus. Sie sind dann zwar noch nicht ganz erwachsen, sehen jetzt aber – samt Krönchen – genauso aus wie ihre Eltern.

In Tansania kann *regulorum* von Januar bis zum Beginn der Regenzeit im Mai brüten, wozu sich die Vögel im Schutz des hohen Rieds ein grobschlächtiges Nest aus trockenen Gras- und Seggehalmen bauen. Häufig suchen sie Moraste und Tümpel in der Nähe von Feldern auf, und oft übernachten sie in hohen Dorfbäumen. Bis in jüngste Zeit bewahrte *regulorum* seine Anpassungsfähigkeit an menschliche Habitate und Aktivitäten und sein breites Nahrungsspektrum – hauptsächlich Insekten, vor allem Heuschrecken, die geschickt geschnappt werden, nachdem sie von trampelnden Füßen aus dem Gras aufgescheucht wurden – sowie der Status als beinahe heiliges Tier in einem Großteil seines Verbreitungsgebiets vor dem drastischen Niedergang, wie ihn *pavonina* erlebte. Aber jetzt droht auch dieser Spezies durch das unaufhaltsame Vordringen von Menschen und ihren Viehherden, durch die Überweidung der Savannen und das zunehmende Schwinden von Feuchtgebieten die Ausrottung. In den letzten Jahren haben Umweltschutzgruppen die Einheimischen im westlichen Kenia davon überzeugt, daß sauberes Wasser für Fischteiche und Baumschulen wirtschaftlich viel sinnvoller ist als das Trockenlegen von Sumpfland für noch mehr Subsistenzlandwirtschaft, und vielleicht kann mit diesem Konzept im Lauf der Zeit auch den Kronenkranichen geholfen werden.

Gegen Ende des Jahrtausends gab es vom Südlichen Kronenkranich, dessen Population über ein riesiges Gebiet verstreut lebt, noch geschätzte 85 000 bis 90 000 Exemplare, mehr als von allen anderen Kranicharten Afrikas zusammen, aber die Zahlen gehen in Uganda, Kenia und Malawi stetig zurück, genau wie im südlichen Afrika, wo es heute weniger als 10 000 sind.

Im südlichen Afrika teilt sich *B. regulorum* seine Terrains mit dem Klunkerkranich, *Grus* (oder *Bugeranus*) *carunculatus*, und dem Paradieskranich, *Anthropoides paradisea*. Weltweit ist dies die einzige Gegend, in der alle drei der heute anerkannten Kranichgattungen gleichzeitig vorkommen.[6] Einer Theorie zufolge haben sich in wärmeren Epochen die Kronenkraniche auf den nördlichen Kontinenten entwickelt, dann zogen sie durch Afrika nach Süden; ihnen folgten die Vorfahren der Klunker- und Paradieskraniche. *Carunculatus* entstand vielleicht in den weiten Feuchtgebieten entlang dem Sambesi im südlichen Zentralafrika, während *paradisea* sich anscheinend im südafrikanischen Veld (Buschland) ausbildete, wo sich ihm die wachsende Population des Klunkerkranichs anschloß. (Gegenwärtig geht man davon aus, daß frühe Jungfernkraniche nach Süden zogen, gute Lebensbedingungen im südlichen Afrika vorfanden und sich dort dann eine standortfeste Population ausbildete. Von den nördlichen Jungfernkranichen durch Mopane-Wälder und die Tropenzonen am Äquator getrennt, entwickelte sich diese geographische Rasse zu einer eigenen Spezies weiter, die nach dem Forscher H. M. Stanley benannt wurde, heute aber eher als Paradieskranich bekannt ist.)

Zwar suchen alle Kranicharten Feuchtgebiete auf, aber die jüngeren Spezies scheinen von denen, die schon vor ihnen da waren, an den Rand des gemeinsamen Verbreitungsgebiets gedrängt worden zu sein. So hat sich der Paradieskranich – einst eine südliche Rasse des Jungfernkranichs und daher vielleicht die jüngste Kranichart, die sich auf dem afrikanischen Kontinent entwickelte – fast vollständig an trockenes Hochland angepaßt. Wie der Jungfern- ist auch der Paradieskranich mit seinem kurzen Schnabel (wenn auch nicht so kurz wie bei den Kronenkranichen) und kurzen, zum Laufen gut geeigneten Zehen eine an Grasebenen angepaßte Spezies. Wie alle Kraniche ist er ein Allesfresser und ernährt sich von Samen und Körnern ebenso wie von Insekten, kleinen Reptilien und sogar Nagetieren. George Archibald vermutet, daß die Kranichvorfahren einst Vögel des Hochlands waren, die sich später in feuchte Habitate zurückzogen, um Räubern zu entkommen, und dort ihre eigenen Merkmale ausbildeten wie die drei weißen Arten, die fast ausnahmslos auf Sumpfland angewiesen sind.[7]

Hauptsächlich, weil die Kraniche der Gattung *Grus* alle irgendwo am Kopf ein Stück nackter, karmesinroter Haut haben, werden Paradies- und Jungfernkranich in der Regel einer eigenen Gattung zugewiesen. (Der vollbefiederte Kopf der *Anthropoides* könnte ein unmittelbares Erbe des *Grus*-Vorfahren sein, wie man aus dem Umstand schließen kann, daß alle *Grus*-Kraniche so gefiedert auf die Welt kommen.) Und doch weist der Jungfernkranich viele Gemeinsamkeiten mit dem Nonnenkranich auf, während der Paradieskranich genetisch dem Klunkerkranich ziemlich nahe steht – so nahe, daß diese beiden sich bisweilen kreuzen, obwohl sie von erstaunlich unterschiedlicher Statur sind. (Der dunkelbefiederte Nachwuchs, angeblich sogar noch größer als der Klunkerkranich, weist die aufgeplusterten Kopffedern des Paradieskranichs auf.) Aus diesen und weiteren Gründen wollen einige Experten die beiden *Anthropoides*-Arten der Gattung *Grus* zuweisen, während andere den Klunkerkranich der Gattung *Anthropoides* zurechnen möchten.

Wie der Paradieskranich geht vielleicht auch der Klunkerkranich auf eine nichtziehende südliche Population einer nördlichen Art zurück, möglicherweise einen Proto-Nonnenkranich. Zwar klassifizieren die meisten Taxonomen Klunker- und Nonnenkraniche weiterhin als Mitglieder von *Grus*, George Archibald hat aber schon vor Jahren vorgeschlagen, Nonnen- und Klunkerkraniche der Gattung *Bugeranus* zuzuordnen. Diese großen Feuchtgebiet-Kraniche haben bemerkenswerte gemeinsame Verhaltensmerkmale wie beispielsweise die schrillen Rufe, die typischen Schnabelbewegungen und (bei den Männchen) ein rasches Strecken des Halses beim Ansetzen des Doppelrufs, das man bei keiner der anderen Arten beobachtet. Es gibt auch ungewöhnliche Gemeinsamkeiten hinsichtlich Anatomie und Skelett, beispielsweise einen Streifen nackter Haut, der sich in einer Vertiefung bis zum Ansatz des unteren Schnabels erstreckt, und eine atypische, nur einmal gewickelte Trachea, die nur leicht ins Sternum eingetieft ist. Darüber hinaus weisen beide Arten schmale Beinknochen, in Relation zum Sternum lange Furculae oder Gabelbeine sowie die längsten Schnäbel aller Kraniche auf (zum Fressen in tieferem Wasser).

Wie im Fall von Brolga- und Saruskranich könnte eine konvergente Evolution (Anpassungen an vergleichbare Habitate) wohl die Ähnlichkeit von Sternum und Trachea und weiterer Merkmale erklären, die unabhängig voneinander von verschiedenen Vorgängern ererbt wurden. Andererseits können sich Ähnlichkeiten aber auch aus primitiven Merkmalen entwickelt haben, die Gruinae-Vorfahren aufwiesen und die unabhängig voneinander in den je eigenen Abstammungslinien beibehalten wurden. Dr. George Archibald und Dr. Carey Krajewski favorisieren diese Erklärung, und momentan sind sie sich einig, daß *carunculatus* am besten den *Anthropoides*-Kranichen zugeschlagen werden sollte, da der Klunkerkranich, genau wie Jungfern- und Paradieskraniche, ebenfalls einen vollbefiederten Oberkopf hat und verlängerte Tertiärfedern am inneren Flügel, die eine über den Schwanz drapierte Schleppe bilden Zudem weist die Art gleichfalls Doppelrufe einer fixen Länge auf, die vom Weibchen initiiert werden. (Wie bei den *Anthropoides* stößt das Nonnenkranichmännchen für jeden Ruf des Weibchens einen Ruf aus, aber bei diesem komischen Vogel können beide Geschlechter das Rufen initiieren, und beide rufen alternierend, wobei das Weibchen an der höheren Stimme zu erkennen ist.)

Carey Krajewskis Arbeit über DNS und Phylogenese des Kranichs hat George Archibalds Schlußfolgerungen stark beeinflußt. »Die Ausarbeitung meiner Ergebnisse basiert auf seinen ausgezeichneten Forschungen«, sagte mir George. In jüngster Zeit empfiehlt Dr. Krajewski aufgrund seiner DNS-Analysen, Paradies- und Jungfern-, Klunker- und Nonnenkraniche allesamt der Gattung *Grus* zuzuweisen. Auch Dr. Archibald wäre damit einverstanden, alle Kraniche außer den *Balearica* in einer einzigen Gattung zusammengefaßt zu sehen. Wenn allerdings, so meint er, der Nonnenkranich aufgrund taxonomischer Unstimmigkeiten davon ausgeschlossen bleiben müßte, sollte er nicht *Anthropoides* oder *Bugeranus* zugewiesen werden, sondern eine eigene, neue Gattung bekommen. Diese nur schwer definierbare Spezies sei, obwohl sie geographisch nie isoliert war, mit den modernen *Grus* einschließlich des Klunkerkranichs nur entfernt verwandt.

Anthropoides paradisea hat das kleinste Verbreitungsgebiet aller 15 Kranicharten, doch bis in jüngste Zeit war dieser schöne blaue Vogel in seiner Heimat so zahlreich anzutreffen, daß der jüngst eingerichtete Newsletter der ICF im Winter 1975 von dieser Art berichten konnte: »Es ist eine erfreuliche Abwechslung, von einem Kranich berichten zu können, der sich gegenüber dem ›Fortschritt‹ der Menschheit behauptet.« Noch 1980 profitierte die Paradieskranichpopulation vom weitverbreiteten Getreideanbau und der Vertreibung von Raubtieren aus den landwirtschaftlich genutzten Regionen und konnte als »überall in Süd- und Südwestafrika gesund« und »nirgendwo gefährdet« bezeichnet werden.[8] Wenn dies zutraf, muß bald darauf ein gefährlicher Niedergang der Spezies eingesetzt haben.

Wie beim Nördlichen Kronenkranich in Nigeria hat auch den Paradieskranich sein Status als Nationalvogel Südafrikas nicht davor geschützt, verfolgt und getötet zu werden; letzteres sowohl absichtlich als auch indirekt, insbesondere durch den verbreiteten Gifteinsatz auf den bebauten Feldern, durch Pestizide und ähnliches. Die Bauern in der südwestlichen Kap-Provinz ärgerten sich darüber, daß die überwinternden Vögel die Brachernte auf ihren Weizenfeldern plünderten, und man stellte dem Nationalvogel auch in Transvaal, Natal, im Oranje-Freistaat und in der Karru nach, wo gemeinsam mit ihm Kronen- und Klunkerkranich zugrunde gingen. Das illegale Vergiften ist noch immer eine weitverbreitete Praxis. In den letzten Jahren starben 675 Paradieskraniche auf einem einzigen Acker an Körnern, die mit handelsüblichen Insektiziden getränkt waren.

Daher überrascht es nicht, daß die Zahl der *paradisea* von rund 21 000 im Jahr 1980 auf 14 000 zehn Jahre später zurückging. Nach den Wahlen von 1994 wurde Südafrika eine Landreform verordnet, bei der die großen Farmen unter einheimischen Bauern aufgeteilt wurden, und durch die rasch um sich greifende Besiedlung sowie neue landwirtschaftliche Anbauflächen wurden die Kraniche vertrieben. Auf den Feldern der Kleinbauern sichtet man faktisch überhaupt keine Kraniche mehr, was Dr. Archibald für das »Totengeläut für den Paradieskranich« hält. Aus der Transkei, aus Lesotho und Swaziland ist die Spezies bereits weitgehend verschwunden, in Transvaal, im Oranje-Freistaat, in der östlichen Kap-Provinz und in Natal gehen ihre Zahlen stark zurück. Heute zählt man außerhalb der landwirtschaftlichen Nutzflächen der südwestlichen Kap-Provinz und in der Karru, wo sie sich in bescheidener Zahl halten, weniger als 1000 Exemplare.

Merkwürdigerweise finden sich in den großen Grassteppen Zentral- und Ostafrikas keine Paradieskraniche. 60 bis 80 *paradisea* suchen die Etoscha-Pfanne in Namibia auf, ein paar verirren sich ins südliche Botswana; ansonsten ist die Spezies auf Südafrika begrenzt. (Das hat vielleicht ähnliche Gründe wie der Umstand, daß es in Südamerika überhaupt keine Kraniche gibt oder daß rätselhafterweise im riesigen Okawango-Binnendelta keine Kronenkraniche vorkommen.)

Im Jahr 1992 leiteten Victor Emanuel und ich eine Vogelsafari nach Namibia, wo ich die kleine, nichtziehende Schar von Paradieskranichen in der Etoscha-Pfanne zu sehen hoffte. Dort fanden wir Südliche Kronenkraniche und, ein paar Tage später, am Okawango Klunkerkraniche, aber Paradieskraniche blieben unseren Blicken verborgen. Als ich Ende Februar 1996 auf dem Rückweg von Australien und Indien in Südafrika einen Zwischenaufenthalt einlegte, war *paradisea* die einzige Kranichart, die ich noch nie in freier Wildbahn gesehen hatte.

In Transvaal östlich von Johannesburg führt die Straße durch leere Grasebenen, die hier und da in der Ferne von Baumplantagen und Kernkraftwerken unterbrochen werden. Im Jahr 1975 entdeckte man 29 Paradieskranichpaare, die in größerer, kühlerer Höhe am Steenkampsberg am Ostrand des Highveld nisteten, wo diese Vögel als brütende Spezies eigentlich schon seit der letzten Jahrhundertwende als ausgerottet galten. Sieben Jahre später, 1982, fand man 31 ihrer Nester in der Gegend von Dullstroom bei Belfast. Obwohl die Population hier bis 1995 auf 15 Exemplare mit nur fünf Nestern zurückgegangen war, erschien mir dies als der beste Ort, um mit meiner Suche zu beginnen.

Von Belfast aus fahre ich unter dahinjagenden Regenwolken nach Norden. Nach dem Aufstieg auf den Steenkampsberg führt die Straße in das pittoreske Dorf Dullstroom, das nach einem gewissen Wolterus Dull, einem Pionier des 19. Jahrhunderts, benannt und für seine hübschen Gärten und überreiche Vielfalt an Wildblumen bekannt ist. Die Gegend von Dullstroom hat ein subalpines Klima mit jährlichen Regenfällen von 80 Zentimetern, im Winter ist es kalt, im Sommer mal mehr, mal weniger warm und das ganze Jahr über feucht. Für die kommerzielle Landwirtschaft ist sie zu gebirgig, und die Hochlandschafzucht früherer Zeiten ist der Forstwirtschaft und der Forellenzucht gewichen. Sie ist heute eines der letzten Rückzugsgebiete für alle drei südafrikanischen Kranicharten.

Die Kronenkraniche nisten auf höher gelegenen Stellen in den Sümpfen, sie nutzen den warmen Frühsommer im Dezember und im Januar, wenn es mehr Wasser gibt. Die Paradieskraniche brüten zur selben Jahreszeit im trockenen Grasland. Aus Gründen, die wir nicht recht verstehen, nisten die Klunkerkraniche hauptsächlich während des südlichen Winters, auf dem Höhepunkt der trockenen, kalten Jahreszeit im Juli. Alle drei Arten leben also in dieser Region, ohne sich Konkurrenz zu machen, weil sie die Habitate unterschiedlich nutzen.

George Archibald hat mir ein Empfehlungsschreiben an ein paar mit ihm bekannte Kranich-Freaks in Dullstroom mitgegeben, aber leider sind sie weggefahren. Am Telefon des Dullstroom Inn versuche ich vergeblich – es ist Sonntag – die Kranichforscher Kerryn Morrison und Frans Krige zu erreichen; letzterer ist der Direktor des Verloren-Valei-Naturreservats, einem Lieblingsplatz der Kraniche. Statt dessen nutze ich den Nachmittag, indem ich einer roten Staubpiste nordwestlich des Dorfes folge, die sich auf die höchste Erhebung Transvaals emporwindet, die einfach De Berg heißt. Über einen Abhang nahe der Straße laufen einige Springböcke – eine kleine Gazellenart, die sich im Winter gelegentlich mit *paradisea* zusammentut, vielleicht weil der wachsame Vogel schon beim leisesten Anzeichen von Gefahr Alarm schlägt. Nicht weit davon entfernt unterbricht eine Gruppe von 20 großen Bleßböcken das Wiederkäuen, um mich zu beobachten, während ich sie beobachte. Ich entdecke zwar keine Kraniche, erneuere aber die Bekanntschaft mit einer Reihe vertrauter Afrikaner, beispielsweise dem Hagedasch und dem Felsenbussard.

Kerryn Morrison, die an der Bar des Dullstroom Inn auf mich wartet, ist eine freundliche junge Frau, die an ihrer Magisterarbeit über die Habitatanforderungen der südafrikanischen Kranicharten schreibt. Bei einem Bier verkündet sie mir die betrübliche Nachricht, daß die Paradieskraniche am Steenkampsberg das Brüten beendet und sich jetzt zerstreut haben. Da auf der Südhalbkugel der Herbst naht, müssen die Paare die Jungtiere in niedriger gelegene Landstriche führen, wo sie sich an Mais und Weizen laben sollen. Sie weiß von einem Paar mit einem Küken, das sich verspätet hat, doch selbst wenn dieses Küken noch nicht flügge sein sollte, könnte die Familie schwer zu finden sein; hinzu kommt, daß abseits der Hauptstraße viele der unbefestigten Wege wegen der schweren Regenfälle unpassierbar sind.

Wir wollen es dennoch versuchen. Früh am nächsten Morgen fahren wir rund 25 Kilometer nach Süden Richtung Belfast, dann biegen wir Richtung Osten auf eine Piste nach Elandskloof ab, dann wieder nach Süden einen langen Hang hinunter in ein enges Tal, zu dessen beiden Seiten sich Felsplateaus erheben. Da wir keine Kraniche finden, fahren wir wieder hinauf, und oben zeigt Kerryn mir das *pa-*

radisea-Nistgebiet zwischen Felsen auf einem grasbewachsenen Kamm. Die Paradieskraniche suchen sich ihre Reviere in diesem trockenen Hochland (und auch in den Halbwüsten der Karru und Namibias, sofern Wasser nicht weit ist), doch sogar hier droht den Vögeln die Umwandlung von Grasland in Forstmonokulturen mit Bäumen für die Papierindustrie wie Kiefern und Eukalyptus, die in strengen Reihen gepflanzt werden und die kein anderes Leben erlauben. Im Gegensatz zu den Kronenkranichen, die lockere Nester bauen, legt *paradisea* die beiden braungefleckten Eier nur in eine ausgescharrte Mulde zwischen Steinen. Die Küken mit grauen Daunen und gelbbraunen Köpfen folgen den Eltern manchmal schon binnen einer Stunde ins Gras, denn wie Jungfern- haben auch Paradieskraniche die Angewohnheit, rasch die Eierschalenstücke und andere Hinweise auf die Anwesenheit eines kleinen Kükens hinter sich zu lassen.

In der Bergluft vollführt ein langschwänziger Flammenweber mit hellroten Schulterfedern seinen ekstatischen Balzflug in Wellen und Windungen wie eine schwarze Qualle im Meer; einige kleine dunkle Falken schießen im Zickzack wie gigantische Schwalben über die Grasspitzen dahin. Ich drehe mich zu Kerryn um, und sie murmelt, das Jungtier müsse wohl flügge sein, was bedeutet, daß die Familie sich einer umherschweifenden Schar angeschlossen hat; einmal mehr, so scheint es, ist *A. paradisea* mir entwischt. Doch noch während sie spricht, sind auf einer Anhöhe ein Stück weiter westlich zwei geisterhaft weiße Kronen zwischen den wogenden Grasspitzen zu erkennen, und einen Augenblick später tauchen in der klaren Bergluft des südlichen Spätsommers zwei große, silberblaue Vögel aus dem goldenen Gras auf.

A. paradisea trägt eine lange, lockere Federschleppe, die in einem anmutigen Bogen bis zum Boden reicht – es handelt sich um modifizierte Federn des inneren Flügels, die wie der lange Schwanz des Webervogels beim Präsentieren und Imponieren geschüttelt werden und wie schwarze Schlangen schimmern können. Die Kraniche drehen sich neugierig zu uns um, und dabei wirken ihre Köpfe merkwürdig rund oder geschwollen; das liegt an den lockeren, buschigen Federn am Kopf und oberen Hals. Nun erscheint neben ihnen ihr großes

Küken, als sei es aus der Erde geschossen. Wären wir auch nur eine Minute später gekommen, hätten wir sie vielleicht verpaßt. Ich atme, endlich zufrieden, tief ein, und spüre doch bereits das leise Bedauern, daß meine Suche nach den wilden Kranichen der Welt nun zu Ende ist. Rasch, aber doch ohne Hast – das macht die Eleganz der Kraniche aus – ziehen die drei *paradisea* davon, und bald sind die blassen Köpfe wieder im Gras verschwunden.

Auf unserem Rückweg flattert ein Kapgeier aus dem Veld auf, und ein Stück weiter sieht uns aus den feuchten Wiesen eine Schar Glattnackenrappen mißtrauisch an; beide Arten sind momentan gefährdet. Auf einer Viehweide grast ein Weißschwanzgnu neben einer kleinen Herde Burchell-Zebras; wie der Springbock sind diese beiden Arten nachträglich auf den Steenkampsberg verbracht worden. Auch das einheimische Steinböckchen ist zur Stelle, und wie mir Kerryn berichtet, leben Ducker – Rot- und Blauducker – in den Wäldern entlang den Wasserläufen auf der Hochebene.

Nachdem ich mich in Dullstroom von Kerryn verabschiedet habe, fahre ich auf der De-Berg-Straße zum Verloren-Valei-Naturreservat, einem herrlichen Gebiet von knapp 5000 Hektar, das 1985 Bauern abgekauft wurde, um sowohl die dortigen zwölf Klunkerkranichpaare als auch das unberührte Ökosystem von Hochgebirgsmatten und Sumpftümpeln, hierzulande als *vleis* bekannt, zu schützen. Dort treffe ich den Direktor, der für einen der in Gefangenschaft aufgezogenen *paradisea*, die täglich nahe der Reservatsverwaltung gefüttert werden, ein künstliches Bein anfertigt. Frans Krige erzählt mir, daß manchmal kleine, umherschweifende Scharen wilder Paradieskraniche von den zahmen Tieren angelockt werden und daß vier Vögel, die sich an diesem Morgen hier eingestellt haben, weiter oben auf dem steinigen Kamm hinter dem Hauptquartier auf Futtersuche sind. Als ich hinaufklettere, erheben sich die wilden Paradieskraniche in die Luft, gleiten hinunter über den Zufahrtsweg hinweg und landen anmutig mit tänzelnden Schritten hinter einem kleinen Felsen in nicht einmal 50 Meter Entfernung.

Frans Krige berichtet, daß zwei Klunkerkranichpaare noch im Reservat leben – das eine mit einem etwa fünf Monate alten, flüggen Jungtier –, und wir fahren auf die höher gelegenen Plateaus, um nach ihnen zu suchen. Auf einem Felsgrat nimmt mein Führer sich die Zeit, mir den hübschen Gelbbrustpieper, den Großspornpieper und auch eine prächtig pinkfarbene Gladiole zu zeigen. Von *Grus carunculatus* sehe ich als erstes etwas Weißes im tiefen Dunkelgrün einer sumpfigen Senke zwischen zwei Kämmen aufblitzen.

Die Hauptpopulationen leben heute in den weiten Tiefebenen des südlichen Zentralafrika und des Sambesi-Beckens, doch früher waren kleine Zahlen von *carunculatus* auch vereinzelt weiter nördlich in den höher gelegenen Feuchtgebieten in Äthiopien anzutreffen. Dort lebt eine wenig bekannte Gruppe noch immer in den alpinen Heidemooren auf fast 4000 Meter Höhe in den Bergen von Bale, wo sie von Bergwäldern vor den Pressionen der Welt in den Tälern geschützt wird.[9] Klunkerkraniche gibt es – oder gab es früher – auch an einzelnen Stellen in Malawi, Angola, Simbabwe, im westlichen Tansania, in Moçambique, Namibia, Zaire (Demokratische Republik Kongo), in Sambia und Botswana (dort im Okawango-Delta und in der Makgadikgadi-Pfanne), aber nur in den Überschwemmungsebenen von Sambia kommt die Art in nennenswerter Anzahl vor. Dort werden die riesigen Senken am Kafue, einem Nebenfluß des Sambesi, alljährlich überflutet und bilden ein ausgedehntes Feuchtgebiet von rund 250 Kilometern Länge und fast 60 Kilometern Breite. Es beherbergt heute die größte Konzentration von *carunculatus* auf dem Kontinent – vielleicht 3000 von den schätzungsweise 12 000, die es noch gibt. Doch wie am Amur und am Jangtsekiang sind die Kraniche auch am Kafue durch den Bau großer Wasserkraftwerke und durch die stetig zunehmende Urbarmachung von Feuchtgebieten ernsthaft bedroht.

Im Jahr 1990 wurde von gut 2500 Klunkerkranichen im Sambesi-Delta berichtet, aber wegen instabiler Wasserstände gelang es ihnen nicht zu brüten. Die riesigen, bis zu 170 Meter hohen Staudämme des Cabora-Bassa- und des Kariba-Sees weiter stromauf reduzieren – oder eliminieren komplett – die jährlichen, für den guten Boden dort verantwortlichen Überflutungen des Deltas und fügen den riesigen Feuchtgebieten und ihren komplexen Ökosystemen schweren Schaden zu. (Am fruchtbaren Westrand des Beckens, wo Flüsse münden, die noch nicht aufgestaut werden, leben möglicherweise noch 20 bis

30 Klunkerkranichpaare.) Hier wie andernorts sind Fischer und Bauern, deren traditionelle Lebensweise von gigantischen internationalen Projekten und wirtschaftlichen Kräften zerstört wird, die jenseits ihrer Kontrolle agieren, dazu übergegangen, »Buschfleisch« zu jagen, und so sterben die wilden Tiere im Delta aus.

In Südafrika ist *caruncula tus* in der Kap-Provinz und in Swaziland bereits ausgerottet, was teilweise darauf zurückzuführen ist, daß die Feuchtgebiete im südlichen Winter, wenn die Kraniche brüten, geflämmt werden und daß die Wasserläufe für die kommerzielle Fischzucht aufgestaut werden. Des weiteren setzen Gift und Zusammenstöße mit Überlandleitungen den Vögeln zu. Heute findet man die Spezies vor allem noch im östlichen Transvaal (jetzt Mpumalanga) und im Hochland von KwaZulu-Natal.

Wie die drei Kranicharten Asiens und Nordamerikas etabliert der Klunkerkranich, dessen Kopf und Brust weiß sind, sein Territorium, indem er sein Nest auf einer kleinen Erhebung in der Mitte eines Sumpfes oder Teiches baut, so daß wegen des freien Wassers ringsum seine Anwesenheit anderen Mitgliedern seiner Art sofort deutlich wird. Von allen afrikanischen Kranichen liebt er das Wasser am meisten, und fallweise baut er sich auch selbst einen kleinen Teich um sein Nest herum, indem er mit seinem kräftigen Schnabel Pflanzen ausgräbt und sie als Fundament für das Nest aufstapelt. Doch trotz all dieser Maßnahmen und Vorbereitungen hat *carunculatus* die niedrigste Reproduktionsrate aller Kraniche. In Südafrika strengt er sich kaum an, mehr als ein Ei zu legen, und sollte es doch einmal geschehen, wird das zweite Ei sofort aufgegeben, sobald das erste Küken geschlüpft ist und ins Versteck gebracht wird. Darüber hinaus brütet er am längsten (33 bis 36 Tage) von allen Kranichen, und es dauert auch am längsten (90 bis 130 Tage), bis die Küken flügge sind, was Eier wie Jungtiere vermehrt Gefahren und Katastrophen aussetzt. Der Klunkerkranich streift selten weit von seinem Territorium entfernt herum, sondern gibt sich mit Seggeknollen, Rhizomen und Seerosen zufrieden. Hauptsächlich ernährt er sich von der fleischigen Knolle eines Riedgrases (*Eleocharis*), die ihm die Kohlenhydratreserven für die nahrungsarme Zeit liefert. Kleine Wirbeltiere findet *caruncculatus* anscheinend weniger attraktiv als die anderen Kraniche, und Grassamen, Körner und Insekten pickt er nur gelegentlich auf, wenn er Felder durchstöbert.

Die runden Augen von Antilopen – rotbraune Oribis und Berg-Riedböcke – beobachten uns eindringlich, als wir Stiefel und Socken ausziehen und in den Sumpf hinauswaten. Frans Krige kennt die Unmengen von *vlei*-Blumen – zwei elegante Orchideen (eine grün und purpur, die andere lachsrosa), eine große, pinkfarbene Nerine und eine liebliche Lobelie von blassem Blau. Schließlich nähern wir uns den großen Kranichen, deren lange Hälse wie weiße Säulen emporragen, während sie das Herankommen der Menschen beäugen.

Mit einer Körpergröße von über 1,5 Metern und einer Spannweite von 2,5 Metern ist *carunculatus* nach dem Indischen Sarus der zweitgrößte Kranich – eine enorme Kreatur, die am Boden aus jeder Distanz weiß wirkt, obwohl die zusammengefalteten Flügel in Wirklichkeit ein blasses Graublau aufweisen. Ein dunkles, schokoladenfarbenes Band trennt den weißen Oberkörper vom graublauen Mantel und liegt wie eine Schärpe um den Bauch, was den Tieren das Gepräge von Diplomaten gibt. Wie bei den meisten Kranicharten sind die Geschlechter nicht zu unterscheiden, auch wenn die Männchen in der Regel etwas größer und dominanter sind. Wie Sarus- und Brolgakranich hat *carunculatus* (so benannt nach den roten Karunkeln im Gesicht) eine nackte, grünliche Stirn. Sein langer großer Schnabel ist gerade und von einem gelben Ton, und die rote Haut zu beiden Seiten des weißen Kopfes erstreckt sich vom Schnabel nach hinten bis zu den orangegelben Augen und hinunter zu den lang herabhängenden weißen Kehllappen.

»Der Name ist das einzig Unelegante an ihnen«, schrieb ich bewundernd, als ich vor 20 Jahren im Kwando-Bereich des Okawango-Beckens meine ersten Klunkerkraniche erblickte. »Wenn sie am Rand des Sumpfes herumstolzieren, fallen die Kehllappen kaum auf. In Erinnerung bleibt dagegen der langgeschwungene Hals … Tage später sehe ich wieder fünf, imposant und wunderschön, die gemeinsam mit Impalas durch die Sonne und im Schatten des durchlässigen Blätterdachs von Dornbäumen ziehen …«[10]

Wachsam, aber ohne Anzeichen von Furcht schreiten die Vögel selbstbewußt quer über unseren Weg, ehe sie belieben, ihre Richtung ein wenig zu ändern, so daß sie sich leicht von uns entfernen. Sie protestieren nicht mit grellen Schreien wie die meisten anderen Kraniche. Da sie nicht ziehen und größtenteils standorttreu sind, somit für laute Orientierungsrufe keine Verwendung haben, sind Klunkerkraniche ziemlich still, als wäre ihnen bewußt, daß ihre Stimmen die am wenigsten melodiösen unter denen der Kraniche sind. Selbst der Doppelruf, jener deutliche Verweis auf eine *Grus*-Phylogenese, klingt dünn und kreischend, ihm fehlt die Resonanz, als wäre die Stimme durch den Nichtgebrauch eingerostet.

Das zweite Paar, das mit dem großen Jungtier, entdecken wir jenseits des Bergkamms in einem anderen Sumpf, und dieser Gruppe schauen wir von oben lange Zeit zu. Auf dem Steenkampsberg-Plateau gibt es 15 Klunkerkraniche, weniger als ein Viertel der Anzahl, die man noch 1982 fand. Im vergangenen Jahr (1995) gab es fünf Gelege, von denen nur zwei Küken überlebten. Zu den Gefahren, die ihnen auf ihrem Terrain drohen, zählen das Aufstauen von Wasser zu Bewässerungszwecken, wobei gute Habitate überflutet und hinter Betonmauern tote Seen geschaffen werden, das Überweiden und Flämmen von Feuchtgebieten im Winter (wobei oft *carunculatus*-Küken umkommen, denn diese Spezies kann fast das ganze Jahr über brüten), die Schädlingsbekämpfung aus der Luft und andere landwirtschaftliche Giftgaben sowie die »Aufforstung« von Grasland zu kommerziellen Zwecken, die das Wasser schneller ablaufen läßt, die Erosion beschleunigt und *dongas* ausspült, jene nackten, rinnenförmigen Hohlkehlen, die überall in Afrika wie Narben die zerschundene Landschaft überziehen. Keines dieser Übel trifft die Kraniche im Verloren Valei unmittelbar, aber auch hier gehen die Zahlen aller drei Spezies zurück. Selbst das gutgemeinte Abziehen der Schaf- und Rinderherden, von denen man glaubte, sie würden das Kranichhabitat überweiden und die Nester zertrampeln, arbeitete gegen die Kraniche. Die Herden hatten hier mehr genutzt als geschadet, denn sie hatten den Boden gedüngt und umgeschichtet und damit den Kranichen wichtige Nährstoffe geliefert.

Zwei Monate vor meinem Besuch zählte man am Steenkampsberg

noch über 60 Südliche Kronenkraniche, doch zur jetzigen Jahreszeit sind die *crownies* weit verstreut und schwer zu finden. Frans Krige beschreibt mir den Weg zu den hohen Bergkämmen gut 30 Kilometer westlich von Dullstroom, hinter denen ich mit einiger Wahrscheinlichkeit welche finden könnte, aber als ich das Verloren Valei am späten Nachmittag verlasse, haben sich die schwarzen Wolken im Westen zu einer breiten Front schweren Regens verdichtet, der bis weit in den Abend hinein anhält.

ZEHN

Am Rand des fernen Himmels

Dort am Rand des fernen Himmels
Fegt der Hagelsturm hinab ...
Weit darüber schwebt der Kranich
Allein in eisfreie Gefilde
Mit immer gleichem schrillen Schrei
Auf wilder Fahrt durchs graue Einerlei.
John Clare, *The Shepherd's Calendar*, 1827

Im Jahr 1979, über 300 Jahre nach den letzten Berichten über ihn (1653), kehrte der Graukranich, *Grus grus*, als Brutspezies nach England zurück. Noch erstaunlicher war, daß die Vögel genau in ihren traditionellen Sumpfgebieten wieder auftauchten – nicht aufgrund geheimnisvoller, von den Vorfahren ererbter Erinnerungen, wie man sich vielleicht gern vorstellen würde, sondern weil diese restlichen, als Besitz angestammter Familien erhaltenen Marschen in den Norfolk Broads wohl die besten Habitate waren, die sie finden konnten, als sie mit den Winden vom Kontinent westwärts wanderten.

Zwanzig Jahre zuvor, zwischen 1958 und 1963, waren in England mehrfach *grus* aufgetaucht, allerdings nicht mehr als sechs insgesamt und kaum welche in Norfolk. Wie die meisten Vagabunden und Ausflügler schafften sie es nicht, auf der Insel Fuß zu fassen, wo es praktisch keine großen, weiten Sumpfgebiete mehr gibt. Im Oktober 1963 beobachtete man einen ungewöhnlich großen *grus*-Vogelzug aus dem Baltikum und aus Osteuropa über Westdeutschland und die Niederlande, wobei man gut 40 Vögel auf den Kanalinseln zählte. Zweifellos handelte es sich bei den meisten, die sich in diesem Jahr nach England verirrten, um vereinzelte Exemplare dieser Zugverbände – kein weiter Umweg angesichts der Erkenntnisse deutscher Wissenschaftler, daß Graukraniche unter günstigen Umständen 2000 Kilometer ohne Unterbrechung fliegen können.

Im September 1979 tauchten zwei *grus* am Hickling Broad auf und zogen von dort rasch zu den Marschen bei Horsey Mere an der Küste von Norfolk weiter. Am 10. Oktober schloß sich ihnen ein dritter Vogel an, und dieses Trio wurde von dem Dokumentarfilmer John Buxton fotografiert, der bei Horsey Ländereien besitzt. Anfang Oktober war ein erschöpftes erwachsenes Exemplar mit einem nicht weiter identifizierten, um den Schnabel gewickelten »Gummiobjekt« bei Ipstead, gleichfalls in Norfolk, gefangen worden, und dieses ließ man in der Nähe der anderen im März 1980 wieder frei. Das Jahr über kamen und gingen die vier Kraniche, und zwei überwinterten in Norfolk. Während des ganzen nächsten Jahres verhielten sich diese beiden wie ein Paar, auch wenn man kein Nest fand. Im folgenden Frühjahr müssen diese Kraniche genistet haben, denn später im Sommer sah man ein braunes Jungtier hinter den Erwachsenen her fliegen – den ersten in freier Wildbahn ausgebrüteten Kranich Großbritanniens seit etwa 1600, als man mit dem großräumigen Trockenlegen der Norfolk Broads begann. Bis 1989 wurden vier Jungtiere aufgezogen, und *grus* hatte sich bis auf weiteres wieder etabliert – nicht länger als Vagabund, sondern als richtiger Engländer.

Die heilige Columba, die im 6. Jahrhundert auf Iona vor der Küste Schottlands lebte, bat einen Mönch, einen erschöpften Kranich aus Irland zu pflegen. Geoffrey Chaucer führte den Kranich im Verzeichnis der Vögel Englands in seinem um 1382 geschriebenen *Parlament der Vögel* auf: »Der Kranich, der Gigant, mit seinem Trompetenschall«. Der Graukranich, lange Zeit in Europa als *der* Kranich schlechthin bekannt, brütete noch in England, als der Kleriker Edward Topsell 1614 sein Werk *The Fowles of Heaven, or History of Birdes conteyning their true and lively figures with the whole description of theire natures* veröffentlichte: »Am liebsten leben sie an sumpfigen Orten, an Seen und stehenden Gewässern oder an Flüssen ..., die wärmsten Orte sind ihnen die liebsten, und wenn sie von einem Land zum anderen ziehen, wissen daher die Menschen, von denen sie wegfliegen, daß ... der Winter kommt.«

Topsell beschreibt das Aussehen, die Biologie, die Mythologie und viele weitere Aspekte dieser »noblen, königlichen Kreatur« (und bietet auch naturgetreue, lebensechte Abbildungen und umfassende Beschreibungen des Wesens des »Balearischen Kranichs«, den bereits »Plinius und die Alten« erwähnten, oder des »Japanischen Kranichs ..., der dem Papst von den Prinzen Japans gesandt wurde«), einschließlich der einzigartigen *asperam arteriam* oder »Hals-Rolle« – der Trachea –, die dem Kranich erlaubt, »mit schrillerer und kontinuierlicherer Stimme zu rufen und dessen nimmer müde zu werden, auch wenn er fliegend dem Blick entschwindet. Und das ist der wahre Grund, warum man ihre Stimmen hört, bevor man ihre Körper sieht.« Topsell zitiert Vergil und Dante, für dessen Ohr Kranichstimmen »laut« und »scheppernd« klangen, und er hält auch fest: »Wie man Schweinen nachsagt, daß sie einen froh stimmen, so sagt man Kranichen nach, daß sie einen ankeifen.«

»Die Lateiner nennen die Tiere nach ihrer grunzenden Stimme Grues ..., die Italiener Grua und Gru, die Spanier Grulla und Gruz ... Das Wort ›Kongruenz‹ leitet sich von Kranichen her, weil sie gemeinsam leben und fliegen und immer einer Meinung sind«, behauptet Topsell und zitiert das lateinische *congruere*, »übereinstimmen«. (*Congruere* enthält das Wort *grue*, was der französische Name für den Kranich ist und auch der französische Spitzname für ein Strichmädchen, was sich zweifellos auf ihr Herumstolzieren auf langen Beinen oder vielleicht ihr Keifen oder beides oder keines von beiden bezieht.)

Man sagt den Kranichen zahlreiche heilende Wirkungen nach: »Ihr Fleisch ist nützlich gegen Krebs, Geschwüre, Lähmungen und Wind in den Gedärmen ... Ihre Gehirne wurden bei Entzündungen des Gesäßes eingesetzt ..., und das Fett von Kranichen (sagte Plinius) erweicht harte Beulen und Ansammlungen von Knötchen.« Dieser vogelbesessene Kleriker behauptet allen Ernstes: »Der Adler ist der Feind der Kraniche, wie der Teufel der eines jeden guten Christen und einer jeden guten Christin ist.« Und gleichzeitig: »Englands Gentlemen verwenden Kraniche auf ihren Wappen.«

Aber »der Kranich ist jetzt nur ein gelegentlicher Besucher«, stellt Edward Blyth in seinem Klassiker *Monograph on the Cranes* fest, der 1881 in London erschien. Er berichtet, 1869 habe ein gewisser H.

Stevenson »vier Exemplare geschossen und mehrere andere gesichtet«, und jener Stevenson »bemerkte, daß das Vorkommen so vieler dieser seltenen Besucher in ein und derselben Saison um so erstaunlicher war, als er sich nicht daran erinnern konnte, daß mehr als vier Exemplare im Verlauf des letzten halben Jahrhunderts in Norfolk erlegt worden waren«.

Der europäische Graukranich, *Grus grus*, wird auch in dem taxonomischen Katalog gebührend berücksichtigt, den Carl von Linné 1735 mit seinem Werk *Systema Naturae* vorlegte. Allerdings wies er die sieben ihm bekannten Kranicharten seiner »Ordnung *Grallae*« zu, zu der auch die Trompetervögel, der Strauß und die meisten großen Watvögel gehörten. Bei Linnés Klassifikation blieb es, bis Blyth später in den Kranichen eine eigene Familie erkannte, die aus den Gattungen *Balearica* und *Grus* bestand; er wußte auch, daß die *Grus*-Kraniche, verglichen mit *Balearica,* lange, gewundene Tracheen, lange Schnäbel und längliche Nasenlöcher haben (bei den Kronenkranichen sind sie oval). Blyths umfangreiches Werk stellte die Grundlage für die gesamte weitere Systematisierung der Kraniche dar, wobei heute, zwei Jahrhunderte später, noch immer über die Anzahl der Kranichgattungen und -spezies gestritten wird.

Unter zahlreichen, regional unterschiedlichen Namen hielt *G. grus* in der europäischen Kunst bereits viel früher Einzug, mindestens schon vor 6000 Jahren auf den Wandmalereien in den Höhlen am Tajo und am Segura in Spanien. Seit historischen Zeiten schmückte diese Spezies zahllose Bücher und Gemälde, Gobelins und Keramiken in Europa und noch weit darüber hinaus. Manchmal ist der Graukranich auf einem Bein stehend dargestellt, in der anderen Klaue hält er einen Stein: Der Vogel hält Wache, und falls er einnickt, wacht er wieder auf, wenn der Stein ins Wasser plumpst.

Die Brutreviere von *grus* erstrecken sich über ganz Nordeuropa und Sibirien bis in den Fernen Osten Rußlands und nach Japan, weshalb ihn die Fachwelt auch als »Eurasischen Kranich« bezeichnet. Im Vergleich zu seinen selteneren Verwandten kommt der Graukranich zwar relativ häufig vor[1], aber auch seine Zahlen gehen in vielen Teilen des Verbreitungsgebiets zurück, selbst wenn er sich in Europa ein bißchen zu erholen scheint, weil er dort nicht mehr gejagt wird.

Bevor er als Brutvogel nach England zurückkehrte, war Schweden sein am weitesten westlich gelegenes Terrain, wo es eine geschätzte Population von gut 20 000 Paaren gibt. In jüngster Zeit ist es in Deutschland gelungen, Graukraniche wieder als Nistspezies heimisch zu machen, und (was vielleicht eine Folge der globalen Erwärmung ist) eine wachsende Zahl überwintert in Frankreich, darunter mehrere hundert am Lac de la Forêt d'Orient östlich von Paris. Die großen Populationen Skandinaviens und Rußlands ziehen im Herbst nach Südosten, wobei sich viele in Ungarn versammeln, ehe sie über das Mittelmeer nach Algerien fliegen. Auf einer östlicheren Route ziehen sie nach Kleinasien und weiter über Israel nach Afrika und dort das Niltal hinauf bis in den Sudan und nach Äthiopien. Noch weiter im Osten überwintern die asiatischen *grus* im Kaukasus, in Pakistan und in Indien sowie in Südchina und in Südostasien, wobei einige wenige bis nach Kyushu im Süden Japans kommen. Von allen nicht einheimischen Kranichen kommt nur *Grus grus* gelegentlich nach Nordamerika; da er auch nach Nordafrika fliegt, ist die Spezies folglich die einzige Kranichart, die gleich auf vier verschiedenen Kontinenten vorkommt. Im Jahr 1999 tauchten vereinzelte Exemplare in Quebec und Indiana auf und auch am Platte River in Nebraska, wo sie sich unter die großen Mengen von Kanadischen Kranichen mischten, jener gleichfalls anpassungsfähigen und gedeihenden Spezies, die manche für das ökologische Gegenstück des Graukranichs in der Neuen Welt halten.

Ende Mai 1995 wollte ich mir den europäischen Vertreter der Kranichfamilie in seinem westlichsten Brutgebiet in East Anglia ansehen. Ich nahm den Zug von London nach Norwich, wo mich Durwyn Liley erwartete, ein junger englischer Ornithologe, der gerade an seiner Diplomarbeit über den Sandregenpfeifer arbeitete und auch sehr begierig war, sich die Kraniche anzuschauen. In Begleitung seiner Schwester Chez machten wir uns unverzüglich auf den Weg Richtung Nordosten zu den Norfolk Broads und zur Hickling Marsh – wo es die größten Schilfgürtel gibt, die man heute noch in England finden kann. Wir hielten nur kurz an, um das Dorf Potter Heigham zu bestaunen, wo es eine schöne Kirche aus dem 12. Jahrhundert mit einem Reetdach und einem Turm gibt, der früher, als das Meer noch bis hierher reichte, als Leuchtturm diente.

Von den hohen Dünen an der Kiesküste nordwestlich von Horsey aus suchen wir die Weiden und Feuchtwiesen im Landesinneren ab und lauschen angestrengt durch das Brausen des Meereswindes auf das Trompeten und Kreischen von Kranichen – ohne Erfolg. Am späten Nachmittag folgen wir einem Feldweg landeinwärts zu den Dämmen, die dort, wo eine alte Mühle mit schiefen, zerbrochenen Flügeln einer Schleiereule eine Heimstatt bietet, einen Weiher eindeichen. Wir sehen Kiebitze, Rotschenkel, Zwergmöwen und Graugänse, Teich- und Schilfrohrsänger sowie den gemeinen Kuckuck, der ihre Nester mißbraucht. Eine Rohrweihe erscheint, und bald darauf vernehmen wir den wie eine angeblasene Flasche klingenden Ruf einer versteckten Großen Rohrdommel – beide Vögel sind in England selten und beide plündern die Nester von *grus* (was den Besitzern Grund genug sein müßte, sich schleunigst um diese zu kümmern). Erst gegen Abend taucht im Westen ein einsamer Kranich auf und kommt mit kraftvollen, langen Schlägen rasch näher, gleitet herab und landet keine 100 Meter entfernt von der Stelle, wo wir uns hinter einige Büsche des weißblühenden Eingriffeligen Weißdorns dukken, der hier im Frühling auch »Maidorn« genannt wird.

In der Dämmerung nähert sich uns auf dem Kanal ein älterer Mann in grünem Drillich mit einem Aufnahmegerät und einem Gewehr in einem kleinen, von einem Helfer gesteuerten Kahn. Es ist John Buxton, dessen Name mir George Archibald genannt hatte und der mir am Telefon beschrieben hat, wie ich zu dieser Marsch komme. Mr. Buxton erklärt uns, der Kranich, den wir gesehen hatten, sei das Männchen eines nistenden Paares und in der Nähe seines Nestes gelandet. Ein anderes Paar habe zwei Gelege durch Räuber verloren, scheine aber weiter östlich bei Horsey Mere einen dritten Versuch zu unternehmen. Freundlich werden wir auf einen Kaffee am nächsten Vormittag nach Horsey Hall eingeladen.

Horsey Hall wird von der Küstenstraße durch ein kleines Wäldchen zwischen Dünen und Marsch abgeschirmt, in dem eine hübsche angelsächsische Kirche aus dem 9. Jahrhundert steht. Von der Südseite aus hat man einen guten Ausblick auf die feuchten Wiesen; dahinter leuchten das blauen Wasser eines Weihers und die weißen Kirchturmspitzen von Dörfern weit im Landesinneren.

John Downs ist ein sonnengebräunter, stämmiger Mann, er trägt Halstuch und Shorts und lebt jenseits des Weges von der Kirche zum Wald; er ist der Verwalter von Horsey Farm. Seine Frau Jeddie wirkt in der schwarzen wetterfesten Kleidung, die im regnerischen England fast alle auf dem Land tragen, ausgesprochen zierlich; früher hat sie bei John Buxton als Kindermädchen gearbeitet. Sir Johns Vater, Sir Anthony Buxton, stiftete im Jahr 1948 einen Teil dieses Sumpflands dem National Trust; in der Folge wurde entlang dem Kanal auf dem Deich ein Weg von der Horsey-Windmühle nahe der Küstenstraße zur alten Brograve-Mühle angelegt, wo die Schleiereule lebt. Sir Anthony starb 1970 und liegt im Kirchhof begraben. Er war es, der Jeddie Downs etwas über wilde Vögel beibrachte, und das war gut, denn an jenem epochemachenden Tag im September 1979 war sie es, die als erste die Graukraniche erblickte, erkannte und von ihnen berichtete. »Flogen geradewegs in den Sumpf«, begeisterte sie sich, »direkt vor dem Auto!«

In der Regel sucht und verteidigt *grus* ein großes Territorium in abgelegenen Sumpfwäldern oder in der subarktischen Tundra. Die Nester zweier benachbarter Paare können 15 Kilometer auseinander liegen, da der Anblick und die Rufe von anderen *grus* den Nist- und Bruttrieb dieser scheuen Spezies anscheinend unterdrücken. Hier in Norfolk hat sich *grus* an das Nisten im offenen Sumpfland angepaßt, und die beiden Paare tun es keine 1,5 Kilometer voneinander entfernt. Offenbar kann *grus* also je nach Umständen seine Territorien kleiner halten, wie es auch die dicht beieinander nistenden *vipio* in den Tälern der östlichen Mongolei und die *japonensis* in den übervölkerten Sümpfen auf Hokkaido zu tun pflegen.

An einem warmen, sonnigen Frühlingsmorgen – an der Küste Norfolks keineswegs die Regel – freuen wir uns über guten Kaffee und unterhalten uns glänzend mit John und Bridget Buxton; vorübergehend gesellt sich eine kleine dunkle Drossel (der Hausrotschwanz, im Süden Großbritanniens selten, sonst in Europa und Asien weit verbreitet) dazu, die über den Rasen davonhüpft. Mr. Buxton, der eine Reihe bemerkenswerter Dokumentarfilme für »Survival Anglia« produziert hat, hofft auf künftig noch engere Zusammenarbeit mit George Archibald, denn aus nur vier der 50 von den Kranichen gelegten Eiern sind Küken hervorgegangen, die das Erwachsenenalter erreicht haben. Nach 15 Jahren, seufzt Buxton, gibt es nur sechs oder sieben Kraniche – eine dürftige Reproduktionsrate. Er schreibt sie überfluteten Nestern, Füchsen und Räubern aus der Luft zu, aber auch den Störungen durch Menschen, größtenteils Bootsfahrer und verdammte, ebenfalls die Wasserwege benutzende »Häkchenmacher« (Vogelliebhaber wie die Geschwister Liley und ich selbst, die auf ihren verfluchten Listen die Spezies abhaken), ganz zu schweigen von Ausflüglern, Picknickern und diversen sonstigen Rüpeln, die skrupellos zwischen den Weihern und Marschen herumtrampeln. Und wie wir ja wohl wissen, kann diese »noble, königliche Kreatur«, weil Englands Sumpflandschaften nahezu restlos verschwunden sind, hier niemals wieder gedeihen.

Starker Wind, ab und zu Sonne und Regen: den ganzen Tag suchen wir in den Wiesen an der Küste Kraniche. In einem sonnendurchfluteten Wäldchen mit Eichen und Weißdorn, vor dem Wind geschützt und mit gutem Brot, Käse und kühlem Bier gestärkt, lauschen wir dem Frühlingsgesang der Singdrossel. An der Küste bei Cley blüht in den kleinen Schlammtümpeln hinter den Dünen rosa Strandflieder, und der hübsche Baumfalke, den ich zuletzt in der Mongolei sah, saust den Strand entlang. Zwar entdeckt Durwyn mit seinen scharfen Augen beide der zwei ziehenden europäischen Drosselarten (Blaukehlchen und Steinrötel), die er mit seinem sechsten Sinn für seltene Vögel lokalisiert hat, aber wir finden keine Kraniche.

In der Abenddämmerung stehen wir wieder am Deich auf dem Posten. Alles ist still. Überzeugt, daß für *grus* bereits die Nachtruhe begonnen hat, wollen wir gerade gehen, als tief im Westen ein einzelner Kranich auftaucht, die Marsch überquert und mit wildem Rufen – vier Serien schriller, gleich langer Trompetenstöße – an derselben Stelle wie am Abend zuvor landet. Unmittelbar danach kommt ein zweiter quer zum Wind von irgendwo weiter landeinwärts her, stellt die Flügel an und gleitet zum versteckten Nest weiter östlich in Richtung Horsey Mere hinunter, wo sein Partner ihn mit gehörigem Schmettern und Kreischen begrüßt. Da wir das näher gelegene Nest in dem Weißdorn gerade jenseits des Kanals ausgemacht haben, verstecken wir uns und warten, und prompt tauchen bald darauf aus dem wogenden Schilf die Köpfe auf und beäugen die merkwürdigen Gestalten auf dem Damm. Zufrieden verlassen wir den Sumpf und eilen im schwindenden Licht nach Norwich. Dort rufe ich John Buxton an und berichte ihm von diesem Tag, wobei ich es jedoch unterlasse, nachzufragen, ob er – als Gentleman Englands – auf seinem Wappen Kraniche verwendet hat.

ELF

Die Trauer in den Marschen

Sie blickten aus großer Höhe hinab, und alles, was sie sahen, drängte zur Vereinigung: die kahlen Bäume, die in langer Linie vom Horizont her näher rückten, die beiden ineinanderströmenden Flüsse, und als er sie am Arm berührte, folgte sie seinem Blick und sah das langgezogene, gezackte, wie mit dem Bleistift hingestrichelte V im kristallenen Zenit – Vögel, die gleichfalls südwärts strebten. Weit und breit sahen Phil und sie nichts als Himmel, Wasser, Vögel, Licht und das Zusammenfließen. Es war die unversehrte morgendliche Welt.

Eudora Welty, *Die Tochter des Optimisten*, 1969 (dt. 1991)

Im Jahr 1994 besuchte ich die Anishinabe von Lac du Flambeau; ich fragte sie nach den Kranichüberlieferungen ihres einst in den mittleren Nordstaaten der USA und im südlichen Kanada weitverbreiteten Volkes. Wie die meisten Indianerstämme – und überhaupt die meisten traditionell lebenden Völker – verehren die Anishinabe (oder Chippewa oder Ojibwa) den Kranich, den sie wegen seiner stimmlichen Fähigkeiten so sehr bewundern, daß sie ihn »Echomacher« oder »Fürsprecher der Clans« nennen. Bei den fünf ursprünglichen Clans oder Totems teilt sich der *Ah-jii-jak* oder »Kranich« (der Schreikranich heißt *Wabishki Ah-jii-jak* oder »Weißer Kranich«) die Häuptlingswürde mit Loon, aber es ist der Kranich, der den Ehrenplatz neben der Wassertrommel und der Osttür der Midewiwin Lodge innehat. (In diesem waldreichen Land westlich der Großen Seen versteht man unter *Ah-jii-jak* den Großen Kanadischen Kranich; in den Legenden der Tlingit Alaskas ist »Kranich« der Kleine Kanadische Kranich oder »kleine braune Kranich«.) In einer Erzählung der Cree trägt Kranich Kaninchen zum Mond, was zu tun sogar Adler sich geweigert hatte, und wird mit einer schönen roten Krone belohnt. Einem Bericht zufolge schnitzten »Krieger der Crow und

Cheyenne ... aus den hohlen Beinknochen des Kranichs Flöten und spielten diese, wenn sie in den Kampf ritten und drohend ihre mit Beifuß geräucherten Schilde und ihre mit Adlerfedern geschmückten Lanzen schwangen«.[1] Im Südwesten der Vereinigten Staaten, wo der Kranich in Fabeln, Legenden, als Bildsymbol und auf Felszeichnungen allgegenwärtig ist, gibt es beim Pueblo Zuñi einen Kranich-Clan, und der Tewa-Stamm vom Pueblo San Juan kennt eine Überlieferung, nach der die Tänze der *kachinas* und heiligen Narren vom Alten Mann Kranich dirigiert werden. (»Alter Mann Kranich« kann auch den Schreikranich meinen, denn diese Art springt auf Wandgemälden bei Pottery Mound in New Mexico ins Auge; der »weiße Kranich« war einst weit nach Süden bis ins Hochland von Zentralmexiko verbreitet, und vielleicht war er das Totem, das die Azteken dazu brachte, sich als das Kranichvolk zu bezeichnen.) Der große Feldherr Tecumseh vertraute auf »Kranichkraft«, als er zu Anfang des 19. Jahrhunderts den heldenhaften Versuch unternahm, die Indianerstämme gegen die vordringenden Weißen zu einen; das von der Friedensbewegung der sechziger Jahre benutzte Einheitssymbol war ursprünglich ein Symbol der Hopi-Indianer, das vom Fußabdruck des Kranichs hergeleitet worden war.

Anfang des 20. Jahrhunderts tauchten die Schreikraniche, die einst im südlichen und westlichen Wisconsin und im Quellgebiet des Mississippi nisteten, nicht mehr auf, und im Verlauf der nächsten 30 Jahre verschwanden auch die Kanadischen Kraniche Wisconsins aufgrund der Bejagung und der Zerstörung der Habitate. Als ein junger Biologe vom Forest Service namens Aldo Leopold 1929 im gesamten Staat nur noch fünf Paare Kanadischer Kraniche finden konnte, griff er die Museen scharf an, weil sie noch immer Ausstellungsexemplare sammelten. Erst als die Kranichjagd verboten worden war, begann sich die weitverstreute Population in Wisconsin wieder langsam zu erholen und paßte sich nach und nach an kleinere Feuchtgebiete an, die dichter an menschlichen Siedlungen lagen.

Als ich Ende September 1994 einmal wieder die International Crane Foundation in Baraboo, Wisconsin, besuchte, führte mich George Archibald auf die Narrows, eine Anhöhe, von der man die bewaldeten Baraboo Hills – das größte Laubwaldgebiet des Staates – und auch ausgedehnte, uralte Marschböden überblickt, von denen er hofft, daß sie in Feuchtgebiete für Kraniche umgewandelt werden. In einem abgeernteten Maisfeld in der Nähe einer pittoresken roten Scheune und eines Berghangs, der schon die Herbstfarben anlegte, stocherte und fraß ein Dutzend Großer Kanadischer Kraniche. Weiter im Norden lagen die Schauplätze von Leopolds Klassiker *A Sand County Almanac* (dt.: *Am Anfang war die Erde*, 1992); wir besichtigten seinen alten Schuppen auf einem sandigen Hügel, den er mit Rotkiefern und anderen einheimischen Bäumen wiederaufgeforstet hatte. »The Shack«, der Schuppen, in dem er sein Buch schrieb, wird von Nina Leopold Bradley gepflegt, die nicht weit davon entfernt in einem hübschen Holzhaus wohnt. Der Kanadische Kranich, erzählt seine Tochter, machte Dr. Leopold zu einem leidenschaftlichen Anwalt des Umweltschutzes. (»Aber was auch immer die Wahrheit sein mag«, schrieb er im Vorwort seines Buches, »so viel ist kristallklar: Unsere auf immer Größeres und Besseres bedachte Gesellschaft ist heute wie ein Hypochonder, der so sehr von seinem Wunsch nach ökonomischer Gesundheit besessen ist, daß er die Fähigkeit verloren hat, gesund zu bleiben ... Nichts könnte zu diesem Zeitpunkt heilsamer sein als etwas gesunde Verachtung für das Füllhorn materieller Segnungen.«)

Als die ICF im Jahr 1973 gegründet wurde, bestand ihre Hauptaufgabe in der Züchtung und Pflege der seltenen Kranicharten, um sie langfristig zu schützen und vielleicht einmal wieder auszuwildern. Diese Aufgabe weitete sich aus, als die Kranichzahlen weltweit immer stärker zurückgingen und immer mehr Spezies als gefährdet galten, bis schließlich mit den ersten Schwarzhals- und Klunkerkranichen (im Jahr 1993) die ICF erfolgreich alle 15 Arten gezüchtet hatte.

Seit einigen Jahren hat die Stiftung den Schwerpunkt ihrer Arbeit von der Nachzucht seltener Kraniche auf die Aufklärung der Öffentlichkeit, die Erforschung und Erhaltung fragiler Ökosysteme und die internationale Zusammenarbeit mit örtlichen Organisationen verlagert, um Kranichhabitate im Kontext der allgemeinen Biodiversität zu bewahren, wie die ICF es bereits in China, Korea, Afrika und Südostasien tut.

Die »Crane City« der ICF ist ein knapp fünf Hektar großes Areal mit stabilen Schuppen und geräumigen Gehegen, die mit Maschendraht abgetrennt und überdacht sind. Der Blick in das nächste Gehege wird von grünen »Wänden« aus Kunststoff verstellt, damit diese manchmal zänkischen Vögel sich nicht gegenseitig aufstacheln oder angreifen. Kraniche sind so lange schüchtern, bis sie ein Paar bilden; dann aber werden sie zunehmend aggressiv, wenn es um ihr Territorium geht, was ihre Pfleger dazu nötigt, dicke Handschuhe und Schutzbrillen zu tragen. Beim Betreten der Gehege wurden wir mehrmals angegangen; die Weißnacken- und die Nonnenkraniche sind, wie George meint, am reizbarsten. Einige tanzten mit ihm, wenn er auf und ab sprang und mit den Armen wedelte – eine Art *Grus*-Nachahmung, die zu wichtigen Einsichten in die Prägung von Kranichen auf Ersatzeltern führte, was wiederum in Experimente mündete, Jungtiere in Kranichkostümen zu füttern und zu pflegen, um sie auf die Entlassung in die freie Natur und ein nicht von Menschen manipuliertes Leben vorzubereiten. (Diese Methode wurde erstmals 1982 von Georges Frau Kyoko bei hier nachgezüchteten Kanadischen Kranichen erfolgreich angewandt.)

Beim Durchstreifen der Gehege zeigte mir mein bestens gelaunter Führer so hübsche Anomalien wie den fleischfarbenen Schnabel des Paradieskranichs und die fleischfarbenen Fußsohlen von *Grus nigricollis*. Wir hielten inne, um uns an einer kleinen Schar wilder Kanadischer Kraniche zu erfreuen, die im Tiefflug über uns hinwegflogen und den gefangenen Vögeln zuriefen, was zu einem Aufruhr führte. Später in Archibalds Büro fragte ich, während Zeisige, Hüttensänger und Hemlockwaldsänger vor sein Fenster kamen und wieder wegflogen, ob die beiden Kronenkranicharten, die ja auf Bäumen zu sitzen pflegen, noch Reste von Schwimmhäuten zwischen den Zehen hätten. Mit kindlicher Begeisterung schoß der Craniac hinter seinem Schreibtisch hervor, als hätte man ihn von der Leine gelassen. »Los, das müssen wir herausfinden!« rief er mit der ihm eigenen spontanen Begeisterungsfähigkeit und Neugier, die ihn zu einem so erfolgreichen Kämpfer für die Kraniche gemacht hatten. Wir eilten zu den

Freigehegen hinüber, wo wir bald herausfanden, daß die beiden *Balearica* in der Tat noch spärliche Überreste der Schwimmhäute zwischen der Mittel- und der äußeren Zehe hatten, wie man sie auch bei *Grus* findet.

Gegen Ende des Winters und zu Beginn des Frühlings werden rund um die Golfküste, im Südwesten der USA und in Nordmexiko die Kanadischen Kraniche unruhig. Sie rufen und kreisen und sammeln sich in Scharen, bis sie schließlich, dem Zyklus der Erde folgend, auf ihren alljährlichen Zug gehen. Von der Golfküste, vom Muleshoe Wildlife Refuge in Westtexas, vom Bosque del Apache National Wildlife Refuge in New Mexico und vom 130 Quadratkilometer großen Bittersee Wilcox Playa im südöstlichen Arizona fliegen die Vögel nordwärts. Ihre Scharen drängeln sich wie Sandkörner durch die Engstelle des großen Stundenglases, das den zentralen Flugkorridor des Kontinents darstellt, und schweben dann zu dem großen Sammelgebiet am Platte River in Nebraska hinab, wo die meisten Anfang März eintreffen. Hier fressen sie, soviel sie können, um jene Frühjahrstriebe und Lebensenergien zu nähren, die sie zwingen, sich rufend und kreisend in die Lüfte zu erheben und ihre Kohorten zu sammeln, die dem nach Norden zurückweichenden Winter nachjagen.

Aus dem Flugzeug, das in Richtung Platte River niedergeht, sieht man die Kranichscharen am kalten Himmel über winterlichen Feldern, kleinen Sümpfen und den sanft geschwungenen Sandhügeln auf der Nordseite des weiten Tals kreisen, die ihnen ihren englischen Namen »sandhill cranes« gaben. Unter dem Flugzeugflügel erkennt man den Platte River, der aus den Rocky Mountains von Wyoming kommt und der größte jener Präriеflüsse ist, die den Great Plains Wasser zuführen. Hier, im südlichen bis mittleren Nebraska, kreuzt ihn die gigantische Zugroute an einer Stelle, wo Altarme, flache Seen und Sümpfe, Flußufer und abgeerntete braune Felder der größten Konzentration von Kranichen und Wasserzugvögeln, die es in Amerika noch gibt, ideale Zwischenrastplätze bieten.

Der Platte, »zu dick zum Trinken, zu dünn zum Pflügen«, war der große Wasserweg in den Fernen Westen. Er war dem Mormon Trail und dem Oregon Trail dienlich, dem Pony Express sowie den ersten transkontinentalen Telegraphen-, Eisenbahn- und Straßenverbindungen. Viel von dem in dieser weiten Landschaft, was jetzt wertvolles Ackerland ist, trug ursprünglich Seggenwiesen, die den Kranichen eine Überfülle an Knollen boten. Und dennoch waren die Kraniche (und die Wasservögel) hier weniger zahlreich, bevor der Getreideanbau mit seinen Ernteabfällen den Vögeln ein riesiges Nahrungsangebot machte, das ihnen über diese kalten Tage zwischen Winter und Frühling hilft.

Unglücklicherweise funktioniert die Landwirtschaft in dieser semiariden Region nur dank massiver Bewässerung. Um 1880 begann man das Wasser des Platte umzuleiten, und im Verlauf des folgenden Jahrhunderts hat der steigende Bedarf an Speicherbecken und Wasserkraftwerken für die wachsende Bevölkerung in den Städten bis hinunter nach Denver seine Fluten drastisch reduziert; man schätzt, daß etwa 70 Prozent des ursprünglichen Volumens schon abgezapft sind, ehe das Wasser diesen Flußabschnitt erreicht. Aufgrund des niedrigeren Wasserstands konnte sich an den Ufern eine aggressive Vegetation breitmachen, große Sandbänke haben sich in von Buschwerk bewachsene Inseln verwandelt, und die offenen Nebenarme, die die Kraniche zum Schlafen brauchen, sind schmaler geworden. Feuchtgebiete wichen Wald, und das Kranichhabitat schrumpfte von weit über 300 Flußkilometern auf diese nur knapp 100 Kilometer lange Strecke zwischen Grand Island und Kearney, wo sich in den wenigen verbliebenen Wasserflächen die Kranichscharen gefährlich ballen.

Aus der Luft betrachtet, ist der geschrumpfte Platte River kaum mehr als ein breiter, flacher Bach zwischen Pappeln und Feuchtwiesen, durchsetzt von den frischen Rottönen der Weiden im Frühlingskleid. Die wechselnden Sandbänke, die den Wasserlauf in mäandrierende Arme teilen, sind wohl bloß Untiefen inmitten tieferen Wassers; des Nachts bieten sie Kranichen einen freien Blick auf die mit Weiden bewachsenen Ufer und die Auenwälder, von denen aus ein hungriger Kojote durchs Wasser waten oder schwimmen müßte. Zu beiden Seiten des Flusses ziehen sich breite braune Stoppelfelder hin. Sie sind mit Körnern übersät, die bei der Ernte herunterfielen und tagsüber die Zugvögel einladen, eine ertragreiche Nachlese zu halten und sich für die Torturen der Reise zu ihren noch halb gefrorenen Nistplätzen weiter im Norden zu stärken.

Am Flughafen erwartet mich Ken Strom, der Direktor des Lillian-Rowe-Schutzgebiets, das im Jahr 1974 am Platte eingerichtet wurde und von der National Audubon Society verwaltet wird; er bringt mich direkt zum Fluß. Hier suchen Legionen silbern-brauner Vögel zwischen den Stoppeln und dem grünen Winterweizen beiderseits der Ufer nach Fressen – nicht weniger als 10 000 Kraniche sieht man gleichzeitig, und das laute Geschrei der Vögel dringt durch die geschlossenen Autofenster. Schweigend lauschen wir dem mächtigen Getöse und beobachten die Tiere lange, als würden wir von Dünen herab einer stürmischen Brandung oder einem Präriefeuer zusehen. Bei Sonnenuntergang überfluten rastlose Wellen gefiederten Lebens die Untiefen und verteilen sich entlang den Sandbänken, mal braun im Abendlicht, einen Augenblick später silbergrau. Wir verstecken uns in einem Unterstand aus Ästen und Netzen und lassen die Unmengen, die mit überirdischem Geschrei und in Massen, die den Himmel verdunkeln, aus der Höhe herabschweben und herabschießen, um uns herum landen und verlieren uns dabei in dem stürmischen Brausen, das uns mit sich fortträgt.

Der Kanadische Kranich, *Grus canadensis*, hat ein großes, nicht zusammenhängendes Verbreitungsgebiet. Einst kam er fast überall in Nordamerika vor. *Canadensis* wird, je nach den Vorlieben der jeweiligen Autoritäten, in zwei bis sechs geographische Rassen unterteilt. Von diesen vermeintlichen Rassen sind drei migratorisch und relativ zahlreich – der Kleine Kanadische oder »kleine braune« Kranich, *Grus canadensis canadensis*, der Mittlere, *G. c. rowani*, und der Große, *G. c. tabida* –, während drei weitere (in Mississippi, Florida und auf Kuba) keine Zugvögel sind und relativ kleine Populationen aufweisen. (Eine vierte standortfeste Gruppe wurde zu Anfang des 20. Jahrhunderts aus den Küstenmarschen von Louisiana vertrieben; zum letztenmal hat man sie im Jahr 1907 gesehen.) Alle Rassen und Populationen zusammengenommen, umfaßt die Spezies momentan schätzungsweise 650 000 Vögel, mehr als dreimal soviel wie der Graukranich und fast soviel wie die anderen 14 Arten zusammen.[2]

Unter den Tausenden von Kranichen, die wir an diesem kalten, klaren Nachmittag zu Frühlingsanfang beobachten, finden sich alle drei migratorischen Rassen von *G. canadensis*. Bei der überwiegenden Mehrzahl handelt es sich um Kleine Kanadische Kraniche, es gibt aber auch rund 30 000 Große und noch etwas mehr Mittlere, die hier *Canada cranes* genannt werden. (Ein durchschnittlicher Vertreter des Großen Kranichs – er ist wahrscheinlich seit dem Pleistozän in eine östliche und eine westliche Population aufgespalten – wirkt doppelt so groß wie ein Kleiner, und selbst der Mittlere ist in Gesellschaft der beiden anderen anhand der Größe leicht von diesen zu unterscheiden.[3])

G. c. canadensis mit seinen schätzungsweise 450 000 Exemplaren ist die weitaus verbreitetste Rasse. Sie hat riesige arktische und subarktische Brutreviere in den Northwest Territories und in Alaska, die sich nach Westen bis zu den Inseln der Beringstraße erstrecken. Von dort fliegen, so schätzt man, etwa 65 000 zur Tschuktschen-Halbinsel und nach Kamtschatka und weitere 2400 Kilometer entlang der sibirischen Arktisküste bis zu den Flüssen Indigirka und Kolyma in Jakutien weiter, wo sich ihr Verbreitungsgebiet mit dem der Nonnenkraniche überlappt. Im Herbst kehren die »Kraniche aus dem Osten«, wie die Jakuten sie nennen, nach Alaska zurück, bevor sie dann in ihre weitverstreuten Winterquartiere in den südwestlichen USA und bis hinunter nach Chihuahua in Zentralmexiko ziehen. Diese gut über 8000 Kilometer lange Reise – in einer Richtung – ist die weiteste von allen Kranichen.

Ken Strom nahm im Jahr 1992 an der Expedition auf dem Fluß des Schwarzen Drachen teil. Andere Amur-Freunde, darunter George Archibald und Sergei Smirenski, heißen uns an diesem Abend in Kearney willkommen, wo sie Vergleiche zwischen dem Platte River und dem Amur und auch dem Indus in Pakistan anstellen, alles große, flache, verzweigte Flüsse mit wandernden Sandbänken, die für ziehende Kraniche attraktiv sind. Der Amur leidet unter Grenzstreitigkeiten zwischen den Anrainernationen, der Indus unter den Menschenmassen an seinen Ufern, aber keiner von beiden hat bis jetzt unter menschlichen Versuchen gelitten, ihnen mit Dämmen Fesseln anzulegen. In Wyoming und Colorado und auch in Nebraska wird der Platte von über 40 Staudämmen gebremst, und 40 weitere sollen folgen: Werden diese errichtet, gehen über 80 Prozent dieses bereits stark reduzierten Stroms verloren – und damit zugleich das wichtigste Zufluchtsgebiet für ziehende Kraniche in Nordamerika. Die Legionen von Kanadischen Kranichen, die an diesen Fluß im Frühling und im Herbst tanzen und trompeten, sind die bei weitem größte Kranichansammlung auf der Erde.

Aus einem anderen Unterstand beobachten George Archibald und ich früh am nächsten Morgen eine geisterhafte Erscheinung im grauen Licht des Tagesanbruchs, die sich zu einem Kojoten formt; er bahnt sich seinen Weg durch Unterholz und Weiden flußauf. Jenseits der Untiefen, keine 40 Meter entfernt, verschwindet die Sandbank unter Scharen erwachender Kanadischer Kraniche, doch ein Pechvogel hat sich einen isolierten Schlafplatz ein Stück weit weg auf einer freien Stelle gesucht. Bald taucht der Kojote aus dem Buschwerk auf, gleitet ins flache Wasser und schwimmt ohne Hast in Richtung Sandbank. Die Vögel provozieren den Eindringling mit schrillen Alarmrufen, und ihre Scharen teilen sich, um eine Gasse frei zu machen, aber sie fliegen nicht weg, denn sie wissen, was dieser Räuber vorhat. Kaum merklich ändert er seinen Kurs und hält immer mehr auf seine Beute zu, aber in diesem Moment schnellt der Kopf des einsamen Vogels unter dem Flügel hervor. Sofort schlägt der Kojote wieder seinen alten Weg ein, trottet über die Sandbank, schwimmt durch den Nebenarm, passiert die Untiefe und taucht am anderen Ufer des Hauptarms wieder auf; er hält inne, um sich das Wasser aus dem Fell zu schütteln, dann verschwindet er ohne einen Blick zurück zwischen den niedrigen Weiden.

Sonnenaufgang. Bis auf den Kopf und den oberen Hals sind die meisten Kraniche in ein blasses Rostrot getaucht. Im Frühling beschmiert *canadensis* sein mausgraues Gefieder mit Lehm, und er färbt es sich den ganzen Weg nach Norden weiter ein, wozu er nasse, vermodernde Sumpfvegetation und manchmal auch den Schlamm selbst benützt; die Erdtöne sollen dazu dienen, den Vogel in seinen nördlichen Brutgebieten zu tarnen.

Der Graukranich beschränkt solche Aktivitäten auf den Mantel oder den Rücken, während sich der Nonnenkranich – dessen schneeweißes Gefieder sich nicht gut zur Tarnung eignet – mit ein paar Strichen im Nacken oder einer Art Ring an der Halsbasis zufriedengibt. Das bescheidene Herausputzen des Nonnenkranichs ist vielleicht nicht mehr als ein flüchtiges Ritual vor der Balz, ein Verhaltensrelikt, überkommen von einem Kranichvorfahren mit Tarnfarbe, das im Lauf der Zeit zum »alten Verhalten« eines überspezialisierten, etwas schrulligen Vogels wurde. Ein wirkliches Tarnen wäre bei dieser Spezies kein evolutionärer Vorteil, denn wie alle weißen Kraniche ist der Nonnenkranich darauf angewiesen, daß er für seine Artgenossen gut zu sehen ist, die er aus seinem Territorium vertreiben will.

Kurz nachdem die Sonne den Horizont entflammt hat, erheben sich die Kranicharmeen in einem prachtvollen Freudenfest und fliegen den Fluß entlang über die schwarzen Winterbäume dahin. »Dann, mit diesem großen Hurra, stiegen sie auf und waren fort. Ich fühlte mich, als hätten sie mir das Herz herausgerissen und es mitgenommen.«[4] Das Geräusch brachte mir eine mondhelle Nacht vor vielen Jahren in Erinnerung, als ich mich an eine riesige, schlafende Gänseschar heranschlich, unter Schmerzen auf Händen und Knien über einen gefrorenen Kartoffelacker kroch und mich zentimeterweise dicht an den Rand der Schar vorschob, bis schließlich die Köpfe hochschossen und die Vorposten Alarm riefen. 5000 Kanadagänse hoben mit einem mächtigen Gekreisch ab, das mir um die Ohren toste, die harten, schweren Schwingen hämmerten in die Luft, und die aufsteigenden Silhouetten löschten den Mond und verdunkelten die Nacht – ein Überschwang des Lebens, der bis zu dieser Morgendämmerung nicht seinesgleichen hatte, als die Kanadischen Kraniche donnernd und wirbelnd aufstiegen und sich in den feurigen Lichtfluten des Sonnenaufgangs zu Streifen und Bändern bündelten.

George Archibald findet, der Kanadische Kranich habe die lieblichste Stimme von allen, trotz des »brüchigen« Rasselns, denn ihr fehle die schrill klagende Note jener *Grus*-Arten, die längere Tracheen haben. Während wir lauschen und schauen, setzen wir flüsternd unsere

Diskussion über die Kranichevolution fort, die wir vor Jahren am Amur begonnen haben.

Obwohl außerhalb Nordamerikas nicht viel über Kranichfossilien geforscht wurde, geht man im allgemeinen davon aus, daß die Kranichfamilie ihren Ursprung in der Alten Welt hat, denn acht ihrer 15 modernen Spezies brüten in Ostasien. Aber wie George herausgefunden hat, bedeutet ihre gegenwärtige Verteilung nicht unbedingt, daß sie auch dort herkommen: Die früheren Formen können auch in Nordamerika entstanden sein. Schließlich wurden die ersten fossilen Spezies von *Balearica* in Nordamerika gefunden, genau wie die frühesten Fossilien des kälteresistenten *Grus*-Vorfahren. George stellt sich einen nichtspezialisierten Vogel in Tarnfarben vor, eine Art Proto-*canadensis*, doch der Graukranich Eurasiens ist ebenfalls eine nichtspezialisierte und erfolgreiche Art von bescheidener Größe und unauffälligem Gefieder, und jeder dieser grautonigen Vögel könnte seiner Ansicht nach dem *Grus*-Vorfahren ähneln, der sich von Nordamerika nach Asien ausbreitete, ehe die großen Auffächerung zu den modernen Kranicharten begann.

In diesem Fall wären einige Proto-*Grus* in Nordamerika geblieben, wo sie sich zu Kanadischen Kranichen weiterentwickelten. Andere wären *Balearica* nach Asien gefolgt, wo bestimmte Populationen in verschiedenen Habitaten durch Gletscher und den Klimawechsel aufgrund der beginnenden Eiszeit isoliert wurden. Wenn der *Grus*-Vorfahr am ehesten *G. grus* ähnelte, dann war *G. japonensis* (dessen Kopfzeichnung der von *grus* sehr ähnlich ist) vielleicht der erste der modernen Kraniche, der sich von diesem *grus*-ähnlichen Vorfahren abspaltete, denn er unterscheidet sich mehr von seinen Schwesterspezies als alle anderen Kraniche der Fünfergruppe, und er ist auch hinsichtlich seines Balzverhaltens am weitesten entwickelt. Als nächstes folgte vielleicht der Mönchskranich (*monachus*) der nordostasiatischen Wälder, der sich in höheren Lagen zu *G. nigricollis*, dem Schwarzhalskranich, weiterentwickelte. (Ein paar Jahre später sagte George ungerührt: »Ich habe meine Ansicht geändert«; jetzt war er zu dem Schluß gekommen, daß sich *japonensis* unabhängig von jenem Vorfahren entwickelte, von dem *grus* und *monachus* abstammen, auf die wiederum *americana* und *nigricollis* zurückgehen.[5])

Seiner generellen Hypothese zufolge, die auf seiner Erforschung der Doppelrufe beruht und in keinem ernsthaften Widerspruch zu den DNS-Befunden steht, hatte sich der *Grus*-Vorfahr in Asien weiter nach Westen ausgebreitet und in den Höhenlagen zu einem frühen Jungfernkranich sowie in den Feuchtgebieten zu einem Nonnenkranich-Vorfahren fortentwickelt; in der Folge gelangten diese Kraniche nach Afrika, wo ein früher Nonnenkranich zum Vorfahren des Klunkerkranichs wurde und ein früher Jungfernkranich zum Ahnen des Paradieskranichs. Im südlichen Asien entwickelten sich die sich auffächernden *Grus* zum Saruskranich (*G. antigone*), der sich im zunehmend kälteren Klima des Pleistozäns in migratorische und nichtmigratorische Populationen aufspaltete; die nördlichen Zugvögel wurden zu Vorfahren des Weißnackenkranichs (*G. vipio*), aus dem später ein *vipio-antigone*-Nachfahr hervorging, der Brolgakranich (*G. rubicundus*); Sarus-, Weißnacken- und Brolgakranich bildeten die Gruppe der engverwandten »Grabenden«, die George als die Dreiergruppe bezeichnet. (Den meisten modernen *Grus* machen Schnee und Kälte nichts aus, solange es genügend zu fressen gibt, aber am Verhalten gefangener Vögel wird klar, daß die in tropischen Gegenden beheimateten Spezies mit ihrem lockereren Gefieder – Kronen-, Sarus- und Brolgakranich – die Winterkälte in den Freigehegen nicht aushalten.)

Wie bereits erwähnt, gibt es merkwürdigerweise – immerhin kommen standortfeste *G. canadensis* bis hinunter nach Kuba vor – weder in der Gegenwart noch in der Vergangenheit Belege für Kraniche in Südamerika, obwohl es im Amazonasbecken, auf den Llanos von Venezuela, im hochgelegenen Puna in Peru, in den großen Sümpfen des Pantanal in der südlichen Mitte des Kontinents und in den Ebenen Patagoniens vielversprechende Habitate gäbe. Vielleicht sind Krankheiten dafür verantwortlich, meint George, vielleicht wurden auch die ökologischen Nischen der Kraniche von einem Urverwandten wie dem gigantischen, furchteinflößenden *Diatryma* mit Beschlag belegt.

Wenn *leucogeranus* doch nicht als *Grus* zu bezeichnen ist, dürfte *canadensis* die früheste moderne Art sein, die sich aus dem *Grus*-Vorfahren entwickelte. Der nichtspezialisierte Kanadische Kranich bildete niemals »neuere« Charakteristika wie etwa die auffällige Gesichtszeichnung aus, die andere *Grus* kennzeichnet. Im Eifer des Balzens beugt der Kanadische Kranich schon manchmal heftig den Kopf und springt mit teilweise gespreizten Flügeln dreieinhalb Meter in die Höhe, aber ihm fehlt das laterale Zurschaustellen der Flügel einschließlich der »Schmetterlingspose«, die seiner gesamten *Grus*-Verwandschaft zu eigen sind.

Was aber das Verhalten und Aussehen im allgemeinen angeht, weist *canadensis* gemeinsame Charakteristika mit allen anderen Spezies auf. Wie bei Jungfern- und Paradieskranich ist der Schnabel des Kanadischen Kranichs kurz genug, um in höheren Lagen Samen zu pikken, aber lang genug, um in Sümpfen zu stochern wie andere *Grus*. Um die Wahl seines Domizils macht er nicht viel Aufhebens, sondern baut sein Nest je nach lokalen Umständen auf trockenen Dünen oder im Morast, in ariden Ebenen (auf Kuba), auf Marschhügeln und auch im Rough am Rand von Golfplätzen (wo, im Gegensatz zu den meisten anderen Kranichen, die brütende Henne es oft zuläßt, daß man sich ihr ziemlich weit nähert – vielleicht will sie sich mit einer eingehenderen Betrachtung von *Homo sapiens* die Zeit vertreiben).

Mit Ausnahme des Nonnen- und des Klunkerkranichs, deren Einordnung in diese Gattung noch immer diskutiert wird, ist der Kanadische Kranich der einzige *Grus*, der nicht zu den beiden Hauptgruppen der paläarktischen und der australasiatischen Kraniche gehört, auch wenn er eindeutige Ähnlichkeiten mit beiden aufweist – beispielsweise das Rot der Krone wie bei der Fünfergruppe, das sich aber zugleich an den Seiten des Kopfes (bis hinunter zu den Augen) fortsetzt wie bei der Dreiergruppe. Darüber hinaus hat er Merkmale mit dem Nonnenkranich gemein, der gemäß den DNS-Analysen als die »primitivste« und atypischste der elf Spezies ausgewiesen ist, die gegenwärtig *Grus* zugeordnet werden. Noch ausgeprägter als beim Nonnenkranich (und beim Graukranich) ist die Eigenheit, sich regelmäßig die Federn einzufärben. Wie der Nonnenkranich läßt er während des Doppelrufs seinen Kopf sehr schnell hin und her schnappen. Er ist sogar insofern so »primitiv« wie *Balearica*, als er ebenfalls nicht die ausgebreiteten Flügel zur Schau stellt und seine Trachea gleichfalls kürzer ist.

Daß der Kanadische Kranich spezifische Merkmale mit allen anderen Kranichen teilt, stärkt seinen Status als »alte« Art, genau wie die Tatsache, daß er als früheste von allen modernen Spezies in den Fossilien auftaucht. Überreste seiner heutigen Form, die in Wyoming gefunden wurden, sind neun Millionen Jahre alt. Es bewegt mich (aus einem merkwürdigen Grund, den ich nicht ausloten kann), daß diese elegante Kreatur, die sich an diesem Märzmorgen in Scharen von den Sandbänken am Platte River in die Lüfte schwingt, der älteste aller Vögel ist, die älteste Vogelspezies, die immer noch auf der Erde lebt.

Während die Kranich-Legionen dem Horizont zustreben, rufen sie unablässig. Dr. Archibald schaut den letzten, verblassenden Bändern hinterher und seufzt mit einem Staunen und einer Zufriedenheit, die sich jedesmal neu einzustellen scheinen, wenn er in der Nähe von Kranichen ist. »Ich glaube, wir könnten die gesamte Gruidae-Gruppe aus diesen Kanadischen Kranichen bauen«, sagt der Craniac fröhlich und reibt sich die Hände, um sie zu wärmen.

Um uns die Zeit bis zur abendlichen Rückkehr der Kraniche zu vertreiben, fahren wir gegen Mittag mit Kurs Südost durch das Land am Little Blue River und überqueren eine endlose platte Ebene mit Verladesilos, Maisspeichern und Nitratfabriken, die wahllos über den Horizont verstreut sind. Unser Ziel ist ein flacher Regenwasserspeicher von den Ausmaßen eines großen Sees. Dort schließen wir uns einem Weißkopf-Seeadler an und beobachten mit ihm eingehend Unmengen von Schneegänsen, Bläß- und Kanadagänsen, Vallisneria- und Rotkopfenten, Stock- und Spießenten, Berg-, Pfeif- und Krickenten. Am Abend verstecke ich mich, wieder am Fluß, in einem guten Unterstand aus Maschendraht mit Zweigen als Tarnung. Dort höre ich eine Weile dem Frühlingslied des Rotschultersperlings und einem einsamen Kardinal zu, der von seinem Platz in einer alten Pappel am Wasser aus sein Territorium markiert. Schon bald trägt der Wind einen Trompetenton aus dem dunkler werdenden Himmel, und binnen Minuten kreisen die ersten tausend Kraniche über den Auenwäldern und gleiten hinab auf die Felder und Wiesen, von wo aus sie zu dem kurzen Flug an die Flußarme abheben. Wenig später kommen die Legionen, viele tausend auf einmal, und erfüllen die Abendluft am Fluß mit Kreischen und Flügelschlagen; als es dunkel wird, regnen die Vögel noch immer auf die abgebrochenen, schwarzen Äste alter Pappeln herab, landen, bis Sandbank und Untiefe, keine 50 Meter entfernt, unter den schiebenden Massen nicht mehr zu erkennen sind. Einige Vögel sind bereits still. Sie trinken das silbern glitzernde Flußwasser, während tagscheue Hirsche zwischen nächtlichen Weiden hervortreten und als friedliche Silhouetten zwischen ihnen herumspazieren.

Wie bei allen ziehenden Kranichen steht die Frühjahrswanderung zu den Brutrevieren viel mehr unter Zeitdruck als die Rückkehr im Herbst. In ein oder zwei Wochen, wenn sich die letzten Schwadronen Kanadischer Kraniche von den Flußebenen emporschwingen und ihren Artgenossen zurufen, ihnen ins harte Licht des Märzhimmels zu folgen, werden ein paar Schreikranichfamilien aus dem Süden eintreffen. Sie kommen später im Jahr und lassen sich nicht viel Zeit, und unsozial, wie Schreikraniche sind, ignorieren sie die restlichen Kanadischen oder vertreiben sie einfach von ihren Futter- und Schlafplätzen.

Wie die Schrei- sind auch die Kanadischen Kraniche prinzipiell tagaktiv und nutzen, wo immer möglich, die Thermik, von der sie sich kreisend in die Höhe tragen lassen, um Energie zu sparen.[6] Von beiden Arten nimmt man an, daß sie die Jungtiere des vergangenen Jahres während des Frühjahrszugs verjagen, und da den Jungvögeln der Reproduktionstrieb fehlt, der sie weiter nach Norden drängen würde, ziehen diese oft ziellos umher.

Über dem Flußtal sammeln sich die kreisenden Kanadischen Kraniche zu geordneten Formationen, fächern sich zu gewaltigen fliegenden Pfeilen auf und nehmen Kurs auf ihre fernen Brutreviere in der Subarktis. Viele der Kleinen Kanadischen Kraniche haben das Yukon-Delta im fernen Nordwesten und das Licht des Nordpazifiks zum Ziel; und einige werden die eisgesprenkelten Wasser der Beringstraße queren und mit den kalten arktischen Winden den weißen Horizonten Sibiriens entgegensegeln.

ZWÖLF

Grus americana

Einem zeitgenössischen Bericht zufolge war im Jahr 1831 der Schreikranich in Kanada überall dort heimisch, wo Pelzjäger unterwegs waren; und auch schon damals war er so zählebig, daß man sich von Fällen erzählte, bei denen »der verwundete Kranich den Vogeljäger zur Flucht trieb und geradewegs aus seinem Revier verjagte«. Menschen, die mit dieser temperamentvollen Spezies vertraut sind, wird dies kaum überraschen ... Als der stattlichste der nordamerikanischen Vögel legt der Schreikranich mit seinen mehr als 1,5 Metern Größe mit jedem anmutigen Schritt fast einen Meter zurück; sein wildes, feuriges Auge und sein speerförmiger Schnabel vor der Maske aus grimmig-karmesinroter Haut läßt wohl jede Kreatur innehalten, die sich überlegt, ihm Schaden zuzufügen ...
Der Schreikranich war einer der ersten Vögel, die den Erforschern dieses Kontinents auffiel, und der wilde Trompetenton seiner Stimme ... trug zur frühen Legendenbildung bei. Daß er gegen die Zivilisation einen Widerwillen hegt, belegt sein rasches Verschwinden von der Ostküste ... Im Lauf des 19. Jahrhunderts zog er sich in Gegenden westlich des Mississippi zurück, und um 1880 war er überall selten geworden. In Illinois sah man ihn zuletzt 1891, und ein Nest im Hancock County, Iowa, vier Jahre später war das letzte, das in den Vereinigten Staaten verzeichnet wurde.

Peter Matthiessen, *Wildlife in America*, 1959

Zur Zeit der ersten Europäer hatte der Schreikranich, der nie sehr zahlreich war, eine geschätzte Population von 15 000 Tieren. Vor gut 40 Jahren, als die obenzitierte Elegie geschrieben wurde, gab es auf der Erde insgesamt noch 26, und diese Zahl hatte sich seit den zwanziger Jahren kaum verändert. Ein im Jahr 1922 von einem Wildhüter bei Kerrobert in Saskatchewan entdecktes Schreikranichnest war das letzte, das man in ganz Nordamerika fand. Ein großartiger

Vogel stand kurz davor, von der Erde zu verschwinden, und die Hoffnung, daß die letzte Gruppe sich behaupten könnte, war wahrlich gering.

Einst erstreckten sich die Brutgebiete von *Grus americana* von Illinois nach Norden und Westen über die mittleren Präriestaaten und -provinzen bis in die Mitte von Alberta; die verstreuten Winterquartiere lagen im Hochland Zentralmexikos, an der Golfküste in Texas und in Louisiana, an der Atlantikküste im Südosten der USA sowie an der Chesapeake und der Delaware Bay. Als die Prärien nach dem Amerikanischen Bürgerkrieg in großem Stil besiedelt wurden, waren die Vögel aber bereits selten geworden, es gab nicht mehr als 1400 verstreute Exemplare.

Um die Jahrhundertwende brüteten in den Vereinigten Staaten keine Schreikraniche mehr; in den dreißiger Jahren waren sie aus den Prärien Kanadas verschwunden. 20 bis 30 kehrten noch jeden Herbst in die Küstenmarschen von Texas zurück, aber diejenigen, die auf der King Ranch und der Blackjack-Halbinsel überwinterten, kamen nach 1937 nicht mehr wieder. Im August 1940 wurde eine kleine, standortfeste Gruppe von 13 Schreikranichen, die man erst kürzlich am White Lake in den Sümpfen Louisianas entdeckt hatte, von einem Hurrikan und einer Flut in alle Winde zerstreut. Ein kurz vor dem Sturm beobachtetes Jungtier war vermutlich der letzte wilde in den USA geborene Schreikranich.

Im Winter 1941/1942 kehrten nach 100 Jahren des Bejagens, des Eiersammelns und der Habitatzerstörung, wozu auch die Umwandlung großer Teile der Marschen an der Golfküste in Reisfelder zählt, nur 15 *Grus americana* in die Salzsümpfe im Aransas National Wildlife Refuge zurück – viel zu wenige, glaubte man, um Inzuchteffekte sowie die mannigfaltigen Gefahren der langen, beschwerlichen Reise auszugleichen. Es gab auch keine Möglichkeit, die Tiere zu schützen, wenn sie Texas erst einmal verlassen hatten, denn die Heimat dieser Kraniche weit im Norden jenseits von Saskatchewan in den unendlichen subarktischen Territorien des Kontinents blieb ein Rätsel. Die Lage war so angespannt, daß die National Audubon Society, der Fish and Wildlife Service und der Canadian Wildlife Service ihre Kräfte bündelten, um gemeinsame Feldforschungen über die Naturgeschichte von *americana* voranzubringen, um herauszufinden, was man vernünftigerweise tun könnte, um den überlebenden Vögeln zu helfen.

Dann, mehrere Jahre später, brachten die Kraniche sechs Jungtiere mit in den Süden, und bis 1950 war ihre fragile Zahl wieder auf 33 angewachsen; in den nächsten drei Jahren wurden jedoch 24 während des Vogelzugs getötet, größtenteils von Jägern in Saskatchewan. Dort beklagte sich eine Gruppe von Farmern, der Canadian Wildlife Service und andere, am Kranich-Projekt mitarbeitende Organisationen würden Geld für Vögel verpulvern, die dem Untergang geweiht seien und möglicherweise ihren Ernten schaden könnten, und schwor öffentlich, die verdammten Biester abzuknallen, sobald man sie zu Gesicht bekäme. Da die Zahl wieder gefährlich abnahm, warb die Audubon Society um die Aufmerksamkeit und die Unterstützung der Öffentlichkeit. Überall entlang der bekannten Zugroute – in Texas, Oklahoma, Kansas, Nebraska, South und North Dakota, Montana und Saskatchewan – und vor allem in der Umgebung der bekannten Rastplätze am South Saskatchewan River, am Niobara und am Platte River, am Cimarron River sowie am Red River wurde über das Radio die dramatische Geschichte von den Kranichen verbreitet. Die Kampagne hatte Erfolg, das Abschießen hörte auf; die Nistgebiete blieben jedoch unbekannt.

Am 30. Juni 1954 wurden nach intensiver, neunjähriger Suche per Zufall die Brutterritorien von *americana* entdeckt, als eine Waldbrand-Patrouille das Gebiet zwischen Salt River und Fort Resolution in den Northwest Territories östlich der Rocky Mountains und westlich des steinigen, unfruchtbaren Kanadischen Schilds überflog und ein Paar großer weißer Vögel mit einem braunen Jungtier in einer unberührten Landschaft mit Teichen, Sümpfen und Feuchtwiesen erblickte; die ersten Nester fand im folgenden Jahr ein Team von der Audubon Society unter der Leitung von Robert P. Allen. Die Kraniche hatten sich, berichtete Allen, als Refugium »einen geschützten und abgelegenen Ort [gesucht], weitab von den normalen Wegen der Menschen, mit jenen natürlichen Gegebenheiten, die für ausreichend Nahrung und Wasser sorgen und Schutz vor durch Blitze entfachten Bränden bieten … und an dem keine anderen Tiere leben, die als Räuber den Vögeln ernsthaft gefährlich werden könnten«.[1] Noch besser war, daß alle Nester im Wood Buffalo Nationalpark lagen, einem riesigen Rückzugsgebiet mit Schwarzfichten, Birken und Weiden im Norden der Provinz Alberta sowie im Süden der Northwest Territories, nicht weit südlich vom Großen Sklavensee. Die Zugroute dieser letzten Gruppe von Kanadas Northwest Territories bis hinunter an die Küste von Texas war über 4000 Kilometer lang, eine Distanz, die in Nordamerika nur noch von den Kleinen Kanadischen Kranichen übertroffen wurde, die zwischen dem subarktischen Sibirien und Zentralmexiko pendeln.

Im Jahr dieser Entdeckung, 1954, kam kein einziger Jungvogel in Aransas an, aber in der Folge begann sich die *americana*-Population, die nicht nur an beiden Enden der Zugroute, sondern auch unterwegs bei den Cheyenne Bottoms in Kansas sowie an anderen Rastplätzen geschützt war, langsam zu erholen, auch wenn ihre Lage prekär blieb. Ein halbes Jahrhundert später ist *americana* noch immer der bei weitem seltenste Kranich.

Im Jahr 1957 besuchte ich im Rahmen der Recherchen für ein Buch über das Verschwinden der wilden Tiere Amerikas[2] die beiden Überlebenden jener im Sturm verlorengegangenen Gruppe von Louisiana in ihrem schrecklichen, zu engen Gehege hinter dem Zoo von New Orleans. Von dort fuhr ich weiter nach Aransas, wo die 26 Vögel, die dort gerade überwinterten, sich über die Salzwiesen, Marschtümpel und Bäche der vorgelagerten Inselbarriere verteilt hatten und von einem Audubon-Boot aus leicht beobachtet werden konnten, das in den Kanälen hier und da langsamer fuhr, damit man einen argwöhnischen Kranich betrachten konnte. Wie Zwerge wirkten die verschiedenen Reiher neben den großen Vögeln, die wie Rächer über das dunkelgrüne Schlickgras stolzierten. (Zum Fressen fliegen sie auch auf höher gelegenes Land, wo sie Kleintiere jagen; das Land des Schutzgebiets wird nach dem Rotationsprinzip regelmäßig geflämmt, etwa 2000 Hektar pro Jahr, damit die Kraniche und andere Arten ihre kleinen Beutetiere leichter finden.)

Mit den schwarzen Primärfedern seines ansonsten weißen Flügels und den schwarzen Alulafedern im Flügelwinkel, die bei zusammengefalteten Schwingen nicht zu sehen sind, ähnelt der Schreikranich stark dem Nonnenkranich, der aus der Ferne ebenfalls reinweiß wirkt. Mit seiner nackten schwarzen Stirn und der karmesinroten Haut an der Krone erinnert er an *japonensis*, mit dem er enger verwandt ist; und wie *japonensis* hat auch er einen langen schwarzen Schnabel, mit dem er im Schlamm nach Tieren stochern kann. Die Turnüre jedoch ist weiß, nicht schwarz, und die rote Krone, die schwarzen Zügel und die roten Linien vom Schnabel nach hinten bilden eine deutlich zu erkennende Gesichtsmaske.

Die gewundene Trachea von *Grus americana* ist mit 1,5 Metern die längste der gesamten Familie, aber im Hinblick auf die Rufe und die Posen (und auch den kräftigen Schwarz-Rot-Kontrast der Maske) ist der Schreikranich weitgehend mit dem eurasischen Graukranich, *G. grus*, identisch, was George Archibalds Theorie stützt, daß sich vor längst vergangenen Äonen ein *grus*-Vorfahr über die Beringstraße ostwärts nach Nordamerika ausbreitete, wo er den Konkurrenzkampf gegen die einheimischen Kanadischen Kraniche überlebte, indem er sich immer mehr an Wasserhabitate anpaßte und zu einem größeren und stärker spezialisierten weißen Vogel der offenen Feuchtgebiete entwickelte – kurz gesagt, zum Schreikranich. Es ist kein Zufall, daß von den 15 auf der Erde fliegenden Kranicharten die drei weißen Spezies die seltensten und am meisten gefährdeten sind. Gleichsam als Embleme der Reinheit von Wasser, Land und Luft, die im Schwinden begriffen ist, brauchen die weißen Kraniche urtümliche, unverfälschte Feuchtgebiete zum Überleben, und in dieser Hinsicht sind sie die am weitesten spezialisierten Vertreter ihrer Unterfamilie. Im Gegensatz zu den drei Arten, die am zahlreichsten und erfolgreichsten sind – Kanadischer, Grau- und Jungfernkranich, allesamt von bescheidener Größe und unauffälliger Erscheinung –, ist es den weißen Kranichen in unterschiedlichem Maß nicht gelungen, sich an die Frühlingsschößlinge und die Herbstnachlese in der menschlichen Landwirtschaft anzupassen.

Obwohl die meisten Schreikraniche Wood Buffalo bis Ende September verlassen haben, tauchen die letzten Migranten manchmal erst im Dezember in Aransas auf. Paare mit gerade flügge gewordenen Jungtieren sind oft die allerletzten. Schreikraniche ziehen in einzelnen Familiengruppen, folgen aber im großen und ganzen alle derselben Route. Im Winter bilden sie auf den Marschen trotz ein paar territorialer Freßgewohnheiten im Grunde eine einzige Schar, was die Gefahr mit sich bringt, daß sie alle auf einmal von einem heftigen Sturm ausgelöscht werden, wie es bei der Gruppe von Louisiana im Jahr 1940 passierte. In der Hauptsache suchen sie sich ihr Fressen an der Landseite des Intracoastal Waterway, der in jenem Jahr (1941), in dem die Schreikraniche ihren niedrigsten Stand von nur 13 Exemplaren erreichten, vom Corps of Engineers mitten durch 2400 Hektar Marschhabitat gebaggert wurde, so daß 600 Hektar des Schutzgebiets verlorengingen. Tag für Tag durchpflügen die Frachter der Chemie- und Petrochemiefabriken, die rund um das kleine Habitat angesiedelt sind, diesen Binnenwasser-Schiffahrtskanal entlang der Golfküste, und die Gefahr einer schweren Ölpest wird durch Ölbohrungen und -förderanlagen in der Nähe noch erhöht. Seit dem Zweiten Weltkrieg ging noch viel mehr Habitat verloren, denn die Ufer der Marschen erodieren durch den schweren Wellenschlag der Schiffsschrauben; sie brachen zusammen, und die Brackwassertümpel dahinter, in denen die Kraniche Blaue Krabben, Winkerkrabben und Muscheln fanden, ergossen sich in den Kanal, bis schätzungsweise 20 Prozent des Schutzgebiets verschwunden waren. Erst zur Jahrtausendwende sah sich das Corps in der Lage, die Ufer mit schweren Matten aus miteinander verbundenen Gittersteinen zu schützen und beim Ausbaggern des Kanals den Abraum, statt ihn ins Meer zu pumpen, hinter dieser Barriere abzuladen und ihn mit Sumpfpflanzen zu bestücken. Die Kraniche haben dieses menschengemachte Habitat noch nicht angenommen, aber man hofft, daß sie es tun werden.

1967 begann ein Team von kanadischen und amerikanischen Wissenschaftlern, aus allen wilden Nestern in Wood Buffalo jeweils das zweite Ei zu entnehmen, um im Patuxent Wildlife Research Center des Fish and Wildlife Service in Laurel, Maryland, Schreikraniche in Gefangenschaft aufzuziehen. 1975 stellten sich in Aransas 49 Schreikraniche ein, und im folgenden Frühling startete man den mutigen Versuch, eine zweite migratorische Population zu etablieren, indem man 14 frische Eier aus Wood Buffalo in die Nester von Kanadischen Kranichen am Grays Lake, Idaho, legte, um sie von diesen Pflegeeltern ausbrüten zu lassen, die die Jungen dann großziehen und mit auf die 1300 Kilometer weite Reise vom Grays Lake zum Bosque del Apache National Wildlife Refuge in New Mexico nehmen sollten. Das war eine wesentlich kürzere und weniger gefährliche Strecke als der Flug von Wood Buffalo nach Aransas, und eine Zeitlang schien es, als könnte sich diese artübergreifend aufgezogene Gruppe, die aus 380 überzähligen, zwischen 1975 und 1988 umgesetzten Schreikranicheiern resultierte und bis 1984 auf 33 flügge Vögel angewachsen war, tatsächlich selbst weiter fortpflanzen und gedeihen.

Bedauerlicherweise kollidierten die ziehenden Schreikraniche immer wieder mit Überlandleitungen, die die kleineren und beweglicheren Kanadischen Kraniche umflogen; besonders häufig passierte das im San Luis Valley in Colorado, einem wichtigen Sammelplatz auf der Frühjahrs- wie der Herbstreise. Andere starben an Cholera und Tuberkulose: Sie hatten sich offensichtlich bei Schneegänsen angesteckt, mit denen sie sich das Winterquartier in Bosque del Apache teilten. Wieder andere wurden von Steinadlern geschlagen oder von Jägern erschossen, die es übelnahmen, daß sie Strafe zahlen oder ins Gefängnis gehen sollten, weil sie große weiße Vögel abgeschossen hatten, die sie, wie sie erklärten, für Schneegänse gehalten hätten – gleichfalls weiße Vögel mit schwarzen Flügelspitzen, aber eindeutig kleiner, kompakter und mit kürzeren Hälsen.

Weit ernster war aber, wie zunehmend deutlich wurde, daß es innerhalb dieser tapferen neuen Gruppe zu keiner Paarbindung kam und wohl auch nicht kommen würde, was vermutlich daran lag, daß die Schreikraniche – denen Menschen und Kanadische Kraniche zwar neue Zugrouten beibringen können, nicht aber das richtige instinktive Verhalten, um die Brutreaktion ihrer eigenen Art auszulösen – auf die Signale Kanadischer Kraniche geprägt worden waren, für die ihre prospektiven Partner unempfänglich waren. Das einzige Küken, das dabei herauskam, war ein Hybride von Schrei- und Kanadischem Kranich. 1988 wurde das Experiment aufgegeben, auch wenn die dem Untergang geweihte Schar noch gut ein Jahrzehnt lang, ständig kleiner werdend, nach Norden und nach Süden flog.

Als im Winter 1990/91 in Bosque del Apache elf als getötet gemeldet wurden, waren nur noch 13 von den 85 übrig, die im Lauf der Jahre am Grays Lake flügge geworden waren. Bei einem Besuch von Bosque del Apache im Jahr 1998 sah ich nur noch zwei Schreikraniche zwischen den Kanadischen, und von diesen hat es nur einer bis ins neue Jahrtausend geschafft.

Schon 1979 erwogen Kranichexperten, unter ihnen George Archibald, eine ortsfeste Gruppe in Zentralflorida zu etablieren. Ein Jahrhundert zuvor waren jene Schreikraniche, die im Norden des Mittleren Westens brüteten – in den Staaten Wisconsin, Minnesota, Iowa, North und South Dakota –, im Winter regelmäßig hier aufgetaucht, wie man aus der Tatsache schließen kann, daß in dem halben Jahrhundert zwischen 1870 und 1920 von 250 Abschüssen berichtet wurde – sicherlich ein Bruchteil der tatsächlich Getöteten in jenem damals rauhen Pionierland. Ein von einem Tierpräparator bei St. Augustine in Nordostflorida Ende der zwanziger Jahre erworbener Schreikranich war das letzte bekannt gewordene Opfer, und der letzte lebende wurde im Jahr 1936 auf der Kissimmee-Prärie im Osceola County gesichtet.

(Diese nüchternen Zahlen spiegeln nicht die phantasievollen Schilderungen tanzender Schreikraniche im Florida-Klassiker *The Yearling*[3] wieder, und auch nicht ein paar strittige Beobachtungen meines verstorbenen Verwandten, des Malers John Little, der sich an seine Kindheit in Florida erinnerte. »Schreikraniche? Unzählige Dutzende, hinten im Sumpf hinter dem Haus«, versicherte er mir einmal. Als ich die Augenbrauen hochzog, reagierte er empört: Ob ich etwa die Worte eines waschechten Floridian in Zweifel zöge? Hatte er diese Schreikraniche nicht mit seinen eigenen Augen gesehen? »Unzählige *Dut-zen-de* von ihnen! Und jeder einzelne von einem *wun-der-schönen* Graublau!«)

Daß die Louisiana-Gruppe in einem ähnlichen Habitat überlebt hatte, sprach eindeutig für Kissimmee, ein weites Feuchtsavannen- und Marschland mit flachen Seen, Palmettobüschen, eingezäunten Viehweiden und Wildgehegen, wenigen Menschen und einer Fülle von Ersatzeltern in Form von standortfesten »Florida-Kanadiern«

(4000 bis 6000 Exemplare einschließlich jener jenseits der Grenze im Okefenokee Swamp in Georgia) sowie einer wachsenden Winterpopulation der sehr ähnlichen »Großen Kanadier«, die in jedem Herbst vom nördlichen Mittleren Westen nach Süden zogen. Als zeitweilige Besucher wurden diese in den siebziger Jahren von dem Biologen Lovell Williams von der Florida Game and Wildlife Commission identifiziert, der als erster bemerkt hatte, daß ein großer Teil der lokalen Scharen in jedem Frühjahr verschwand.

Gemeinsam mit einem jungen Feldforscher namens Steve Nesbitt, seinem Kollegen in der Kommission, suchte Dr. Williams nach Methoden, in Gefangenschaft aufgezogene Schreikraniche in Florida anzusiedeln. Sie sind zwar aquatischer und karnivorer als Kanadische Kraniche, aber im großen und ganzen brauchen sie dasselbe Habitat, und man hoffte, daß ortsansässige Kanadische Kraniche die Schreikraniche zu guten Futter- und sicheren Schlafplätzen im flachen Wasser führen würden. 1979 wurde den US-amerikanischen und kanadischen Teams, die sich um die Rettung der Schreikraniche bemühten, ein Auswilderungsprogramm unterbreitet.

Zur Vorbereitung der geplanten Auswilderung unternahm man in den achtziger Jahren Experimente, bei denen Eier der standortfesten Florida-*canadensis* in 23 wilden Nestern durch Eier der ziehenden Großen Kanadischen Kraniche ersetzt wurden. Man wollte herausfinden, ob der Vogelzug der Kraniche angeboren ist (wie bei bestimmten Ufer- und anderen Vögeln) oder ob dieses Instinktverhalten erst durch das Vorbild der Eltern ausgelöst wird, wenn diese nach Norden zurückkehren. Ohne Eltern würden die untergeschobenen Jungtiere zwar vielleicht umhernomadisieren, aber, so hoffte man, eher zum Auswilderungsgebiet zurückkehren, als sich auf den Weg nach Norden zu machen – und so kam es auch. Einige der untergeschobenen jungen Großen Kanadischen Kraniche tendierten zwar im Herbst zum Süden, entweder einem angestammten Instinkt oder dem Beispiel anderer Zugvögel am Himmel folgend, aber sie zogen im Frühjahr nicht nach Norden.

Die lokalen Rückschläge in New Mexico bei den Schreikranichen vom Grays Lake hatten für eine Voreingenommenheit der Bundesbürokraten gegen die Auswilderung an anderen Orten gesorgt. Auch schien die Sterblichkeitsrate, die bei der künstlich herbeigeführten Migration unvermeidlich war, bei diesen kostbaren Vögeln zu hoch. In den achtziger Jahren konnten Widerstände seitens des Bundes aber überwunden werden, weil klar wurde, daß standortfeste, auf spärlich besiedeltem Weideland freigesetzte Vögel bessere Chancen haben. Inzwischen zog die ICF mit großem Erfolg Kraniche in Gefangenschaft auf, und 1989 bekam sie einige überzählige Eier von der Patuxent-Schar des Fish and Wildlife Service anvertraut, um mitzuhelfen, Jungvögel für das Auswilderungsprogramm heranzuziehen.

Währenddessen ergaben die Winterzählungen der Texas-Schar steigende Zahlen von 45 im Jahr 1964 auf 85 im Jahr 1976. Anfang der achtziger Jahre gingen sie auf gut 70 Vögel zurück, aber diesem besorgniserregenden Niedergang folgten sechs gute Brutjahre – so gute, daß im Winter 1989/1990 146 Schreikraniche in Aransas ankamen. Da es der wilden Gruppe so gut ging und da sowohl die ICF als auch Patuxent Scharen von Jungvögeln isoliert von als Kraniche kostümierten Wärtern aufziehen ließen, war die Zeit für eine Auswilderung in Florida reif.

Die erste »Kohorte« neuer Schreikraniche, acht von der ICF und zwei aus Patuxent, traf in Florida in der zweiten Januarwoche des Jahres 1993 ein, zwei Jahre früher als geplant. Sie sollte in der Three Lakes Wildlife Management Area freigelassen werden, die in dem weiten, gut bewässerten Landstrich zwischen Kissimmee und Yeehaw Junction liegt. Die Gegend galt als eine der am geringsten belasteten Regionen in Florida – mit 50 hier heimischen Paaren von Weißkopf-Seeadlern sowie dem winzigen Kenansville am Südende des Lake Kissimmee als größtem Ort und den unbesiedelten Seen Marion und Jackson mitten im Schutzgebiet. Dank eines Überangebots an Nahrung und Nistplätzen sowie Viehzüchtern, die dem Projekt Sympathie entgegenbrachten, schienen die Three Lakes ideal.

Um Verletzungen beim Transport und in den Gehegen gering zu halten, handelte es sich bei allen Neuankömmlingen um flügge Jungtiere, die etwa sechs bis acht Monate alt waren, sich also ungefähr in dem Alter befanden, in dem sie in der freien Natur von ihren Eltern weggejagt werden; es ist zudem ein Alter, in dem junge Schreikraniche gegeneinander nur wenig Aggressionen zeigen, sobald die Hierarchie ihrer Gruppe oder »Kohorte« erst einmal etabliert ist. Damit sie nicht zu weit umherschweiften und verlorengingen, bekamen die Tiere eine Art Geschirr angelegt, das ihre Bewegungsfreiheit einschränkte: Da sie darin jeweils immer nur einen Flügel ganz ausstrecken konnten, hatten sie nicht genügend Balance, um aus den Konditionierungsgehegen wegfliegen zu können. (Nach zwei Wochen wurden die Vögel im Gehege wieder eingefangen und die Geschirre am anderen Flügel angebracht, um Muskelschwund zu vermeiden.) Diese vorübergehende Gängelung sorgte zusammen mit dem Nahrungsangebot in den Gehegen für »Ortsloyalität« und verhinderte, daß die Kohorte sich zu weit zerstreute, ehe eine effiziente Brutgruppe bis zur Geschlechtsreife gebracht war.

Die Hoffnung, daß die einheimischen Kanadischen Kraniche die in den Gehegen großgezogenen Vögel zu sicheren Schlaf- und guten Freßplätzen führen würden, wurde bald enttäuscht. *Americana* und *canadensis* konkurrieren zwar außer um die Brutgebieten nicht miteinander, erwiesen sich aber als aneinander nicht interessiert – nur ein etwas eigenartiges Schreikranichweibchen zog die Gesellschaft von Kanadischen Kranichen regelmäßig der ihrer eigenen Art vor, was den Verdacht nährte, daß es bei der ICF oder in Patuxent irgendwie auf seine *canadensis*-Ersatzeltern geprägt worden war. Letzten Endes lernten zwar die meisten, sich den einheimischen Kanadischen Kranichen als Führer anzuvertrauen, doch ursprünglich fühlten sich die Schreikraniche von anderen weißen Spezies angezogen, hauptsächlich Silberreihern, und richteten ihre Rufe in der Tat an andere große weiße Vögel mit schwarzen Flügelspitzen ähnlich der ihren, etwa Nashornpelikane, Waldstörche und Schneesichler.

Am 9. März 1993 stelle ich mich beim Auswilderungsgehege am Ostufer des Lake Marion rund 65 Kilometer südlich von St. Cloud dem Projektdirektor Steve Nesbitt vor, der mich wiederum mit seinen Kollegen, dem Biologen Marty Folk und der Veterinärmedizinerin Dr. Marilyn Spalding, bekannt macht. Folk lebt in St. Cloud, und sein Team kontrolliert die Kraniche täglich. Das 30 mal 120 Meter große, nicht überdachte Gehege ist von hohem Maschendrahtzaun umgeben, um Raubtiere fernzuhalten; einst war hier das Seeufer, jetzt liegt es hoch und trocken, weil der Wasserspiegel aufgrund einer ungewöhnlichen Dürre gesunken ist.

Die beiden Monate seit der ersten Freilassung waren entmutigend. Fast die Hälfte des allerersten Trupps von kostbaren Schreikranichen lernte es nicht, in offenem Wasser zu nächtigen, und wurde Opfer von Rotluchsen, die den Vögeln in der Regel auf den Rücken springen und ihnen das Rückgrat im Nacken durchbeißen. Der optimale Schlafplatz für *americana* wie für *canadensis* ist bis zu 40 Zentimeter tiefes Flachwasser mit festem Boden – beispielsweise eine Sandbank-Untiefe mit tieferem Gewässer ringsum – und ohne Uferbewuchs, damit die Tiere einen freien Blick von 360 Grad haben. Solche Schlafplätze, die es den Vögeln erlauben, sofort aufzusteigen, um einer Gefahr zu entkommen (normalerweise laufen Kraniche lieber erst einmal, ehe sie zu fliegen beginnen), werden oft, wie am Platte River in Nebraska, Jahr für Jahr benutzt. Das Schlafen im Wasser ist wie das Zugverhalten ein Instinkt, aber wie beim Zug kann der Instinkt versagen, wenn er nicht durch das Beispiel der Eltern gefördert wird.

Unglücklicherweise folgen die neuen Vögel nicht den Kanadischen Kranichen, wenn diese am späten Nachmittag hinüberfliegen, sondern trödeln herum, bis die zwielichtige Stunde der Raubkatzen gekommen ist. Da sie an die Vegetation in ihrem Gehege und nicht an Schlafplätze im Wasser gewöhnt sind, verstecken sich einige im Ried und in Büschen, wo wilde Eltern sie niemals hinführen würden; andere drücken sich nachts auf dem trockenen Land herum. Einer wurde direkt außerhalb des Geheges getötet, und die anderen vier in einem nahe gelegenen Sumpf, der zu flach und zu trocken ist, um ein sicherer Schlafplatz zu sein. In den letzten Wochen wurden in einer verspäteten Aktion elf Rotluchse mit Fallen gefangen und aus einem Umkreis von 1,5 Kilometern um das Auswilderungsgehege herum »entfernt«, um den neuen Vögeln eine Chance zu geben (dasselbe hat man mit den Rotluchsen und Kojoten in Aransas gemacht).

Aus einem Versteck heraus beobachten wir die neuen Vögel, wie sie in ihrem Drahtgehege auf und ab gehen. Diese in Gefangenschaft aufgezogenen Kraniche waren nie mit einem menschlichen Gesicht konfrontiert; seit sie aus dem Ei geschlüpft sind, wurden sie von weißgekleideten Gestalten mit merkwürdigen Hauben gefüttert und gepflegt, die Kranicheltern imitierten, eine Taktik, bei der die ICF Pionierarbeit geleistet hat. Alle haben während der Akklimatisierung in Zentralflorida an Gewicht verloren, und zwei kränkeln, aber die anderen fünf verlassen das Gehege regelmäßig und fliegen kräftig herum. An diesem schwül-heißen Nachmittag steigen gegen 15.20 Uhr nach einem kurzem Tanz die fünf vom Gehege auf, landen in der Nähe und gehen zum Seeufer hinunter. Um 16.00 Uhr betritt Folk, in ein weißes Laken gehüllt, das Gehege, um die Nachzügler mit frischen Langschwanzkrebsen zu füttern, die er am Vormittag mit einem Netz gefischt hat; danach fliegen zwei weitere auf und gleiten zum See hinunter.

Die Veterinärin will die beiden übrigen Vögel untersuchen, aber als sie sich ihnen nähert, steigt der weniger kränkliche auf und schließt sich den anderen an; der letzte Vogel wird gegen den Zaun getrieben und eingefangen. Dr. Spalding nimmt einen Bakterienabstrich aus dem intensiv elfenbeinfarbenen Auge und auch von der Innenseite des Schnabels. Wie der Kanadische und die meisten anderen Kraniche – und viele weitere am Boden fressende Spezies wie beispielsweise die Schnepfen – stochert der Schreikranich im Morast unter Wasser mit seiner weichen, flexiblen Schnabelspitze herum, mit der er kleine Beutetiere ertasten kann; ich halte diese geschmeidige Spitze, während Dr. Spalding dem Vogel die Temperatur mißt und aus der Kloake Kotproben nimmt. Viel kann der Vogel nach dem Kloakenbefund nicht gefressen haben, und er wirkt allgemein ausgemergelt. Spalding glaubt, bei der Krankheit könne es sich um eine Bauchfellentzündung handeln, denn diese Allesfresser picken auch glitzerndes Metall auf und schlucken es manchmal. (Ein Vogel mußte operiert werden, um einen dreischenkeligen Angelhaken aus seiner Speiseröhre zu entfernen.) Diese Angewohnheit ist so unausrottbar, daß das Auswilderungsgehege mit einem Metalldetektor nach losen Teilen und Resten des Maschendrahts abgesucht werden muß.

Die fünf kräftigen Vögel ziehen schon in einiger Entfernung vom Gehege umher und verjagen Neunbindengürteltiere und Schneesichler; kürzlich übernachteten sie in vier Kilometern Entfernung. Wenn alles gutgeht, werden sich in dieser ersten Kohorte in einem Jahr lokkere Paare bilden, obschon die Tiere die Geschlechtsreife erst erreichen, wenn sie drei oder vier Jahre alt sind. Ausgehend vom Verhalten der Kanadischen Kraniche, nehmen die Wissenschaftler an, daß die Weibchen sich weiter zerstreuen werden, weil sie versuchen, den Genpool der Familie zu bereichern, indem sie sich anderswo Partner suchen. Die jungen Männchen hingegen kehren schließlich zum Überwintern in die Nähe ihres Geburtsorts zurück, wo sie wohl vom männlichen Elternteil toleriert werden, während sie versuchen, sich in der Nachbarschaft ein Territorium zu sichern. Die dominanten Männchen werden jene Territorien kontrollieren, die der Auswilderungsstelle am nächsten liegen; die der anderen werden sich immer weiter draußen daran anschließen, wenn sich mehr und mehr Paare bilden.

Americana ist gegenüber subtropischen Krankheiten vielleicht weniger immun als der einheimische *canadensis*; daß es bislang in Florida zu keinen Bruterfolgen kam, liegt möglicherweise an einem Virus namens EEE.[4] Alle im Winter 1993 nach Florida gebrachten Jungtiere sind gegen EEE geimpft worden, aber in Zukunft wird diese Praxis nicht fortgeführt, wie Dr. Archibald sagt: »Die wilden Nachkommen können nicht geimpft und geschützt werden, also sollten wir herausfinden, ob uns ein Virus im Wege steht, ehe wir Millionen von Dollar für etwas ausgeben, das nicht funktionieren kann.«

Von den insgesamt 14 im Winter 1993 ausgewilderten Kranichen überlebten nur fünf das erste Jahr – eine erschreckend hohe Sterblichkeitsrate von über 60 Prozent –, und im folgenden Jahr kam es noch schlimmer, da belief sich die Rate auf 73 Prozent unter den 19 neuen Vögeln, wobei die Opfer fast alle auf das Konto von Rotluchsen gingen. Die Wissenschaftler in Florida gaben sich jetzt viel Mühe, die Rotluchse systematisch zu fangen und zu entfernen. Die Auswilderungsmethoden waren stark verbessert worden; von den fest gebauten Gehegen mit Drahtzäunen war man jetzt zu mobilen aus Plastik übergegangen. Ein Ende der neuen Gehege steht dabei im See, um die Tiere zum Schlafen im Wasser zu verleiten, und je nach Wasserstand – aufgrund von Regen- oder Dürreperioden – können die Gehege weiter in den See oder aufs Land versetzt werden. In Patuxent wie bei der ICF arbeitete man jetzt auch mit Wasser in den Aufzuchtgehegen, wobei die Küken darauf trainiert wurden (indem sie als Kraniche verkleideten Wärtern folgen), noch vor Einbruch der Dämmerung, ehe die Rotluchse am aktivsten sind, ins Wasser zu gehen und dort zu nächtigen. (Die Kojoten, die vom nördlichen Zentralflorida nach Süden vordringen, haben sich genau wie die Alligatoren bisher nicht als allzu große Gefahr erwiesen.) Dennoch kamen die Wissenschaftler zu dem Schluß, daß jedes Jahr 20 neue Vögel nötig sein würden, um das Experiment in vollem Umfang durchzuführen.

Bis zum Oktober 1995 hatten sich die ersten Paare gebildet, und im selben Jahr fiel die Sterblichkeitsrate unter den Neuankömmlingen auf 50 Prozent, was im Endergebnis bedeutete, daß sich 17 der 52 in den ersten drei Wintern freigelassenen Kraniche etabliert hatten und frei herumflogen. Im folgenden Jahr wurden weitere 48 ausgewildert, und die Mortalität fiel auf 40 Prozent – daß unterm Strich 60 Prozent überlebten, war eine Quote, die sehr nah am erhofften Optimum lag.

Anfang 1997 waren die Überlebenden von 1993 geschlechtsreif, und eines der neugebildeten Paare wurde beim fortgeschrittenen Brutverhalten beobachtet: Es hatte eine Reihe von Nistplätzen am Rand des Lake Hart im Moss Park südöstlich von Orlando angelegt. George rief mich an und sagte, das junge Männchen der ICF gäbe zusammen mit einem Weibchen aus Patuxent ein »wunderschönes Paar« ab, und man würde täglich mit den ersten in Florida gelegten Eiern rechnen. Im Jahr zuvor, berichtete er, hätte dieses Paar die Kanadischen Kraniche aus einem großen Feuchtgebiet vertrieben und mehrere Nester gebaut. In diesem Jahr würde es mit Sicherheit die ersten wilden Schreikraniche hervorbringen, die seit den vierziger Jahren in den Vereinigten Staaten geboren würden; damals war nach dem Hurrikan, der die wilde, standortfeste Schar in Louisiana vernichtet hatte, ein letztes einsames Jungtier gesichtet worden.

Ende Februar 1997 fahre ich, den Anweisungen von Steve Nesbitt folgend, vom Lake Okeechobee nach Norden zum Lake Marion in der Gegend nördlich von Yeehaw Junction. Die Three Lakes sind zwar immer noch die Heimat der ausgewilderten Kraniche, die jungen Erwachsenen nomadisieren aber nach Norden und Westen bis ins Suwannee County und nach Süden bis in die Counties Palm Beach und Charlotte fast bis zum Caloosahatchee River.

Während ich mich auf der Joe Overstreet Road dem Lake Marion nähere, sehe ich zu meiner Freude den seltenen Schopfkarakara. Über den See fliegen ein Trupp Schwarzmantel-Scherenschnäbel und drei Braunsichler. Wie Nesbitt angekündigt hat, stolziert ein Paar Schreikraniche mit den leuchtendroten Kronen der Brutsaison an der öffentlichen Anlegestelle umher, während ein einzelner Vogel wie ein weißer Wächter in der Nähe steht – möglicherweise das unsoziale, einsame Männchen, das sich der Gesellschaft jeglicher Kraniche versagt.

Am Himmel ziehen zwei Kanadische Kraniche vorüber, und die jungen Schreikraniche strecken die Köpfe empor und lassen den Doppelruf erschallen, zur Warnung, daß dieser Bootsanlegeplatz ihr Territorium ist. Von einem hohen toten Baumstamm aus beobachtet sie ein teilnahmsloser Adler; sie tanzen ein bißchen, aber ansonsten zeigen sie auch nach Stunden kaum Anzeichen für reproduktive Absichten, sondern vielmehr die einer unziemlichen Domestikation, die im wesentlichen den Anstrengungen eines Campers am Seeufer zu verdanken ist, der sie Tag für Tag mit Mortadella versorgt. (Irgendwann bat das Kranich-Team den Mann, damit aufzuhören, und schließlich mußte es ihn auffordern, den Campingplatz zu verlassen, da er anscheinend nicht mit seinem Mortadella-Unwesen aufhören konnte. Anschließend mußte das akkulturierte Paar von der Landestelle vertrieben werden, um seiner unheilvollen Neigung zu menschlicher Gesellschaft ein Ende zu bereiten.)

Am nächsten Morgen fahre ich in nordöstlicher Richtung nach Narcoossee in ein Gebiet zwischen zwei kleinen Seen, das als Moss Park bekannt ist. Vor zwei Jahren und noch einmal im vergangenen Jahr hat ein Paar Schreikraniche diese Örtlichkeit erkundet; in diesem Jahr hat es mehrere Nester gebaut. Welche Funktion diese »Vorab-Nester« haben, ist nicht völlig klar, anscheinend dienen sie dazu, überschüssige Energie abzuarbeiten, während die Balzinstinkte und Brutbeziehungen aufgebaut werden und der eigentliche Nistplatz hergerichtet wird. Daraufhin kommt es üblicherweise zu mehrfachen Kopulationen, dann werden ein oder – im Abstand von zwei Tagen – zwei Eier gelegt. Die »falschen« Nester dienen gelegentlich später als Ruheplätze für die Küken, während die Eltern daneben im flachen Wasser Wache stehen.

Im Moss Park treffe ich mich mit Marty Folk; wir besteigen Einerkanus und steuern sie in den Kanal, der zum Lake Hart führt. Die in den letzten Jahren deutlich gestiegene Überlebensrate macht Marty Mut, und die Aussicht auf Schreikranicheier und -küken hat seine Stimmung eindeutig aufgehellt. Er ist ein kleiner, aufgeräumter, sonnengebräunter Mann mit Brille, glatten schwarzen Haaren und einem Grinsen, das sich schon bei einem bloßen Gedanken schlagartig auf seinem Gesicht breitmacht. Zur Zeit werden weitere neue Kraniche zehn Kilometer nördlich vom Lake Marion auf der Overstreet Ranch ausgewildert, wo das Weideland den Rotluchsen viel weniger Deckung bietet. Mit den neuen mobilen Gehegen und den verbesserten Auswilderungsmethoden müßte das Projekt die Sterblichkeit weiter reduzieren können, berichtet er, und die bereits etablierten Schreikraniche würden bestimmt die neuen Kohorten zu sicheren Schlafplätzen im Wasser führen.

Gegenwärtig wildert man die Vögel der ICF Ende Oktober oder Anfang November aus, um ihnen den Wintereinbruch in Wisconsin zu ersparen. Die Patuxent-Vögel folgen ihnen nach dem Jahreswechsel zwischen Januar und Anfang März, aber nicht mehr nach dem 1. April, weil dann die Rotluchse, die Junge haben, besonders aktiv sind und auch das Territorialverhalten der bereits etablierten Schreikranichmännchen den Neuankömmlingen Schikanen und Streß bereiten könnte. Mangels Erfahrung mit erwachsenen Tieren handeln sich die Jungvögel unvermeidlich Attacken ein, denn sie haben nicht gelernt, Kopf und Hals zu senken, um Unterwerfung zu signalisieren.

Männliche Kraniche sind im allgemeinen aggressiver als weibliche, eifersüchtig bewachen und verteidigen sie ihr Nistterritorium. Gewöhnlich reichen Drohgebärden, um Eindringlinge zu vertreiben, aber Kraniche können auch gefährliche Kämpfer sein. Mit halb ausgebreiteten Flügeln tänzeln sie vorwärts, attackieren mit den langen Fußklauen und werfen den Gegner um, der, wenn er erst am Boden liegt, durchaus mit dem spitzen Schnabel getötet werden kann. (Einmal beobachtete Dr. Spalding im Putnam County in Nordflorida, wie ein von einem Schreikranich verfolgter Kanadischer Kranich wie von einer Kugel getroffen mitten aus seiner Schar heraus zu Boden fiel; bei der anschließenden Leichenschau konnte sie an der Rückseite des Kopfes eine tödliche Stichwunde feststellen.)

Der hübsche Lake Hart mit seinen sumpfigen, mit langen Gräsern bewachsenen Ufern liegt in einem Wald von Elliotts-Kiefern, Sumpfahorn und Virginia-Eichen. Wir lassen uns in Richtung Kanalmündung treiben und genießen die Stille der Waldeinsamkeit. Das Kranichpaar ruft anscheinend von einem Ort unmittelbar hinter der Landspitze her, hinter den Bäumen. Im nächsten Augenblick fliegen die großen Vögel direkt über uns hinweg, riesig wirken sie am blauen Himmel über den glänzenden Kiefern; zweimal kreisen sie auf Wipfelhöhe, ehe sie abdrehen. Dieses Paar hat acht »Vorab-Nester« am Lake Hart gebaut und damit hohe Erwartungen geweckt, aber es hat noch keine Eier gelegt und wird es auch nie tun.

Im Juni wird das Männchen verschwinden, und das Weibchen wird mit dem Ritual seines Territorialverhaltens fortfahren und jeden Morgen alleine rufen. Weil ältere Weibchen manchmal um die Aufmerksamkeit partnerloser junger Männchen werben (was Inzucht zwischen Geschwistern erschwert), wird an den Three Lakes ein Ersatzmännchen eingefangen und so bald wie möglich hierher transportiert, wobei eine Haube ihm die Sicht nimmt, damit es sich nicht orientieren und geradewegs wieder nach Hause fliegen kann. Am Lake Hart fesseln es Wind und heftiger Regen drei Tage lang an den Boden, danach ergreift es, in keiner Weise desorientiert, die Flucht und kehrt geradewegs zu den Three Lakes zurück. Im Dezember schließt sich das glücklose Weibchen dann einer Gruppe Kanadischer Kraniche an; kurz darauf wird es erschossen auf einer überfluteten Weide gefunden.

Drei weitere Kraniche kommen um, weil sie in Überlandleitungen fliegen, doch trotz dieser Todesfälle wächst die Kranichschar. Im Mai 1998 erkunden über 60 Schreikraniche die Mitte der Halbinsel, 14 von ihnen haben Paare gebildet. Es ist ein Jahr schwerer Dürre,

Frühling wie Sommer sind staubtrocken, es gibt kaum Balzaktivität und weder Nester noch Eier. Im Jahr 1999 aber legen von mehreren Paaren, die Nester gebaut haben, zwei endlich die ersten Eier im Rahmen des Projekts. Zwar wird ein Gelege von einem räuberischen Säugetier vernichtet (wahrscheinlich ein Waschbär oder ein Wildschwein, die beide häufig am Rande der Sümpfe anzutreffen sind), und das andere geht nach heftigen Wolkenbrüchen in einem Hochwasser verloren, doch die Methoden der Auswilderung haben sich als richtig erwiesen – oder, besser gesagt, als fast, aber noch nicht ganz richtig. In den sieben Jahren seit meinem ersten Besuch bei der ersten Gruppe sind fast 200 Schreikraniche ausgewildert worden, ohne daß sich daraus ein einziges Küken ergeben hätte.

Im ersten Winter des neuen Jahrtausends haben 15 Schreikranichpaare bis Anfang Februar ihre Territorien etabliert, und im März liegen in drei Nestern Eier. Noch aufregender ist, daß am 16. März 2000 ein Küken schlüpft – der erste wilde Schreikranich, der seit 60 Jahren in den Vereinigten Staaten zur Welt kommt. Ein zweites schlüpft am 18. März, aber zehn Tage später wird dieses jüngere Küken von einem Räuber geschlagen – aller Wahrscheinlichkeit nach einem Virginia-Uhu, denn ein Säugetier-Räuber würde in der Regel beide Küken (und manchmal auch ein verzweifelt kämpfendes Elterntier) erlegen.

Am 11. April hole ich Steve Nesbitt von seinem Büro der Wildlife Commission in Gainesville ab; wir fahren Richtung Süden nach St. Cloud, wo uns Marty Folk auf einem kleinen Parkplatz erwartet. Ich gratuliere ihm zu dem wohlverdienten Erfolg, den das erste Kranichküken darstellt. »Ich glaube, es ist noch da«, sagt Marty, »und ich hoffe, Sie werden es zu Gesicht bekommen.« Steve Nesbitt brummt unverbindlich; ein paar Minuten lang besprechen sie die Logistik. Marty will weiter nach Norden zu einer Ranch bei Okahumpka, wo sich eine Schar von 24 jungen Schreikranichen versammelt hat; Steve und ich werden ihm am nächsten Tag nach Okahumpka folgen.

Wir setzen unseren Weg nach Süden in Richtung des Brutplatzes fort, der streng geheim gehalten wird, um mögliche Störungen durch gedankenlose Vogelfreunde und die Medien zu verhindern. Nesbitt muß über meinen Vorschlag lachen, er solle mir die Augen verbinden und mich zehnmal um die eigene Achse drehen, bevor wir dort hingehen. Beim Abendessen mit Freunden tags zuvor war dieser von Wind und Wetter gegerbte Ornithologe und Kranichexperte ziemlich ruhig und zurückhaltend gewesen, aber an diesem Vormittag finden wir eine Menge Dinge, über die wir reden und lachen können. Steve ist in Washington, D. C., geboren und machte sein Examen an der Oklahoma State University; in Florida arbeitet er seit 1971; er ist ein Enkel der verstorbenen Dr. Ira Gabrielson, der hochgeschätzten Direktorin (1940–1946) des U. S. Biological Survey (woraus der Fish and Wildlife Service hervorging), die ihm während seiner Kindheit und frühen Jugend eine vergötterte Mentorin war. Dr. Gabrielson war mit Rachel Carson befreundet und unterstützte sie nach Kräften bei ihrem Kampf gegen DDT und andere Pestizide, und sie half mir freundlicherweise bei meinen Recherchen für *Wildlife in America*, das fast zur selben Zeit wie *Der stumme Frühling* erschienen ist.

Zu beiden Seiten der Landstraße, die von St. Cloud nach Süden führt, erstreckt sich das einstige Schwemmland des Kissimmee River, des Hauptzuflusses des Lake Okeechobee. Von der Straße aus wirkt die Gegend wie eine Grassavanne, die von Kriechenden Zwergpalmen und Gagelsträuchern sowie von Kiefernwäldchen und Eichenhainen unterbrochen wird, in Wirklichkeit aber ist die Ebene mit Tümpeln und Sümpfen durchsetzt, die den Kranichen sogar noch in dieser Zeit der Dürre Wasser und Nahrung bieten. Die Großen Kanadischen Kraniche sind bereits nach Norden gezogen, die in Florida ortsfesten aber sind in diesem flachen Landstrich weit verbreitet, und ein Paar, das gerade sein graues Küken vom Straßenrand wegtreibt, lupft kaum die Flügel, als unser Wagen vorbeifährt und ein Schopfkarakara über die Savanne hinweg zu einer Gruppe Sumpfkiefern fliegt.

Den Viehzüchtern der Gegend hat man versichert, daß das Schreikranich-Projekt als »kein wesentliches Experiment« klassifiziert sei und daher ihr Land nicht unter das Gesetz zum Schutz bedrohter Arten falle und nicht enteignet werden könne, und so haben sie eingewilligt, daß an vier oder fünf Stellen außerhalb der staatlich verwalteten Schutzgebiete Kraniche ausgewildert werden. Im großen und ganzen schmeichelt es ihnen, Kraniche zu haben, sagt Steve; sie wollen nur sicher sein vor rücksichtslosen Vogelbeobachtern und anderen, die die Viehgatter offenstehen lassen und für Unruhe sorgen.

Wir biegen durch ein Gatter, das wir hinter uns wieder verschließen, ins offene Weideland ab, wo uns ein unbefestigter Weg nach mehreren Kilometern zu einem Wäldchen mit Elliotts-Kiefern oberhalb eines breiten Sumpfes führt. Jenseits der Savanne und über einer Reihe von Sumpfzypressen, Lorbeer-Eichen und Lorbeerbäumen, die einen Wasserlauf markiert, erhebt sich am östlichen Horizont ein Bergkamm mit Kiefern. Nichts in dieser weiten Landschaft weist auf Menschen hin, kein Bulldozer knirscht, keine Kettensäge kreischt, keine Reifen quietschen in der Ferne, und noch nicht einmal das dumpfe Dröhnen eines Flugzeugs vernimmt man.

Der Nistplatz liegt südlich der Elliots-Kiefern, vielleicht hundert Meter entfernt. Ehe die Küken schlüpften, wurde das Nest verbissen verteidigt; andere Schreikraniche wurden als erste davongejagt, dann die Kanadischen Kraniche und, kurz vor dem Schlüpfen, die Reiher und Enten, die um die kostbaren Nahrungsressourcen konkurrieren, die die Küken in den ersten Tagen dringend brauchen.

Am 28. März holte der Uhu (oder Adler, Sperber oder eine Krähe; Räuber aus der Luft sind für kleine Küken am gefährlichsten) das als zweites geschlüpfte Küken, aber das war kein gar zu großes Unglück, denn die Chancen des überlebenden Jungtiers, das Erwachsenenalter zu erreichen, verbessern sich erheblich, wenn ihm beide Elterntiere uneingeschränkt ihre Aufmerksamkeit widmen und es schützen und füttern können, wie das nach dem Tod des Geschwisterkükens der Fall ist.

In den ersten zehn Lebenstagen bleibt das Schreikranichküken nah beim Nest. (*Japonensis*-Küken klettern manchmal, wenn die Eltern sich entfernen, um sich einem Räuber in den Weg zu stellen, heraus und verstecken sich im abgestorbenen Gras in der Nähe des Nestes, als würden sie sich voll und ganz auf ihr goldbraunes Tarngefieder verlassen. Wahrscheinlich trifft dies auch auf *americana* zu.) Als erstes wachsen dem Küken die langen Beine, und sobald es kräftig genug ist, ständig darauf zu stehen, wird es vom exponierten Nest weg in den Schutz des Sumpfes geführt. Kranichküken können schon 24 Stunden nach dem Schlüpfen laufen, schwimmen und mit den Erwachsenen mithalten. (Am Grays Lake beobachtete man, daß junge Schreikraniche instinktiv auf die Alarmrufe ihrer *canadensis*-Pflegeeltern reagierten und in Richtung offenes Wasser flüchteten, wie es Schreikraniche tun, statt sich in der Vegetation zu verstecken, wie es Kanadische Kraniche machen – offensichtlich ein frühzeitiges Anzeichen dafür, daß sich Schreikraniche mehr zum Wasser und zum offenen Land hin orientiert haben.)

Durch niedriges Buschwerk staksend, sucht sich das Männchen ein Stück weit östlich bei einer Waldzunge mit Zwergpalmen, Lorbeer und Myrten sein Fressen. Aus seiner unablässigen Wachsamkeit – die rot-weiß-schwarze Maske mit dem grimmigen Auge schießt alle paar Sekunden hoch, um den Sumpf zu kontrollieren – ist zu schließen, daß das Küken bei ihm ist, auch wenn wir es nicht sehen können, weil *Panicum hemitomon*, Riedgräser und niedriges, trockenes Gestrüpp den Eltern bis zum Bauch reichen. (Jetzt, da er seinen eigenen Nistplatz aufgegeben hat, kümmert sich der Schreikranich überhaupt nicht um einen Kanadischen Kranich, der dicht bei der Waldzunge auf seinem Nest sitzt.) Mit jener nackten Krone aus leuchtendroten Karunkeln, die durch die fleischfarbenen Zügel der Brutsaison von der Basis des schwarzen Schnabels abgesetzt sind, und mit dem satinweißen Kopf, durch den sich wie ein Speer nackte rote Haut vom Schnabel nach hinten bis unters Auge zieht, sieht das wehrhafte Männchen wild und furchterregend aus.

Im Sumpftümpel spiegeln sich tanzend die glänzenden Blätter des blaublühenden Hechtkrauts und das frische grüne Kissen von *Panicum hemitomon* am Wassersaum dahinter. Der weiße Kranich bewegt sich langsam, den Kopf zu seinem Daunenküken gesenkt; das entfernte Rumpeln eines Lastwagens, der auf der Landstraße vorbeifährt, scheint ihn weniger zu stören als eine Kornweihe und dann ein Kanadareiher, die dicht an den beiden vorbeifliegen. Von den Beobachtern durch einen flachen, vielleicht 40 Meter breiten Tümpel getrennt, pickt und schreitet das Männchen zusammen mit seinem unsichtbaren Begleiter herum; wenn es den Kopf hebt, leuchtet die Krone in der Sonne.

Kranichküken können bald nach dem Schlüpfen bestens schwimmen und so ihren Eltern in überfluteten Sümpfen problemlos folgen. Auch den Erwachsenen bleiben Reste von Schwimmhäuten, obwohl sie anscheinend nur in Notfällen tatsächlich schwimmen. (George Archibald beobachtete einmal ein Ablenkungsmanöver, bei dem ein Paradieskranich über offenes Wasser davonschwamm und -flatterte, um Hunde von seinen Küken wegzulocken.) Wahrscheinlich können auch Schreikraniche schwimmen, und wahrscheinlich flattern sie deshalb während ihrer sechswöchigen Mauser im Frühjahr in Kanälen und Morasten herum und riskieren dabei, von Alligatoren angegriffen zu werden, die in den kollektiven Erinnerungen ihrer Rasse an Prärietümpel nicht vorkommen.

Bald darauf kehrt das Weibchen von der anderen Seite des Sumpfes zurück, stellt breit die weißen Schwingen gegen den Wind und spreizt die schwarzen Federnspitzen, als es herabgleitet und anmutig neben seiner Familie landet. (Wie beim Nonnenkranich verschwinden die schwarzen Primärfedern in dem Moment, da der Flügel zusammengefaltet wird.) Der weiße Hals beschreibt eine lange, elegante Kurve, als es seinen schwarzen Schnabel zu den Zehen senkt – das Küken ist wohl zu ihm hingelaufen, obwohl ich sein aufgeregtes Piepsen nicht hören kann. Rund 27 verschiedene Rufe zwischen Schreikranichküken und -eltern wurden bislang identifiziert, flüstert mir Steve Nesbitt zu. Bei der leisesten Gefahr für das Junge läßt der erwachsene Vogel ein schnurrendes Rasseln hören, das eindeutig bedrohlich klingt, und dieser Warnruf wird im Ton höher und länger, wenn tatsächlich ein Feind auftaucht, sei es ein Rotluchs oder ein Weißkopf-Seeadler – der wie der Steinadler im Westen gelegentlich einen Kranich schlägt. Wird die Bedrohung unmittelbar, läßt der Elternvogel seinen scharfen Warnruf erschallen, dem unmittelbar darauf der Angriff folgen kann.

Eine Stunde lang beobachten wir die weißen Kraniche aus der Nähe, und dennoch bleibt das Küken immer halb verborgen, ein flüchtiges Aufblitzen eines hellbraunen Schemens im trockenen Gestrüpp. Einmal läßt das Paar den Doppelruf erschallen und springt in die Luft, tanzt mit nach oben gestreckten Schwingen in Richtung der Waldzunge, als wolle es ein bedrohliches Phantom verjagen. Einen

Augenblick später stößt das Männchen pfeilgleich mit dem langen Hals zu und schnappt eine 60 Zentimeter lange Schlammnatter mit stumpfrotem Bauch. Der Kranich schüttelt sie heftig, wirft sie zu Boden, nimmt sie wieder auf und trägt sie zu dem Küken, wo er sie in Stücke pickt und reißt. Das Paar fängt noch zwei oder drei weitere Schlangen und ein paar Krebse, die alle erschlagen, in Stücke gehackt und dem Küken vorgelegt werden; zu dessen Verpflegung zählen auch Insektenlarven, Wasserkäfer, Muscheln, kleine Bisamratten oder junge Alligatoren, Schildkröten, Mäuse, Entenküken und andere Jungvögel, aber auch die Beeren, Samen und Eicheln, die sich auf höher gelegenem Land finden. Unablässig recken die Eltern in kurzen Abständen die langen Hälse und schauen sich um, wobei Wassertropfen von ihren glänzenden schwarzen Schnäbeln fallen und in der Sonne glitzern, und noch immer führen sie ihr Junges nicht ins Freie.

Aus dem Dickicht dahinter ertönt der melodiöse Triller der Hainammer, eines seltenen Vogels; Steve hebt einen Finger ans Ohr und lächelt. Wir freuen uns an der warmen Sonne und am Duft des trokkenen Buschwerks, am traurigen Pfeifen der Meise und am zarten Wispern eines Kiefernwaldsängers, an den schallenden Tönen eines Carolinazaunkönigs und dem drängenden Zirpen einer Virginiawachtel, die sich in ihren Frühjahrsfarben im Sonnenlicht am Fuß einer Zwergpalme in der Nähe präsentiert.

Vielleicht eine halbe Stunde nach Mittag wenden sich die weißen Kraniche in unsere Richtung. Mit drei langen Schritten treten sie auf die Lichtung mit dem grünen Teppich von *Panicum hemitomon* entlang dem Teichufer hinaus. Einen Moment später starre ich das Küken an – der erste wild geborene Schreikranich in den Vereinigten Staaten seit 60 Jahren, der erste östlich des Mississippi geborene seit über einem Jahrhundert und, soweit bekannt, der erste seiner Art, der je auf der Halbinsel Florida geboren wurde. Als das Küken den Hals reckt und, die wachsamen Eltern imitierend, sich umblickt, ragt es hoch genug, um den Eltern bis zum Bauch zu reichen, die in etwa die Stehhöhe eines kleinen Menschen haben. Dieses historische Küken in seinem warmen Goldbraun mit dem kurzen, noch nicht schwarzen, sondern rosa-orangenen Schnabel erinnert an ein großes, flaumiges Hühnchen ohne Schwanz.

Eine Stunde oder länger fressen die Kraniche in der Nähe des Teichufers. Das Küken versucht, sein Daunengefieder zu putzen, gibt dies aber bald auf, blinzelt lieber und setzt sich ins frische Grün und ruht die langen Beine aus, bis es Zeit ist, auf ein Elternteil zuzueilen und -torkeln, das Fressen bringt. Als wir am frühen Nachmittag still und leise fortgehen, bewegt sich die Kranichfamilie, die nicht gestört worden ist, allmählich in Richtung ihres Nistplatzes, und das Küken ist wieder zwischen den Grashalmen verschwunden.

»Ich hoffe, es kommt durch«, sage ich inbrünstig zu Steve Nesbitt und danke ihm für diesen gelungenen Tag in der Natur, »und ich hoffe auch, Sie und Marty wissen, daß Ihr Projekt erfolgreich ist, ob dieses Küken nun überlebt oder nicht.« Er nickt. »Wir haben gezeigt, daß man es so machen kann«, sagt er, »und ich finde, wir können behaupten, daß die Theorie bestätigt ist.« Steve ist ein zurückhaltender, bescheidener Mensch, und seine Zufriedenheit wird von dem Wissen gedämpft, daß diese fragile Kreatur der einzige Erbe jener 211 seit 1993 aufgezogenen, hierhertransportierten und ausgewilderten *americana* ist und viele Tausende von Dollar und Jahrzehnte der Frustration, Geduld und harten Arbeit gekostet hat. Wenn die Menschen wollen, daß die letzten unberührten Naturgebiete und die letzten wilden Tiere und Pflanzen ihre Welt zieren, dann müssen sie teuer dafür bezahlen, um die Schäden, die sie angerichtet haben, wiedergutzumachen. Die Zeiten, da große seltene Kreaturen wieder an Zahl zulegen konnten, ohne daß der Mensch mühsam intervenierte, sind vorbei.

Steve Nesbitt ist zuversichtlich, daß in Florida eine Schreikranichpopulation etabliert werden kann – ja, sie *wäre* bereits etabliert, hätte es nicht diese Dürre gegeben. Schließlich haben 88 bis 90 Vögel überlebt und durchstreifen große Gebiete von Zentralflorida, und 30 von ihnen versuchen bereits, Brutpaare zu bilden. Die Reproduktionsrate wird drastisch steigen, wenn die Trockenheit ein Ende hat, das Wasser steigt und Nahrung für die Kraniche – wie für ihre Konkurrenten und die Räuber – wieder weit und breit im Überfluß zur Verfügung steht.

Am folgenden Tag beobachten wir, verborgen im Schatten hoher Bäume auf einer Anhöhe, Gruppen der diesjährigen Kohorte neuer

Kraniche auf den Viehweiden bei Okahumpka im Nordwesten; ein paar der Neuankömmlinge haben am Kopf noch immer einige Schmisse der braunen Federn, die sie als Jungvögel charakterisieren. Von den 24 hier versammelten Tieren ziehen 18 in getrennten Gruppen in der Nähe umher; sie laufen und fressen und fliegen über uns hinweg und »schreien« ihren kraftvollen Signalruf – *ker-luu, ker-liuu*, wie einige ihn wiedergeben – in den Wind. Schwärme von Sperlingsvögeln in Frühlingslaune zischen durch den Eichenwald – Hüttensänger und Azurbischof, Gartentrupial und Sumpfwaldsänger –, während vor uns die Kraniche zwischen den vom Wind gekräuselten, glitzernden blauen Tümpeln in den Senken des braunen Hügellands herumbummeln.

Im Jahr 1998 kamen 182 wilde Schreikraniche, darunter 30 Jungtiere – ein Rekord –, nach Süden, um in Aransas zu überwintern. Und im Oktober 2000 flogen geschätzte 267 in freier Natur, einschließlich der 88 bis 90, die es jetzt in Florida gab; hinzu kamen noch weitere 104 Vögel, die in Gefangenschaft in Zuchtgruppen lebten, sowie 38, deren Auswilderung geplant war. Doch damit lag die Gesamtpopulation von *americana* in diesem Jahr noch immer unter dem für eine vollständige Erholung der Art als notwendig erachteten Minimum, und mittlerweile gibt es immer mehr Bedarf, die genetische Vielfalt der wildlebenden Populationen zu erhöhen, was möglicherweise dadurch erreicht werden kann, daß in Gefangenschaft gelegte Eier in wilde Nester eingeschmuggelt werden.

Im Jahr 1999 konnte das Projekt eine Überlebensrate von 70 Prozent bei den Kranichen im ersten Jahr feiern, mehr, als man je erwartet hatte, und das neue Jahrtausend läßt sich sogar noch besser an. Von den 30 Vögeln, die 1999 und 2000 neu ausgewildert wurden, blieben 25 am Leben und fliegen in Florida umher – fast so viele, wie es von *Grus americana* vor über 40 Jahren, als ich das erste Mal über sie schrieb, überhaupt auf der ganzen Erde gab. Angesichts der kurzen Geschichte der Kranich-Schutzbemühungen ist das ein aufregender Erfolg, und doch bleibt *americana* nach Anbruch des neuen Jahrhunderts der bei weitem seltenste Kranich. Im Grunde gibt es nichts weiter als diese einzige Schar, die ihre Jungtiere auf die gefährliche, über 4000 Kilometer weite Reise vom Rand der Northwest Territories zu einem kleinen, erodierenden Fleckchen Erde am Golf von Mexiko führt, das beständig durch Winterstürme und ausgelaufenes Öl bedroht ist. Die unbändige Lebenskraft dieser Spezies läßt hoffen, daß sie vielleicht durchhält, aber überleben kann sie nicht ohne die tatkräftige Unterstützung und das Engagement derjenigen Art, die sie überhaupt erst an den Rand der Ausrottung gebracht hat.[5]

Der junge Schreikranich auf der Kissimmee-Prärie wirkte auf mich so einmalig und ursprünglich, daß mir das Vorhaben, diesen historischen Vogel zu beringen, unangemessen erschien; zudem ist der Streß, mit dem man ein wildes Tier unvermeidlich belastet, wenn man es einfängt und an ihm herummanipuliert, beträchtlich. Schließlich sagte ich nach langem Hin und Her bei einem Telefongespräch zwei Wochen später zu Steve Nesbitt, diesen Vogel könne man trotzdem immer leicht identifizieren, wenn er der einzige weiße Kranich wäre, der ohne störende Bänder an den Beinen frei herumfliegt, und außerdem würde man seine Überlebenschancen dadurch nur verbessern.

Steve wußte, was ich empfand, und stimmte mir zu. Dennoch wurde entschieden, den Jungkranich zu markieren, um seine Wege und Aufenthaltsorte besser überwachen zu können. Das Beringen war für Ende Mai vorgesehen, denn bis zum 1. Juni, meinte Steve, würde das Küken wohl fliegen können. Er drückte sich bewußt vorsichtig aus. Dem jetzt fünf Wochen alten Vogel ging es gut, aber Steve wußte, daß bei den Kanadischen Kranichen in Florida und den Schreikranichen in den Northwest Territories rund 50 Prozent aller geschlüpften Küken meist dadurch zugrunde gehen, daß sie Räubern zum Opfer fallen, ehe sie fliegen lernen, und er wußte auch, daß sie in den zwei Wochen nach dem Schlüpfen und dann noch einmal in den paar Tagen vor dem Flüggewerden am stärksten gefährdet sind.

(Für Kraniche aller Altersstufen steigt das Risiko, getötet zu werden, in Dürreperioden merklich, weil sie dann von ihren angestammten Territorien in unvertraute Gegenden umziehen müssen, und Wasser und Nahrung – sowie Kraniche, Konkurrenten und Räuber – sich auf gefährliche Weise in den immer kleiner werdenden Sümpfen konzentrieren.)

Am 22. Mai, als das Küken 66 Tage alt war und binnen weniger Tage flügge werden sollte, versammelten die Kranich-Leute sich an dem Sumpf, in dem das Nest lag. Watvögel vieler Arten hatten sich an dem geschrumpften Tümpel eingefunden und versuchten, hier ihr heikles Dasein zu fristen, aber die Kraniche waren verschwunden. Man lokalisierte sie schließlich in einem Sumpf weiter östlich, und das verzweifelt fliehende Küken wurde eingeholt und gefangen. Man entnahm ihm eine Blutprobe, markierte es und ließ es wieder frei – und das alles in bloß 16 Minuten –, während die Eltern wütend vom Sumpfufer aus trompeteten. Binnen kurzem war die Familie erneut vereint und nahm, offensichtlich unbeschwert, ihre mühselige Nahrungssuche wieder auf.

In den nächsten Tagen versuchten die Kraniche, in ihr angestammtes Territorium zurückzukehren, aber die Tümpel dort waren trokken, und so zogen sie sich wieder in den östlichen Sumpf zurück. Dort fand man am Morgen des 25. Mai im flachen Wasser das erlegte und ausgeweidete Küken. Anhand der Spuren am Tatort und der Art und Weise, wie es zugerichtet worden war – Bißmarken, Kopf verschwunden, Überreste nicht zerstreut –, wurde der Räuber als ein Rotluchs identifiziert.

Als ich ein paar Tage später mit Steve Nesbitt telefonierte, war er noch immer niedergeschlagen, aber er wußte auch, daß mit dem Schlüpfen und dem Aufwachsen eines Schreikranichkükens bis wenige Tage vor dem Flüggewerden ein Hauptziel des Kranich-Projekts erreicht worden war. Die Wissenschaftler hatten bewiesen, daß Schreikraniche selbst in einem Jahr mit bedrohlicher Dürre in Zentralflorida eine Paarbindung eingehen, sich paaren, fruchtbare Eier legen, das Gelege bebrüten und hüten und ein Küken großziehen können; und sie hatten auch gezeigt, daß dieses zu großen Teilen unberührte Habitat die Ressourcen bietet, die eine Kranichfamilie braucht, bis ein Küken groß und stark und flügge ist. »Genauso ist bewiesen«, schrieb Nesbitt mir am 2. Juni, »daß diese in Gefangenschaft mit wenigen oder keinen natürlichen Erfahrungen aufgezogenen Vögel allein zurechtkommen. Was auch immer wir bei diesem

Paar beobachtet haben, läßt darauf schließen, daß die beiden alles so machten, wie sie es machen sollten. Sie waren genauso gut wie die besten *canadensis*-Eltern, die ich je gesehen habe.« In einer einzigen Saison hatten sich 15 Paare gebildet, drei nisteten und legten Eier, und dieses Paar hatte zwei Küken zum Schlüpfen gebracht – was sehr ungewöhnlich für ein Paar ist, das zum erstenmal brütet. Abgesehen von unvorhersehbaren Umständen konnten die Wissenschaftler daher zuversichtlich sein, daß man in Florida eine standortfeste Population von Schreikranichen etablieren kann. In jenem Winter (2000/2001) wurden 38 weitere Jungtiere ausgewildert, und man hoffte, daß die Trockenheit ein Ende haben und daß wenigstens eines der 15 bereits gebildeten Paare Nachkommen haben würde.

Im Mai 2000 machte sich eines dieser Florida-Paare, als wäre es von der Trockenheit frustriert, allein auf den Weg und flog nach Illinois. Eine Woche später tauchten die Vögel bei Sandusky im nordöstlichen Michigan auf – zum erstenmal seit 1882 wurden Schreikraniche in diesem Staat gesichtet. Nachdem sie sich auf Sojabohnen- und Weizenfeldern gesättigt hatten (zu denen sie später zurückkehrten), zogen sie Anfang Juni anderthalb Kilometer weiter nach Norden in ein Feuchtgebiet, das sich in einem aufgegebenen Torfabbaugebiet gebildet hatte. Zu spät im Jahr bauten sie zwei Nester; Eier legten sie zwar nicht, aber man hoffte, sie würden im folgenden Jahr wieder nach Norden ziehen. Doch nachdem die Schreikraniche Michigan im November verlassen hatten, ging das mit einem Sender ausgestattete Männchen über den Großen Seen verloren, wahrscheinlich in einem Sturm. Das Weibchen schaffte es nach Florida zurück, vielleicht mit Kanadischen Kranichen, vielleicht allein.

In der Regel entfernen sich die Vögel nicht weiter als gut 300 Kilometer von der Stelle, an der man sie ausgewildert hat, vor allem wenn sie in Gefangenschaft aufgezogen wurden und keine Erfahrung mit der Migration haben. (Charakteristisch ist, daß das *americana*-Weibchen dem Männchen nachfolgt, wohin jenes es auch führt.) Dieses Männchen war als der Kranich bekannt, der kurz nach seiner Freilassung im Januar 1996 einen Fischköder mit Drillingshaken verschlungen hatte. Verständlich, daß dies bei ihm ein merkwürdiges Verhalten auslöste. Wieder eingefangen und von dem Haken befreit, wurde er mit einem Satellitentransmitter (einem PTT) ausgerüstet, ehe man ihn wieder freiließ. Später überlebte er wundersamerweise den Zusammenstoß mit einer Überlandleitung, in der sich der Transmitter verfing und zurückblieb. Es scheint passend, daß dieser Vogel, der dem Tod so sehr getrotzt hatte, der erste sein sollte, der sich aus Florida herauswagte, und das aufregende daran ist, daß er ohne die Führung durch Ersatzeltern oder ein Ultraleichtflugzeug eine Route wählte, die ihn zu den übriggebliebenen Prärietümpeln und -sümpfen in den Brutrevieren seiner Vorfahren brachte; sie lagen auf derselben geographischen Breite wie sein erstes Zuhause bei der ICF in Wisconsin. Wer kann sagen, welcher Urtrieb ihn seinen Schnabel wie eine Kompaßnadel nach Norden weisen ließ und diesen Pionier und seine treue Begleiterin auf der langen Reise über den Himmel nach Hause leitete? Und wen bewegt nicht das hier in einer Frage, die wir nicht beantworten können, eingefangene Mysterium des Lebens?

Im Jahr 1997 waren vier junge Schreikraniche von einem Ultraleichtflugzeug, das von einem Kranichfreund namens Kent Clegg gesteuert wurde, von Idaho nach Bosque del Apache im Süden geführt worden. Zwei der Vögel wurden kurz nach ihrer Ankunft Opfer eines Kojoten beziehungsweise eines Rotluchses, ein weiterer starb im Jahr 2000, so daß nur ein Überlebender zurückblieb, um seine Tage in der Gesellschaft der alternden Veteranen des ursprünglichen Grays-Lake-Projekts zu verbringen. Das erfolgreiche Experiment ließ jedoch Pläne reifen, weiter im Osten eine zweite, ziehende Gruppe zu etablieren, und bald waren im 40 000 Hektar großen Necedah National Wildlife Refuge im nördlichen Wisconsin entsprechende Vorbereitungen in Gang. Junge Kanadische Kraniche – aus Eiern, die man in Wisconsin den Nestern Großer Kanadischer Kraniche entnommen hatte, die im nördlichen Zentralflorida überwinterten – wurden in Patuxent von Menschen »isoliert« aufgezogen und auf ein künstliches Elterteil in Form eines Ultraleichtflugzeugs so geprägt, daß sie diesem folgen würden; das Kleinflugzeug sollte sie, immer wieder auf kleinen Landeplätzen entlang der Route pausierend, in sorgfältig bemessenen Etappen von Wisconsin nach Süden zum Chassahowitzka National Wildlife Refuge an der Golfküste im Nordwesten von Florida führen. Den Winter über wollte man ihre Anpassung an ein Habitat ohne wilde Kraniche (wenn auch nicht ohne Räuber) genau beobachten. Der Theorie nach müßten die Überlebenden, weil sie die Flugroute ja kannten, von sich aus nach Wisconsin zurückkehren. Aber erst wenn man die Probleme des Zuges und die Techniken der Auswilderung gründlich untersucht und optimiert hätte, wollte man dieses Verfahren auch bei Schreikranichen anwenden, deren Gruppe dann, wie in der Kissimmee-Region weiter im Süden, jedes Jahr ergänzt werden sollte, bis eine Schar von 25 ziehenden Paaren etabliert wäre.

Entsprechend geschützt, sagt Dr. Archibald, kann der Schreikranich »ein grandioses Comeback« in seiner ursprünglichen Prärieheimat erleben. George ist ein unverbesserlicher Optimist, aber auch ein Pragmatiker; um all die Schreikraniche, die man in Zentralflorida verlor, tut es ihm leid. »Wir können nicht immer weiter Schreikraniche aufziehen, um damit die Rotluchse zu füttern,« scherzte er verbittert, als ich ihn das nächste Mal in Baraboo traf.

Wie sich herausstellte, traf die erste Gruppe Kanadischer Kraniche, die Necedah am 3. Oktober 2000 verlassen hatte, nach sechswöchiger Reise am 11. November sicher in Chassahowitzka ein; schöner noch war, daß neun von elf dieser jungen Vögel im Frühjahr 2001 aus eigenem Antrieb nach Necedah zurückkehrten. Das Experiment mit den Kanadischen Kranichen war derart erfolgreich, daß man beschloß, es sofort mit Schreikranichen zu wiederholen. Im Oktober 2001 sollten zwölf junge Schreikraniche aus Patuxent von einem Ultraleichtflugzeug nach Süden auf die sechswöchige Reise nach Chassahowitzka geführt werden. Alle Beteiligten hofften, daß zumindest einige Vögel die Reise überleben, gut durch den Winter kommen und im Frühjahr 2002 als Grundstock einer neuen, ziehenden Schar von *Grus americana* nach Wisconsin zurückkehren würden.

DIE EVOLUTION UND AUFFÄCHERUNG DER KRANICHE

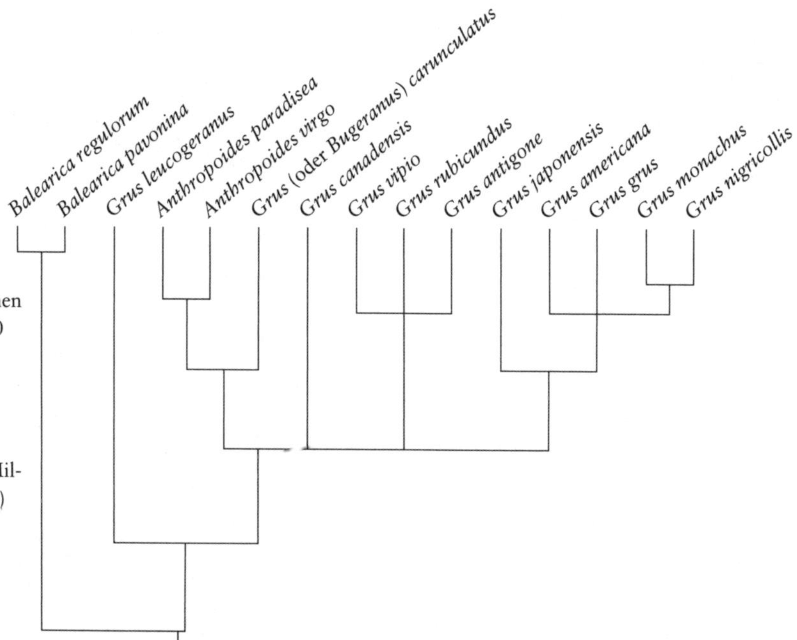

Pleistozän (vor 2 Millionen bis vor 11 000 Jahren)

Pliozän (vor 5 bis 2 Millionen Jahren)

Spätes Miozän (vor 10 bis 5 Millionen Jahren) — Abspaltung der Kronenkraniche (*Balearica*) von den Gruinae: *Balearica*-Fossilien schon aus der Zeit von vor 10 Millionen Jahren; Gruinae-Fossilien von ca. vor 5 Millionen Jahren

Frühes Miozän (vor 23 bis 10 Millionen Jahren) — Trennung zwischen Kranich-Vorfahren (Gruidae) und Rallenkranich-Vorfahren (Aramidae)

Oligozän (vor 38 bis 23 Millionen Jahren) — Evolution der Kranich-Rallenkranich-Vorfahren

Eozän (vor 53 bis 38 Millionen Jahren) — Auftauchen früher Gruiformes-Fossilien

Paläozän (vor 65 bis 53 Millionen Jahren) — Ursprung der Gruiformes-Vorfahren?

Zeit der Dinosaurier endet

Zusammengestellt mit vielem Dank an Dr. Carey Krajewski und Dr. George Archibald.

Anhang

Anmerkungen

1. Am Fluß des Schwarzen Drachen

1. Paul A. Johnsgaard, *Crane Music: A Natural History of American Cranes* (Lincoln: University of Nebraska Press, 1998), S. 58.
2. Die Tiere liefern Wolle, die feiner und wärmer als Kaschmir ist.
3. Zitiert in S. Brownmiller, »Flying to Vietnam«, *Audubon*, November/Dezember 1993, S. 78–82.
4. Inzwischen hat die Republik Jakutien beantragt, 700 000 Quadratkilometer als Borealwald- und Tundra-Reservat unter Schutz zu stellen, um etwas von dem auszugleichen, was Bergbau und Holzindustrie an Umweltschäden verursacht haben.
5. Seit der Kulturrevolution war die Zhalong-*japonensis*-Population aufgrund von Fischerei und Reetschneiden von 500 auf rund 180 zurückgegangen. Dr. Ma Yiqing führt an, daß Zhalong (das 1979 zum Naturpark erklärt wurde) dank Nistschutzgebieten und anderer Maßnahmen wieder rund 230 *japonensis* und 40 *vipio* beheimatet. Das Gebiet kann sich alljährlich der Besuche von sechs Kranicharten rühmen: Mandschuren-, Weißnacken-, Grau- und Jungfernkranich brüten hier, während Mönchs- und Nonnen- beziehungsweise Schneekranich auf dem Durchflug Rast machen. Zusätzlich gibt es eine Schar von 90 *japonensis* in Gefangenschaft.
6. Harrison Salisbury zufolge zerstörte das Feuer 72,8 Milliarden Quadratmeter jungfräuliche Taiga, über 200 Menschen starben, Hunderte wurden verletzt.
7. Ma Yiqing et al., »Research on Red-Crowned Crane and other Waterfawls [sic] of Heilongjiang Province« sowie andere Publikationen 1984–1995; s. das Literaturverzeichnis in: Curt D. Meine und George W. Archibald (Hgg.), *The Cranes* (Gland, Schweiz: IUCN [Internationale Union für Naturschutz], 1996).
8. Li Wen Fa, »A Preliminary Study on Crowned Cranes in the Xingkai Natural Protected Area«, *Journal of Heilongjiang Land Reclamation*, 1991, S. 67–76.

2. In der Dagurischen Steppe

1. A.J. Stattersfield, D.R. Capper und E.C. L. Dutson, *Threatened Birds of the World* (Barcelona: Lynx Edicions, 2000).
2. Das ist kein Aberglaube: Tim Severin, *In Search of Genghis Khan* (New York: Atheneum, 1992).
3. Bold und Tseveen in: Curtis H. Halvorson, James T. Harris und Sergei M. Smirenski (Hgg.), *Cranes and Storks of the Amur River* (Moskau: Arts Literature Publishers, 1995).
4. S. James T. Harris »Managing Nature Reserves for Cranes in China«, *Proceedings of the Sixth North American Crane Workshop* (Regina, Saskatchewan und Grand Island, Nebraska: North American Crane Working Group, 1992), S. 1–11.
5. S. Peter Matthiessen, *The Shorebirds of North America* (New York: Viking, 1967).

3. Gujarat und Rajasthan

1. *G. a. sharpii* wurde 1895 erstmals von dem Taxonomen R.B. Sharpe im *Bulletin of the British Ornithologists' Club*, Bd. 5, beschrieben. Sharpe führte auch *Anthropoides* und *Bugeranus* als neue Kranich-Gattungen ein.
2. Ronald Sauey, »The Range, Status, and Winter Ecology of the Sibirian Crane (*Grus leucogeranus*)«, Dissertation, Cornell University, Ithaca, New York, 1985.
3. Scharen in Gefangenschaft gibt es mittlerweile bei der ICF (30 Vögel), im Vogelpark Walsrode (15) und im Oka-Reservat südöstlich von Moskau (25).
4. *The Atlas of Bird Migration*, hg. von Jonathan Elphick (New York: Random House, 1995), S. 25, und persönliche Mitteilung an den Autor, Jack Turner, 11. November 2000.
5. Salim Ali und Dillon Ripley, *Handbook of Indian Birds* (Bombay 1969).
6. Im Gespräch mit dem Autor, September 2000.

5. Die Neun Flüsse

1. S. Peter Hessler, *River Town* (New York: HarperCollins, 2001).
2. S. Arundhati Roy, *The Greater Common Good* (Bombay: India Books, 1999).
3. S. Su Liying, »Human Impacts on Cranes in China«, in: H. Whitaker (Hg.), *Proceedings of the International Crane Symposium: People, Water, and Wildlife* (Washington, D.C.: National Audubon Society, 1992).

4. S. Lester Brown, *Who will feed China?* (New York: Norton, 1995), und Orville Schell, »China's Faustian Bargain«, *Travel and Holiday*, November 1992.
5. S. George B. Schaller, »Saving China' Wildlife«, *International Wildlife*, Januar/Februar 1990, S. 30–41.
6. S. Jim Harris, »Managing Nature Reserves for Cranes in China«, in: D. W. Stahlecker (Hg.), *Proceedings of the Sixth North American Crane Workshop* (Grand Island, Nebraska: North American Crane Working Group, 1992).
7. S. Dorothea Scott, *A Flight of Cranes* (Baraboo, Wisc.: International Crane Foundation, 1982).
8. *Phalacrocorax carbo*, im Westen als Großer Kormoran bekannt.

6. Hokkaido

1. *Engelbert Kaempfers Geschichte und Beschreibung von Japan,* hg. von Christian Wilhelm Dohm, Lemgo 1777; Faksimile Berlin, Heidelberg, New York 1980.
2. Thomas W. Blakiston, »Catalogue of the Birds of Japan«, *Transactions of the Asiatic Society of Japan*, Bd. 8 (Yokohama, 1880).
3. Peter Matthiessen, *Nine-Headed Dragon River* (Boston: Shambhala, 1986).
4. George Archibald, *Animal Kingdom*, April 1974.
5. Dr. Masatomi und Dr. Kunikazu Momose sind die bedeutendsten japanischen Autoritäten für *G. japonensis*; s. H. Masatomi und K. Momose, »The Status of the Tancho or Red-Crowned Crane in Hokkaido, Japan«, in: Curtis H. Halvorson, James T. Harris und Sergei M. Smirenski (Hgg.), *Cranes and Storks of the Amur River* (Moskau: Arts Literature Publishers, 1995).
6. George W. Archibald, »Crane Taxonomy As Revealed by the Unison Call«, in: James C. Lewis (Hg.), *Proceedings of the International Crane Workshop* (Stillwater, Okla.: Oklahoma State University, 1976), S. 225–251.
7. Beim Nonnen- und Klunkerkranich ist die Luftröhre ein wenig in das Brustbein eingedrückt, bei den *Anthropoides* noch stärker. Beim Kanadischen Kranich wie bei den australo-asiatischen Arten (*antigone, rubicundus* und *vipio*) ist die Luftröhre sogar auf der halben Länge des Brustbeins eingelagert und vor dem Austritt noch einmal in eine Windung gelegt. Bei den palearktischen Kranichen (*vipio* ausgenommen) ist sie schließlich über das gesamte Brustbein eingelagert und macht noch zwei Windungen vor der Fortsetzung. Die lange Luftröhre kann partiell eine Anpassung an das Fliegen in großen Höhen sein, um die eiskalte Atemluft anzuwärmen. Der Graukranich mit seinen extensiven Luftröhrenwindungen fliegt hoch über dem Himalaya, der Jungfernkranich mit den bescheidenen Windungen dagegen

passiert ihn entlang den Tälern und Pässen. Der Nonnenkranich allerdings, die Ausnahme von der Regel, fliegt nahezu ohne Windungen direkt über den Hindukusch.

8. S. D. Scott Wood, »Phonetic Relationships Within the Family Gruidae«, *The Wilson Bulletin* 91, S. 384–399; C. Krajewski, »Phylogenetic Relationships Among Cranes (Gruiformes: Gruidae) Based on DNA Hybridization«, *The Auk* 106, S. 603–618; James L. Ingold, Sheldon I. Guttman und David R. Osborne, »Biochemical Systematics and Evolution of the Cranes (Aves: Gruidae)«, in: George W. Archibald und R. F. Pasquier (Hgg.), *Proceedings of the 1983 International Crane Workshop, Bharatpur, India* (Baraboo, Wisc.: International Crane Foundation, 1987) S. 577–584.
9. Matthiessen, *Nine-Headed Dragon River.*

7. Das unverhoffte Paradies

1. Dr. Walkinshaw, der 1993 starb, schrieb zahlreiche Veröffentlichungen, z. B. *Cranes of the World* (New York: Winchester Press, 1973).
2. *Japonensis* schlafen, auf einem Bein stehend oder auf dem Boden sitzend, im Familienverband, während *vipio* sich in großen, lockeren Scharen versammeln und sich selten oder gar nicht hinsetzen. Bei Minustemperaturen schlafen beide Arten draußen auf dem Eis. Kraniche bevorzugen zum Schlafen vereiste Flächen selbst dann, wenn das Eis nur fünf Prozent des Gewässers bedeckt. S. W.-S. Lee und Fran Kaliher, »Population and Distribution of Wintering Cranes, South Korea«, unveröffentlichter Bericht an die ICF, 1995. S. auch Curtis H. Halvorson und Fran Kaliher, »A Current Assessment of Cranes Wintering in South Korea, January -March 1992«, in: Curtis H. Halvorson, James T. Harris und Sergei M. Smirenski (Hgg.), *Cranes and Storks of the Amur River* (Moskau: Arts Literature Publishers, 1995). Archibald merkt an, daß Kraniche im allgemeinen bevorzugen, auf dem Eis zu sitzen und dabei die Füße unter die Brustfedern und den Kopf unter den Flügel zu stecken; auf diese Weise sind mehr Körperteile isoliert, als wenn die Tiere mit einem der Luft ausgesetzten Bein im Wasser stehen.
3. Neuere Berichte legen nahe, daß *japonensis* häufiger in Nordkorea (geschätzte 300 bis 350 Exemplare) als in Südkorea (200 bis 300) vorkommt. S. Curt D. Meine und George W. Archibald (Hgg.), *The Cranes* (Gland, Schweiz: IUNC, 1996).
4. Beide koreanischen Staaten unterzeichneten den Artenvielfaltvertrag beim Umweltgipfel im Juni 1992 in Rio de Janeiro.
5. S. Ke Chung Kim, »Preserving Biodiversity in Korea's Demilitarized Zone«, *Science* 278, 10. Oktober 1997.

8. Outback

1. H. J. Lavery und J. G. Blackman, »The Cranes of Australia«, *Queensland Agricultural Journal*, März 1969.
2. Lavery und Blackman, »The Cranes of Australia«.
3. George W. Archibald, »The Australian Brolga: Crane of the Desert«, *The Brolga Bugle* 1, 1979, S. 3.
4. Aus: *Gulpili's Stories of the Dreamtime*, gesammelt von Hugh Rule und Stuart Goodman (Sydney: Wm. Collins, 1979).
5. S. Alice M. Moyle, *Songs from the Northern Territory* (Canberra: Australian Institute for Aboriginal Studies, 1974).
6. Lavery und Blackman, »The Cranes of Australia«.
7. S. George W. Archibald, »Crane Taxonomy As Revealed by the Unison Call«, in: James C. Lewis (Hg.), *Proceedings of the International Crane Workshop* (Stillwater, Okla.: Oklahoma State University, 1976), S. 225–251.
8. Andrew Haffenden, Brief vom 3. September 1995 an dic ICF.

9. Äquatorialafrika, Ngorongoro, Okawango und Transvaal

1. George Archibald, ICF *Bugle*, Februar 1993.
2. Die beiden Rassen oder Unterarten des Südlichen Kronenkranichs, *B. regulorum*, sind *B. r. gibbericeps* und *B. r. regulorum* beziehungsweise der Ostafrikanische und der Südafrikanische Kronenkranich.
3. Peter Matthiessen, *Der Baum der Schöpfung. Erlebnis Ostafrika* (Wien-München-Zürich: Fritz Molden, 1973)
4. C. Krajewski, Brief an den Autor, 15. August 2001.
5. Carey Krajewski und George W. Archibald, »The Evolution of Cranes«, 1994 (unveröffentlicht).
6. J. C. Haney und M. E. Eiswerth, »The Plight of Cranes: A Case Study for Conserving Biodiversity«, in: D. W. Stahlecker (Hg.), *Proceedings of the Sixth North American Crane Workshop* (Grand Island, Nebr.: North American Crane Working Group, 1992).
7. George Archibald, persönliche Mitteilung an den Autor, 5. Februar 1997.
8. C. A. Van Ee, »Notes on the Breeding Behavior of the Blue Crane«, 1981, zitiert in: Curt D. Meine und George W. Archibald (Hgg.), *The Cranes* (Gland, Schweiz: IUCN, 1996).
9. Persönliche Korrespondenz mit James Malcolm von der Ethiopian Wildlife Conservation Organization in Addis Abeba, März 1994.
10. Peter Matthiessen, *Shadows of Africa* (New York: Abrams, 1992), S. 70. (Die englische Bezeichnung für den Klunkerkranich lautet *wattled crane*, also »Kehllappenkranich«; A. d. Ü.)

10. Am Rand des fernen Himmels

1. V. E. Flint et al., *A Field Guide to the Birds of the U. S. S. R.* (Princeton, N. J.: Princeton University Press, 1989) zufolge ist *G. grus* »nicht zahlreich, aber häufiger als andere Kraniche«.

11. Die Trauer in den Marschen

1. Jack Turner, *Teewinot. A Year in the Teton Range* (New York: St. Martin's, 2000).
2. Kanadischer, Grau- und Jungfernkranich machen fast drei Viertel der von der IUCN geschätzten 1,22 Millionen Kraniche weltweit aus.
3. S. Curt D. Meine und George W. Archibald (Hgg.), *The Cranes* (Gland, Schweiz: IUCN, 1996), S. 1085.
4. Sil Pemberton aus Kearney, zitiert in: Anne Raver, »Beside a River's Troubled Waters, These Harbingers of Spring Dance On«, *The New York Times*, 21. März 1993.
5. George Archibald im Gespräch mit dem Autor in Baraboo, Wisconsin, September 2000.
6. Ronald Sauey, »The Range, Status, and Winter Ecology of the Sibirian Crane (*Grus leucogeranus*)«, Dissertation, Cornell University, Ithaca, New York, 1985, S. 136.

12. *Grus americana*

1. Robert P. Allen, *A Report on the Whooping Crane's Northern Breeding Grounds*, Supplement zu Research Report No. 3 (New York: National Audubon Society, 1956).
2. Peter Matthiessen, *Wildlife in America* (New York: Viking, 1959).
3. Marjorie Kinnan Rawlings, *The Yearling* (New York: Atheneum, 1985), S. 88.
4. EEE steht für *eastern equine encephalomyelitis*, eine Gehirnentzündung, die durch ein Virus ausgelöst wird.
5. Der Nonnen- und der Schreikranich sind die am stärksten bedrohten Kranicharten; ihre Überlebenschancen sind etwa gleich einzuschätzen, aber bei der Rettung von *leucogeranus* ist der Gewinn für die Biodiversität doppelt so groß wie bei der von *americana*, denn *leucogeranus* hat keine nahen genetischen Verwandten.

Danksagungen

Ich danke Dr. George Archibald von der International Crane Foundation und Jim Harris, der kürzlich seine Nachfolge als Präsident der ICF angetreten hat; beide waren mir seit den allerersten Arbeiten für dieses Buch großzügige Mentoren, Freunde und Begleiter vor Ort (in Sibirien, der Mongolei, Korea, Australien und in den Vereinigten Staaten). Ein weiterer großartiger Freund und Expeditionsbegleiter war der Ornithologe Victor Emanuel (in Indien, Bhutan, China und Japan). Mein warmer Dank gilt auch Dr. Sergei Smirenski und Viktor Bachtin (Sibirien), Dr. Ma Yiqing (China), Sharaid Sugarragchaa Culuunbaatar, Dr. Ayurzaryun Bold und Dr. Natsagdorjin Tseveenmyadag (Mongolei), Raj Singh (Indien), Simba Chan (Hongkong), Yulia und Kuni Momose und Rori Satsuki (Hokkaido), Dr. Kim Sooil und Fran Kaliher (Südkorea), Andrew Haffenden, Mark Tredinnick und John Stokes (Queensland), Kerryn Morrison und Frans Krige (Transvaal) sowie Steve Nesbitt und Marty Folk (Florida).

Mrs. Mary Griggs Burke aus New York City und die Livingston Griggs and Mary G. Burke Foundation haben Dr. Archibald und mich generös bei unseren Kranich-Forschungen im australischen Outback unterstützt, und Mrs. Gertrude Ferrar war in Seoul sehr gastfreundlich. Curt D. Meine von der ICF und Betsy Didrickson, die Bibliothekarin der ICF, sowie Elena Smirenski, Susan Finn, Su Liying, Kyoko Archibald und andere Freunde bei der Foundation waren ausnahmslos gastfreundlich und hilfreich.

Die Abschnitte über die Kranich-Evolution und -Phylogenese basieren im wesentlichen auf den Erkenntnissen von Dr. Archibald und seinem herausragenden Kollegen Dr. Carey Krajewski. In den gesamten neun Jahren, während der ich an diesem Buch arbeitete, haben George Archibald und Jim Harris mir freundlicherweise zahllose Fragen per Brief, Telefon und bei ständigen Gesprächen in Baraboo beantwortet; sie haben auch das komplette Manuskript hinsichtlich Genauigkeit und Fehlendem durchgesehen. Sergei Smirenski, Kim Sooil, Andrew Haffenden, Mark Tredinnick, Kerryn Morrison, Rick Beilfuss, Jeb Barzen und Curt D. Meine haben netterweise mit Anmerkungen und Korrekturen zu den Kapiteln, die ihre Fachgebiete betreffen, beigetragen.

Meine ausgezeichnete und unermüdliche Lektorin und Freundin Becky Saletan und ihre freundliche Assistentin Katrin Wilde blieben während eines langen und schwierigen Produktionsprozesses fröhlich und gewissenhaft. Allen Freunden, die hier genannt wurden, gilt mein aufrichtiger Dank – für Fehler bei den Fakten und der Schwerpunktsetzung, die möglicherweise verblieben sind, ist keiner von ihnen verantwortlich.

Textnachweise

Motto S. 54 und Zitat S. 74 unten:
Marco Polo, *Von Venedig nach China*. Die größte Reise des 13. Jahrhunderts. Neu hg. und kommentiert von Theodor A. Knust, Tübingen und Basel: Horst Erdmann Verlag ^{4}1976, S. 120. © Dr. Hans Eckart Rübesamen (1963, 1969)

Motto S. 221:
Bertolt Brecht, *Gesammelte Werke 1, Stücke 2*. Hg. vom Suhrkamp Verlag in Zusammenarbeit mit Elisabeth Hauptmann (= Werkausgabe Edition Suhrkamp), Frankfurt am Main: © Suhrkamp 1967, S. 535 f.

Motto S. 269 und Zitat S. 272:
Peter Matthiessen und Eliot Porter, *Der Baum der Schöpfung. Erlebnis Ostafrika*. Aus dem Amerikanischen übers. von Helga Zoglmann, Wien-München-Zürich: Verlag Fritz Molden 1973, S. 25 und 169. © Dr. Helga Zoglmann, Wien

Motto S. 300:
Eudora Welty, *Die Tochter des Optimisten*. Aus dem Amerikanischen übers. von Kai Molvig, Stuttgart: Klett-Cotta 1991 (= Cotta's Bibliothek der Moderne; 97), S. 145 f. – © 1969, 1972 by Eudora Welty, mit freundlicher Genehmigung. Abdruck der deutschen Übersetzung von Kai Molvig mit freundlicher Genehmigung des Verlages Klett-Cotta, Stuttgart.

Register

KRANICHE IN DER ÖSTLICHEN HEMISPHÄRE
(Schwankungen im Winter nicht angezeigt)
Nationalpark oder Wildlife Refuge Site
0 500 1000 Meilen
0 500 1000 Kilometer
Karasee
Ob
Kunevat
Ural
RUSS
Nonnen- oder Schneekraniche
SCHWEDEN
DÄNEMARK
NORFOLK
Norwich
NIEDERLANDE
ENGLAND
DEUTSCHLAND
SCHWEIZ
Graukraniche
FRANKREICH
UNGARN
KASACHSTAN
Jungfern
Kaspisches Meer
SPANIEN
SAMARKAND
Lenkoran
Fereydunkenar
AFGHANISTAN
Wüste Takla Makan
Kunlun
Himalaya
MAROKKO
IRAN
See Ab-e-estada
Indus
ALGERIEN
PAKISTAN
Delhi
NEPAL
RAJASTHAN
Sarus-kraniche
Jaipur
Nil
S A H A R A
Ahmadabad
GUJARAT
INDIEN
SENEGAL
Nördliche Kronenkraniche
TSCHAD
SUDAN
Blauer Nil
ÄTHIOPIEN
SUDD
Klunkerkraniche
ÄQUATORIALAFRIKA
KENIA
UGANDA
SERENGETI-EBENE
Victoriasee
Südliche Kronenkraniche
Indischer Ozean
Ngorongoro-Krater
Kilimandscharo
TANSANIA
Atlantischer Ozean
SAMBIA
Sambesi
Etoscha-Pfanne
Okawango-Delta
SIMBABWE
NAMIBIA
Klunkerkraniche
BOTSUANA
Südliche Kronenkraniche
Klunkerkraniche
Paradieskraniche
TRANSVAAL
Dullstroom
Johannesburg
NATAL
ÖSTLICHER TRANSVAAL (MPUMALANGA)
Klunkerkraniche
SÜDAFRIKA
KAROO
KAP DER GUTEN HOFFNUNG
AFGHANISTAN
Hindukusch
Kabul
Indus
PAKISTAN
Große Indische Wüste
Delhi
Bharatpur
Khichan
Jaisalmer
Jaipur
RAJASTHAN
Ganges
KEOLADEO NATIONALP.
Kleine Rann von Kutch
Ahmadabad
GUJARAT
INDIEN